바울과
야고보의
대척점
믿음과 행함

권두언

신약성경에서 바울의 이신칭의론(以信稱義論)과 야고보의 이행득의론(以行得義論)의 각축은 역사적으로 모든 믿음의 식구들에게 적지 않은 불편과 안타까움을 주어 왔다.

본문에 들어가기 전에 두 진영 간에 대척 논점의 요체를 세례와 할례, 은혜와 공로, 성령과 율법, 이 세 가지 분야에 집중하여 독해하기 바라며 여기에 음식 규례와 자유함을 곁들여 대척점을 명료하게 주목해도 되겠다.

관련되는 성경 구절들을 생경하게 발췌, 분류, 나열한 것은 여러 역사비평 신학자의 다양한 해석 때문에 생긴 혼란을 정리해 볼 요량이기도 함이지만. 저자가 해석하고 말하고자 하는 바가 성경 말씀과 문맥에 벗어나지 않고 성경에서 근거되었음을 말하기 위해서 되도록 많이 인용하고 본문에서도 여러 차례 복필하였다.

필자는 체계적으로 공부한 신학도가 아니므로 서술 전개에 따라 두서(頭序)가 정리되지 않고 중언(重言)되기도 하며 본론과 말미가 모호하거나 뒤바뀌며 산만하게 혼재하기도 하고 또 많은 오류와 편견과 억측을 자아내기에 충분한 문체로 그려졌다고 느껴질 수 있음을 알고 있으나 저자의 뜻한 바가 아님을 밝힌다. 본문 초, 중반에 한결같이 바울을 인간적, 이성적인 잣대로 분석하면서 의도치 않게 바울의 사도성을 낮추려는 듯 기술되며 전개되는 것에 과도한 우려와 오해는 말아 주시기 바란다. 또 본문 중 진 에드워드(Gene Edwards)[7,7-1,2]라는 작가의 그럴듯한 바울의 소설적 전도 여행기 장면을 적잖이 빌려 와 독자의 별독(瞥讀) 속도에 도움이 되도록 했음을 밝힌다.

우선, 바울과 야고보의 본심과 입장을 이해하려고 노력하였다.

본문이 저자의 작위에 따라 써진 것이 아님을 변호하고 강조하기 위해 만고불변의 성경 말씀에 의지하려고 노력하였음도 또 한 번 강조한다. 작성

문맥의 전개 방향이 저자의 독창적 고집만이 아님도 확인을 시켜 드리기 위해 여러 번 중복해서 참고 문헌들을 끌어 쓴 점도 이해를 구한다.

책명에 관련된 성경 문맥을 찾으려고 암기력을 되살려 머릿속을 휘젓고 기존 학자들의 관련 저서를 구입하고 인터넷도 검색하였다. 그래서 본 저자는 편저자(編著者)로 불리고 싶다. 일부 정확도가 부족할 수 있지만 첨자 표기에서 출처를 밝히고 모든 기술을 성경과 외경, 많은 보수 혹은 비평 신학자의 저작물에서 따와 추가 서술했기 때문이다.

본문 중 괄호 안에 이탤릭체(*기울여 쓰는 글자체*)로 쓴 글은 필자의 생각과 임의 추정으로 작성된 것으로 잘못된 성경 해석일 수 있다는 점도 말해 둔다.

성경 인용은 한글판 성경 개역 개정 4판을 사용하였다.

성구 출처 표현은 대한성서공회의 검색법을 따랐고 소제 목록은 약어(略語)를 사용하였다. 예를 들면 창세기, 사사기, 마가복음, 에베소서. 데살로니가전서, 고린도후서 등을 각각 창, 삿, 막, 엡, 살전, 고후 등으로 표시하였고 이어 장, 절 순서로 배열 표기하였다.

독자들에게 이해를 위해 촉구하고 싶은 것은 바울서신과 누가의 사도행전, 그리고 복음서들과 여타 제자들 서신의 추정 기술 연대와 장소, 편지 수신 대상자를 염두에 두라는 것이다. 이것은 상호 상충하는 내용에 대한 시대 상황과 환경, 저술자(혹은 복기자)들의 처지 등의 이해에 도움을 줄 것이기 때문이다.

말미에 연대기나 교회 사상 변천사를 첨부했는데 정돈이 부족하지만 참고하기를 바란다.

목차

부록

들어가면서

예수님이 부활, 승천하신 이후 오순 성령강림절을 지내면서부터 약 65년 간 예루살렘 교회는 부흥되어 많은 수의 유대파, 헬라파 유대인이 북쩍였다. 그런데 부유하고 학식이 있는 헬라파와 달리 가난하고 무식한 유대파 과부들은 연일 불평이 많아 그들을 달래고 공궤하는 일 때문에 사도들은 곤욕을 치뤘다. 그래서 헬라파 일곱 집사를 선출하여 교회 살림과 나눔에 전무(全務)케 하고 사도들은 전도, 교육 등 본연의 임무에 나서게 된다. 예수님의 첫째 의붓동생 야고보는 이때 예루살렘 교회의 중심적 지도자로 부상하며 역할을 감당한다.

이후 잇달아 수리아의 안디옥 교회에도 유대와 헬라파 교인(가이샤라와 베니게와 구브로와 구레네 사람들, 바나바, 아가보, 사울, 행11:19-28)들이 모여들면서 자생적 교회가 독립적으로 형성되고 베드로의 순회교육에 힘입어 부흥되어 가는데 특히 바나바와 바울에게는 사도같은 중요역할을 주어 이역(異域)에 파송하게 된다.

특히 바울은 그가 가진 학문과 지성, 열심당(Zealot)적 성향의 왕성한 전도 동력과 수려한 문필과 헬라어 구사 능력으로 디아스포라의 헬라파 유대인 세계는 물론 이방인에게까지 유명해지며 훤칠한 전도 성공을 거두는데 그 과정에서 이미 예상했거나 생각하지 못한 여러 문제가 발생하였다.

먼저 바울이 가르치는 교리가 큰 문제였다. 전통 유대 율법서의 가르침(특히 할례와 음식 규례)도 존중하는 예루살렘 교회가 선행(善行)함을 구원의 조건으로 강조하는 반면, 바울은 오직 믿음만이 의인의 조건이라고 가르치는 점이 서로 대립, 대척된 것이다.

여기서 만약에 여러 독자의 관심이 허락한다면 우리는 성경 본문 여러 곳에 편린적으로 나타나는 상충하는 교리에 있어서의 두 교회의 긴장, 갈등 양상을 알아보고 지금껏 이 문제가 완결된 것은 아니므로 해결되는 과정에 초점을 맞추면서 성경 본문을 재음미해 보고자 한다.

성경 공부를 하다 보면 경험, 공감되기 마련인 여러 의문이 풀어지고 수용되기를 기대하며 이 글을 읽는 독자들에게 양해를 구한다.

우선 독자들은 아래 간추린 성경 본문을 읽을 때 믿음과 행함, 칭의와 성화, 할례와 무할례, 계명과 성령, 유대식 음식 규례와 절기 준수, 이방인 기독교인과 히브리인 기독교인들의 관념에서 대칭점을 찾고 그 차이를 염두에 두어 공부를 진행하기 부탁드린다.

먼저 의제에 관련된 성경 본문을 발췌, 묵상함으로써 시작하고자 한다.

1. 예루살렘 교회의 교리

■ 실행하라

벧후 1:5 이러므로 너희가 더욱 힘써 너희 믿음에 덕을, 덕에 지식을, 1:6 지식에 절제를, 절제에 인내를, 인내에 경건을, 1:7 경건에 형제 우애를, 형제 우애에 사랑을 공급하라.

벧전 1:17 외모로 보시지 않고 각 사람의 행위대로 판단하시는 자를 너희가 아버지라 부른즉, 너희의 나그네로 있을 때를 두려움으로 지내라. 2:12 너희가 이방인 중에서 행실을 선하게 가져 너희를 악행한다고 비방하는 자들로 하여금 너희 선한 일을 보고 권고하시는 날에 하나님께 영광을 돌리게 하려 함이라. 3:11 악에서 떠나 선을 행하고 화평을 구하여 이를 좇으라.

벧후 3:11 이 모든 것이 이렇게 풀어지리니 너희가 어떠한 사람이 되어야 마땅하뇨? 거룩한 행실과 경건함으로……. 3:14 그러므로 사랑하는 자들아! 너희가 이것을 바라보나니 주 앞에서 점도 없고 흠도 없이 평강 가운데서 나타나기를 힘쓰라.

약 1:22 너희는 도를 행하는 자가 되고 듣기만 하여 자신을 속이는 자가 되지 말라. 1:23 누구든지 도를 듣고 행하지 아니하면 그는 거울로 자기의 생긴 얼굴을 보는 사람과 같으니 1:24 제 자신을 보고 가서 그 모양이 어떠한 것을 곧 잊어버리거니와 1:25 자유하게 하는(종이 아닌) 온전한 율법을 들여다보고 있는 자는 듣고 잊어버리는 자가 아니요, 실행하는 자니 이 사람이 그 행하는 일에 복을 받으리라. 2:14 내 형제들아 만일 사람이 믿음이 있노라 하고 행함이 없으면 무슨 이익이 있으리요 그 믿음이 능히 자기를 구원하겠느냐? 2:15 만일 형제나 자매가 헐벗고 일용할 양식이 없는데 2:16 너희 중에 누구든지 그에게 이르되 평안히 가라, 더웁게 하라, 배부르게 하라 하며 그 몸에 쓸 것을 주지 아니하면 무슨 이익이 있으리요? 2:17 이와 같이 **행함**이 없는 믿음은 그 자체가 죽은 것이라. 2:18 혹이 가로되 너는 **믿음**이 있고 나는 **행함**이 있으니 행함이 없는 네 믿음을 내게 보이라. 나는 행함으로 내 믿음을 네게 보이리라. 2:19 네가 하나님은 한 분이신 줄을 믿느냐? 잘하는도다. 귀신들도 믿고 떠느니라. 2:20 아아 허탄한 사람아! 행함이 없는 믿음이 헛것인 줄 알고자 하느냐? 2:21 우리 조상 아브라함이 그 아들 이삭을 제단에 드릴 때에 행함으로 의롭다 하심을 받은 것이 아니냐? 2:22 네가 보거니와 **믿음**이 그의 **행함**과 함께 일하고 **행함**으로 **믿음**이 온전케 되었느니라. 2:23 이에 성경에 이른 바 아브라함이 하나님을 믿으니 이것을 의로 여기셨다는 말씀이 응하였고 그는 하나님의 벗이라 칭함을 받았나니(창 15:6)

[編者 註, 이하 註: 야고보가 왜 구약에서 이 부분을 인용, 첨언한 것인지 혼동스럽다. 대립적인 관점에서 볼 때 바울의 주장을 뒷받침하는 뜻으로 읽히기도 하기 때문이다.(갈 2:16, 3:6, 롬 4:1-3) 그래서인지 24절을 추가한다.]

2:24 이로 보건대 사람이 행함으로 의롭다 하심을 받고 믿음으로만 아니니라. 2:25 그러므로 사람이 선을 행할 줄 알고도 행하지 아니하면 죄니라.

마 5:16 이같이 너희 빛을 사람 앞에 비취게 하여 저희로 너희 착한 **행실**을 보고 하늘에 계신 너희 아버지께 영광을 돌리게 하라. 7:21 나더러 주여 주여 하는 자마다 다 천국에 들어갈 것이 아니요 다만 하늘에 계신 내 아버지의 뜻대로 **행하는 자**라야 들어가리라. 7:24 그러므로 누구든지 나의 이 말을 듣고 행하는 자는 그 집을 반석 위에 지은 지혜로운 사람 같으리니 7:25 비가 내리고 창수가 나고 바람이 불어 그 집에 부딪치되 무너지지 아니하나니 이는 주추를 반석 위에 놓은 까닭이요 7:26 나의 이 말을 듣고 행하지 아니하는 자는 그 집을 모래 위에 지은 어리석은 사람같으리니 7:27 비가 내리고 창수가 나고 바람이 불어 그 집에 부딪치매 무너져 그 무너짐이 심하니라.

눅 6:46 너희는 나를 불러 주여주여 하면서도 어찌하여 내가 말하는 것을 행치 아니하느냐? 6:49 듣고 행하지 아니하는 자는 주추 없이 흙 위에 집 지은 사람과 같으니 탁류가 부딪치매 집이 곧 무너져 파괴됨이 심하니라 하시니라.

마 10:5 예수께서 이 열둘을 내어 보내시며 명하여 가라사대 이방인의 길로도 가지 말고 사마리아인의 고을에도 들어가지 말고 10:6 차라리 이스라엘 집의 잃어버린 양에게로 가라.(*이방인선교사라는 바울도 항상 먼저 유대 회당 위주로 지역 선교를 시작하였다.*)

요일 2:5 누구든지 그의 말씀을 지키는 자는 하나님의 사랑이 참으로 그 속에서 온전케 되었나니 이로써 우리가 저 안에 있는 줄을 아노라. 2:6 저 안에 거한다 하는 자는 그의 행하시는 대로 자기도 **행**할지니라. 2:9 빛 가운데 있다 하며 그 형제를 미워하는 자는 지금까지 어두운 가운데 있는 자요. 3:10 이러므로 하나님의 자녀들과 마귀의 자녀들이 나타나나니 무릇 의를 **행**치 아니하는 자나 또는 그 형제를 사랑치 아니하는 자는 하나님께 속하지 아니하니라.

② 율법을 준수하라

마 5:17 내가 **율법**이나 선지자나 폐하러 온 줄로 생각지 말라. 폐하러 온 것이 아니요 완전케 하려 함이로다. 5:18 진실로 너희에게 이르노니 천지가 없어지기 전에는 **율법**의 일점 일획이라도 반드시 없어지지 아니하고 다 이루리라. 5:19 그러므로 누구든지 이 계명 중에 지극히 작은 것 하나라도 버리고 또 그같이 사람을 가르치는 자는 천국에서 지극히 작다 일컬음을 받을 것이요, 누구든지 이를 **행하며** 가르치는 자는 천국에서 크다 일컬음을 받으리라. 5:20 내가 너희에게 이르노니 너희 의가 서기관과 바리새인보다 더 낫지 못하면 결단코 천국에 들어가지 못하리라. 25:40 임금이 대답하여 가라사대 내가 진실로 너희에게 이르노니 너희가 여기 내 형제 중에 지극히 작은 자 하나에게 한 것이 곧 내게 한 것이니라 하시고(*어려운 사람을 돌보는 것이 하나님 나라를 물려받는 것이다.*)

19:16 어떤 사람이 주께 와서 가로되 선생님이여 내가 무슨 선한 일을 하여야 영생을 얻으리이까? 19:17 예수께서 이르시되 어찌하여 선한일을 내게 묻느냐? 선한이는 오직 한분이시니라. 네가 생명에 들어가려면 **계명**들을 지키라.

요일 2:3 우리가 그의 **계명**을 지키면(순종) 이로써 우리가 저를 아는 줄로 알 것이요, 2:4 저를 아노라 하고 그의 계명을 지키지 아니하는 자는 거짓말 하는 자요 진리가 그 속에 있지 아니하되 5:2 우리가 하나님을 사랑하고 그의 계명들을 지킬 때에 이로써 우리가 하나님의 자녀 사랑하는 줄을 아느니라. 5:3 하나님을 사랑하는 것은 이것이니 우리가 그의 계명들을 지키는 것이라. 그의 계명들은 무거운 것이 아니로다.

창 17:9 하나님이 또 아브라함에게 이르시되 그런즉 너는 내 언약을 지키고 네 후손도 대대로 지키라. 17:10 너희 중 남자는 다 **할례**를 받으라. 이것이 나와 너희와 너희 후손 사이에 지킬 내 언약이니라. 17:11 너희는 양피를 베어라. 이것이 나와 너희 사이의 언약의 표징이니라. 17:12 대대로 남자는 집에서 난 자나 혹 너희 자손이 아니요, 이방 사람에게서 돈으로 산 자를 무론하고 난 지 팔 일 만에 할례를 받을 것이라.

출 12:43 여호와께서 모세와 아론에게 이르시되 유월절 규례가 이러하니라. 이방 사람은 (함께) 먹지 못할 것이나 12:44 각 사람이 돈으로 산 종은 할례를 받은 후에 먹을 것이며 12:45 거류인과 타국 품군은 먹지 못하리라. 12:48 너희와 함께 거하는 타국인이 여호와의 유월절을 지키고자 하거든 그 모든 남자는 할례를 받은 후에야 가까이 하여 지킬지니 곧 그는 본토인과 같이 될 것이나 할례받지 못한 자는 먹지 못할 것이니라. 12:49 본토인에게나 너희 중에 우거한 이방인에게나 이 법이 동일하니라 하셨으므로

레 18:5 너희는 내 규례와 법도를 지키라. 사람이 이를 **행하면** 그로 말미암아 살리라. 나는 여호와이니라.

삼상 15:22 사무엘이 이르되 여호와께서 번제와 다른 제사를 그의 목소리를 청종하는 것을 좋아하심 같이 좋아하시겠나이까? 순종이 제사 보다 낫고 듣는 것이 숫양의 기름보다 나으니 15:23 이는 거역하는 것은 점치는 죄와 같고 완고한 것은 사신 우상에게 절하는 죄와 같음이라. 왕이 여호와의 말씀을 버렸으므로 여호와께서도 왕을 버려 왕이 되지 못하게 하셨나이다 하니

❸ 바울의 가르침과 교리를 못마땅히 여김

요일 3:10 무릇 의를 행치 아니하는 자나 또는 그 형제를 사랑치 아니하는 자는 하나님께 속하지 아니하니라.

약 4:26 분을 내어도 죄를 짓지 말며 해가 지도록 분을 품지 말고

[註: 바울을 빗댄 완곡한 표현?]

[註: 바울도 서로 같은 말을 주고받았다.(엡 4:26)]

요일 2:4 저를 아노라 하고 그의 계명을 지키지 아니하는 자는 거짓말하는 자요 진리가 그 속에 있지 아니하되……. 2:9 빛 가운데 있다 하며 그 형제를 미워하는 자는 지금까지 어두운 가운데 있는 자요 2:10 그의 형제를 사랑하는 자는 빛 가운데 거하여 자기 속에 거리낌이 없으나 2:11 그의 형

제를 미워하는 자는 어두운 가운데 있고 또 어두운 가운데 행하며 갈 곳을 알지 못하나니 이는 어두움이 그의 눈을 멀게 하였음이니라.

벧후 3:15 또 우리 주의 오래 참으심이 구원이 될 줄로 여기라. 우리 사랑하는 형제 바울도 그 받은 지혜대로 너희에게 이같이 썼고 **3:16** 또 그 모든 편지에도 이런 일에 관하여 말하였으되 그 중에 알기 어려운 것이 더러 있으니 무식한 자들과 굳세지 못한 자들이 다른 성경과 같이 그것도 억지로 풀다가 스스로 멸망에 이르느니라. **3:17** 그러므로 사랑하는 자들아! 너희가 이것을 미리 알았은즉 무법한 자들의 미혹에 이끌려 너희가 굳센 데서 떨어질까 삼가라. **3:11** 이 모든 것이 이렇게 풀어지리니 너희가 어떠한 사람이 되어야 마땅하뇨? 거룩한 행실과 경건함으**로 3:12** 하나님의 날이 임하기를 바라보고 간절히 사모하라.

신 27:26 이 율법의 모든 말씀을 실행치 아니하는 자는 저주를 받을 것이라 할 것이요, 모든 백성은 아멘 할지니라.

2. 바울의 가르침

1 이신칭의 교리(오직 믿음)와 율법 비하

갈 2:16 사람이 의롭게 되는 것은 **율법의 행위**에서 난 것이 아니요 오직 예수 그리스도를 **믿음**으로 말미암는 줄 아는 고로 우리도 그리스도 예수를 믿나니 이는 우리가 율법의 행위에서가 아니고 그리스도를 **믿음**으로서 의롭다 함을 얻으려 함이라. 율법의 **행위**로서는 의롭다 함을 얻을 육체가 없느니라. **3:24** 이같이 율법이 우리를 그리스도에게로 인도하는 몽학선생이 되어 우리로 하여금 **믿음**으로 말미암아 의롭다 함을 얻게 하려 함이니라. **3:25** 믿음이 온 후로는 우리가 몽학선생 아래 있지 아니하도다. **5:4 율법** 안에서 의롭다 함을 얻으려 하는 너희는 그리스도에게서 끊어지고 은혜에서 떨어진 자로다.

갈 3:11 또 하나님 앞에서 아무도 **율법**으로 말미암아 의롭게 되지 못할 것이 분명하니 이는 의인은 믿음으로 살리라 하였음이니라.(합 2:4 "보라, 그의 마음은 교만하며 그 속에서 정직하지 못하나 의인은 그의 믿음으로 말미암아 살리라") **3:10** 무릇 **율법** 행위에 속한 자들은 저주 아래 있나니 기록된 바 누구든지 율법책에 기록된 대로 온갖 일을 항상 행하지 아니하는 자는 저주 아래 있는 자라 하였음이라. **3:13** 그리스도께서 우리를 위하여 저주를 받은 바 되사 율법의 저주에서 우리를 속량하셨으니 기록된 바 나무에 달린 자마다 저주 아래 있는 자라 하였음이라.(신 21:22 사람이 만일 죽을 죄를 범하므로 네가 그를 죽여 나무 위에 달거든 21:23 그 시체를 나무 위에 밤새도록 두지 말고 당일에 장사하여 네 하나님 여호와께서 네게 기업으로 주시는 땅을 더럽히지 말라. 나무에 달린 자는 하나님께 저주를 받았음이니라)

고전 15:56 사망의 쏘는 것은 죄요 죄의 권능은 **율법**이라.

고후 3:6 저가 또 우리로 새 언약의 일꾼 되기에 만족케 하셨으니 의문으로 하지 아니하고 오직 영으로 함이니 의문은 죽이는 것이요 영은 살리는 것임이니라. **3:7** 돌에 써서 새긴 죽게 하는 의문의 직분도 영광이 있어 이스라엘 자손들이 모세의 얼굴의 없어질 영광을 인하여 그 얼굴을 주목하지 못하였거든 **3:8** 하물며 영의 직분이 더욱 영광이 있지 아니하겠느냐? **3:9** 정죄의 직분도 영광이 있은즉 의의 직분은 영광이 더욱 넘치리라.

롬 7:5 우리가 육신에 있을 때에는 율법으로 말미암는 죄의 정욕이 우리 지체 중에 역사하여 우리로 사망을 위하여 열매를 맺게 하였더니 **7:6** 이제는 우리가 얽매였던 것에 대하여 죽었으므로 율법에서 벗어났으니, 이러므로 우리가 **영의 새로운 것**으로 섬길 것이요, 율법 조문의 **묵은 것**으로 아니할지니라.

롬 4:2 만일 아브라함이 행위로써 의롭다 하심을 얻었으면 자랑할 것이 있으려니와 하나님 앞에서는 없느니라. **4:3** 성경이 무엇을 말하느뇨? 아브라함이 하나님을 믿으매 이것이 저에게 의로 여기신바 되었느니라. **4:5** 일을 아니할지라도 경건치 아니한 자를 의롭다 하시는 이를 믿는 자에게는 그의 **믿음**을 **의**로 여기시나니 4:7 그 불법을 사하심을 받고 그 죄를 가리우심을 받는 자는 복이 있고 4:8 주께서 그 죄를 인정치 아니하실 사람은 복이 있도다 함과 같으니라. 4:14 만일 율법에 속한 자들이 후사이면 믿음은 헛것이 되고 약속은 폐하여졌느니라. 4:15 율법은 진노를 이루게 하나니 율법이 없는 곳에는 범함도 없느니라. 4:16 그러므로 후사가 되는 이것이 은혜에 속하기 위하여 믿음으로 되나니 이는 그 약속을 그 모든 후손에게 굳게 하려 하심이라. 율법에 속한 자에게 뿐 아니라 아브라함의 믿음에 속한 자에게도니 아브라함은 하나님 앞에서 우리 모든 사람의 조상이라. 4:25 예수는 우리가 범죄한 것 때문에 내줌이 되고 또한 우리를 의롭다 하시기 위하여 살아나셨느니라.

딤 1:9 하나님이 우리를 구원하사 거룩하신 부르심으로 부르심은 우리의 **행위**대로 하심이 아니요 오직 자기 뜻과 영원한 때 전부터 그리스도 예수 안에서 우리에게 주신 **은혜**대로 하심이라.

딛 3:5 우리를 구원하시되 우리의 행한 바 의로운 행위로 말미암지 아니하고 오직 그의 긍휼하심을 따라 중생의 씻음과 성령의 새롭게 하심으로 하셨나니

엡2:8 너희가 그 은혜를 인 하여 **믿음**으로 말미암아 구원을 얻었나니 이것이 너희에게서 난 것이 아니요 하나님의 선물이라. 2:9 행위에서 난 것이 아니니 이는 누구든지 자랑치 못하게 함이니라.

롬3:20 그러므로 율법의 행위로 그의 앞에 의롭다 하심을 얻을 육체가 없나니 율법으로는 죄를 깨달음이니라. 3:21 이제는 **율법** 외에 하나님의 한 의가 나타났으니 율법과 선지자들에게 증거를 받은 것이라. 3:22 곧 예수 그리스도를 믿음으로 말미암아 모든 믿는 자에게 미치는 하나님의 의니 차별이 없느니라. 3:28 그러므로 사람이 의롭다 하심을 얻는 것은 **율법**의 **행위**에 있지 않고 **믿음**으로 되는 줄 우리가 인정하노라. 3:29 하나님은 홀로

유대인의 하나님뿐이시뇨? 또 이방인의 하나님은 아니시뇨? 진실로 이방인의 하나님도 되시느니라. 3:30 할례자도 믿음으로 말미암아 또는 무할례자도 믿음으로 말미암아 의롭다 하실 하나님은 한 분이시니라.

롬4:9 그런즉 이 행복이 할례자에게뇨? 혹 무할례자에게도뇨? 대저 우리가 말하기를 아브라함에게는 그 믿음을 의로 여기셨다 하노라. 4:10 그런즉 이를 어떻게 여기셨느뇨? 할례 시냐? 무할례 시냐? 할례 시가 아니라 무할례 시니라. 4:11 저가 할례의 표를 받은 것은 무할례 시에 믿음으로 된 의를 인친 것이니 이는 무할례자로서 믿는 모든 자의 조상이 되어 저희로 의로 여기심을 얻게 하려 하심이라. 4:12 또한 할례자의 조상이 되었나니 곧 할례받을 자에게 뿐 아니라 우리 조상 아브라함의 무할례 시에 가졌던 믿음의 자취를 좇는 자들에게도니라. 4:13 아브라함이나 그 후손에게 세상의 후사가 되리라고 하신 언약은 율법으로 말미암은 것이 아니요 오직 믿음의 의로 말미암은 것이니라. 4:14 만일 율법에 속한 자들이 후사이면 믿음은 헛것이 되고 약속은 폐하여졌느니라.

렘9:25 여호와께서 말씀하시되 날이 이르면 할례받은 자와 할례받지 못한 자를 내가 다 벌하리니 9:26 곧 애굽과 유다와 에돔과 암몬 자손과 모압과 및 광야에 거하여 그 머리털을 모지게 깎은 자들에게라. 대저 열방은 할례를 받지 못하였고 이스라엘은 마음에 할례를 받지 못하였느니라 하셨느니라.

(신 10:15 여호와께서 오직 네 열조를 기뻐하시고 그들을 사랑하사 그 후손 너희를 만민 중에서 택하셨음이 오늘날과 같으니라, 10:16 그러므로 너희는 마음에 할례를 행하고 다시는 목을 곧게 하지 말라.)

롬7:6 이제는 우리가 얽매였던 것에 대하여 죽었으므로 율법에서 벗어났으니 이러므로 우리가 영의 새로운 것으로 섬길 것이요 율법 조문의 묵은 것으로 아니할지니라. 7:9 전에 율법을 깨닫지 못했을 때에는 내가 살았더니 계명이 이르매 죄는 살아나고 나는 죽었도다. 7:10 생명에 이르게 할 그 계명이 내게 대하여 되려 사망에 이르게 하는 것이 되었도다.

롬1:17 복음에는 하나님의 의가 나타나서 믿음으로 믿음에 이르게 하나니 기록된 바 오직 의인은 **믿음**으로 말미암아 살리라 함과 같으니라.

히10:38 오직 나의 의인은 **믿음**으로 말미암아 살리라. 또한 뒤로 물러가면 내 마음이 저를 기뻐하지 아니하리라 하셨느니라.

롬3:20 그러므로 율법의 행위로 그의 앞에 의롭다 하심을 얻을 육체가 없나니 율법으로는 죄를 깨달음이니라. **3:12** 율법은 믿음에서 난 것이 아니니 이를 행하는 자는 그 가운데서 살리라 하였느니라.

고전7:18 할례자로 부르심을 받은 자가 있느냐? 무할례자가 되지 말며 무할례자로 부르심을 받은 자가 있느냐? 할례를 받지 말라. **7:19** **할례**받는 것도 아무것도 아니요 할례받지 아니하는 것도 아무것도 아니로되 오직 하나님의 계명을 지킬 따름이니라. **7:20** 각 사람이 부르심을 받은 그 부르심 그대로 지내라.

롬2:25 네가 율법을 행하면 할례가 유익하나 만일 율법을 범하면 네 할례는 **무할례**가 되느니라. **2:26** 그런즉 무할례자가 율법의 규례를 지키면 그 무할례를 할례와 같이 여길 것이 아니냐? **2:27** 또한 본래 무할례자가 율법을 온전히 지키면 율법 조문과 할례를 가지고 율법을 범하는 너를 정죄하지 아니하겠느냐? **2:28** 무릇 표면적 유대인이 유대인이 아니요, 표면적 육신의 할례가 할례가 아니니라. **2:29** 오직 이면적 유대인이 유대인이며 **할례는 마음에 할지니 영에 있고** 율법 조문에 있지 아니한 것이라. 그 칭찬이 사람에게서가 아니요 다만 하나님에게서니라.

엡3:1 이러므로 그리스도 예수의 일로 너희 이방을 위하여 갇힌 자 된 나 바울은 **3:5** 이제 그의 거룩한 사도들과 선지자들에게 성령으로 나타내신 것같이 다른 세대에서는 사람의 아들들에게 알게 하지 아니하셨으니 **3:6** 이는 **이방인**들이 복음으로 말미암아 그리스도 예수 안에서 함께 후사가 되고 함께 지체가 되고 함께 약속에 참여하는 자가 됨이라.

골2:11 또 그 안에서 너희가 손으로 하지 아니한 할례를 받았으니 곧 육적 몸을 벗는 것이요 그리스도의 할례니라. 2:12 너희가 세례로 그리스도와 함께 장사한 바 되고 또 죽은 자들 가운데서 그를 일으키신 하나님의 역사를 믿음으로 말미암아 그 안에서 함께 일으키심을 받았느니라. 2:13 또 너희의 범죄와 육체의 **무할례**로 죽었던 너희를 하나님이 그와 함께 살리시고 우리에게 모든 죄를 사하시고 2:14 우리를 거스리고 우리를 대적하는 의문에 쓴 증서를 도말하시고 제하여 버리사 십자가에 못 박으시**고** 2:15 정사와 권세를 벗어 버려 밝히 드러내시고 십자가로 승리하셨느니라.

빌3:9 내가 가진 **의**는 율법에서 난 것이 아니요 오직 그리스도를 믿음으로 말미암은 것이니 곧 **믿음**으로 하나님께로서 난 의라.

2 유대인에 대한 갈등과 비방, 걱정, 배신감, 이방인 전도 결심

행15:1 어떤 사람들이 유대로부터 내려와서 형제들을 가르치되 너희가 모세의 법대로 할례를 받지 아니하면 능히 구원을 얻지 못하리라 하니라. 15:2 바울과 바나바와 저희 사이에 적지 아니한 다툼과 변론이 일어난지라 형제들이 이 문제에 대하여 바울과 바나바와 및 그 중에 몇 사람을 예루살렘에 있는 사도와 장로들에게 보내기로 작정하니라. 15:5 바리새파 중에 믿는 어떤 사람들이 일어나 말하되 이방인에게 할례 주고 모세의 율법을 지키라 명하는 것이 마땅하다 하니라.(註: 출 12:48)

고후11:5 내가 지극히 큰 사도들보다 부족한 것이 조금도 없는 줄 생각하노라.

갈1:11 형제들아 내가 너희에게 알게 하노니 내가 전한 복음은 사람의 뜻을 따라 된것이 아니니라. 1:12 이는 내가 사람에게서 받은 것도 아니요 배운 것도 아니요 오직 예수 그리스도의 계시로 말미암은 것이라.

딤후1:15 아시아에 있는 모든 사람이 나를 버린 이 일을 네가 아나니 그 중에 부겔로와 허모게네가 있느니라. 2:17 저희 말은 독한 창질의 썩어져 감과 같은데 그 중에 후메내오와 빌레도가 있느니라. 4:14 구리 장색 알렉산더가 내게 해를 많이 보였으매 주께서 그 행한 대로 저에게 갚으시리니 4:15 너도 저를 주의하라. 저가 우리 말을 심히 대적하였느니라.

갈2:4 이는 가만히 들어온 거짓 형제 까닭이라 저희가 가만히 들어온 것은 그리스도 예수 안에서 우리의 가진 자유를 엿보고 우리를 종으로 삼고자 함이로되 2:6 유명하다는 이들 중에 (본래 어떤 이들이든지 내게 상관이 없으며 하나님은 사람의 외모를 취하지 아니하시나니) 저 유명한 이들은 내게 더하여 준 것이 없고 2:11 게바가 안디옥에 이르렀을 때에 책망할 일이 있기로 내가 저를 면책하였노라. 2:12 야고보에게서 온 어떤 이들이 이르기 전에 게바가 이방인과 함께 먹다가 저희가 오매 그가 할례자들을 두려워하여 떠나 물러가매 2:13 남은 유대인들도 저와 같이 외식하므로 바나바도 저희의 외식에 유혹되었느니라. 2:14 그러므로 나는 저희가 복음의 진리를 따라 바로 행하지 아니함을 보고 모든 자 앞에서 게바에게 이르되 네가 유대인으로서 이방을 좇고 유대인답게 살지 아니하면서 어찌하여 억지로 이방인을 유대인답게 살게 하려느냐 하고(íoudaïzein: 경멸적 신조어)

[註: 바울의 뜻=바나바와의 부조화 때문에 그를 누르려고도 함?, W.Schmithals]

[註: 베드로의 입장="또 소리가 있으되 베드로야 일어나 잡아 먹으라 하거늘 베드로가 가로되 그럴 수 없나이다 속되고 깨끗지 아니 한 물건을 내가 언제든지 먹지 아니하였삽나이다. 또 두번째 소리 있으되 하나님께서 깨끗케 하신 것을 네가 속되다 하지 말라 하더라."(행10:13-15)]

4:4 때가 차매 하나님이 그 아들을 보내사 여자에게서 나게 하시고 율법 아래에 나게 하신 것은 4:5 율법 아래에 있는 자들을 속량하시고 우리(이방헬라인)로 아들의 명분을 얻게 하려 하심이라. 4:8 그러나 너희가 그 때에는 하나님을 알지 못하여 본질상 하나님이 아닌 자들에게 종 노릇 하였더니 4:9 이제는 너희가 하나님을 알 뿐더러 하나님의 아신 바 되었거늘 어찌하여 다시 약하고 천한 초등 학문으로 돌아가서 다시 저희에게 종 노릇 하려 하느냐? 4:10 너희가 날과 달과 **절기**와 해를 삼가 지키니 4:11 내가 너희를 위하여 수고한 것이 헛될까 두려워하노라. 5:2 보라, 나 바울은 너희에게 말하

노니 너희가 만일 **할례**를 받으면 그리스도께서 너희에게 아무 유익이 없으리라. 5:3 내가 할례를 받는 각 사람에게 다시 증거하노니 그는 율법 전체를 행할 의무를 가진 자라. 5:4 율법 안에서 의롭다 함을 얻으려 하는 너희는 그리스도에게서 끊어지고 은혜에서 떨어진 자로다.

딛1:10 복종치 아니하고 헛된 말을 하며 속이는 자가 많은 중 특별히 할례당 가운데 심하니 1:14 유대인의 허탄한 얘기와 진리를 배반하는 사람들의 명령을 좇지 않게 하려 함이라. 1:16 그들이 하나님을 시인하나 행위로는 부인하니 가증한 자요, 복종하지 아니하는 자요, 모든 선한 일을 버리는 자니라.

행18:6 저희가 대적하여 훼방하거늘 바울이 옷을 떨어 가로되 너희 피가 너희 머리로 돌아갈 것이요 나는 깨끗하니라. 이 후에는 **이방인**에게로 가리라 하고…….

살전2:15 유대인은 주 예수와 선지자들을 죽이고 우리를 쫓아내고 하나님을 기쁘시게 아니하고 모든 사람에게 대적이 되어 2:16 우리가 이방인에게 말하여 구원 얻게 함을 저희가 금하여 자기 죄를 항상 채우매 노하심이 끝까지 저희에게 임하였느니라.

❸ 격노, 나무람, 비아냥, 조롱, 저주, 겁박(劫縛), 회유(懷柔), 자고, 교만

고전 4:19 그러나 주께서 허락하시면 내가 너희에게 속히 나아가서 교만한 자의 말을 알아볼 것이 아니라 오직 그 능력을 알아보겠노니 4:21 너희가 무엇을 원하느냐? 내가 매를 가지고 너희에게 나아가랴? 사랑과 온유한 마음으로 나아가랴?

고전 9:1 내가 자유인이 아니냐? 사도가 아니냐? 예수 우리 주를 보지 못하였느냐? 주 안에서 행한 나의 일이 너희가 아니냐? 9:2 다른 사람들에게는 내가 사도가 아닐지라도 너희에게는 사도니 나의 사도됨을 주 안에서 인친 것이 너희라.

고후 11:5 내가 지극히 큰 사도들보다 부족한 것이 조금도 없는 줄 생각하노라. 11:6 내가 비록 말에는 졸하나 지식에는 그렇지 아니하니 이것을 우리가 모든 사람 가운데서 모든 일로 너희에게 나타내었노라.

갈 3:1 어리석도다 갈라디아 사람들아 예수 그리스도께서 십자가에 못 박히신 것이 너희 눈 앞에 밝히 보이거늘 누가 너희를 꾀더냐? 3:2 내가 너희에게 다만 이것을 알려 하노니 너희가 성령을 받은 것은 율법의 행위로냐? 듣고 믿음으로냐? 3:3 너희가 이같이 어리석으냐? 성령으로 시작하였다가 이제는 육체로 마치겠느냐? 3:5 너희에게 성령을 주시고 너희 가운데서 능력을 행하시는 이의 일이 율법의 행위에서냐? 듣고 믿음에서냐? 3:6 아브라함이 하나님을 믿으매 이것을 그에게 의로 정하셨다 함과 같으니라. 3:7 그런즉 믿음으로 말미암은 자들은 아브라함의 아들인 줄 알지어다.

갈 4:16 그런즉 내가 너희에게 참된 말을 하므로 원수가 되었느냐? 4:17 저희가 너희를 대하여 열심 내는 것이 좋은 뜻이 아니요, 오직 너희를 이간 붙여 너희로 저희를 대하여 열심 내게 하려 함이라. 5:10 나는 너희가 아무 다른 마음을 품지 아니할 줄을 주 안에서 확신하노라. 그러나 너희를 요동하게 하는 자는 누구든지 심판을 받으리라 5:12 너희를 어지럽게 하는 자들은 스스로 베어 버리기를 원하노라.

고전 1:11 내 형제들아 글로에의 집 편으로서 너희에게 대한 말이 내게 들리니 곧 너희 가운데 분쟁이 있다는 것이라. 1:12 이는 다름 아니라 너희가 각각 이르되 나는 바울에게, 나는 아볼로에게, 나는 게바에게, 나는 그리스도에게 속한 자라 하는 것이니 1:20 지혜 있는 자가 어디 있느뇨? 선비가 어디 있느뇨? 이 세대에 변사가 어디 있느뇨? 이 세상의 지혜를 미련케 하신 것이 아니뇨?

고후 11:4 만일 누가 가서 우리의 전파하지 아니한 다른 예수를 전파하거나, 혹 너희의 받지아니한 다른 영을 받게 하거나, 혹 너희의 받지 아니한 다른 복음을 받게 할 때에는 너희가 잘 용납하는구나! 11:7 내가 너희를 높이려고 나를 낮추어 하나님의 복음을 값없이 너희에게 전함으로 죄를 지었느냐? 11:13 저런 사람들은 거짓사도요 궤휼의 역꾼이니 자기를 그리스도의 사도로 가장하는 자들이니라. 11:14 이것이 이상한 일이 아니라 사단도 자기를 광명의 천사로 가장하나니 11:15 그러므로 사단의 일꾼들도 자기를 의의 일꾼으로 가장하는 것이 또한 큰 일이 아니라. 저희의 결국은 그 행위대로 되리라. 11:19 너희는 지혜로운 자로서 어리석은 자들을 기쁘게 용납하는구나! 11:22 저희가 히브리인이냐? 나도 그러하며 저희가 이스라엘인이냐? 나도 그러하며 저희가 아브라함의 씨냐? 나도 그러하며 11:23 저희가 그리스도의 일꾼이냐? 정신 없는 말을 하거니와 나도 더욱 그러하도다. 내가 수고를 넘치도록 하고 옥에 갇히기……. 11:30 내가 부득불 자랑할진대 나의 약한 것을 자랑하리라.

고후 3:6 그가 또한 우리를 새 언약의 일꾼 되기에 만족하게 하셨으니 율법 조문으로 하지 아니하고 오직 영으로 함이니, 율법 조문은 죽이는 것이요 영은 살리는 것이니라. 3:7 돌에 써서 새긴 죽게 하는 율법 조문의 직분도 영광이 있어 이스라엘 자손들은 모세의 얼굴의 없어질 영광 때문에도 그 얼굴을 주목하지 못하였거든 3:8 하물며 영의 직분은 더욱 영광이 있지 아니하겠느냐?

빌 1:15 어떤 이들은 투기와 분쟁으로, 어떤 이들은 착한 뜻으로 그리스도를 전파하나니 1:16 이들은 내가 복음을 변명하기 위하여 세우심을 받은 줄 알고 사랑으로 하나 1:17 저들은 나의 매임에 괴로움을 더하게 할 줄로 생각하여 순전치 못하게 다툼으로 그리스도를 전파하느니라. 3:2 개들을 삼가고 행악하는 자들을 삼가고 손할례당을 삼가라.

고후 13:2 내가 이미 말하였거니와 지금 떠나 있으나 두 번째 대면하였을 때와 같이 전에 죄 지은 자들과 그 남은 모든 사람에게 미리 말하노니 내가 다시 가면 용서하지 아니하리라.

살전 2:16 우리가 이방인에게 말하여 구원 받게 함을 그들이 금하여 자기 죄를 항상 채우매 노하심이 끝까지 그들에게 임하였느니라.

갈 5:11 형제들아 내가 지금까지 할례를 전하면 어찌하여 지금까지 핍박을 받으리요. 그리하였으면 십자가의 거치는 것이 그쳤으리니 **5:12** 너희를 어지럽게 하는 자들이 스스로 베어 버리기를 원하노라.[거세(去勢): 필경사가 받아적기를 주저?, Raymond Brown] **5:9** 적은 누룩이 온 덩이에 퍼지느니라. **5:10** 나는 너희가 아무 다른 마음도 품지 아니할 줄을 주 안에서 확신하노라. 그러나 너희를 요동케 하는 자는 누구든지 심판을 받으리라.

딤전 4:1 그러나 성령이 밝히 말씀하시기를 후일에 어떤 사람들이 믿음에서 떠나 미혹하는 영과 귀신의 가르침을 따르리라 하셨으니 **4:2** 자기 양심이 화인을 맞아서 외식함으로 거짓말하는 자들이라.

딤전 2:7 이를 위하여 내가 전파하는 자와 사도로 세움을 입은 것은 참말이요, 거짓말 이 아니니 믿음 과 진리 안에서 내가 이방인의 스승이 되었노라.

롬 10:21 이스라엘을 대하여 가라사대 순종치 아니하고 거스려 말하는 백성에게 내가 종일 내 손을 벌렸노라 하셨느니라. 註: '유대인은 거역하는 백성'

롬 16:25 나의 복음과 예수 그리스도를 전파함은 영세 전부터 감취었다가 **16:26** 이제는 나타내신 바 되었으며 영원하신 하나님의 명을 좇아 선지자들의 글로 말미암아 모든 민족으로 믿어 순종케 하시려고 알게 하신 바 그 비밀의 계시를 좇아 된 것이니 이 복음으로 너희를 능히 견고케 하실 **16:27** 지혜로우신 하나님께 예수 그리스도로 말미암아 영광이 세세무궁토록 있을지어다. 아멘.

3. 화해(和解)와 절충(折衝)

1 **이방인이 유대교로 개종할 필요는 없다[예루살렘교회(사도회의)의 결정].**

행 10:28 이르되 유대인으로서 이방인을 교제하는 것과 가까이 하는 것이 위법인 줄은 너희도 알거니와 하나님께서 내게 지시하사 아무도 속되다 하거나 깨끗지 않다하지말라 하시기로 10:29 부름을 사양치 아니하고 왔노라 묻노니 무슨 일로 나를 불렀느뇨? 10:30 고넬료가 가로되 나흘 전 이맘 때까지 내 집에서 제 구시 기도를 하는데 홀연히 한 사람이 빛난 옷을 입고 내 앞에 서서 10:31 말하되 고넬료야 하나님이 네 기도를 들으시고 네 구제를 기억하셨으니 10:32 사람을 욥바에 보내어 베드로라 하는 시몬을 청하라 저가 바닷가 피장 시몬의 집에 우거하느니라 하시기로 15:7 많은 변론이 있은 후에 **베드로**가 일어나 말하되 형제들아 너희도 알거니와 하나님이 이방인들로 내 입에서 복음의 말씀을 들어 믿게 하시려고 오래 전부터 너희 가운데서 나를 택하시고 15:8 또 마음을 아시는 하나님이 우리에게와 같이 저희에게도 성령을 주어 증거하시고 15:9 믿음으로 저희 마음을 깨끗이 하사 저희나 우리나 분간치 아니하셨느니라. 15:13 말을 마치매 **야고보**가 대답하여 가로되 형제들아 내 말을 들으라. 15:19 그러므로 내 의견에는 이방인 중에서 하나님께로 돌아오는 자들을 괴롭게 말고 15:20 다만 우상의 더러운 것과 음행과 목매어 죽인 것과 피를 멀리 하라고 편지하는 것이 가하니[2]

신15:22 네 성중에서 먹되 부정한 자나 정한 자가 다 같이 먹기를 노루와 사슴을 먹음같이 할것이요, 15:23 오직 피는 먹지 말고 물같이 땅에 쏟을지니라.

갈2:8 베드로에게 역사하사 그를 할례자의 사도로 삼으신 이가 또한 내게 역사하사 나를 이방인에게 사도로 삼으셨느니라. 2:9 또 내게 주신 은혜를 알므로 기둥같이 여기는 야고보와 게바와 요한도 나와 바나바에게 교제의 악수를 하였으니 이는 우리는 이방인에게로, 저희는 할례자에게로 가게 하려 함이라. 2:10 다만 우리에게 가난한 자들 생각하는 것을 부탁하였으니 이것을 나도 본래 힘써 행하노라.

눅2:28 시므온이 아기를 안고 하나님을 찬송하여 가로되 2:29 주재여 이 제는 말씀하신 대로 종을 평안히 놓아 주시는도다. 2:30 내 눈이 주의 구원 을 보았사오니 2:31 이는 **만민** 앞에 예비하신 것이요, 2:32 **이방**을 비추는 빛이요 주의 백성 이스라엘의 영광이니이다 하니

암9:11 그 날에 내가 다윗의 무너진 천막을 일으키고 그 틈을 막으며 그 퇴락한 것을 일으키고 옛적과 같이 세우고 9:12 저희로 에돔의 남은 자와 내 이름으로 일컫는 만국을 기업으로 얻게 하리라 이는 이를 행하시는 여호 와의 말씀이니라.

행15:15 선지자들의 말씀이 이와 합하도다 기록된 바 15:16 이 후에 내 가 돌아와서 다윗의 무너진 장막을 다시 지으며 또 그 퇴락한 것을 다시 지 어 일으키리니 15:17 이는 그 남은 사람들(부르심을 받은 자들)과 내 이름으로 일 컬음을 받는 모든 이방인들로 주를 찾게 하려 함이라 하셨으니

사43:6 내가 북방에게 이르기를 놓으라 남방에게 이르기를 구류하지 말 라 내 아들들을 원방에서 이끌며 내 딸들을 땅 끝에서 오게 하라. 43:7 무릇 내 이름으로 일컫는 자 곧 내가 내 영광을 위하여 창조한 자를 오게 하라. 그들을 내가 지었고 만들었느니라. 43:9 **열방**은 모였으며 민족들이 회집하 였은들 그들 중에 누가 능히 이 일을 고하며 이전 일을 우리에게 보이겠느 냐? 그들로 증인을 세워서 자기의 옳음을 나타내어 듣는 자들로 옳다 말하 게 하라. 49:6 그가 이르시되 네가 나의 종이 되어 야곱의 지파들을 일으키 며 이스라엘 중에 보전된 자를 돌아오게 할 것은 매우 쉬운 일이라. 내가 또 너를 **이방**의 빛으로 삼아 나의 구원을 베풀어서 땅 끝까지 이르게 하리라 ……. 56:6 또 여호와와 연합하여 그를 섬기며 여호와의 이름을 사랑하며 그의 종이 되며 안식일을 지켜 더럽히지 아니하며 나의 언약을 굳게 지키는

이방인마다 56:7 내가 곧 그들을 나의 성산으로 인도하여 기도하는 내 집에서 그들을 기쁘게 할 것이며 그들의 번제와 희생을 나의 제단에서 기꺼이 받게 되리니 이는 내 집은 만민이 기도하는 집이라 일컬음이 될 것임이라.

롬1:16 내가 복음을 부끄러워하지 아니하노니 이 복음은 모든 믿는 자에게 구원을 주시는 하나님의 능력이 됨이라. 첫째는 유대인에게요 또한 헬라인에게로다.

창12:3 너를 축복하는 자에게는 내가 복을 내리고 너를 저주하는 자에게는 내가 저주하리니 땅의 모든 족속이 너를 인하여 복을 얻을 것이니라 하신지라

출19:5 세계가 다 내게 속하였나니 너희가 내 말을 잘 듣고 내 언약을 지키면 너희는 열국 중에서 내 소유가 되겠고 19:6 너희가 내게 대하여 제사장 나라가 되며 거룩한 백성이 되리라. 너는 이 말을 이스라엘 자손에게 고할지니라.

② 율법과 행함에 대한 긍정적 진술

갈5:13 형제들아 너희가 자유를 위하여 부르심을 입었으나, 그러나 그 자유로 육체의 기회를 삼지 말고 오직 사랑으로 서로 종 노릇 하라, 5:14 온 율법은 네 이웃 사랑하기를 네 몸같이 하라 하신 한 말씀에 이루었나니 5:15 만일 서로 물고 먹으면 피차 멸망할까 조심하라.

엡4:26 분을 내어도 죄를 짓지 말며 해가 지도록 분을 품지 말고 4:28 도둑질하는 자는 다시 도둑질하지 말고 돌이켜 가난한 자에게 구제할 수 있도록 자기 손으로 수고하여 선한 일을 하라. 4:29 무릇 더러운 말은 너희 입 밖에도 내지 말고 오직 덕을 세우는 데 소용되는 대로 선한 말을 하여 듣는 자들에게 은혜를 끼치게 하라. 4:30 하나님의 성령을 근심하게 하지 말라. 그 안에서 너희가 구원의 날까지 인치심을 받았느니라. 4:31 너희는 모든 악독과 노함과 분냄과 떠드는 것과 훼방하는 것을 모든 악의와 함께 버리고

4:32 서로 인자하게 하며 불쌍히 여기며 서로 용서하기를 하나님이 그리스도 안에서 너희를 용서하심과 같이 하라.

롬7:12 이로 보건대 율법도 거룩하며 계명도 거룩하며 의로우며 선하도다. **7:14** 우리가 율법은 신령한 줄 알거니와 나는 육신에 속하여 죄 아래에 팔렸도다. **7:15** 내가 행하는 것을 내가 알지 못하노니 곧 내가 원하는 것은 행하지 아니하고 도리어 미워하는 것을 행함이라. **7:16** 만일 내가 원하지 않는 것을 행하면 내가 이로써 율법이 선한 것을 시인하노니 **7:17** 이제는 그것을 행하는 자가 내가 아니요, 내 속에 거하는 죄니라. **7:22** 내 속사람으로는 하나님의 법을 즐거워하되 **7:23** 내 지체 속에서 한 다른 법이 내 마음의 법과 싸워 내 지체 속에 있는 죄의 법으로 나를 사로잡는 것을 보는도다. **7:24** 오호라! 나는 곤고한 사람이로다. 이 사망의 몸에서 누가 나를 건져내랴? **8:10** 또 그리스도께서 너희 안에 계시면 몸은 죄로 말미암아 죽은 것이나 영은 의로 말미암아 살아 있는 것이니라.

13:10 사랑은 이웃에게 악을 행하지 아니하나니 그러므로 사랑은 율법의 완성이니라. **13:8** 남을 사랑하는 자는 율법을 다 이루었느니라.

롬14:1 믿음이 연약한 자를 너희가 받되, 그의 의견을 비판하지 말라.

고전13:13 그런즉 믿음, 소망, 사랑, 이 세 가지는 항상 있을 것인데 그중의 제일은 사랑이라.

❸ 음식 규례에 관한 이견 제시 및 절충

고전8:10 지식 있는 네가 우상의 집에 앉아 먹는 것을 누구든지 보면 그 약한 자들의 양심이 담력을 얻어 어찌 우상의 제물을 먹게 되지 않겠느냐? **8:11** 그러면 네 지식으로 그 약한 자가 멸망하나니 그는 그리스도께서 죽으신 형제라. **8:12** 이같이 너희가 형제에게 죄를 지어 그 약한 양심을 상하게 하는 것이 곧 그리스도에게 죄를 짓는 것이니라. **10:12** 그런즉 선 줄로 생각하는 자는 넘어질까 조심하라. **10:25** 무릇 시장에서 파는 것은 양심을 위하여 묻지 말고 먹으라.

롬14:1 믿음이 연약한 자를 너희가 받되, 그의 의견을 비판하지 말라. **14:2** 어떤 사람은 모든것을 먹을 만한 믿음이 있고 믿음이 연약한 자는 채소만 먹느니라. **14:3** 먹는 자는 먹지 않는 자를 업신여기지 말고 먹지 않는 자는 먹는 자를 비판하지 말라. 이는 하나님이 그를 받으셨음이라. **14:15** 만일 식물을 인하여 네 형제가 근심하게 되면 이는 네가 사랑으로 행치 아니함이라. 그리스도께서 대신하여 죽으신 형제를 네 식물로 망케 하지 말라.

딤전4:3 (*거짓말하는 자들이*) 혼인을 금하고 어떤 음식물은 먹지 말라고 할터이나 음식물은 하나님이 지으신 바니 믿는 자들과 진리를 아는 자들이 감사함으로 받을 것이니라. **4:4** 하나님께서 지으신 모든 것이 선하매 감사함으로 받으면 버릴 것이 없나니 **10:26** 이는 땅과 거기 충만한 것이 주의 것임이니라. **10:27** 불신자 중 누가 너희를 청하매 너희가 가고자 하거든 너희 앞에 무엇이든지 차려 놓은 것은 양심을 위하여 묻지 말고 먹으라. **10:28** 누가 너희에게 이것이 제물이라 말하거든 알게 한 자와 및 양심을 위하여 먹지 말라. **10:31** 그런즉 너희가 먹든지 마시든지 무엇을 하든지 다 하나님의 영광을 위하여 하라.

골 2:16 그러므로 먹고 마시는 것과 절기나 월삭이나 안식일을 인하여 누구든지 너희를 폄론하지 못하게 하라.

행 10:11 하늘이 열리며 한 그릇이 내려오는 것을 보니 큰 보자기 같고 네 귀를 매어 땅에 드리웠더라 **10:12** 그 안에는 땅에 있는 각색 네 발 가진 짐승과 기는 것과 공중에 나는 것들이 있는데 **10:13** 또 소리가 있으되 베드로야 일어나 잡아 먹으라 하거늘 **10:14** 베드로가 가로되 주여 그럴 수 없나이다. 속되고 깨끗지 아니한 물건을 내가 언제든지 먹지 아니하였삽나이다 한대 **10:15** 또 두 번째 소리 있으되 하나님께서 깨끗케 하신 것을 네가 속되다 하지 말라 하더라.

마 15:11 입에 들어가는 것이 사람을 더럽게 하는 것이 아니라 입에서 나오는 그것이 사람을 더럽게 하는 것이니라.

막 7:15 무엇이든지 밖에서 사람에게로 들어가는 것은 능히 사람을 더럽게 하지 못하되 7:16 사람 안에서 나오는 것이 사람을 더럽게 하는 것이니라 하시고 7:19 이는 마음으로 들어가지 아니하고 배로 들어가 뒤로 나감이라. 이러므로 모든 음식물을 깨끗하다 하시니라.

4️⃣ 예루살렘 교회에서 바울의 모금 수령 거절(바울의 4차 예루살렘 방문)

행21:7 두로로부터 수로를 다 행하여 돌레마이에 이르러 형제들에게 안부를 묻고 그들과 함께 하루를 있다가 21:8 이튿날 떠나 가이사랴에 이르러 일곱 집사 중 하나인 전도자 빌립의 집에 들어가서 유하니라. 21:10 여러 날 있더니 한 선지자 아가보라 하는 이가 유대로부터 내려와 21:11 우리에게 와서 바울의 띠를 가져다가 자기 수족을 잡아매고 말하기를 성령이 말씀하시되 예루살렘에서 유대인들이 이같이 이 띠 임자를 결박하여 이방인의 손에 넘겨 주리라 하거늘 21:12 우리가 그 말을 듣고 그 곳 사람들로 더불어 바울에게 예루살렘으로 올라가지 말라 권하니 21:13 바울이 대답하되 너희가 어찌하여 울어 내 마음을 상하게 하느냐! 나는 주 예수의 이름을 위하여 결박받을 뿐 아니라 예루살렘에서 죽을 것도 각오하였노라 하니 21:15 이 여러 날 후에 행장을 준비하여 예루살렘으로 올라갈새 21:16 가이사랴의 몇 제자가 함께 가며 한 오랜 제자 구브로 사람 나손을 데리고 가니 이는 우리가 그의 집에 유하려 함이라. 21:18 그 이튿날 바울이 우리와 함께 야고보에게로 들어가니 장로들도 다 있더라. 21:19 바울이 문안하고 하나님이 자기의 봉사로 말미암아 이방 가운데서 하신 일을 낱낱이 고하니 21:21 (야고보가 말하기를) 네가 이방에 있는 모든 유대인을 가르치되 모세를 배반하고 아들들에게 할례를 하지 말고 또 규모를 지키지 말라 한다 함을 저희가 들었도다. 21:22 그러면 어찌할꼬 저희가 필연 그대의 온 것을 들으리니 21:23 우리의 말하는 이대로 하라. 서원한 네 사람이 우리에게 있으니 21:24 저희를 데리고 함께 결례[1]를 행하고 저희를 위하여 비용을 내어 머리를 깎게 하라. 그러면 모든 사람이 그대에게 대하여 들은 것이 헛된 것이고 그대로 율법을 지켜 행하는 줄 알 것이라. 21:26 바울이 이 사람들을 데리고 이튿날 저희와 함께 결례註[1]를 행하고 성전에 들어가서 각 사람을 위하여 제사드릴 때까지의 결례의 만기된 것을 고하니라.

註[1] 도우심, 또는 받은 은혜를 감사하기 위하여 (나시르 서원) 기간을 정하고 술을 마시지 않으며 머리를 깎지 않고 주검을 만지지 않는다.(민6:1~21)

5 바울의 납치, 가이샤라 수감, 로마 호송

행21:27 그 이레가 거의 차매 아시아로부터 온 유대인들이 성전에서 바울을 보고 모든 무리를 충동하여 그를 붙들고 21:30 온 성이 소동하여 백성이 달려와 모여 바울을 잡아 성전 밖으로 끌고 나가니 문들이 곧 닫히더라. 22:22 (바울)이 말하는 것까지 저희가 듣다가 소리질러 가로되 이러한 놈은 세상에서 없이하자 살려 둘 자가 아니라 하여 23:2 대제사장 아나니아가 바울 곁에 섰는 사람들에게 그 입을 치라 명하니 23:32 (천부장이) 이튿날 마병으로 바울을 호송하게 하고 영문으로 돌아가니라. 23:33 저희가 가이사랴에 들어가서 편지를 총독에게 드리고 바울을 그 앞에 세우니 24:1 닷새 후에 대제사장 아나니아가 어떤 장로들과 한 변사 더둘로와 함께 내려와서 총독(벨릭스) 앞에서 바울을 고소하니라. 24:24 수일 후에 벨릭스가 그 아내 유대 여자 드루실라와 함께 와서 바울을 불러 그리스도 예수 믿는 도를 듣거늘 24:26 동시에 또 바울에게서 돈을 받을까 바라는 고로 더 자주 불러 같이 이야기하더라. 24:27 이태를 지내서 보르기오 베스도가 벨릭스의 소임을 대신하니 벨릭스가 유대인의 마음을 얻고자 하여 바울을 구류하여 두니라. 25:20 내(베스도)가 이 일을 어떻게 사실할는지 의심이 있어서 바울에게 묻되 예루살렘에 올라가서 이 일에 심문을 받으려느냐 한즉 25:21 바울은 황제의 판결을 받도록 자기를 지켜 주기를 호소하므로 내가 그를 가이사에게 보내기까지 지켜 두라 명하였노라 하니 **27:24** (하나님의 사자가) 바울아 두려워 말라 네가 가이사 앞에 서야 하겠고 또 하나님께서 너와 함께 행선하는 자를 다 네게 주셨다 하였으니

🔢 바울의 율법(행함, 음식 규례)에 대한 반대 입장 완화, 조화 시도

딤전1:8 그러나 사람이 **율법**을 법 있게 쓰면 율법은 선한 것인 줄 우리는 아노라. **1:9** 알 것은 이것이니 법은 옳은 사람을 위하여 세운 것이 아니요 오직 불법한자와 복종치 아니하는 자며 경건치 아니한 자와 죄인이며……. 기타 바른 교훈을 거스리는 자를 위함이니

롬3:31 그런즉 우리가 믿음으로 말미암아 율법을 폐하느뇨? 그럴 수 없느니라. 도리어 율법을 굳게 세우느니라.

롬7:12 이로 보건대 율법은 거룩하고 계명도 거룩하고 의로우며 선하도다.

롬8:1 그러므로 이제 그리스도 예수 안에 있는 자에게는 결코 정죄함이 없나니 **8:2** 이는 그리스도 예수 안에 있는 생명의 성령의 법이 죄와 사망의 법에서 너를 해방하였음이라. **8:3** 율법이 육신으로 말미암아 연약하여 할 수 없는 그것을 하나님은 하시나니 곧 죄를 인하여 자기 아들을 죄 있는 육신의 모양으로 보내어 육신에 죄를 정하사 **8:4** 육신을 좇지 않고 그 영을 좇아 행하는 우리에게 율법의 요구를 이루어지게 하려 하심이니라. **8:10** 또 그리스도께서 너희 안에 계시면 몸은 죄로 인하여 죽은 것이나 영은 의를 인하여 산 것이니라. **13:10** 사랑은 이웃에게 악을 행치 아니하나니 그러므로 사랑은 율법의 완성이니라.

엡4:1 그러므로 주 안에서 갇힌 내가 너희를 권하노니 너희가 부르심을 입은 부름에 합당하게 행하여 **4:2** 모든 겸손과 온유로 하고 오래 참음으로 사랑 가운데서 서로 용납하고 **4:3** 평안의 매는 줄로 성령의 하나 되게 하신

것을 힘써 지키라. 4:28 도적질하는 자는 다시 도적질하지 말고 돌이켜 빈궁한 자에게 구제할 것이 있기 위하여 제 손으로 수고하여 선한 일을 하라.

빌2:14-15 모든 일을 원망과 시비가 없이 하라. 이는 너희가 흠이 어그러지고 거스르는 세대 가운데서 하나님의 흠 없는 자녀로 세상에서 그들 가운데 빛들로 나타내며…

빌4:8 끝으로 형제들아 무엇에든지 참되며 무엇에든지 경건하며 무엇에든지 옳으며 무엇에든지 정결하며 무엇에든지 사랑할 만하며 무엇에든지 칭찬할 만하며 무슨 덕이 있든지 무슨 기림이 있든지 이것들을 생각하라. 4:9 너희는 내게 배우고 받고 듣고 본 바를 행하라. 그리하면 평강의 하나님이 너희와 함께 계시리라.

고전7:19 할례받는 것도 아무것도 아니요 할례받지 아니하는 것도 아무것도 아니로되 오직 하나님의 계명을 지킬 따름이니라.

골3:11 거기는 헬라인과 유대인이나 할례당과 무할례당이나 야만인이나 스구디아인(흑해북쪽의 스키타이족)이나 종이나 자유인이 분별이 있을 수 없나니 오직 그리스도는 만유시요 만유 안에 계시니라.

고후 9:8 하나님이 능히 모든 은혜를 너희에게 넘치게 하시나니 이는 너희로 모든 일에 항상 모든 것이 넉넉하여 모든 착한 일을 넘치게 하게 하려 하심이라. 9:9 기록된 바 저가 흩어 가난한 자들에게 주었으니 그의 의가 영원토록 있느니라함과 같으니라.[註: 시 112:9, '흩는다'라는 말은 아끼지 않고 후(厚)하게 준다는 뜻]

골 1:10 주께 합당히 행하여 범사에 기쁘시게 하고 모든 선한 일에 열매를 맺게 하시며 하나님을 아는 것에 자라게 하시고

롬 12:9 사랑엔 거짓이 없나니 악을 미워하고 선에 속하라. 12:10 형제를 사랑하여 서로 우애하고 존경하기를 서로 먼저 하며 12:13 성도들의 쓸 것을 공급하며 손 대접하기를 힘쓰라.

딛1:16 그들이 하나님을 시인하나 행위로는 부인하니 가증한 자요 복종

하지 아니하는 자요 모든 선한 일을 버리는 자니라.

고전8:4 그러므로 우상의 제물 먹는 일에 대하여는 우리가 우상은 세상에 아무것도 아니며 또한 하나님은 한 분밖에 없는 줄 아노라. **8:9** 그런즉 너희 자유함이 약한 자들에게 거치는 것이 되지 않도록 조심하라. **8:10** 지식 있는 네가 우상의 집에 앉아 먹는 것을 누구든지 보면 그 약한 자들의 양심이 담력을 얻어 어찌 우상의 제물을 먹게 되지 않겠느냐? **8:11** 그러면 네 지식으로 그 약한 자가 멸망하나니 그는 그리스도께서 위하여 죽으신 형제라. **8:13** 그러므로 만일 식물이 내 형제로 실족케 하면 나는 영원히 고기를 먹지 아니하여 내 형제를 실족치 않게 하리라.

빌1:18 그러면 무엇이뇨 외모로 하나 참으로 하나 무슨 방도로 하든지 전파되는 것은 그리스도니 이로써 내가 기뻐하고 또한 기뻐하리라.

롬14:2 어떤 사람은 모든 것을 먹을 만한 믿음이 있고 연약한 자는 채소를 먹느니라. **14:3** 먹는 자는 먹지 않는 자를 업신여기지 말고 먹지 못하는 자는 먹는 자를 판단하지 말라 이는 하나님이 저를 받으셨음이니라. **14:15** 만일 식물을 인하여 네 형제가 근심하게 되면 이는 네가 사랑으로 행치 아니함이라. 그리스도께서 대신하여 죽으신 형제를 네 식물로 망케 하지 말라. **14:16** 그러므로 너희의 선한 것이 비방을 받지 않게 하라. **14:17** 하나님의 나라는 먹는 것과 마시는 것이 아니요 오직 성령 안에서 의와 평강과 희락이라.

🔳 동역자들과의 화해

골4:10 나와 함께 갇힌 아리스다고와 바나바의 생질 마가와(이 마가에 대하여 너희가 명을 받았으매 그가 이르거든 영접하라)

딤후4:11 누가만 나와함께 있느니라. 네가 올 때에 마가를 데리고 오라. 그가 나의 일에 유익하니라.

몬:24 또한 나의 동역자 마가, 아리스다고, 데마, 누가가 문안하느니라.

벧후3:15 또 우리 주의 오래 참으심이 구원이 될 줄로 여기라. 우리가 사랑하는 형제 바울도 그 받은 지혜대로 너희에게 이같이 썼고,

프롤로그

신약성경 특히 바울서신을 읽다 보면 믿는 자의 입장에서 난처하고 정말 일까 하는 의문스럽고 민망한 사건과 언사들을 접하게 된다.

바울과 베드로가 충돌하는 안디옥 현장, 바울의 1, 2차 전도 역정에서 마가와 바나바의 이탈 사건, 바울과 예수님의 원천 제자들과의 불편하고 긴장된 관계, 바울의 율법 비하 발언 등이 그것이다. 그리고 무엇보다 하나님은 왜 당신이 선택하신 이스라엘을 멸망시키고 당신의 백성들을 흩으시며 그토록 준엄하게 벌하시는가.

앞서 관련 성구를 나열하였지만 지금부터 독자들은 성경을 옆에 두고 편자가 거론하는 거론하는 논설의 해당예시나 성구를 찾아보면서 확인해 주기를 바란다.

바울은 자신이 주님으로부터 이방인 사역자로 직접 임명받은 사도라고 자칭한다. 다른 그 어느 누구에게도 받거나 배우지 않았다는 것이다.(갈1:12, 고후, 빌, 롬1:1과 딤전1:12) 자신이 주의 종, 부르심을 입은 자, 갇힌 자라 하거나(빌 1:13, 몬1:1, 엡4:1-4) 심지어 창립사도들과 마찬가지의 위격(位格), 아니면 더 높이 쓰일 그릇으로 직접 주님으로부터 자격을 부여받았음을 계속 강변한다.(갈1:1) 그의 사도됨을 의심하는 신도들에게는 하나님의 뜻에 따라 응당한 직분을 받았다고 주장하지만(고전, 갈, 엡, 딤후 등의 1:1과 살전2:4, 딛1:3) 그의 강론 중 한때 무심코 뱉은 대로 자천(自薦)했다는 말은 거짓 사실의 부지불식간 고

백인 셈이다.(고후 6:4)

이 때문인지 모르나 바울은 주님의 열두 제자와 대면을 꺼려하고 그들로부터 가르침을 받은 사실이 알려지는 것에 대한 변론들을 기피하고자 했던 것 같으며(갈1:17) 애써 그들의 영향을 받지 않은척 하였고 결단코 복종하거나 열등한 자세로 보이기를 원하지 아니하였으며(갈2:5) 그들과 무관하게 독립된 자이거나, 외려 우월한 자로 교인들이 인정해 주길 바라고 있다.(갈 2:3-8) 스스로 작은 자, 신도 박해자, 사도로 칭함 받음을 감당하지 못할 자라 겸손스레 말하다가도(고전15:9) 모든 사도보다 더 많은 수고를 하였고(고전9:10) 크다는 사도들보다 부족함이 없으며 오히려 헬라 지식이 많아 주님으로부터 직접 인정과 이방 전도에 쓰일 그릇으로 세움 받았고 만유 위의 한 분 하나님의 비밀한 경륜을 깨닫게 됐다고 자고(自高)하는 교만을 보였다.(갈2:6, 고후11:5-6)

겸손, 온유(빌2:3, 고전 13:4), 오래 참음(딤전1:16, 딤후4:2), 피차 허물을 덮어 주고 용납(갈6:1-2)하여 성령 안에서 하나 되라고(엡4:13) 가르치는 그의 어록이 무색하게 스스로 언행 불일치를 보이는 곡절을 알아보기 위해 성경에 노정되는 사건 장면과 기록들을 정독 분석하고자 한다.

성경에 기록된 사건을 따라 본문을 전개하기 전에 여기서 우리는 바울 당시(제2 성전시대: BC 200-AD 200)의 유대인 세계를 살펴봐야 한다.

우리의 관점에서 이 시대의 유대인은 네 부류로 나누어 볼 수 있다.

첫째, 구약만 믿는 유대인(히브리인註2) 유대교인)
둘째, 신, 구약 모두 믿는 히브리인 예수교인
셋째, 이방으로 이주한 바리새인(헬라파 유대인)
넷째, 이방으로 이주한 신약 유대인(헬라파 유대계 그리스도인)

註2) 히브리인이란 메소포타미아 유브라데 강을 건너온 아브라함의 손자 야곱의 12명의 아들들의 자손으로서 BC 2000년대 말 가나안(팔레스타인)을 정복한 사람들을 가리킬 때 사용하는 말이다. 이때부터 BC 6세기 말 바빌로니아 유수(留囚)에서 풀려나 다시 팔레스타인으로 돌아오는 시기까지는 이스라엘인이라고 하며, 그 뒤부터는 유대인이라고 부른다. { 출처: 다음백과 }

위 셋째, 넷째 그룹을 우리는 디아스포라(이방세계에 흩어져 사는) 유대인이라 부른다.

1세기경 이방세계에는 5-6백만 명의 유대인이 살았고 알렉산드리아에 18만 명, 로마에 5만 명이나 살았다고 한다.[1]

여기에 훗날 주류 다수가 되는 이방인 신자들(이방인 그리스도인: 예루살렘 패망 후 안디옥 교회에서부터 처음 호칭됨)과 불신자들이 바울의 주 교육, 전도 대상이 된다.

바울의 전도 여행 중 만난 시리아, 길리기아, 아시아, 마케도니아, 아가야(그리스), 일루리곤, 심지어 로마에는 위의 넷째 그룹에 의해 이미 교회 공동체가 태동, 부흥되고 있는 곳이 많았었다. 이들은 아마도 예수님 생전에 직접 그의 표적과 설교, 부활, 승천을 보았거나 전해들은 소수의 유대인 생존자와 유월절 성전참배차 예루살렘에 왔던 디아스포라 유대인들, 또 오순절 베드로의 설교와 성령 강림 상황을 듣고 보고 체험한 이후에 신도가 된 무리와 또한 그들로부터 전해 듣고 믿게 된 각 지역 기존 정착 유대인과 이방인들일 게 틀림없다. 정착 유대인이란 바빌론 포로 귀환과 분산시대까지 거슬러 올라가서 정책적으로 골로새, 라우디게아, 히에볼리(골2:1,4:13), 본도, 갈라디아, 아시아, 갑바도기아, 비두니아, 브루기아, 구레네, 아라비아, 구브로, 애굽 등 지중해 동부 연안 지역 위아래로 흩어 보내졌던 조상을 가진 사람들을 포함한다.(행2:5, 9-11, 벧전1:1)

당연히 그들 중 당시 대부분 그리스도인이 된 자들의 신앙표상(信仰表像), 혹은 롤 모델은 베드로와 요한 등 열두 사도이다.

앞서 발췌, 인용하여 예시한 성경 본문에서 보듯 이들은 체질상 잠재한 구약 바리새적 유대 사상이 몸에 배어 있거나 알게 됐기 때문에 바울이 하는 말이 거슬리기도 하지만 직접 만지고 보고 들은 바를 전하는 예루살렘 교회 사도(요일1:3)가 아닌 바울의 권위를 당연히 경시(輕視) 내지 무시하였을 것이다.(딤후1:15)

그들에게 자신의 사도직을 승인시키려고 적들의 교회와 투쟁하고 비난을 물리치고 대적의 선동에 압도된 기존 신자들을 회유하여 되찾으려는 바울의 노력과 열정과 고민이 처절하다.

성경을 보면 바울은 결코 초연한 사람이 아니다. 매사에 적극적이며 열성적이다. 온갖 자변, 흥분, 눈물, 비분, 호소, 달램, 저주, 풍자, 원사도나 예루살렘 교회에 대한 비예속성과 독자성 자랑 등이 동원되는 그의 서신을 어쩌지 못하고 봐야 한다.

바울

그의 서신과 누가의 사도행전 진술을 통해 우리가 아는 것은 어린 시절 길리기아 다소(Cilicia Tarsus)에서 나서 자랐고(AD5-6?) 아마도 예루살렘에 이주(移住)?하여 교육 기간 일부를 힐렐학파의 거두(巨頭) 가말리엘 문하에서 사사했으며(행21:39,22:3,23:34) 독신?(고전7:8)으로 지냈다는 것이다.

이 시절은 로마제국의 옥타비아누스[Octavianus(BC27-AD14)], 디베리우스[Tiberius,(AD14-37)], 갈리굴라[Gaius Caesar or Caligula(AD37-41)] 황제들이 호령하던 때이다.

그러나 바울이 갈릴리 예수님을 살아생전에 육신으로 직접 만났다는 증거가 없다.(바울은 스스로 그의 유년 시절과 청년기를 상세히 밝히지 않는다.) 바울이 회심하여 예수 운동에 참여한 것은 주후 37(혹은 34-5)년경 이후(예수 사망 3-4년 이후)이기 때문이다. 바울의 파견 선교는 로마에서 유대인 추방령을 내린 글라우디오 황제(Claudius, AD41-54) 시절이며 이때 유대 왕(아그립바 1세)이 심장마비로 죽자(AD41-44), 이스라엘은 쿠마누스(Cumanus, AD48-52) 총독부가 직접 통치하

였다. 글라우디오가 죽고 네로가 황제위에 오르자 17세에 유대 왕위를 이어

받은 아그립바 2세(AD56-95)는 유년 시절 로마에서 정략적 볼모 신세로 궁중

에서 자라면서 사귄 여러 황가 인사, 황족들과 친분이 깊었던 관계로 위세

를 뽐내던 때이다.

바울의 열성적이고 간곡한 가르침에도 불구하고 세움을 받은 지도자나

신자들이 그가 떠난 사이에 예루살렘으로부터 온 사절들에게 다른 가르침

을 새로 받아 교인들을 포섭해 혼란을 가중시키고(갈3:1,4:17, 고후11:15-23, 딛

1:14) 바울을 편지로는 근사하고 그럴듯해도 직접 대면하면 약골이고 언사

가 시원치 않다는 둥 비하하며(고후10:10,11:6) 어떤 이는 대립적인 사도 행세

를 대행하고(고전1:11-12, 딛1:10) "부활은 지나갔다."라고 하며(고전15:12, 딤후2:17-

18) 바울을 멸시하고 기피하는 경향이 일기 시작하였다.(딤후4:14-16)

그들에게는 바울이 디아스포라 유대인 교도 중 회심한 똑똑한 한 사람의

전도자였을 뿐이며 매번 존경과 사랑, 능멸, 시기, 멸시, 의심, 혐오가 교차

하는 성격의 언짢은 사람이었다. 예수는 알려거나 말하지 않고 십자가 죽음

과 부활만 전하며 자신이 예수처럼 십자가에 죽었다는 참칭이 바울에 대한

그들의 화를 돋우는 것이다.

"내가 너희 중에서 예수 그리스도와 그의 십자가에 못 박히신 것 외에는 아무것도

알지 아니하기로 작정하였음이라."(고전 2:2) "그리스도께서 약하심으로 십자가에 못

박히셨으나 오직 하나님의 능력으로 살으셨으니 우리도 저의 안에서 약하나 너희를

향하여 하나님의 능력으로 저와 함께 살리라."(고후 13:4)

예수의 부활을 옷 입고 자기도 새롭게 되살아났다는 것이다.

"내가 그리스도와 함께 십자가에 못 박혔나니 그런즉 이제는 내가 산 것이 아니요

오직 내 안에 그리스도께서 사신 것이라."(갈 2:20) "또 그리스도께서 너희 안에 계시면

몸은 죄로 말미암아 죽은 것이나 영은 의로 말미암아 살아 있는 것이니라. 예수를 죽

은 자 가운데서 살리신 이의 영이 너희 안에 거하시면 그리스도 예수를 죽은 자 가운

데서 살리신 이가 너희 안에 거하시는 그의 영으로 말미암아 너희 죽을 몸도 살리시리라."(롬8:10-11)

그를 반대하는 사람들의 언사, 소문들에 대해서 대담한 자신감을 드러낸다.

실례로 바울에 의해 거명된 몇몇 똑똑한 사람 중에 에베소 교회의 후메네오, 알렉산더, 허게모네, 부겔로, 빌레도(딤전1:19-20, 딤후1:15,2:17) 등을 성경에서 알 수 있는데 이들 중 몇은 부활과 심판이 실제가 아니고 영적인 것이라거나 부활 같은 것은 아예 없다고 강론하다가 출교, 시비사태가 벌어지는 와중에(딤후4:14) 많은 이의 믿음을 무너뜨림과 자신의 위격이 침탈 위기에 봉착한 바울은 교인들에게 자기만 본받기를 애타게 호소한다.(고전9:1-2, 4:16, 딛 1:14) 때로는 배신감에 흥분하여 당장 매를 들고 달려갈까 하고 위협하기도 하였다.(고전 4:21)

"너희를 대하면 겸비(謙卑)하고 떠나 있으면 담대한 나 바울은 이제 그리스도의 온유와 관용으로 친히 너희를 권하나 너희를 파하려고 한 것이 아니요 세우려고 한 것이니 내가 이에 대하여 지나치게 자랑하여도 부끄럽지 아니하리라."(고후10:1,8)

이 말은 고린도 공동체의 반바울파 인사들의 비난 소문에 대한 응대이자 역공(逆攻)을 위함이다.["내가 사도가 아니냐? 내가 사도됨을 인친 것이 너희라."(고전9:2) "누가 와서 다른 예수를 전파하고 다른 영을 받게 하거나 다른 복음을 주는 것을 너희가 잘도 용납하는구나."(고후14:4) "그리스도의 십자가 죽음이 너희에게 밝히 보이거늘 누가 꾀더냐?" "그들이 너희에게 열심인 것은 좋은 뜻으로 하는 것이 아니라 우리를 이간질시켜 저희 뜻대로 하려 함이다."(갈4:18) "내가 다시 가게 되면 (내 가르침을 어긴 자를) 절대 용서치 않겠다."(고후13:2) "나도 참다 못하여 너희 믿음을 알아보려고 디모데를 보냈지만 (너희의 완고함이 나에게 수소문되니) 우리가 행한 수고가 헛될까 두렵다."(살전 3:5) 역시 디모데는 고린도 교회의 냉대를 받고 실패한다. 바울은 다시 디도를 보내어 유약한 디모데가 못 이룬 고린도 교회분의 예루살렘 구제 모금 수령을 완수시킨다. 아시아, 마게도

니아 교회에서는 유대인이 毁방꾼이었으나 고린도는 주 말썽꾼이 제우스를 함께 섬기는 헬라
인 교인들, 즉 교회 내부 인사들이 더욱 애간장을 태우는 것이었다.]

당시에 바울은 그 독특한 성정대로 견딜 수 없이 화가 치밀었음이 분명하다.(고후 11:14) 상대 주적(主敵) 전도자를 구체적으로 거명은 않지만 "저들은 거짓사도요, 가장하는 자요, 궤휼의 역꾼"이라며 깎아내리고 비난함을 서슴지 않는다.(고후 11:13) 바울은 자신이 낳은 자녀들이 하나님을 알고 그리스도의 형상을 닮도록 해산하는 고통과 수고를 했는데 그들의 의심스런 눈초리와 행동반응에 분노하는 것이다.(갈4:19-20)

주 사망 후 3-4년까지만 해도 예수교에 대하여 분노에 가득 찬 적대자였던 베냐민지파 유대인 바울(사울, 히브리어 이름, 갈1:13, 행22:4)은 다메섹(Damascus) 도상에서 실명하여 주님의 환시(갈1:12)와 혼절하여 무아경 중 셋째 하늘(三層天)에 오르는 신비체험을 하게 되고(고후12:1-4) 아나니아(Ananias)에게 부축과 간병받고 다메섹(행4:36)에 와서 세례받았다.(아나니아는 바울을 안수하고 주님 말씀을 전하여 세례요한의 제자였던 안드레가 형 베드로를 예수께로 인도한 것과 같은 역할을 하였다.)

후에 안디옥에서 바나바(Barnabas)와 구레네 시몬(Simeon, Niger, Lucius of Cyrene) 등의 조력으로 예수님과 십자가의 도(道)를 상당 부분 터득했던 모양이다.(행 11:25-26) 건강 회복 후 바로 다메섹에 가서 그의 장기인 회당 전도를 시도하다가 예상하지 못한 유대인의 반발과 생명 위협을 처음 받고 아라비아로 도망하였다.(AD29-32, 혹은 35) 그곳에서도 헤롯가와 정치적 이유로 통혼했던 아레다 4세(Aretas IV) 왕의 체포령으로 예루살렘으로 피신했는데 친척 안드로니고(롬 16:7)의 집에 유하면서 원사도 접견을 위해 그들의 거처 마가의 집에는 가지 않고 곧바로 성전에 들러 '예수는 주'라고 설파하다가 혼쭐나고 바나바의 도움으로 가이샤라(Carsarea)를 경유 고향 다소(Tarsus)로 도망

한다.(고후 11:32, 행 9:23-30)

　　회심 초기에는 그가 요단강 동쪽 사막 아라비아(아레다4세왕 영토이며 유적지로 오늘날 유명한 페트라왕궁유적이 있는 나바테아(고후 11:32), 거라사와 필라델피아(암만)같은 도시, 데 가볼리 혹은 베뢰아 지방(욜단)로 갔다고 했는데 피신을 위해서 혈육과 지인들, 그리고 예루살렘 사도들과의 접촉을 꺼려 하였다.(갈1:16-17, AD33) 아마 원사도 들과의 조우를 어려워했거나 그의 동선(動線)이 노출되어 유대인들에게 잡힐 것을 우려했던 것 같다. 아라비아에서 바울의 삶은 그에게 신학적으로 중요한 모멘텀이 되었을 것이라는 역사 비평가가 있다.[2] 당시 유대에서는 모세가 토라를 받은 시내산이 나바테아 남부였다고 믿었고 그곳에 있는 하그라라는 도시명은 아브라함의 첩 하갈의 이름을 딴 것으로 전해진다. 종의 신분인 그녀는 모세의 법 아래 삶을 의미했고 그리스도의 은혜로 모세의 법으로부터 해방된 그리스도인들의 효과적인 구원 자격에 관한 바울 교리 형성의 계기가 이때였다고 짐작할 수도 있다.

　　그즈음, 바울은 불안한 이스라엘과 로마제국 정세를 경험하였다. 34년 헤롯 안디바스(헤롯대왕의 차남)는 나바테아 영토에 침입하여 사해 남부 지역에 이스라엘 정착촌을 건설하려다가 아레다 왕의 역습을 받고 패퇴하고 그로 인해 로마의 신뢰를 잃고 멀리 갈리아 지방의 루그두눔(현재의 프랑스 리용)으로 유배당하고 만다. 보통 갈릴리 유대인은 세례요한을 죽인 그의 죄를 하나님이 물으신 것으로 생각하였다. 바울도 유대인이라 당연히 그곳에 머물 수 없게 되어 3년 아라비아생활을 접고 다메섹으로 피했다가 고향 다소로 간 것이다. 여기서 바울은 길리기아로 출발하기 전 게바를 심방하려고 예루살렘으로 갔다고 했다.(갈1:18) 먼저 사도된 자들(갈:17)을 만나지 않으려고 3년을 유대 땅 주변만 맴돈 것이 잘못된 판단이라 깨달은 걸까?

　　그런데 사도행전서에서 누가는 다메섹에서 유대인의 위협을 피해 바울을 예루살렘과 다소로 이끈 것은 바나바였다고 하였다.(행 9:27) 바울을 달가워 않는 베드로와 야고보를 바나바는 적극 설득하여 바울이 진정 어떻게 예수를 믿게 됐는지 어떻게 회당을 찾아다니며 예수가 주라는 사실을 전파해서 유대인이 붙잡아 죽이려 하는지를 해명해 주었다고 하였다. 아무튼 바울은 이 장면에서 바나바에 대해서 그의 편지 내용에서 언급이나 고마움을 표하지 않았다. 예수님의 제자와 예수 공동체의 수장에게 소개해 주고 교육받게 해 주고 다소에 피난을 가는 편의를 제공한 바나바에게 말이다.

하여간 바울은 회심 3년 만에 뜻을 가지고 용기를 내어 게바를 만나려고 예루살렘에 올라갔다.[1차 방문, AD34] 가긴 했으나(갈1:18) 베드로와 야고보 외에 아무 사도도 만나지 않았다고 했고(갈1:19) *다른 사도들은 교회 핍박자였던 그를 두려워해서 일부러 피했거나 열방전도에 나가서 현지에 없었을 수도 있다.*] 그들의 가르침을 받지 않고 2주 정도만 체류했다고 발명(Vindication)함으로써 주님과 직통하는 독립되고 구별된 사도 위격에 진배없음을 인정받고자 했다.(갈1:20)

갈라디아 여러 교회에 보내는 서신에서 "나는 내 복음을 어떤 이로부터도 받지 않았고 배운 바도 없다."(갈 1:12) "저 유명한 이들은 내게 더 지워준 것이 없다."(갈 2:6) "유명하든 아니든 나와는 상관없고 사람의 외모를 취하지 않으시는 하나님이 역사하사 나를 이방인의 사도로 삼으셨다."(갈2:6-8)라며 오직 매개자 없이 직통 계시로 말미암아 임무 부여받았음을 주장하는 것이다. 설령 주님 제자들에게서 (많이) 배우지 않았다는 주장이 사실이라고 하더라도 다메섹 도상에서 눈멀음과 실신, 아나니아(Ananias)의 도움으로 시력과 기운을 회복할 때까지 간병과 그리고 세례까지 받은 정황상 아무 도움도 없이 독학각성으로 예수를 믿게 됐을 개연성은 없어 보인다.(행 9:18) 아나니아는 예수님의 명을 받고 바울을 안수하고 세례준 사람이다.(행 9:17)

바울은 이제 기가 살아서 담대하게 예루살렘 성전에 가서도 전도하다가 또다시 물의를 일으키고 다소로 피신했고 이 무렵 베드로도 사마리아 해안 지방으로 전도 여행을 떠난다.(행9:32 이하)

그리고 10년 뒤에 안디옥에 와서 바나바, 니게르시몬 등에게서 부족하나마 예수님의 말씀과 이적과 역사를 전해 받은 것이 간접적 주님 면담이라고

들 하고 모두 아는 사실인데 이것이 특별사도를 자칭하는 바울로서는 못내 개운치 않은 이력(履歷)이 된 것이다.

다메섹에서 자기가 영접한 예수를 메시아라 전파하다가 유대인들의 살해 위협을 받고 광주리를 타고 한밤중에 성벽을 넘으면서 야간 탈출한 사실과 예루살렘으로 간 사실은 두 저자(바울과 누가)의 말이 일치하나 원사도들을 만날 때 스데반 죽음 당시에 돌매질 무리에게 적극 동조했던 그를 잘 아는 주위 교인 모두가 예수 추종자들을 추적하고 잔해하려던 바울의 경력을 두려워해서 기피하고 그런 자가 주님 제자가 되었다는 소문이 도무지 믿기지 않았지만(행 9:26) 결국, 교회 통합이 소망인 누가는 후에 바나바의 주선으로 사도회의에 함께할 수 있었음을 의도적으로 평화적으로 기록하고 있다.(행 9:27-28) 그러나 정작 왜 바울이 회심 후 3년 만에 처음으로 베드로를 만나려고 했으며 방문 목적이 무엇이었는지, 2주간(갈 1:18)의 시간에 무슨 얘기를 했는지, 무엇을 들었는지 설명이 전혀 없는 것도 독자에게 친절한 누가의 모습이 아니다. 목적에 대해서는 의당 바울 자신도 함구한다. 원하는 합일의 성과나 담소를 소개할 만큼 환대받거나 화평적이지 못했던 모양이다. 그러니 응당 야고보 등도 이에 대해서는 말이 없는 것이다.

바울이 아라비아 생활 동안 무엇을 생각했을까?

그가 통달하다시피 하고 심취했던 유대 율법에 비견해서 예수를 다시 바라본 것은 아닐까? 그가 다메섹에서 안수받고 전해 들은 예수 어록과 예수 행전의 구약에서 말하는 메시아의 모습이 예수와 겹치는 사실을 발견하였을까?

이런 느낌이 길리기아 대피 시까지 연장되고 궁금증이 증폭되자 아무래도 잘난 사도들을 만나야 할 절실함 때문에 용기를 내어 회심 후 3년과 14년, 두 번 예루살렘으로 올라간 것이다.

바울은 한결같이 복음은 다메섹 도상에서 주님으로부터 직접 계시로 받앗다고 주장해 왔다. 결코 주님을 보고 듣고 만지며 함께 생활한 원사도들(요일 1:1) 어느 누구로부터도 전해 받거나 배운 것이 아니라고 했다.(갈1:12) 하나님 앞에서 거짓이 아니라고 맹세까지 한다.(갈1:20)

그런데 고린도전서 15장 3절에서는 "받은 것을 전한다."라고 태연히 말한다. 부활을 부정(고전15:12)하는 고린도 교인 어떤 이들에게 사도와 숱한 목격자를 증거하면서(고전15:5-8) 경황없이 대처하기만 집중하다가 실수한 것처럼 보이기도 하나 베드로에게서 예수님에 관하여 미처 몰랐던 정보를 상당 분량 전수받았을 것이라는 정황을 눈치채도록 실토하고 만 것이다.

Sanders[5-1)는 두 서신 중 하나는 거짓말을 하고 있다고 조롱한다.

여타 예수 정보는 안디옥이나 기존 디아스포라 교회에서 얻어 들었을 것이다. 왜냐하면 바울의 전도 지역 대부분이 이미 헬라파나 피난 온 유대파 교인들이 살고 있는 곳들이었기 때문이다. 갈라디아 지역에서는 바울에 대한 불신과 무시가 너무 증가해서 이 벽을 허물기 위해 자신을 구별되게 스스로 추켜세운다는 것이 무리한 억지 주장이 되고 만 것으로 보인다.

그러나 우리는 이 첫 방문이 원교회 지도자를 만나야 하는 바울의 기피할 수 없는 필요 정황임을 짐작한다. 아마 자기 나름의 예수 선포에 대한 본 교회의 용납과 자기 변증과 함께 전도자와 사도 자격을 부여받기 위한 면담 결심과 절차이기도 하였을 것이다. 그에게는 자신의 전력을 잘 알고 있는 신자들과의 갈등이나 대립이 사역 과정에서 이미 큰 방해 거리로 작용했고 이 때문에 원교회와의 신뢰적 유대 맺음을 과시하는 것은 필수 조건이었을 것이며 그래서 보증과 도움받기를 원했음이 짐작된다. 이때는 어떤 선한 결실 거둠이 실패하였지만 후일 이 같은 갈등 정황(이방 교인의 할례와 회식, 음식물 가림 문제)이 안디옥 교회 교인 간에 실제로 불거져서 교회 차원의 해결책 모색을 위해 예루살렘 방문(3차)이 공식적으로 일어났던 것이다.

그의 회심과 사역이 주님으로부터 직접 부여받은 계시로 비롯되었다는 그의 주장(갈1:11-16)에도 불구하고 우리는 베드로와 야고보를 만난 15일간의 짧지 않은 1차 예루살렘 교회 방문 체류 기간이 예수의 죽음과 부활 사건을 겪은 살아 있는 확실한 증인으로부터 생생하게 전수받아 십자가 '피복음'이 '하나님의 구원 사건'이라는 교리의 방향과 기본 틀을 잡는 데 중대한 단초가 되었을 것이라는 느낌을 지울 수 없다.[2,3] 물론 이 기간에 베드로로부터 전수받은 예수 소식이 충분할 수는 없었을 것이지만 이후 바울이 전개하는 다음과 같은 사변과 논리를 촉발하는 기시점(起始點)이 되지 않았을까 한다. 그가 직접 받았다는 예수님의 계시(갈1:12)는 하나님 은혜의 경륜이고 감추어진 비밀인데(엡3:2-3, 롬11:25-26) 이것은 하나님의 영광을 드러낼 수 있는 빛이다.(고후 4:6) 즉, 이 비밀은 죄로 죽은 자를 불구덩이 가운데서 살리시는 하나님의 구원 사건을 말한다. 이 묵시(墨施, Apocalypsis)[55]가 바울에게는 만민 구원을 위한 첫 수혜이고 구원의 완성 단계는 아직 이루어지지 않았다. 완결은 종말론적 재림 사건(고전1:7, 살전1:10, 골3:4)에 연계되어 가려질 것이다. 구원의 서정(序程)에 관해서는 뒤에 거론하기로 한다. 바울 자신에 비추어 볼 때는 다메섹에서의 실명(失明) 사건이 구원의 선취(先取)인데 아무도 이 비밀을 모르고 이해하지 않으니 터득한 자기가 스스로를 알림 차원에서 선포할 수밖에 없다는 것이다.

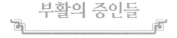

부활의 증인들

부활이 없다는 일부 고린도 교인들(고전 15:12)에게 바울은 그리스도의 살아나심(나타나심)을 증거할 수 있는 인사들을 열거하면서 설명한다.(고전15:4-7)

"장사지낸 바 되었다가 성경대로 사흘 만에 다시 살아나사 게바에게 보이시고 후에 열두 제자에게와 그 후에 오백여 형제에게 일시에 보이셨나니 그 중에 지금까지 태반이나 살아 있고 어떤 이는 잠들었으며 그 후에 야고보에게 보이셨으며……."

심지어 자신마저 증인에 포함시킨다. 용감하게도 미숙아로 태어난 가장 작은 자인 나에게도 맨 나중에 보이셨다고 결정적인 증인 명단에 자신을 끼워 넣는다.(고전15:8) 위에서 '맨 나중'이라 함은 자기가 증인군에 합류하자마자 그 문이 닫혔으며 그 뒤로부터는 또 다른 더 이상의 증인이 없다는 강한 의미이며 앞으로도 끊임없이 나타날 대적자들을 미리 견제하려는 뜻이 읽히는 대목이다.[2,3]

증인이라 함은 문제가 된 사건에 대하여 자기가 목격하고 청취한 진실을 진술할 수 있기를 기대받는 사람이다.

바울은 무덤 근처에서 예수님 부활하신 현장을 맨 처음 보고, 말씀 듣고 발을 감싸 쥐며 기쁨의 눈물을 흘린 여인들(21:61, 28:1)을 증인 등수에서 모두 빼 버리고 아예 거론치 않는다. 네 복음서에는 장사된 지 사흘째(안식일이 끝난) 새벽까지 시신에 바를 향유를 가지고서 밤새 두 병사가 지키는 무덤 앞에서 허락을 받고자 기다리던 막달라 마리아를 위시해서 야고보(알패오의 아들)의 어미 마리아(마 28:9)와 세베대의 처 살로메(막 16:9), 요안나(눅 24:10), 다른 마리아(글로바의 아내, 요 19:25) 등 여러 여인을 예수 부활 목격자의 맨 먼저 순위로 밝히고 있다. 여기서 다른 마리아의 남편 글로바는 예수의 삼촌이라고 유대 역사가 요세푸스가 밝혀냈다.(Wikipedia) 그도 실의에 빠져 도피하던 엠마오 도상에서 다른 한 제자와 함께 예수를 만났으나(눅 24:13-16) 처음에는 부활하신 예수를 알아보지 못했다.

당시 바리새인을 포함한 중동 지역(이교도 포함)의 성차별적 정서로 보면 여자를 증인으로 챙길 수는 없고 증거 능력도 인정되지 않는다. 아마 바울의 헬라적 생각이 이와 같았던지, 베드로가 여인들의 목격담을 알려 주지 않은 것인지 우리는 알 수 없다. 바울은커녕 베드로를 비롯한 제자들마저 마가네 다락방에 숨어 슬퍼만 하고 여인들이 전갈하는 부활 소식을 믿기 어려워하였다. 베드로와 요한 등은 소식을 듣자마자 달려갔으나 무덤은 이미 텅 비어 있었던 것이다. 6.25 동란 때 빨치산에게 두 아들을 잃은 손양원 목사는 "기독교는 타 종교와는 달리 교조(敎祖)의 무덤이 없는 특징을 가진 종교이다."라고 말했다고 한다.[3]

그러고 나서 바울은 되려 반문한다.

"내가 사도가 아닙니까? 내가 주를 뵙지 못하였습니까?"(고전 9:1)

직접 부르심을 받았고(갈 1:1), 직접 보았고(고전 9:1, 15:8), 직접 복음을 받았으며(갈 1:12) 직분을 받았다(딤전 1:12)는 주장이다. 미안하나 역사 비평학적으로 감히 말하자면 그것은 아니다.

명시적으로 사도(Apostle, Deciples)는 예수께서 복음 전파를 위하여 직접 뽑으신 열두 제자를 일컫는다.(눅6:12, 마10:2-4)

"이 때에 예수께서 기도하시러 산으로 가사 밤이 새도록 하나님께 기도하시고 밝으매 그 제자들을 부르사 그 중에서 열둘을 택하여 사도라 칭하셨으니"

"열두 사도의 이름은 이러하니 베드로라 하는 시몬을 비롯하여 그의 형제 안드레와 세베대의 아들 야고보와 그의 형제 요한, 빌립과 바돌로매, 도마와 세리 마태, 알패오의 아들 야고보와 다대오, 가나안인 시몬 및 가룟 유다 곧 예수를 판 자라."

바울은 부활하신 예수가 빛으로 그에게 나타나셨을 때 눈이 멀었고 황홀경(Extacy)에 주님을 소리로만 듣는 상태에서 기절하였다. 일행 중 모두가 강한 빛은 보았지만 소리를 들은 사람은 없었다. 바울의 증언에 의하면 주님과의 신체적 접촉은 없었고 주님으로부터 직접 임명이나 교육을 받을 시간 없이 기절했다가 눈이 먼 채 동료들 부축으로 다메섹으로 실려 갔던 것이다. 그가 보고 들은 주님도 주위에 있던 그의 일행은 아무도 주를 보지 못하였으므로 그야말로 환시(visual hallucination)이었다. Sanders 같은 이는 바울을

'거짓말쟁이'라고 하였다.[5]

바울은 그의 편지 서두에서 하나님의 뜻에 따라 예수 그리스도의 사도가 되었다는 점을 버릇처럼 강조한다.(고전, 고후, 갈, 엡, 골, 딤전, 딤후, 롬) 아니면 그리스도의 종(롬, 빌)이라거나 하나님의 종인 동시에 그리스도의 사도(딛 1:1)라고 형용한다. 바울 서신에서 서두에 자기가 사도라는 형용 명칭 언급이 없는 편지는 데살로니가전서와 후서, 빌레몬서뿐이다. 데살로니가서는 정경에 채택된 바울 서신 중 가장 초기 저작으로 당시(AD48-52)까지는 유대주의자들의 핍박 때문에 그곳에 오래 머물 틈 없이 쫓겨났고 남은 신도들의 안위에 대한 우려 때문에 그의 이신득의(以信得義)나 사도 신분의 주장을 펼쳐서 몇 안 되는 추종자들을 괜히 어렵게 하기 싫었으며 빌레몬서는 교회가 아닌, 한 개인에게 보내는 사적 편지였기 때문이었을 것이다.

예수님의 열두 제자 중에도 자기를 사도와 종이라고 밝힌 자는 정경에서는 베드로(벧전, 후), 유다(유), 요한(계)뿐이다. 요한은 스스로를 장로(요이, 요삼)라고 소개하기도 하였다. 예수께서 "이제부터는 너희를 종이라 부르지 않고 친구라 하겠다."(요15:14-15)라고 말하신 적이 있다.

바울의 이 억지 같은 주장은 뒤에 다시 점검하기로 한다.

바울은 아라비아로 들어간 2-3년간의 체류 기간에 베두인족(이스마엘의 후예)에게도 전도하고 일정 분량 실적을 올렸을 것이다. 아레다 왕의 관헌에게 수배 중 쫓겨 도망한 정황이 다름 아닌 선교 사실을 시사하기 때문이다.

이 일이 다메섹과 예루살렘 사람들에게 알려져 사도나 교인들이 놀라고 난처해 한 이유이다.(행9:21-26) 예루살렘에서 두 주간 체류하면서 베드로[바울은 그를 옛이름 '게바'란 히브리어 명으로 부르면서 위상을 거리낌 없이 깎아내린다(갈 1:18)] 이외 다른 사도를 만나지 못했다면(갈1:19) 왜 일까? 아마 그들이 열방 전도를 떠났거나 예루살렘에 있었다 해도 당시 분위기로 봐서 그와 대면하기를 기피했을 거라는 것은 이미 말한 대로이다. 이 만남에서 야고보와 베드로는 바울의 개심을 확인하고 예수님의 신성(神性)과 메시아됨을 주지시켜 그 죽음과 부활이 '하나님의 자비로우신 인류 구원 사건'임을 교육시켰을 개연성이 다분하다.[3] 그런데 바울은 많은 비유를 예수의 가르침이나 행하심보다는 구약과 선지자의 예언에 의지하며 연역적(演繹的)으로 해석해서 십자가 죽음과 부활 사건만 배운 것 같은 행보를 남은 평생 보이는 것이다. 사실 그는 예수를 인격적으로 전혀 이해하지 못했다. 다만 그리스도에 대한 상징적 자기 이해와 사상 정돈에만 몰두하였다.[6]

예루살렘에서마저 유대인의 살해 위협 때문에 고향인 길리기아 다소로 쫓겨나 있을 때(행 9:30, 갈 1:21) 안디옥으로 파송되어(행11:22) 신생 교회를 섬기던 바나바가 데리러 갈 때까지(행11:25-26) 거기서 10년 정도 체류하며 그동안 무엇을 했는지 알 수 없다.(행9:30) 대략 15년 정도의 이 기간에 바울 상세동정(詳細動靜)을 설명해 주는 역사서가 없기 때문이다. 바울의 후반 전도 기간보다 더 긴 의문의 이 시간을 시원하게 보여 주는 현존 기록이 없는 게 바울을 더 알고자 하는 우리에겐 아쉬운 점이다. 아마 예수를 배우기 시작하면서 드는 바리새인으로서의 과거에서 생각 사이의 충돌과 혼란을 정리하고 40년 미디안 광야 생활의 모세나 40일 광야 금식 기도 생활을 한 예수님처럼 사역 전에 어떤 결론을 도출, 결심하는 짧지 않은 과정이 그에게 필요했을 것이라는 생각은 허튼 유추(類推)일까? 엘리야나 예레미야를 위시한 구약 선지자들의 광야 고난사는 그들이 유대의 우뚝 선 예언자됨의 필수 과정이라 할 만했다.

아무튼 십자가 죽음과 신비스런 부활, '화목 제물'로 삼으신 어린양 예수, 예수를 보내사 '만민'을 구원하시려는 하나님의 계획과 신실하신 은혜, 믿는 자의 몸이 하나님의 새 성전이요(고전3:16, 고후6:16) 몸의 머리는 예수이며 모든 성도는 그 지체[(肢體), 엡5:30], 믿는 자는 하늘나라 시민권자(빌4:20), 썩어질 죽음과 율법으로부터 자유한 자(롬8:21, 골3:11), 예수 재림과 심판의 날, 구원은 은혜와 믿음으로부터이며 율법과 무관, 무효하다는 이런 개념들이 명멸하면서 바울 교리의 중요한 주춧돌(믿음 제일주의)들로 다듬어지고 정립되는 과정의 기간이었을 것이다.

편자는 이 기간에 바울이 길리기아(Cilicia)와 ,동남부 갈라디아(Galatia) 등지에서도 선교하였으리라고 본다. 왜냐하면 그곳은 바울에게는 자주 왕래하던 고향 땅이고, 뒷날 바울과 바나바가 1차 전도 여행 때 마치 예약이나 한 듯 이 지역을 멈칫함 없이 순서대로 거쳐 가며 익숙하게 왕래함을 사도행전이 보여 주기 때문이다. 저간(這間)의 바울의 열정과 공적을 바나바는 소문으로 많이 들어서 알고 있었고 그를 높이 평가했기 때문에 직접 다소에 찾아가서 안디옥으로 초빙해 오는 수고를 자청했을 것이다.(행11:26)

그러나 베드로가 훗날 그의 서신 일부에서 무엇인가 그를 가르쳤음을 언급하고(벧후 3:15) 실제 바울 자신도 우연히 그의 복음이 '받은 바를 전승하는 것'이라고 말하는 실수?를 저질렀는데(고전15:3-7) 야고보나 베드로로부터 주님 말씀과 기사(奇事)와 행적과 십자가 죽음과 부활, 그 피 흘림이 대속 제물이 됨으로 말미암아 죄인이 구원에 이르게 된다는 교리를 배운 사실을 함구해야 한다는 혼자만의 다짐을 깜빡해서 무심결에 실토하고 만 것이 아닐까?

"내가 받은 것을 먼저 너희에게 전하였노니 이는 성경대로 그리스도께서 우리 죄를 위하여 죽으시고 장사 지낸 바 되었다가 성경대로 사흘 만에 다시 살아나사 게바에게 보이시고 후에 열두 제자에게 그 후에 오백여 형제에게 일시에 보이셨나니 그 중에 지금까지 대다수는 살아 있고 어떤 사람은 잠들었으며 그 후에 야고보에게 보이셨으며 그 후에 모든 사도에게와 맨 나중에 만삭되지 못하여 난 자 같은 내게도 보이셨느니라. 나는 사도 중에 가장 작은 자라. 나는 하나님의 교회를 박해하였으므로 사도라 칭함 받기를 감당하지 못할 자니라. 그러나 내가 나 된것은 하나님의 은혜로 된 것이니 내게 주신 그의 은혜가 헛되지 아니하여 내가 모든 사도보다 더 많이 수고하였으나 내가 한 것이 아니요 오직 나와 함께 하신 하나님의 은혜로라. 그러므로 나나 그들이나 이같이 전파하매 너희도 이같이 믿었느니라."(고전15:3-11)

예수님은 제자들에게 이방인 전도를 말씀하신 적이 없는가?

그렇지 않다. 땅끝까지 모든 민족에게 전하라 하셨다.(행1:8, 마24:14, 벧전 2:12)

위 대목에서는 이방 민족을 위하여 더 많이 수고한 내 자랑을 버리고 예수도를 가르침 받은 고백과 미숙아로 태어난 부족한 자의 지난날 교회 핍박 사실과 다른 이의 이방 선교 인정과 모든 자기 공덕을 하나님의 은혜로 돌려드리니 가상하다.

그러고 나서 자기는 다른 사도와 다르지 않게 예수를 전파하나(고전15:11) 그리스도의 십자가 복음 선포와 고난에 동참하는 사도 직분의 진정한 표징은 비밀을 아는 자기만 간직하고 있다는 구별됨을 말하고 있는 것이다.(롬 11:25, 고전2:7, 엡1:9,3:3, 골1:27)

이 비밀이 무엇인가? 들쭉날쭉, 갈팡질팡, 성동격서(聲東擊西)함으로 역동성을 보이는 서신들에서 '바울의 내러티브(Narrative Dynamics)'[4] 중 분명한 중심이 하나 있다. 그것은 '믿음'이다. 오직 믿음만이 피구원자에게 전제되는 자격 요건이 된다는 것이다.. 그 외 순종이나 선을 행하는 어떤 여타 인간적 공덕들도 하나님을 기뻐하시게 할 수는 있을지언정 의롭다 하심과 구원에 이르는 여정에 결정적 영향을 주지 못한다는 것이다.

'의롭다' 하심은 아브라함을 통한 하나님의 법정적 약속이요 포상이다. 이 은혜는 아브람이 무턱대고 믿고, 순종했기 때문에 바로 그 점을 하나님이 들어사시고 자격 매김하신 것이다.

그리고 그것으로 세상 모든 민족을, 유대인이나 이방인, 할례인이나 무할례인, 종이나 자유인이건(갈 3:28, 골 3:16, 4:16, 롬 1:16, 2:9~10) 차별 없이 복 주시겠다는, 하나님의 미쁘신 약속이 있었다.(창 12:3) 이 비밀한 은혜를 바울이 재발견한 것이다.

바울은 영원에 감추어졌던 이 비밀한 약속(먼저는 유대인이요, 헬라인에게도 이니라)을 신실한 하나님이 은총으로 독생자 예수 그리스도를 육화시켜 이 낮은 세상에 보내시고 피 흘려 인간 유죄를 도말함으로써 양측 모두의 구원 명분이 성취된 것으로 확연하게 깨달았던 것이다. 죄 없는 제2의 아담을 십자가 사형수로 만들어 죽음의 절차를 거치게 하시고, 다시 살리시고 자기 우편 보좌로 올리신 하나님의 의로우신 새 언약이라는 사실을……

이른 바 이신칭의(以神稱義), 즉 "오직 믿음으로 말미암아 의롭게 되어 구원에 이른다."(롬 1:17)는 명제 아래에서 "구원하심이 보좌에 앉으신 우리 하나님과 어린양에게 있도다."라는 찬송을 유도한다.

그러면서도 하나님은 믿지 않는 인간의 죄악성도 방치하셨다.[시 22:1, 시 42:9(잊으심), 시 43:2(버려두심), 롬 1:24-28(내버려두심)] 그리고 오래 참으시고 기다리신다.(사 30:18, 호 5:15)

왜? 은혜를 베푸시려고 죄를 뉘우칠 때까지 참으신다는 것이다. 그러나 포기하시거나 영영 방치하지는 않으신다. 끝까지 죄를 회개치 않고 돌아오지 않는 자에게는 둘째 사망의 형벌을 내리시기 때문이다.(계 21:8)

정리하자면 오로지 '믿음'이 율법의 간섭과 거치는 모든 규정 위반을 상쇄할 수 있고 이로써 모든 인류가 하나님 백성이 될 수 있는 가능성이요 명분과 조건에 다름 아니라는 것이다.

오순절 성령 강림 사건 이후 원교회라 하는 예루살렘 공동체는 날이 갈수록 흥왕하였으나(행 2:47) 얼마 지나지 않아 교인들은 유대파와 헬라파로 갈려 교회 헌물과 성찬의 공평하지 않은 분배 문제(유대파 교인만 구제하는 것에 대한 헬라계의 반발과 유식하고 부유한 헬라파는 저희끼리 먼저 먹어 노예 신분의 지각 참석자들은 성찬례에 참여하지 못함에 대한 유대 과부들의 분노), 그리스어로 봉헌하는 예배 절차, 분파 주장 등의 문제로 반목, 갈등하였으며 이에 난처해진 사도들은 해결책으로 헬라파 가운데서 스데반, 빌립을 포함한 일곱을 집사로 임명하여 교회 살림과 구제사역을 담당하게 하고 자기들은 전도와 기도에만 전무하기로 하였다.(행 6:5) 그런데 안디옥 출신의 개종자 스데반(Stephen) 집사가 전도하다 군중에게 돌팔매로 죽음을 당한 사건이 일어났다.(행 7:58-60) 이후로 헬라파는 예루살렘에서 당국과 바리새인의 죄어 오는 압박을 피해 쫓겨났는데 유대파 교인들의 방조?가 한몫하였고 반면 사두개파 아닌 제사장들 몇은 평소 야고보를 의인이라고 여기던 차라 두 그룹이 서로 별개라고 편드는 덕분에 남은 히브리파 교인들은 수년간 박해를 덜 받고 예루살렘에서 그럭저럭 지낼 수 있었다.

그 까닭은 야고보 추종자들이 성전 참배와 율법 준수도 게을리하지 않은 덕택이었다.

이러함이 야고보가 이끄는 유대파와 핍박받은 헬라파, 경건한 이방인(행 13:16-26,17:17) 중에 후자들을 주 전도 대상으로 작정한 헬라파 바울이 반유대, 반율법적 성향으로 바뀌며 바나바, 마가, 베드로, 요한 등 예루살렘 부대와 척(蹠)을 지고 이방 세계 전도에 더 집착하게 된 이유 중 하나이기도 하다. 마가나 바나바의 어미이고 누이인 마리아의 집이 예루살렘 교회이고 식구, 친척 모두가 사도들과 교분이 두터웠을 것이 당연하다고 보면 바울의 입장에서는 평소 뜻이 달랐던 바나바나 마가를 그녀의 혈족이기 때문에 은연중 경계했을 것으로 짐작된다.

그렇지만 정통 바리새인이었고 좋은 신분 계급 출신으로 잘 교육받고 토라(Tohra)에 능통했던 할례파(빌 3:5) 디아스포라 유대인(다소 출신)이며 게다가 스데반 불법 처형 협찬 조력 후(행7:58-60) 예수교인 진멸을 위해 날뛰던(행 8:1-3) 그가 이토록 바뀌다니 어떤 계기가 있었나? 환상 중에 주님을 한 번 뵈었다고 이렇게 표변할 수가 있나?

직접 목격하고 들은 스데반의 죽음 직전 예수를 증거하는 의연한 설교와 위기 앞에서도 평안했던 모습을 통하여 심정에 충격을 받았을 것이고 이것이 그의 율법관에 회의(懷疑)를 일게 한 것일까? 그가 실토하는 대로 하나님의 되게 하신 권능과 은혜가 아니라면 설명되기 어렵다.(고전15:10)

바울은 사두개파 당국자가 사도들을 옥에 가두고 죽일 일을 논의할 때 바리새인 가말리엘(바울의 율법 스승이다.)이 석방하도록 변론한 바를 기억하고(행.5:34) 그렇게 충심이었던(빌3:5-6) 율법이 허점투성이인 것을 희미하게나마 의식하면서 마음에 전율적(戰慄的) 충격을 받았을 법하다. 이후 상대하는 예수 추종자들이 하나같이 비천하고 미약하지만 선하고 밝고 순종적이나 하나같이 우직하고 무죄한 일면이 있음과 여타 자칭 메시아라며 무리를 끌고 폭력적 사회 혼란을 일삼는 비적단(匪賊團)과는 전혀 다른 비정치적 종파임을 알게 되어 마음에 신선감 같은 동요(動搖)를 분명 느꼈을 것이다.

바나바

안디옥 교회는 스데반 집사의 죽음(AD 34) 이후 박해를 피해 예루살렘을 떠났던 헬라파 유대인들이 주축이 되어 세운 교회이다.(행11:19,20) 여기에 구브로(Cyprus)와 구레네(Cyrene, 리비아 동북부 도시)의 헬라파 신도가 와서 이방인에게도 전도하니 교회가 흥왕하는데, 문제성이 있다고 본 예루살렘 교회는 바나바를 파견하여 실정 파악과 교의의 정정(訂定) 교육을 하고자 하였던 것이다.(행11:22) 그러나 바나바는 파견 목적과는 달리 이방인의 회심에 대한 하나님 은혜에 기뻐하며 결국 교회는 소수 유대인과 다수 하나님을 경외하는(행13:16-26) 이방인들이 뒤섞여 주안에서 함께 붙어 있게 되었다.(행11:19-23) 바나바는 다소로 피신해 있던 사울을 찾아가서 안디옥으로 데려온다. 사울의 회심 후 예루살렘에서 피신한 십년만이다.(AD44)

AD42-44년대의 안디옥 교회는 바나바(Barnabas)를 위시해서 구레네인 시므온[니게르(Simeon, Niger)], 루기오(Lucius), 마나엔(Manaen, 헤롯의 젖동생) 등 훌륭한 선지자와 교사들이 많았고(행13:1) 신참인 사울이 가세함으로 날이 갈수록 부흥은 원교회보다 더 활발하였다.(누가가 바울을 '교사'라고 표현하는 데 주목하라.)

　여기에 원교회는 고무되기도 했지만 바나바 효과가 기대에 못 미침으로 일면 염려스러워서 베드로를 보내어 올바로 가르치며 도우려 했는데 문제가 생겼던 것이다.

　바나바(Barnabas)는 구브로 출신의 레위지파 유대인 요셉(행4:36)으로 마가 요한의 외삼촌이다. 오순절 성령 강림을 통험하고 예루살렘에 있던 자신의 포도밭을 포함한 전 재산을 팔아(행4:37) 초대 교회였던 누나 마리아의 집(행12:12)에 헌금하여 가난한 교인들과 통용하게 한(행2:42-45) 성령과 믿음과 사랑이 충만한 착한 사람이었다.(행 11:24) 예루살렘에서 스데반 집사의 죽음과 잇따라 엄습하는 유대인의 박해, 유대파 교인과의 긴장 상태를 피해 도주한 헬라파 신도들이 세운 안디옥 교회로 파견을 가서 열성적으로 가르치고 부흥시키는 데 기여하였다.(행11:19-23) 여기서 '그리스도인(헬라어로 비아냥거림의 의미가 담겨 있다.)'이라는 이름이 생겼는데 교인 중 유대인과 이방인이라는 양분된 개념에서 예수교인이란 통합 개념으로 통칭되게 된다.

　성경에서 엿보이는 마가 어미 마리아는 상당히 부유한 여걸로서 우리가 흔히 다락방으로 알고 있는 그 집의 모임 장소는 백 명 이상이 들어가 예배를 볼 수 있는 큰 저택이었음을 알게 하며(행1:15) 예수님과 사도들이 출입했고 최후의 만찬과 세족의식[洗足儀式, (요13:3-5)] 장소이자 주님 사후 제자들이 피신(避身), 은거하던 집이기도 하다.

　주님은 이 세상 마지막 주간을 베다니 나사로의 집(마 21:17)과 예루살렘 성전과 감람산 아래 겟세마네에 근처의 마리아 집을 왕래하셨으며, 마리아는 열한 제자는 물론, 십자가형을 지켜본 예수님 육신의 가족과 친척, 친지와 예수님 공사역 당시에 축귀(逐鬼)와 병 고침을 받은 적지 않은 수의 여인을 돌보며 기숙(寄宿)을 보살핀 정황을 짐작하게 한다.(행13,14, 요19:25) 이들은 모두 예수님의 마지막을 보려고 멀리 갈릴리에서 온 사람들이다.[성모 마리아, 막달라의 마리아, 야고보의 어미 마리아, 세베대의 처 살로메와 수산나, 요한의 동생이며 헤롯궁 청지기 구사의 처 요안나, 살로메의 아들이자 요한의 동생인 글로바의 아내 마리아 등과 지인들(막16:1,15:47, 마 27:61, 눅8:2-3,24:49, 요19:25-26)]

이 여인들은 십자가에 달리신 예수께서 숨을 거두실 때까지, 그리고 예루살렘 공회원 아리마대 사람 요셉에 의해 무덤에 옮겨지기까지 따라가서 안식일 밤을 새우며 지켜보고 시신에 바를 향유를 준비해 와서 무덤의 닫힌 돌문을 열어 달라고 경비병에게 졸르던 사람들이다. 무서워서 형장은 물론 무덤 근처에 얼씬하지 않고 마가네 다락방에 은신하던 제자 남정네들에 비해 무척 용감한 순수 결기 소유자들이다.

겁먹은 글로바는 아마도 누가와 함께 실의에 빠진 채 엠마오로 피신하는 도중 예수님을 만나고도 알아보지 못하였다. 부활하신 예수님을 못 믿었기 때문이었다.(눅24:18)

신앙심이 깊고 온후한 마음씨와 영적 통찰력이 남달랐던 바나바(행 11:24, 12:25)는 구브로와 비시디아(Pisidian Antioch)까지는 바울의 육체적 허약과 병수발, 그리고 일정과 계획을 주선하는 등 바울의 선교 리더였다. 하지만 그는 스스로를 높이거나 나타내기보다는 바울을 도우며 앞세워 주는 역할에 집중하였다. 그들은 주로 현지 회당에서 유대인 전도로 시작했지만 불신 유대인들이 집요하게 훼방을 놓고 거부하기 때문에 바울은 유대인 선교를 잠시 접고 이방인들에게 주목하기 시작한다.(행13:46,18:6)

주후 45년에 안디옥 교회는 독자적으로 바울을 마가요한과 함께 바나바의 조력자(행13:5)로 구브로와 남부 갈라디아로 파송하였던 것이다.(행13:1-5) 이른바 바울의 1차 전도 여행이다.

세 사람을 승선시킨 화물선은 시리아의 실루기아(Seleucia, 안디옥 서남쪽 24km) 항을 출발한지 6일만에 구부로섬의 살라미(Salamis)항에 순조롭게 당도하였다. 바나바의 인도로 그들은 도보로 내륙을 가로질러 시티움, 타마수스를 거쳐 수도 바보(Paphos)를 향하였다.

구부로는 바나바의 고향으로 지중해 동녘의 섬인데 많은 유대인이 살고 있었으며 마을마다 유대 회당(Jewish Synagogues)이 있었으므로 두 전도자는 친근한 현지인들의 환영과 조력을 바탕으로 삼은 높은 전도 효율을 예상했을 뿐 닥쳐올 환난은 전혀 예상치 못하였다. 그런데 바나바가 기획했던 첫 전도지역 구부로는 안디옥과는 전혀 다른 분위기의 교회와 유대 회당들을 갖고 있었다. 교회는 유대인만으로 구성되어 있었고 이방인은 받아들여지지 않고 있었다. 그리고 유대인 사회는 나사렛 예수의 열두 제자는 물론, 전통 모세 계율을 배신한 사울까지 풍문으로 알고 있었다. 섬 전체에 사울과 바나바 일행이 왔다는 소식이 퍼져 흥미와 경계심이 고조되고 있었다.

그런데 그들이 찾은 구(舊)바보(Paphos)의 회당장 쉐딘(Shedean)이라는 자는 특히 예수와 바울을 혐오하는 자였다. 이곳에서 바울은 붙들려 심한 채찍형을 당한다.(고후11:24) 그리고 여관에 누워 바나바의 간병을 받던 며칠 후 뜻하지 않게 구부로 총독 서기오 바울(Sergius Paulus)로부터 초청 전갈을 받게 된다. 그의 딸이 예수를 믿는 덕분이다. 임기가 찬 총독은 현지의 바나바 친척과 친분이 있었고 게다가 사울의 명성?도 듣던 차여서 그들이 무엇을 말하는지 알고자 하는 호기심이 많고 사려 깊은 자였다. 그래서인지 측근이던 박수무당 엘루마(Elymas)를 내치고 로마 시민 사울과 친해져서 이름을 자기처럼 라틴식인 바울로 개명할 것을 제안한다. 게다가 총독은 바울의 신(神), 예수를 믿기로 하고 다음 전도 역정에 많은 편리를 제공하는 놀라운 일이 일어나게 된다. 그 덕에 총독의 배려로 바보에서 밤빌리아(Pamphylia) 앗달리아(Antalya)항으로 가는 선편을 얻어 타게 되는데 불행히도 에테시안(Etesian)이라는 계절 폭풍을 맞아 배가 난파당하여 익사 직전에 마침 지나던 로마의 곡물 운반선에 의해 가까스로 구조되는 환난을 겪었고 이 때문에 마가는 수일간 열병으로 혼수상태에 빠지는 위험을 겪었다.

그런데 남갈라디아 기착지 앗달리아항에서 버가(Perga)로 이동 중 몸이 회복된 마가는 무슨 사연이 있었는지 혼자 이탈하여 예루살렘으로 떠나 버린다.(행13:13) 아마도 바울의 어떤 행태를 문제 삼아 바나바와 상의하였거나 앞으로 접어들 고생길에 대한 두려움 때문이었을까?[7]

　버가에서 며칠 몸을 추스른 후 출발한 남은 두 사람은 비시디아 안디옥(Pisidian Antioch)까지 300킬로미터 이상 거리의 험악한 고원 지대(평균 해발1200미터)를 지나야 했다. 여기는 로마제국이 노예를 동원해서 아우구스티누스 도로라는 긴 길을 만들었었지만 세월이 흐르는 동안 풍수에 상당 부분이 유실되었고 도중에 마을이 없고 인적도 드문 끝없는 오르막, 내리막 산악 길과 험한 계곡 지역을 줄곧 북쪽 부르기아 방향으로 걸어야 한다. 더구나 음식을 못 구해 수일간 먹지도 못하고 도중에는 숙소도 없어 추위에 떨며 야박(野泊)한 탓에 건강이 많이 쇄약해진 상태에서 노상강도와 해빙기에 불어난 홍수의 위험을 무릅쓰고 도강(渡江)하기도 하여(고후11:26) 기진한 채로 마침내 도착한 두 사람을 보면 정말 그 열정이 어디서 나오는지 대단하다 아니할 수 없다. 십여 일간의 천신만고 끝에 비시디아 안디옥(Pisidian Antioch)에 도착하였으나 바울의 건강은 더 악화되어서 여정을 푼 여관에서 삼 일을 아무것도 먹지 못하고 앓으면서 잠만 잤다.[7] 이윽고 깨어난 바울은 바나바의 부축까지 받으면서 기어이 고집스레 안식일 회당 모임을 찾아 나선다. 거기에서 명연설이 이루어진다.(행13:16-49) 이곳은 인구 천 명의 작은 마을로 회심한 서기오 바울의 고향이다. 그가 보낸 전통(傳通) 덕분인지 회당장은 처음에는 두 사람에게 호의를 베풀면서 말할 수 있는 기회를 주었던 것이다. 비시디아 안디옥에서 바울과 바나바는 그간의 루틴(Routine)대로 사람들이 모이는 안식일마다 회당을 찾거나 초청을 받아 강론했는데 두 사람의 말씀이 어찌나 수려하며 감동적인지 소문이 퍼져 세 번째 안식일에는 거의 온 성 안 사람이 모여 인산인해를 이룬다.

　그러나 모두가 이들을 환영하는 것은 아니었다. 이 둘이 말하는 것이 예수라는 메시아 출현 순서의 소개로 이어지자 유대인들은 불신과 갖가지 의혹을 제기했고 강론 중 예수의 죽음과 부활에 이르자 마침내 성 내 유력자를 동원하여 두 사람에게 가혹한 태장을 가하였다. 회당장 요셉도 유대 배교자들이 늘어나는 데 시샘이 나서 격분한 나머지 마음을 바꾸어 두 사람 핍박에 동조하며 배척하기 시작했기 때문에 결국 견디지 못하고 4개월 만에 비시디아에서 쫓겨나고 만다. 은퇴한 구부로 총독 서기오 바울의 뒷받침은 더 이상 영향력을 잃고 만 것이다.

둘은 심신이 지쳤고 사기도 많이 줄었다. 하지만 대부분 노예 출신인 신자들의 위로와 배웅을 받고 교회의 지도자를 세우지 못했음을 미안해하면서 시리아 안디옥으로 육로 복귀를 마음먹었다. 육로로 동남쪽 방향의 루스드라(Lystra)와 데베(Derbe)를 지나려면 도보로 수백 리 거리의 험지이지만 상대적으로 안전한 해상로를 다시 택하는 것은 올 때의 난파선 악몽을 생각하면 엄두가 나지 않았다. 엿새를 걷다가 둘은 갈림길을 만났다. 오른쪽으로 계속 가면 더베와 동남쪽을 가로지르는 타우르스 산맥 길리기아 협곡을 따라 다소를 지나는 평지 길로 시리아 방향이다. 그런데 바나바의 들뜬 기대와는 달리 바울은 생각을 다시 한다. 이대로 시리아 안디옥에 간다면 어떻게 되나? 기대하며 보내 준 교인들을 만날 면목이 없는 것은 고사하고 주님 앞에 설 때에 다하지 못한 사역의 죄송함과 두려움이 밀려오며 소스라치게 전율하는 것이었다. 그래서 바울은 바나바를 설득한다. 왼쪽 길 100km 서북쪽으로 가면 이고니온(Iconium)이라는 마을이 있다. 비시디아 안디옥으로부터는 남동쪽으로 145km 거리이며 두 도시 사이에는 해발 1,600m 높이의 험준한 산이 가로놓여 있다. 그곳에 유대인 회당이 하나 있다. 다소 출신인 바울은 부형으로부터 배운 갈라디아 지형에 관한 지식이 있었던 것이다. 주전 6세기에 아우구스도 황제가 닦아 놓은 길(Via Sebastea)이 있고 그 길을 따라 곳곳에 '만시온'이라는 요새 성처럼 만들어진 안전 가옥이 있다는 정보를 알고 있었다. 바나바는 둘의 건강이 염려되기도 하여 내키지 않았으나 바울의 열정과 고집, 되살아나는 사기를 저해하고 싶지 않았기 때문에 채찍일지 돌매질일지 유대인들의 반응이 어떨지 겁이 나면서도 내친김에 부딪쳐 보고자 마음을 가다듬고 동의하였다.

이고니온은 브루기아 산악 지대 동쪽 평지의 비옥한 곳에 있어 수십 km 밖에서도 로마 노예들이 지은 성벽을 볼 수 있어서 장대하게 보였다. 오늘날 터키의 4대 도시의 하나로 이름난 '코냐(Konya)'이다. 부근에는 2세기경의 외경 『데킬라 행전』의 저자 이름을 딴 산이 있다. 두 사람은 조심스레 입성하여 여관에 머물면서 회관에 가기 위해 안식일(Sabbath)을 기다렸다. 유대 복장으로 갈아입고 회중에 착석하였더니 관례대로 회당장이 두루마리 성경을 일독한 후에 말할 자를 찾으매 바울은 지체 없이 응하여 헬라어, 히브리어, 라틴어를 능숙하게 섞어 가며 예수의 부활과 믿는 자의 죄 사함을 선포하였다. 이곳에는 유대인이 제법 많이 살았고 회당에는 이미 하나님을 경외하는 이방인들도 있었다. 그들은 바울이 행하는 이적과 말에 매료되어 간절히 더 듣고 싶어 하였다. 그러나 가리지 않고 비할례자들을 개종시키려는 목적으로 회당을 이용하는 것에 분노하는 유대인이 더 많았다. 비시디아와는 달리 처음부터 두 편이 갈려 열띤 논쟁이 발생했고 더 이상 회당 이용이 허락되지 않아 두 사람은 아침저녁 이르고 늦은 시간에 성도들을 다른 곳에 모아서 강론하였는데 넉달뒤에는 수십명의 교회로 형성되기에 이르렀다. 모임 장소는 오네시보로(Onesiphorus)의 집이 제공되었다. 회당 사람들이 시의 지도자들을 압박하여 두 사람을 처치하려고 한다는 소식이 알려지면서 두 사람은 비밀리에 급하게 모인 교인들에게 흔들리지 말고 핍박을 이겨낼 것과 믿음을 잃지 말 것, 비시디아 성도들과 교류할 것 등을 부탁하고 이고니온을 탈출하였다. 또 한 번의 폭력 사태를 모면한 것이다.

두 사람은 이고니온으로부터 남서쪽 50km 거리 루가오니아(Lycaonia) 지방의 루스드라(Lystra)라는 마을로 갔다.(행14:6-7) 그러나 이곳은 거대한 제우스 신전이 여타 잡신들의 신전을 즐비하게 거느리고 있을 뿐 유대인 회당이 없는 곳이었다. 다만 몇 안 되는 유대인은 마을을 휘감는 코푸르트(Koprut) 강둑에 모여 기도로만 예배(Proseuche)를 드리는 데다 그들이 사용하는 루가오니아 방언은 두 사람 모두 생소하여 의사소통을 어렵게 하는 것이었다. 어느 날 바울은 한 앉은뱅이를 만났는데 그는 어릴 적부터 서서 걸어 보지 못한 불구자로서 바울이 말하는 것을 알아듣지 못하나 줄곧 열심히 쳐다봐서 바울의 맘을 끌었다. 그리고 "네 발로 일어서라."라는 바울의 큰 소리에 그가 벌떡 일어나 걷는 사건이 발생하게 된다.(행14:10) 이 기적을 주위의 무리가 보았으므로 그들은 방언으로 신들이 사람의 모습으로 우리 가운데 오셨다고 아우성치고 두 사람을 저들의 신 '헤르메(Hermes)'와 '쓰스(Zeus)'라며 따르기 시작한 것이다. 이 소식을 듣게 된 제우스 신당의 덜 된 제사장이 사람들을 동원하여 황소와 화환을 가져와 둘에게 경배하며 제사를 드리고자 하는 황당한 사건이 일어나게 된다. 당황한 두 사람은 "우리는 신이 아니고 여러분과 같은 사람일 뿐, 하나님을 믿어 이 같은 일을 저지르지 말도록 하는 복음을 전하는 사람이다."라고 외친다. 그러나 그들은 막무가내로 두 사람에게 무릎을 꿇으며 경배하거나 비방하기도 하는 소동이 이는 가운데 어떤 헬라인 한 사람이 루가오니아 방언으로 통역을 하면서 두 사람은 그들이 고대하는 신이 아닌 다른 신을 선전하려 한다는 사실을 알게 된다. 삽시에 루스드라 시민들의 마음은 실망과 역겨움으로 바뀐다. 때맞추어 추격해 온 비시디아 안디옥과 이고니온의 유대인들이 분노한 무리를 부추겨 두 사람에게 돌매질을 하였고 바울은 피투성이가 되어 혼절하자 죽은 줄 알고 성 밖으로 끌고 가서 도랑에 던져 버린다. 이때 구경꾼 무리 중에 디모데라는 청년이 있었다. 그는 재빨리 집으로 달려가서 어머니 유니게와 할머니 로이스에게 이 상황을 알리고 몇 안 되는 신자들이 죽어 가는 바울을 구하려 함께 현장으로 뛰어간다. 유니게는 피범벅으로 혼절한 바울을 바나바와 함께 부축하여 집에 들이고 갖은 정성을 다하여 간호를 하였다. 유니게와 로이스는 모녀간으로 유대인이었다. 그들은 유대교와 친숙한 그 지역에서는 희귀한 여성들이었다. 디모데는 바울과 바나바의 설교를 듣고 그들이 말하는 신이 모친과 외조모가 평소 말해 오던 성경 속의 하나님인 것을 알아차렸던 것이다. 바울 일행이 어느 정도 회복되어 루스드라를 떠난 후 2년간 유니게의 집은 그 도시의 첫 예수교회가 된다.

바울과 바나바가 간 다음 전도 대상지는 루스드라 동쪽 60km 지점의 더베(Derbe)라는 작은 마을이다. 거기서 동남쪽에 남북으로 비스듬히 걸친 타우르스 산맥만 넘으면 바로 길리기아 평원이다. 이곳은 점점 시리아가 가까워지는 곳이다. 더베에는 여관도 하나뿐이고 에클레시아(교회, Ecclesia)는 물론, 회당도 없고 이 마을의 유일한 자랑거리는 헤롯안티파터(Antipater)가 태어났다는 정도였으나 바울 일행에게는 유일하게 박해를 하지 않은 곳이었다. 그리고 이곳에서 기억할 만한 수확은 가이오(Gaius)를 믿게 만든 것인데 그는 7년 후 바울의 3차 전도 역정 중요 동역자 8명 구성원 중 한 명이 된다. 그리고 강단이 있고 신체 건장한 그는 바울의 달마디아(Dalmatia) 사역의 유일한 동반자가 된다.[훗날 그곳은 일루리곤(Illyricum, 현재의 알바니아) 지역과 더불어 그레데(Crete) 사역을 마친 디도에 의해 교회가 성장한다.]

지금까지 바울 일행이 머문 갈라디아 네 도시는 각각 4개월씩 5개월 미만의 짧은 선교 기간을 소요했었다. 루스드라와 더베는 소도시로 바울의 회당 없는 첫 전도 지역이 된다. 이고니온에서 피신하다가 예수를 전도한 뜻밖의 광영을 누린 곳이다. 바울은 더베에서 좀 더 휴식 시간을 늘리며 몸을 추스를 수 있었으나 그렇게 하지 않았다. 여전히 작은 성과에 만족하지 않았으며 오히려 지내온 네 곳 교회의 성쇠가 못내 염려스러웠다. 이고니온을 떠날 때 신자들의 흔들림이 걱정되어 비시디아 교회와 상호 방문 교류를 하고 서로 의지하라고 권면했던 안타까운 심정을 아직 간직하고 있었던 것이다.

그런데 놀라운 일이 일어났다. 갈라디아 지역 축제 기간을 이용해서 비시디아에서 2명, 이고니온에서 4명의 신도가 더베로 먼 길을 찾아온 것이다. 루스드라에 들렀다가 디모데가 알려 준 대로 더베로 온 것이었다. 바울과 바나바는 눈물을 흘리며 하나님께 감사하고 그들과 감격의 해후를 하였고 무엇보다 묻고 싶은 그간의 교회 상황 등을 파악하는 시간을 갖게 된 것이다. 여전히 교회들은 어려움을, 아니 더한 핍박을 받았으며 상당수 신자가 이탈하였다고 그들은 전하였다. 그들은 한결같이 두 사람이 자기들 교회를 재방문해 줄 것을 요청하였다. 다시금 신령한 말씀으로, 아니면 얼굴 모습만이라도 신자들의 연약한 심령에 불씨가 꺼지지 않도록 지펴 달라는 것이었다. 바울은 바나바와 상의하였다. 아니, 이미 왔던 길을 되돌아가기로 내심 결단을 내리고 있었다. 바나바로서는 시리아 안디옥의 모습이 눈에 아른거렸다. 이제 타우르스산만 넘으면 시리아가 코앞인데 그 어려운 여정으로 되돌아가자니 맥이 빠질 수밖에…….

가깝고 안전한 육로가 동쪽에 훤히 열려 있는데 법의 보호를 받을 수도 없고 유대인과 이방인의 증오와 죽음이 기다리는 루스드라, 이고니온, 비시디아를 다시 들어간다? 계획에 없던 버가에서 실루기아로 그 악몽 같았던 바닷길로 다시 돌아가겠다? 바나바는 강하게 말렸으나 바울의 마음을 꺾을 수가 없음을 다시 한번 깨닫고 종내는 또 동의하고 만다.

갈라디아 교회 재방문의 여정은 동행자가 많았고 이미 익숙한 길이어서 강도의 위험이나 여장 운반, 여비 걱정 등이 없이 순탄한 편이었다. 다만 마을 진입 시에만 현지인들 눈에 띄지 않게 밤늦게나 새벽을 이용하여야 했다. 사도와 재회한 신자들의 기쁨과 사기는 더할 수 없이 고양되었음은 물론이다. 바울은 고난이 믿는 자에게는 응당 따르는 절차이며 연단하시는 하나님의 은혜라는 역설적인 설교로 그들을 위로하며 오래 머물 수 없는 현지 사정으로 안디옥으로 복귀하나 오래지 않아 반드시 다시 올 날이 있을 것이니 그때까지 굳게 주님을 붙들고 살 것을 당부하였다.

2년간의 1차 전도 여행을 마친 두 사람은 시리아 안디옥에 귀환하였는데 교회는 더욱 흥왕하여 이방인 신도 수가 천 명을 상회하고 모이는 장소가 2-30곳이나 늘어나 있었다.

두 사람의 이방 전도 소문은 당연히 예루살렘 교회에도 전해졌는데 신도들의 반응은 엇갈렸다.

유대인이 잘 모르는 이방 갈라디아에 예수를 믿는 교회가 네 곳이나 생겼다고 환호하는 신도가 있는가 하면 할례식도 없이 사이비 교인만 만들어 모세의 율법을 욕되게 했다는 쪽의 찬반 양론이 비등(沸騰)하였다.

반대파 측에서는 연일 야고보와 베드로를 비롯한 사도들에게 찾아가서 항의하는 것이었다. *"이럴려고 바나바를 안디옥에 파견하였느냐? 조상의 전통과 율법을 버린 바울이란 자는 스스로 저를 사도라 한다는데 언제 누가 임명하였느냐? 누가 보증을 해 주었느냐?"*

연일 바리새인과 서기관 출신 신자들의 항의 방문과 압박에 시달린 야고보는 사도들과 상의 끝에 베드로를 안디옥에 보내서 상황을 직접 알아보고 잘못을 바로잡기로 조치한다.

그런데 이미 사마리아, 가이샤라 등지에서 이방인 전도 경험이 있는 베드로는 안디옥에 6주간 머물면서 덕담만 했지 누구에게도 바리새적으로 가르치거나 꾸지람이라 할 만한 말을 하지 않았다. 도리어 바울, 바나바를 따라 시리아 북쪽 지방을 함께 둘러보기로 한 것이다. 그런 것을 보면 베드로는 새삼 바울과 바나바의 업적을 긍정적으로 평가하고 장려하며 높이 산 것으로 보인다.

바울은 어떤 심정이었을까?

안디옥 공동식탁 사건

그들이 다시 돌아올 때쯤 안디옥에는 큰 사변이 기다리고 있었다. 평온하던 안디옥 교계에 전쟁 촉발에 버금가는 큰 사태가 엄습한다. 분이 가라앉지 않은 예루살렘 강성파들이 야고보에게 추천서를 강요하여? 받아 가지고 안디옥에 들이닥쳐 여러 개체 교회를 훑는다는 것이었다. 이른바 '안디옥 식탁 사건'이 벌어질 계기가 발생하였다.

이 사건이 생긴 시간은 베드로가 시리아 순방을 마치고 예루살렘으로 돌아가기 하루 전 사도 설교와 환송식 겸 잔치가 열리는 날 저녁이었다. 장소는 어떤 헬라 귀족의 노예인 신자 한 사람이 휴가 차 로마로 떠나는 주인의 허락을 받고 그 저택을 식장 장소로 삼은 곳인데 천 명 이상을 수용할 수 있는 인근 야산의 들과 넓은 정원을 함께 이용하였다. 안디옥 전 교인이 한꺼번에 모일 공간이 없던 차에 베드로 모습도 보고 설교도 들을 겸 공동 식사와 성 내 전체 성도가 모일 수 있는 모처럼 교제의 기회가 주어졌기 때문에 축제 기분으로 시내 교인 거의가 운집하여 들떠 있었다.

베드로와 바나바 등 유대인 교인들이 이방인 교인과 함께 둘러앉아 식사를 하다가 원교회에서 왔다는 할례파 방문자들이 예정에 없이 참석한다는 급보에 허겁지겁 자리를 피하는 것을 눈여겨보던 바울은 돌발적으로 분노가 폭발한 것이다. 율법에 의하면 이방인들과의 공동 식사와 기거는 유대인들에게 엄격히 금지되어 있다. "그들은 기탄 없이 너희와 함께 먹으니 너희의 애찬에 암초요, 자기 몸만 기르는 목자요, 바람에 불려가는 물 없는 구름이요, 죽고 또 죽어 뿌리까지 뽑힌 열매 없는 가을 나무요, 자기 수치의 거품을 뿜는 바다의 거친 물결이요, 영원히 예비된 캄캄한 흑암으로 돌아갈 유리하는 별들이라." (유1:12, 13)

평소의 경쟁심 때문인지, 앙금 탓인지 바울의 돌발적 질타의 폭발은 놀라웠다. 많은 교인(거의 2천 명이 모였다는 학자도 있다.)이 목도하는 가운데 기회를 잡은 듯이 큰 소리로 "네가 유대인으로서 이방을 따르고 살면서 어찌하여 이방인을 유대인답게 살게 하려느냐?"라며 면전에서 베드로를 향하여 손가락질하며 비방의 일갈(一喝)을 퍼붓는다.(갈2:14) 갑자기 축제 분위기가 싸해지면서 장내는 조용해졌고 그 많은 성도의 놀란 가슴과 눈들은 두 사람을 번갈아 훔쳐보면서 멍하니 떨고 있었다. 이윽고 장내는 한숨과 흐느끼는 소리가 적막을 깨웠다.

　베드로로서는 예루살렘 바리새 손님들의 눈길과 체질화된 유대적 잠재의
식 때문에 거북하여 본능적으로 자리를 피하는 바람에 사려 깊지 못한 현
장 모습을 여러 신도에게 보이고 말았다. 레위지파인 바나바도 우물쭈물 식
탁을 옮겨 예루살렘에서 온 무리와 합석하다가 바울의 눈총 세례를 받았다.
이 모습들이 바울에게는 외식적(外飾的)이며 이방인 선교에 매우 부정적인 장
면인지라 그대로 지나칠 수 없었던 것인데, 결국 베드로가 안디옥에 와서
여러 가지로 간섭하는 데 대하여 쌓였던 숨겨진 불만, 갈등이 겸증(兼增)해서
폭발한 것으로 보인다. 후일 디모데에게 보낸 편지에서 게바나 바나바를 제
외하고 다른 참석자나 유대 손님 이름을 특정 거명하지는 않았지만 후에 "미
혹케 하는 자들이 (다시) 나타나 식물을 폐하라 할 터이나 모든 것은 하나님이 지으신
것이니 감사함으로 받으면 버릴 것이 없느니라. 이를 금하는 자는 양심이 화인(火印)
맞아서 외식하는 거짓말쟁이들이다."(딤4:1-4)라고 정의하여 율법의 할례와 음식
규례에 대해 일관되게 저항하는 모습을 보이는 그의 첫 현실 대응 장면이
되었다. 베드로와 바나바는 여러 교인 앞에서 급습을 당한 이 낭패한, 예상
치 못한 장면으로부터 어떻게 대처하며 벗어났을까? 아마 얼굴을 붉히면서
우물쭈물 겸연쩍어 자리를 피하는 창피를 감수하지 않았을까? 변명이나 무
마하려는 노력은 모두에게 구차하게 보였을 것이다. 우리는 알 수 없다. 바
울이 정녕 베드로를 깎아내리고자 작정하였던 것일까?

　진 에드워드(Gene Edwards)라는 금세기의 한 작가[7])는 아마도 상당 부분 그
의 상상력을 동원하여 실라의 입장에서 본 소설체의 간행 저작본에서 기실
여기서 바울의 주적(主敵)은 야고보의 소개서와 추천서를 휴대하고 기세등등
하게 예루살렘으로부터 온 방문객 일곱 명 중에서 대표자를 블라스티니우
스 드라크라크마(Blastinius Drachrachma)라고 이름을 특정하여 만든다. 그도 바
울처럼 철저한 바리새 유대인 신분에서 개종한 사람인데 공교롭게도 바울
의 스승이었던 바리새 힐렐학파의 거두(巨頭) 가말리엘(Rabban Gamaliel I)의 문

하생이다. 바울이 어찌 그를 몰랐겠는가? 외모가 훤칠한데다 행동거지와 지식인다운 풍모와 유창한 언변술은 많은 자를 매료시켰다. 이런 능력에서는 바울보다 한 수 위였다고 한다. 이날 행사에 그의 일행이 야고보의 추천서를 가지고 사찰하듯 성내 소교회들을 휘저은 후 참석해 있었기 때문에 분노한 바울로서는 어떻게든 자기 입장을 드러내고 표출해야 하는 기회였음이 틀림없다. 그러나 바울은 서신 어디에서도 애써 직설로 그같은 자를 거명하지 않는다.

블라스티니우스는 바울이 비할례 이방인을 위한 전도 활동을 한다는 데 심한 모멸감을 씹으며 분노를 쌓아온 유대계 교인 중 대표적 인물이다. 어떻게던지 율법의 권위를 위협하는 바울을 따라다니며 그가 전도한 교인을 점차적으로 세뇌하여 재교육할 수 있다 자신하고 종국에는 할례인으로 개종시킨다는 데 목표를 두고 가능하면 바울의 신종 이단 교회를 허물어 버리고자 작정한 사람이다.

"너희와 함께 거하는 타국인이 여호와의 유월절을 지키고자 하거든 그 모든 남자는 할례를 받은 후에야 가까이 하여 지킬지니 곧 그는 본토인과 같이 될 것이나, 할례받지 못한 자는 (함께) 먹지 못할 것이니라. 본토인에게나 너희 중에 우거한 이방인에게나 이 법이 동일하니라 하셨으므로……."(출12:48-49) "너희는 내 규례와 법도를 지키라. 사람이 이를 행하면 그로 말미암아 살리라. 나는 여호와이니라."(레18:5)

안디옥 교회의 '하나님을 경외하는 이방인'들은 물론, 헬라파 유대인 교인마저 혼돈에 빠졌다. 예루살렘 사절들이 가르치는 "이방인도 예수를 따르려면 할례와 모세의 규율을 준수해야만 한다."는 조건이 새삼 뇌리를 스치기 때문이었다. 그 말을 예루살렘 원사도들의 명령으로 받아들인 적지 않은 수의 교인의 마음은 어둡게 흔들렸다. 많은 안디옥 교인은 실라가 가져온 야고보의 훈령에 고무되어 예루살렘을 사모하며 가시적인 장래의 이방교인 인정과 형제 교회로서 교류가 있기를 갈망하던 터였다.

식탁 사건에서 일을 저지른 바울도 일면 궁지에 몰렸으나 어쩐 일인지 그의 서신서에는 이 자의 실명은 물론 그와의 다툼조차 거론되지 않는다. 일부러 베드로와 바나바에게만 불똥을 뒤집어씌운 것이다. 평소 두 사람의 온화하고 포용하는 성정을 믿는 구석이 있어서 어린애가 앙탈하듯 감정 이입을 저질렀을까? 블라스티니우스와 물리적인 싸움이라도 일어나서 문제가 커진다면 스승님 체면에 손상이 가는 것 때문에 발목이 잡힌 걸까? 아닐 것이다. 이미 두 제자들은 개종했기 때문에 스승을 유대사회에서 창피와 비난의 구렁텅이에 빠뜨린 지 오래다.

이튿날 일찍 베드로는 아무 말 없이 예루살렘으로 돌아가고 만다. 예루살렘 강성파도 성 내 소교회를 며칠 더 휘젓다가 수일 뒤에 죄다 돌아갔다.

누가는 이 중대한 식탁 사건 기록을 사도행전에서 누락하고 침묵한다. 그리고 회식 사건의 불상사에 대해서 그런 일 없다는 듯 바나바와는 나란히 사이좋게 안디옥에서 가르치며 전파하는 일에 동역했다고 꾸민다.(행 15:35)

그러나 이 일 후에 결국 두 사람(바울과 바나바)은 다시 한번 폭발하여 대판 싸우고 갈라선다.(행15:39) 표면상의 이유는 2차 전도에 마가를 동참시키자는 문제 때문이라지만 상할 대로 상한 마음의 앙금이 사라지지 않았음이 확실해 보인다. 사도행전 15장 34절 내용이 누락되어 있는 것이 무슨 이유일까? 보존 과정의 자연 유실일까? 시점으로 보면 베드로가 예루살렘에서 안디옥으로 복귀하는 바울 일행을 수주 후에 뒤따라갔으므로 비슷한 시점임을 갈라디아서에서 바울은 기술하고 있다.(갈2:11) 이 누락 부분은 문장 연결 선상에서 베드로의 안디옥 일정과 역할이 그려져야 할 부분 같고 식탁 사건과 동일 시점이거나 연동된 사건이 있었을 것 같은데 누가가 기술하지 않았거나 기술했더라도 후세 교부들이 난감한 문체가 있어서 일부러 뺀 것은 아닐까? 바울의 심중이 누가가 그린 예루살렘 사도들과의 화해와는 전혀 달랐음을 시기적으로 후에 바울이 자신이 쓴 여러 서신서에서 누차 밝히기 때문에 이 문제는 뒤에 재차 거론하기로 한다.

베드로가 돌아간 후 안디옥 교회는 뒤숭숭한 분위기가 연일 계속되었다. 불안과 슬픔으로 "바울은 이제 끝났다."라고 자조하거나, 오히려 모 교회에 대한 반발이 유대와 이방 신도들 간에 논쟁점으로 더 크게 부상(浮上)하게 될 것이었다.

예루살렘 사도회의

바울의 예루살렘 교회 3차 방문[AD46,48,51(?)]은 일종의 오늘날 총회(공동의회, 사도중진회의)를 불러 모으는 안디옥 사태 자문회의였는데 안디옥 교회 내에서 곪다가 불거져 터진 이방과 유대 신도들 간 할례, 공동 식사 문제로 인한 갈등과 혼란을 자력으로 해결할 수 없어서 안디옥 교회는 편지로 방문 날짜를 미리 약정을 받고 바울과 바나바를 대표 사절로 뽑아 예루살렘에 출두시킨 것이었다.(행15:2) 두 사람은 유대계 할례파 디아스포라인 출신인데 이들을 보내는 안디옥 교회의 예루살렘 교회로부터의 자문과 유권적 판결과 해결적 모색이 절박했던 상황을 느끼게 한다. *(바울은 그들에게 일부러 신실한 비할례 이방인 디도를 데려갔다. 디도는 이방인으로서도 예수님의 제자될 자격이 충분하다는 표증이 될 만한 주님의 경건한 사람이었기 때문이다.)*

특이하게도 안디옥 분쟁의 결과인 공동 식탁 사건이 거론되지는 않았지만*[후자는 이 사건이 사도회의 이후에 일어난 것으로, 다른 견해는 회의 이전의 것으로 갈린다. 그러나 바울은 공동의회 다음에 식탁 사건이 있었던 것으로 확정한다.]*(갈 2:9-14) 긴장된 분위기의 사도회의 도중에 갑자기 어느 평신도가 이방인도 할례받기를 요구하면서 안건을 터뜨려 한 순간 소란이 일었으나 의외로 베드로가 얼른 나서서 제지하며 자신의 이방관헌 고넬료 전도 실례와 주님으로부터 "부정한 음식을 먹어라"(이방 선교)라는 보자기 환상(행15:11-15) 체험을 간증함으로써 이방인을 할례 없이도 포용해 줄 것을 요청하는 바울의 입장을 두둔해 주는 바람에 험악한 회의 분위기가 진정되고 이런저런 이틀간의 논쟁 끝에 종결자 야고보가 구약 말씀(사43:6-7, 암9:11-12)을 일깨우며 이방인 선교를 용인하고(행15:15) 비록 이방인의 할례가 개종의 관례이지만(창17:2) 더 이상 할례 문제로 이방인들을 괴롭히지 말도록 명령함으로써 해결된 것으로 누가는 기술한다. 말하자면 베드로가 유도하고 야고보에 의해 결정된 훈령은 유대와 이방 그리스도인의 공동 식탁이 가능하다는 내용이다. 이로써 양측은 악수하며 화해가 이루어지고(갈2:9) 예루살렘 교회가 바울의 업적을 용인하며 자기 진영 사람 실라와 바사바 유다를 딸려 다시 안디옥에 공식 증인으로 파송하는 것으로 하면서까지 관계가 원만해졌다고 누가는 보도하였다. 바울이 말하는 '원교회의 기둥들'로부터 이방인 개종자에게 할례 문제와 단서(행15:20)는 달았지만 음식 문제로 더 이상 쟁론하지 말라는 훈령과 함께 율법과 사도를 경시하는 듯한 바울의 저간의 언행을 논쟁의 문제로 삼지 않음으로써 바울의 사역권을 공식 인정한 것이다.

특히 많은 교인의 관심을 모았던 베드로를 질책하고 모욕한 안디옥 사건이 아예 거론거리가 못 된 것은 아마도 베드로의 큰 것을 보는 인격과 대국적 중재력이 돋보이는 장면이다. 몸소 나서서 이 문제 제기를 회의 전에 미리, 아니면 초두에 막았을 것이다.

누가는 야고보가 안디옥에 복귀하는 바울과 바나바에 딸려 보낸 바사바 유다와 실라(행15:22)편에 편지 훈령을 보낸 것에 모든 안디옥 교인이 기뻐하고(행15:31) 환영하였으며 그들은 평안의 환송을 받고 돌아왔다고 보고한 바 있다.(행15:33) 이렇게 하여 작성된 이른바 사도 훈령은 말썽의 비할례인과 공동 식탁 문제를 허용하는 것으로 크게 양보하였으나 다만 네 가지 유대 전통은 따를 것을 조건으로 부가하였다.

"다만 우상의 더러운 것과 음행과 목매어 죽인 것과 피를 멀리하라고 편지하는 것이 옳으니 이는 예로부터 각 성에서 모세를 전하는 자가 있어 안식일마다 회당에서 그 글을 읽음이라 하더라."(행15:20-21)

레위기 17, 18장에 나오는 우상 제물(고기)과 제의(祭儀) 고기 이외도 목매어 죽인 짐승의 고기, 피는 먹지 말며(레 3:17) 음행(근친 결혼)을 피하라는 것이다.(행15:29) 무슨 피든지 피는 생명을 뜻해서 죄를 사하는 능력이 있다고 믿고 있다.(레17:10-11) 회막이나 성소 문주에 뿌리고 바르는 관습이 여기에 근거한다.

수장 야고보로서는 유대와 이방 그리스도인 양측의 양심 손상을 최소화해야 할 수밖에 없는 최상의 절충식 답을 낸 셈이다. 회장에는 실라, 유스도, 여타 할례파 사람들이 참관인이 되었는데 본회의 중에는 순조롭게 진행되는 듯했지만 일부 바리새인은 말은 못 하고 내심 분을 못 삭인 듯하며

블라티니우스 추종자들도 현장에 있었으나 정작 그는 참관하지 않았다. 그 시간에 그는 별도로 갈라디아 지방을 순회하며 바울이 이룬 공적을 지우려 그가 세운 교회를 휘젓고 다니며 물의를 일으키고 있었던 것이다.

(이제 야고보의 보증서도 받았으니 여기서부터 바울의 전초기지며 인생 전환

연고(緣故)의 안디옥 집사들과 바나바의 역할의 중요성은 성경의 역사에서 점차 왜소지고 결국 바울은 같이하기 거북한 그들과(마가, 바나바)과 결별해도 괜찮겠다는 자신감을 갖게 된다.)

원교회의 보증 덕분에 2차 전도 여행 초기(갈라디아 네 교회 재방문 때)만 해도 바울은 유대계 이방인을 의식하여 자연스럽게 루스드라 사람 모태 신앙 디모데에게 할례를 주는 여유를 보이고 예루살렘 교회의 사도와 장로들로부터 특별 대우를 받은 이방인 전도 자격자로서 각 지역 유대인계의 반발을 어느 정도 무마해 가며 사역을 할 수 있게 되고자 하였다[행 15:30, 16:3-4, 디모데의 부친은 헬라인이나 외조모 로이스와 모친 유니게는 유대계이다. 따라서 디모데는 반쪽 유대인일 뿐 법정적으로는 헬라인이었다.(딤1:5)]

그러나 마지못해 바울을 이방인 전도자로 공식 인정하지 않을 수 없게 된

야고보 입장에서는 여전히 그의 선포하는 바가 불안하고 미덥지 않아서 바나바와 유다(바사바), 실라를 딸려 보낼 때(이때 예루살렘에 철수해 왔던 마가도 안디옥으로 복귀한다.) 별도의 편지와 예수 어록을 신도들에게 전하게 하였던 내막을 누가의 기록물 행간을 읽어 엿볼 수 있다.[행15:25-32, *아마 유다가 바울의 잇따른 이차 이방 전도 이차 역정에 동참 않고 예루살렘으로 복귀(행15:33)하는 걸로 봐서 원교회의 비선(祕線) 담당자이기도 하였을 것이다.*]

여기서 우리는 누가와 바울이 말하는 사도회의 내용이 상당히 다름을 발견하게 된다.

바울은 위 부가 사항에 대하여 일체 언급하지 않으며 빈자(貧者)들을 위한 구제 모금만 부탁받았다고 전한다.(갈2:10)

야고보는 바울의 이방 전도자 역할을 용인하면서도 비선(祕線) 사절을 딸려 보낸 것은 율법의 중한 요구를 별도로 알려주고싶은 바리새사상 때문일 것인데('피를 먹지 말라'는 것은 구약에 흐르는 하나님 명령이요 각 회당 모임에서 회당장이 줄곧 외워대는 단골 메뉴이다. 창9:4, 레3:17,7:26,17:14,19:26, 신12:16, 삼상14:33) 이를 야고보가 조건부 단서로 덧붙인 의미와 중요성을 뒤늦게 깨닫게 된 바울은 다시 분개했을 것이다.

사도회의가 끝난 얼마 후에 바사바 유다는 빠른 말을 타는 사람을 사서 안디옥으로 복귀한 친구 바나바에게 속달 편지를 보낸다. 블라티니우스가 예루살렘 회의에 나타나지 않고 동료 바리새인만 참관시킨 이유는 서기관 스블론을 데리고 바울이 세운 갈라디아 네 이단 교회를 역방향 순으로 쳐들어가고 있기 때문이었다는 소식을 알려준다. 바나바로부터 편지 내용을 전달받은 바울은 마음이 조급하였다. 분명히 아직 믿음 분량에 있어서 어린아이 수준일 갈라디아 교인들이 심히 혼란스럽고 어려움에 처해 있을 것이다. 당장 달려갈 준비가 안된 바울은 이들에게 흔들리지 말도록 급히 편지를 써서 보내야 했다.

오직 믿음과 율법 비하

바울은 쟁투적 성격이 강한 갈라디아서에서 그들을 가만히 들어 온 거짓 말쟁이(2:4), 교란하는 자(1:7), 요동케 하는 자(5:10), 어지럽히는 자(5:10), 꾀는 자(3:1), 예수 안에서 누리는 (율법으로부터의) 자유를 엿보고 우리를 노예로 만들 려는 자(2:4), 육체의 모양을 내려 할례를 강요하는 자(6:12)로 표현하고 파괴 자로 부각시키며 분노와 저주를 퍼붓는다.

"우리가 이방인에게 전도하여 구원받게 함을 금하여 자기 죄를 항상 채우매 노하 심이 끝까지 저들에게 임하였느니라."(살전 2:16) "율법 행위에 속하는 자는 저주와 진 노 아래에 있는 자들"(갈3:10, 롬4:15)이며 구원이 없다. "의인은 믿음으로 살리라."(갈3:11, 롬1:17, 히10:38, 합2:4) "사람이 의롭게 되는 것은 율법의 행위에서 난 것이 아 니요 오직 예수 그리스도를 믿음으로 말미암는다."(갈2:16)

"율법이 하나님의 약속과 반대되지는 않다하나 하나님의 계명이 아닌 620개의 성 경(할라카)이 모든 것을 죄 아래에 가두었으므로 그리스도의 믿음이 온 이후부터는 우리가 하나님의 아들이 됨으로 유대인이나 헬라인이나 종이나 자유인이나 그리스도 안에서 모두 하나이며 차별이 없다."(갈3:21-28)

"아브라함이 믿으매 의롭다 하신 것이다.(갈 3:6) 의롭다 하심은 율법행위 에 있지않고 믿음으로 되는 것이다.(갈3:28) 율법은 우리를 그리스도께로 인 도하는 초등교사(몽학선생)일 뿐이다.(갈3:24) 믿음이 온 후로는 우리가 몽학선 생 아래 있지 않다.(갈 3:25) 그러니 율법은 본질상 하나님이 아닐 뿐만 아니 라, 믿음의 우리 조상 아브라함의 약속이 아닌 사백삼십 년 후 천사를 통하 여 한 중보자(모세)의 손에 베푸신 탈애굽 유대인에게만 주신 (임시 대책이므로) 한시적(限時的)인 법이다.(갈3:17)

"천박한 초등학문(율법)의 종노릇하지 말고 유일한 구원자(사 43:11)를 영접하고 하 나님의 유업을 받을 자로 거듭 나라."(갈4:7-9) "나는 율법으로 말미암아 율법에 대하여 죽었나니 이는 하나님에 대하여 (바로) 살려는 것이다."(갈 2:19) "그리스도가 율법의 저주에서 우리를 속량하신 것이다."(갈 3:13)

유대인에게는 경끼를 일으킬만한 선전 포고요 조롱이며 비하 발언이 아닌가? 게다가 예루살렘 사도회의에서 통 큰 베드로의 주선으로 원만한 관계로 진행, 결론을 받아 낸 은혜를 깡그리 무시하고 편지로 베드로를 비난한 업적을 자랑스레 문자화하다니(갈2:14) 야고보를 비롯한 예루살렘 장로들은 도저히 묵과하기가 어려웠을 것이다.

그러나 바울은 아랑곳 않고 그의 주장을 논리화한다.

율법 행위에 속한 이른바 선택된 자들(유대인)은 너무나 편협하여 그들에게 부과된 법도와 규례(레18:5)를 감당하기를 게을리 하면서도 만고, 세세토록 전유물인 양, 그들의 불멸 구원의 담보로 삼고 자고(恣高)하지만(갈3:12), 본래 하나님의 넓고 깊은 뜻은 믿음에 속한 모든 자에게 향하고 있다는 것을 등한시한 것이다.(합 2:4, 갈3:11)다시 말해서 율법은 주님이 오시기 이전 시대에 살았던 유대인에게만 제한적으로 주어진 명령이고 삶의 지침일 뿐이며 지금은 누구에게나 그리스도의 재림과 심판을 기다리는 시대요 영원한 구원(영생)을 믿는 자에게 공여되는 하나님의 은총을 받아야 할 시간이라는 것이 바울의 생각인데 유대를 향한 과격한 적대적 언사 채택과 도발적 문구 때문에 유대인의 분노와 살의(殺意)만 고조시키고 말았다. 이후 바울의 전도 역정에 '육체와 영혼의 가시'처럼 따라다니는 집요한 유대인의 위협은 그의 편지 갈라디아서가 불씨가 될 것이라는 예측은 전혀 하지 못하였다.

이때가 바울의 독자적 2차 전도 여행(AD49~52)의 시작 시점인데 예루살렘 3차 방문 직후이다.(행15:2) 바나바는 다시 함께 조카인 마가를 데려가기 원했으나 바울은 1차 여행 시(AD46~48) 밤빌리아 버가(길리기아 남서쪽 해안 지역)에서 이탈한 그를 용납하지 않겠다 하여(행13:13) 심히 다투었고 구브로(Cyprus) 재방문 전도에 서로 이견(異見)을 보여서 결국 헤어지고 말게 된다.(행15:37~

39) 바울의 눈으로는 유대 바리새인 천지인 구부로는 선교의 효실을 더 이상 거두기 어렵다고 보았고, 고향을 다시 찾으려는 바나바가 너무 지역 편향적 정서에 젖어 있다고 불만이었다. 바울에게는 블라스티니우스가 휘저어 놓은 갈라디아 교회들에게 한시 바삐 가야 한다는 조바심이 마음을 다급하게 재촉하는 것이었다.

이제는 바울이 그의 위격이 격상되었다고 여겼는지 둘을 거추장스럽게 생각하는 것이 여실히 드러난다. 성격이 온순했던 바나바는 하는 수 없어 바울과의 동행을 포기하고 조카와 함께 다시 목이 곧은 이방인과 유대인들이 득실거리지만 미련이 남은 고향 구브로로 향한다.

마가와 누가

마가요한(이름 '마가'는 'Marcus'라는 라틴어 첨가명이며 요한은 히브리어이다.)은 바울이 바나바와 예루살렘 교회 2차 방문 후 공식적으로 안디옥으로 파송될 때부터 첫 수행하였던 청년인데(행12:25) 1차여행 도중 바울과 결별한 이후에는 베드로의 조력자로 사역했고 특히 아람어만 알고 헬라어는 물론 히브리어조차 아둔한(아마 아람어만 사용한) 무식자 갈릴리 어부 베드로의 통역관 역할을 했다고 한다.[파피아스(Papias of Hierapolis, AD140), 이레니우스(Irenius, AD 182)] 십여 년 후에는 바울의 애제자로 할례받은 디모데(행16:3)와 함께 로마에서 다시 바울을 도와 사역하기도 했다.(딤후4:11) 바울이 화해, 초청한 것이다. 로마에서 심지어 바울과 수감 생활까지 함께한다.(골4:10, 몬1:24)

네 복음서 중 가장 먼저 기술된 마가복음(AD70)은 바울과 베드로 사후 로마에서 쓰인 것으로 역사 비평 신학자들은 믿고 있으며 바울 서신서들보다

7-23년 후의 기록이다. 비록 그가 예수님의 갈릴리 가르침과 지시를 직접 받지 못했고 제자도 아니었으나 자기 집에 드나드신 예수를 너무나 친숙히 알았을 것이고 베드로에게서 듣고 배운 생전의 주님 말씀과 사역상(使役像)을 순서대로는 아닐지나 정확하게 기록하였으며 마치 이방인 독자를 위한 것처럼 예수와 유대 풍습을 친절하게 헬라어로도 알려주고 있다. 게세마네 동산에서 예수님이 잡히실 때에 시카리[그 무렵 유대인 열심 비적단(匪賊團)을 일컬음]처럼 단도(短刀)를 휘둘른 자신과 달리 자다가 일어나서 구경하러 왔다가 기겁하여 두른 홑이불을 버리고 벌거벗은 채 다른 제자들을 따라(마 26:56) 도망간 청년(막 14:51)의 순박한 모습이 잊혀지지 않았던 베드로는 평소부터 그를 '아들'이라 부르며 사랑했었다.(벧전5:13) 마가는 감람동산에 자기네 소유 포도원이 있었는데 우연히 소란스런 예수님 체포장 면을 목도하다가 함께 잡힐 뻔하였다. 이때 베드로는 왜 칼을 휘둘러 주님의 책망을 받은 걸까? 아마 감람산에 오르기 전에 주님께서 전대와 배낭과 칼을 준비하라시며 어려운 시기 도래를 대비하라며 하신 말씀(눅22:36)을 곧이곧대로 믿고 죽음까지 마다 않고 따르겠다던 바(막14:31) 그 충성심을 행동으로 보인 것으로 본다. 칼을 준비하라신 이 말씀은 죽음을 예비하시던 주님을 생각하면 이해하기 어렵다. 이 말씀은 마지막 성찬 후 마가네 다락방에서 하신 것 같은데 마가복음에는 물론, 타 복음서에도 없고 바울파(?)인 누가의 복음서에만 쓰여 있다. 필자가 누가를 바울파라 한 것은 그가 바울이 어려울 때 함께한 시간이 숱한 동역자 그 누구에 못지않게 많았고 의지하고 위로가 된 (안디옥 출신) 마게도니아 이방인이기 때문이다.(딤후 4:11) (누가는 바울의 2차 전도 여행 일부 구간부터 3차여행, 4차로마행 전과정을 밀착 동행하였다. 바울이 마지막에 로마로 호송 항해될 때는 믿음의 식구로서의 동승일행이 아리스다고를 포함 단 세 명뿐이었다.)

　사랑받는 의원(골4:14)이며 동역자인 누가(몬1:1)는 진작 바울을 알았지만 실제 그의 전도 여정에 동참한 것은 2차 여행 때 유럽 땅 빌립보로 처음 건너가기 전 드로아에서부터이며 에베소의 전도 및 제자 교육 기간 3년에 두 차례 방문한 것을 비롯하여 마게도니아, 일루리곤, 고린도 재방문, 그 후 예루살렘행까지 밀착 동참한 것으로 보인다.(행16:10,20:6,13,14, 골4:14, 딤후4:11, 몬1:24) 로마에서는 다들 바울을 떠났을 때 끝까지 곁에 있어준 사람도 누가이다.(골 4:11)

로마에서 두 번에 걸친 바울의 투옥 생활 중 함께 수감 동역한 자나 수발한 자는 마가, 아리스다고, 할례당 유수도예수, 두기고, 에바브라, 오네시모, 데마와 누가(골4:7-10, 몬1:23-24), 오네시보로(딤후1:16), 안드로니고와 유니아(롬16:7)가 있으나 (AD61 겨울~63 봄) 첫 감치(監置)는 가택 연금이었고 황제의 무관심 때문에 이들 모두에게 비교적 자유로운 활동이 허용되었다. 여러 사람을 초청하거나 자기발로 오는 사람을 다 영접하며 자기 변증과 기독론을 강의하였다.(행 28:30)

많은 로마 유대교민이 말썽많기로 소문난 바울을 만나 보고자 했으며 그의 사상이 어떠한지, 어떤 신을 전하는지, 과연 진짜 메시아를 전하는지 알고 싶어 했다. 어떤 날은 너무 많은 수강 신청자를 아예 일자(日字)를 예약하여 자신의 말을 믿지 못하는 그들과 하루 종일 강론하고 토론, 설득하기도 했다.(행28:23-25) 그러나 두 번째 투옥될 때(AD64-67?)는 사정이 달랐다. 말 그대로 죽음의 문턱을 월경한 감옥살이라 워낙 열악하고 고통스러운 가운데 덩달아 강제체포와 생명의 위협을 감지한 동역자들까지 갖은 사정과 핑계로 그의 곁을 피하고자 하였다. 다들 그를 버리거나 각자의 선교지로 도망가듯 피난 갔다고 바울은 외로움을 토로한다.(딤후 4:16) 데마는 달아나 데살로니가로 갔고 디도는 달마디아, 두기고는 에베소와 골로새(엡6:21, 골4:7), 에라스도는 고린도, 그레스게는 갈라디아, 오네시모는 빌레몬에게로(몬1:12) 돌려보냈고 드로비모는 병 요양차 밀레도에 남겨져서 꼼짝하지 못하거나 아니함을 다른 제자들에게 알린다.(골 4:14) 이 무렵, 누가도 신변위험을 감지하고 로마를 탈출, 먼 이역 땅으로 도피여행을 시작한다. 그래서인지 외로움에 겨운 바울은 아들이라 부른 디모데에게 속히 와서 자기를 보살펴 주기

를 청한다.(딤후 4:21)

로마(혹은 에베소?)에서 수감시 함께 갇힌자 명단에 마가가 등재되어 있는 것(골4:10)을 보면 바울은 한때 척(斥)졌었으나 명석했던 그를 늦게, 혹은 말년에(AD63) 불러 수용한 것이 분명하다. 디모데로 하여금 젊은이끼리 잘 통하니 마가를 잘 설득해 데려오라 한 것이다.(딤후4:11) 바울이 처형된 후에 마가는 로마의(?) 바벨론이라 불리는 교회에서 이제 나이 든 실라와 함께 베드로를 수종하였다.(벧전5:12,13)

많은 신학자는 마가복음이 예수님의 또 다른 어록물인 이른 바 'Q' 자료(복음서보다 훨씬 이전에 쓰였으며 또 다른 예수 공동체 제자들에 의해 만들어진 것으로 보인다.)와 함께 훗날 다른 두 공관복음(마태복음, 누가복음, AD90~100에 저술 추정)의 모태가 되었다고 보았다. 다른 공관복음은 문체가 현학적이며 유대 독자들을 위하여 예수의 가계도(족보)를 포함하여 부드럽고 문학적이며 전기적인 요소가 가득한 데 비하여 마가복음은 투박하며 사실을 전달하기 위해 간단하며 명료하게 전개된다. 예수의 동정녀 탄생 유래에 관한 언급이 전혀 없다. 성인이 된 이후의 예수만을 세례요한 이야기부터 진술한다. 네 복음서중 유일하게 아람어를 사용한다.(막5:41,7:34,14:36)

저자 불명의 Q 자료('자료'라는 독일어 'Quelle'의 약자이다.)에서 따서 쓰인 것 같은 내용은 마태, 누가복음에만 나타나는데 마가는 그즈음 바울 곁에 붙어 있느라 그 존재조차 몰랐을 것이다. 자기가 보았고 베드로가 가르쳐 준 주님의 공생애(共生涯)와 말씀을 기억했다가 예루살렘 패망 무렵 로마에서 피신 중에 저술한 것은 이미 전술하였다.

2차 전도 여행에서 바울이 왜 마가와 동반여행을 거부하면서 바나바와도 조면(粗面)한 것일까? 바나바가 고집하는 구브로 전도가 내키지 않기도 했지만 전술한 대로 마가가 1차 여행에서 중도하차한 전력(前歷) 때문이다.

그러면 마가는 왜 예루살렘으로 떠나 버렸던 걸까? 누가는 그 이유를 분명하게 밝히지 않지만 이 문제로 2차 전도 여행부터 바나바와도 결별까지

한 것을 보면 둘 사이에 갈등 관계가 씨앗이 되었음은 확실하다. 그 당시 바울은 어려운 가운데 불평, 특히 예루살렘 장로들에 대한 막말과 노여움을 자주 토했을 법하고 바나바는 참았으나 혈기왕성한 젊은 마가는 반발했을 것이다.

그 외에도 마가가 떠난 이유에 대해서는 다양한 추측이 가능하다.[39] 마가는 선교 여행 때 짐꾼 역할의 고달픔과 각종 위험으로 향수병에 걸렸을 가능성, 건강 악화 때문, 바울의 반유대적 교리와 아집(我執)과 교만심의 노증(露證), 적대자에 대한 험한 용어사용과 저주에 대한 실망, 선교여행의 주도권이 외삼촌 바나바로부터 바울로 이관되는 형세에 대한 반발, 그를 그 되게 한 은인 바나바에 대하여 예우를 않고 배신하는 데 대한 분노등을 가졌을 개연성이 높다. 무엇보다도 주님을 전한다면서 원사도들을 비하하고 자기 소리가 더 큰데에 대한 분개함이 없지아니하였을 것이다. 특히 구브로 총독 서기오 바울의 환심을 사고자 친로마적인 것처럼 개명(改名)하고 율법과 유대 배척적 교리로 강론하며 일행과 일정을 주도하려는 바울이 못마땅하였을 것이다. 더구나 다른 사도들과 제자들이 생각하지 못한 미사여구(美辭麗句)의 신복음 용어를 남발하고 매 서신서에 되풀이 기록으로 남김으로써 세상사람들에게 각인되기를 원하는 모습이 싫었던 것은 아니었을까? 주님을 제대로, 핵심을 놓치지 않고 알리고자 한다지만 의구심과 경계심을 억제하지 못했을 것이다. 바울서신보다 수십 년 후에 쓰인 공관복음서나 요한복음서 그리고 여타 제자들의 정경에 오른 편지에는 바울을 특정하여 그의 복음에 관해서는 일언반구 소개나 인용이 없는 것이 눈길을 끄는 것도 사도들의 거부감과 냉대를 보여주는 증거로 추정할만하다.

전도 대상으로 예수님이 갈릴리 벽지등에서 미천한 자들과 접촉만 기꺼워하신것과는 달리 바울은 인종이나 귀천, 지위 고하를 따지기 싫어한다. 이런 점에서 베드로의 백부장 고넬료전도를 볼 때 두 사람의 첫 이방인전도는 일정 부분 닮은 꼴이긴 하다. 그러나 바울은 기회가 될 때마다 고위층에 소개되기를 원했고 로마황제의 정치, 정책에 신경을 쓰는 게 드러난다.(딤전 2:2) 세상의 제왕에 대한 복종, 황제를 거스르지 않는 친로마적 발언 등이 서신 여러 곳에서 발견되기 때문이다.

바울의 2차 전도 여행

바울은 바나바와 결별한 후 대신 실라를 대동하고 육로로 길리기아를 가로질러 더베와 루스드라에 도착하였는데 이즈음 블라스티니우스는 갈라디아 네 교회를 흔들어 놓고 일단 예루살렘으로 돌아갔다. 갈라디아 교회는 혼란 소용돌이에 빠졌으며 신도가 이탈하며 교세유지가 어려워지고 일부 신도는 할례의식까지 치렀다고 디모데는 보고하였다. 2차 전도 여행 초반에 바울은 디모데(루스드라)와 가이오(더베, 롬16:23)라는 큰 일꾼을 얻는 기쁨을 누리기도 하였다. 특히 디모데는 더베와 이고니온을 수차례 오가며 블라스티니우스가 망친 유대적 예수 신앙을 수정하며 바로잡고 할례를 막기 위해서 그와 대적하며 바울이 부친 편지를 들고 문맹자가 다수인 갈라디아 교인들에게 읽어 주고 독려하며 열심히 뛰었다. 또 가이오와 함께 바울의 편지를 수없이 복사해서 남갈라디아 전역에 뿌린 결과 처음에 지역 호응을 얻었던 블라스티니우스를 패퇴하게 만드는 공을 세웠다.

바울은 디모데를 부둥켜안고 눈물을 쏟으며 형제들에게 두루 설교 순방을 하며 용기와 확신을 주었지만 바나바에게서 넘겨받은 야고보의 보증서와 유다의 편지는 여전히 휴대하면서도 그 내용을 알리지 않기로 했다. 블라스티니우스도 가지고 다녔다는 야고보의 보증서가 남발된 이 상황에서 현지에서 별 도움이 될것같지 않음을 판단하였던 것이다. 또 야고보에 대한 서운함이 그렇게 하길 막기 때문이기도 했을 것이다. 디모데는 부르기아, 무시아, 드로아, 사모드라게, 네압볼리 등지로 진군(?)할 때 모친 유니게의 허락을 받고 바울-실라의 전도 대열에 합류했으며 가이오도 물론이거니와 더욱 멀리서 쫓아와서 참여한 사람은 안디옥의 누가였다. 누가가 지방마다 수소문해 가며 바울의 발자취를 따라 안디옥 교회에서 구해 준 말을 타고 달려온 것은 블라스티니우스의 최근 소식과 행적을 알려 주려는 것이 주목적이었다. 안디옥의 니게르 시몬의 집에 배달된 예루살렘 유스도 바사바의 편지는 바나바가 원수신인이었으나 그가 구브로 전도로 뜨고 부재한지라 시므온이 수신한 것인데 편지 내용은 블라스티니우스의 반바울적 행태와 계획을 알리는 경고로 그는 예루살렘 장로들이 바울의 이방선교를 축복한 사실을 알고 광분하여 베드로와 야고보를 비난하고 사도회의의 결정을 거부, 끝까지 바울을 따라가서 죽이겠다고 맹세까지 했으니 조심하라고 적혀 있었다.

이 살벌하고 엄청난 소식에 안디옥 교회는 긴급회의 결과 바울의 행처를 따라붙어 이 사실을 알려야 할 적합한 인물로 본인이 원하기도 했지만 로마 시민이요 의사인 누가를 선정한 것이다. 그는 마케도니아 출신 이방인이었으므로 안성맞춤의 인물이었던 것이다.

산전수전 고행 끝에 누가가 전해 준 불안한 소식을 접하고도 겉으로는 애써 개의치 않는 듯 바울은 활발한 전도 활동을 멈추지 아니하고 드디어 빌립보에 첫 유럽 교회를 세우고 이를 교두보로 하여 유럽 지방으로 진출하며 수많은 추종자와 동역자를 얻고 데살로니가, 뵈레아, 고린도, 겐그레아 등지에 잇따라 교회들을 세우게 된다. 그런데, 아니나 다를까, 또 유대 열심당들이 바울을 가는 곳마다 따라오며 그의 반 예수적 활동 전력(前歷)을 퍼뜨리고 이방인 교인들도 개종하려면 할례를 받고 모세의 율법을 지켜야 한다는 겁박을 반복하므로 어려움이 심했다.(행15:1,18:12) 블라스티니우스도 바울이 지나간 지역 정보를 캐며 편지를 연속 보내어 그 지역 유대인과 회당 장로들에게 바울은 배반자요 배교자라며 배척하길 강요하며 이방인들에게는 이스라엘에서 경멸을 받는 자이며 자기의 신을 제우스보다 우위에 두며, 행정관들에게는 민심 선동가요 소란을 일으켜서 제국의 질서를 흩트리고자 하는 자요 자기의 신을 왕이라며 황제를 능멸하는 자라고 조작하고 부풀리어 고발하였다.

↕

여기서 우리는 바울의 유럽 선교지와 당시 상황, 그리고 그를 돕는 성경적으로 우뚝 선 인물들을 잠시 돌아봐야 할 것 같다.

원래 바울은 갈라디아를 지나 소아시아 내륙을 복동쪽으로 횡단하여 니케아와 흑해 연안의 비잔티움, 아니면 비두니아 본도로 갈까 생각하고 있었다. 그런데 드로아에서 체류 기간에 주님이 인도하신 것인가? 바울은 "에게바다를 건너 마게도니아에 와서 우리를 도우라."라며 요청하는 어떤 청년을 꿈에 만난다. 바울은 이것을 주님의 명령하심이라 해몽하고 네 사람(바울, 실라, 디모데와 누가)이 상의 후에 빌립보로 가고자 사모드라게를 경유 네압볼리항으로 가는 배를 탄다. 이즈음 여행 경비는 바닥나고 어려워져서 누가가 주머니를 털고 타고 왔던 말도 팔았다. 빌립보에 이르러 여관에 여장을 풀고 회당을 찾았으나 이곳은 유대인이 전무(全無)하였다. 디아스포라 세계의 유대인은 열명만 모여도 회당을 짓고 모이는데 말이다. 회당이 없다면 어디 가서 말씀을 전하랴?

빌립보는 기원전 44년에 로마의 안토니우스(Marcus Antonius)가 시저를 암살한 브루투스(Brutus)일당을 진멸한 후 데리고 온 노예 병사와 야만인 용병들을 전역시키고 자유인으로 신분을 주면서 정착하여 살라고 준 땅으로 옛날 알렉산더 대왕의 부친 필리푸스 이름을 딴 도시이다.

루디아

바울 일행은 옛날 조상들이 바빌론 유수(幽囚) 때 강가에 모여 기도하였던 기록(겔1:3)을 떠올리고 안식일에 기도처를 찾아 시내에 가까운 강에 나섰다. 여기서 몇 명의 아낙네들을 만나 전도를 하게 되는데 거기서 역사적인 루디아와 만남이 이루어진다. 바울의 전도 역사에서 여성의 역할이 얼마나 중요했던지는 성경에 등장하는 수많은 여성들이 말해 준다. 루디아는 몇 안 되는 발군(拔群)의 여성 조력자중 세 손가락 안에드는 사람중 한명이다. 소아시아 두아디라 출신의 과부인 루디아는 자수(紫繡) 옷감 무역 상인으로 자수성가하여 빌립보의 부유층이 된 여성인데 놀랍게도 평소에 하나님을 경외하는 이방인이었던 차 우연히 만난 바울의 설교에 감동하여 예수를 진정 주로 믿게 되고 식구가 다 세례를 받고 일행에게 성심으로 호의를 베풀며 자기 집에 유하라고 강권하기에 이른다.(행 16:14-40) 경제적으로 나락의 문턱에 발을 디딘 바울 일행에게는 단비와 같은 제의가 아닐 수 없었다. 뿐만 아니라 이후부터의 전도역정에도 많은 재정적 도움을 아끼지 않는다. 그녀의 집이 빌립보 교회가 되었음은 불문가지(不問可知)이다.

이제부터 빌립보 전도는 탄탄대로의 문이 열리는듯 하였다. 그러나 어느 날 네 사람이 기도하던 강가(Proseuche)로 몸을 정결케 하기 위해 가다가 신들린 계집종 하나가 따라오며 빈정대며 앙탈하므로 바울이 예수 이름으로 명하여 그 몸에서 귀신을 축출하니 더 이상 점을 못 쳐서 수입을 잃게 된지라 주인이 바울과 실라를 잡아가지고 관청에 데려가 고발하므로 관원이 로마 병사를 불러 매질 후 옥에 가두는 돌발 사태를 겪게 된다. 세 명이나 되는 점쟁이 계집애의 주인이 흥분하여 "시내에 유대인이 나타났다. 반로마적인 풍속을 퍼뜨리고 생소한 신과 유대 인물을 왕이라 숭배하며 퍼뜨려서 황제의 뜻(유대인 추방)을 거스르고 있다."라는 주장에 바울 일행은 말문이 막힐 뿐이었다.

그 무렵 황제위에 오른 글라우디오는 로마에서 유대인 추방령을 내렸고 일행은 빌립보가 로마의 통치를 직접 받는 식민지인 것을 대수롭지 않게 여긴 것이다. 바울과 실라는 심한 채찍질을 당한 후 투옥되었다. 바울은 이번이 세 번째 당하는 매질이었다.(고후11:24) 그런데 빌립보에 지진이 일어난다. 옥문이 부서지고 쇠창살이 튕겨 나가고 착고(着鋼)가 저절로 풀렸다. 감옥이 무너지고 옥문이 열린 것을 본 간수가 죄수들이 달아난 줄 알고 자결하려다 바울의 제지로 멈추고 기왕 파괴되어 제 기능을 잃어버린 감옥에 바울 일행을 둘 수 없어 자기 집으로 모셔 간다. 바울 일행의 체포 소식을 늦게 안 루디아는 백방으로 찾아다니다가 간수집에서 누가의 치료를 받고 있는 바울과 실라 일행을 만나게 된다. 루디아는 시내 고위층 인사들을 찾아가서 로마 시민을 재판 없이 구속시킨 행정관을 면박을 주고 압박하여 방면을 받아낸다. 간수의 집안 사람들은 세례를 받고 신자가 되었으며 로마 군인의 호위 아래 시 외곽 에그나티아(Egnatia)대로 수 킬로미터까지 형제들의 환송을 받고 3개월이 채 안 되는 빌립보 생활을 작별한다. 누가는 바울의 요청으로 안디옥 귀환 예정을 늦추어 빌립보에 남아 교회를 도우기로 하였는데 사실적인 예수님 생애와 메시아 묘사로 형제들을 가르치고 믿지 않는 자에게도 의술을 펴서 인기리에 많은 이방인을 끌어들이게 된다.

그간 바울은 루디아의 집에 기숙하면서 부족함 없는 조력을 받았고 또 늘어나는 신도 중 헌신 열정 때문에 갈등 관계에 있던 여신도 유오디아와 순두게(빌4:2-3)등에게 특별히 관용과 화합할 것을 권면하는 것을 보면 빌립보 교회에 대한 바울의 애정과 마음씀씀이는 각별하였다. 오죽 좋아했으면 그들을 '나의 기쁨, 나의 면류관'이라 했을까?(빌4:1) 면류관이란 표현은 데살로니가 교회성도들에게도 썼다. 감금과 유대인과 불신자들의 위협때문에 짧은 체류 기간에 세운 두 교회를 뒤로 하고 급히 베뢰아로 도망(행17:10)할 수밖에 없게 된 바울은 갖은 핍박에도 불구하고 그가 가르친 복음 신조를 굳게 지킨다는 그곳 소문(살전1:6)에 눈물겹게 감사하여 모든 찬사를 동원하여

격려하는 편지를 디모데 편에 보내어 위로하였다.(살전3:2)

'너희는 우리의 소망의 기쁨, 자랑의 면류관, 영광과 기쁨'이라고 한 것이다.(살전 2:19,20)

바울과 실라는 곧 추적해 올 블리티니우스와 반대 방향인 서쪽으로 대로를 따라 걸었다. 암비볼리, 아볼로니아를 지나 회당이 있는 데살로니가로 이동하는 동안 또 경비가 바닥났다. 빌립보를 떠날 때 경황이 없던 탓인지 교회가 제대로 챙겨주지 못하였던 것이다. 안디옥에서 받은 경비 중 남은 푼돈을 쪼개어 쓰다가 그마저 바닥난 상태로 데살로니가의 한 허름한 여인숙에 여장을 푼 일행은 안식일까지 기다렸다가 회당을 찾아갔고 예배 순서 뒤에 발언할 기회를 얻었다. 바울은 예수가 성경이 말하는 메시아임을 조리있게 풀이함으로써 많은 청중의 관심을 불러일으켰고 거기에서 같은 베냐민 지파 유대인 야손을 만나 그의 집으로 거처를 옮기게 됨으로 어려웠던 침식이 해결되고, 더욱이 뒤늦게 빌립보교회가 보낸 안드레아스라는 청년을 통하여 루디아가 부치는 입이 딱 벌어질 만한 금품과 쓸 것, 그리고 교회의 안녕한 소식을 전달받았다.(빌4:16) 루디아는 7년 후 바울의 로마 투옥 때에도 에바브로디도 편에 재정적 지원과 수발인을 아끼지 않고 보내 주었다.(빌2:25)

빌립보 교회는 누가의 의술과 디모데의 설교로 거의 매일 모여 치유와 경건으로 성장하고 있으며 더 이상 당국의 노골적 핍박은 없다는 것이었다. 블라스티니우스가 거기까지는 아직 오지않은 게 분명하였다. 아니 그의 주 무대가 유대 회당이므로 회당은 물론 유대 민중이 없는 빌립보는 그의 공략지가 아니었기 때문일 것이다.

바울과 실라는 서로 부둥켜안고 한동안 기쁨의 눈물을 쏟은 후 하나님의 은혜로운 예비하심과 루디아와 그녀의 권솔(眷率)과 빌립보교회를 위하여 감사의 통성기도를 올렸다.

그러나 반대하는 유대인들은 시기심이 비등하여 시장저자의 행악패를 동원하여 야손의 집을 급습, 바울을 잡으려 했으나 찾지 못하자 대신에 야손과 형제들을 붙잡아 린치를 가하고 읍장앞에 데려가 과장된 이유를 들어 고발하였다. 이 소동 중 읍장은 바울 일당이 떠나는 조건으로 보석금을 받고 야손을 풀어 준다. 바울은 야밤에 야손의 집으로 가서 위로하고 형제들의 도움으로 베뢰아(Berea) 길로 향한다. 난을 피한 바울, 실라, 디모데는 뵈레아로 가서도 회당을 중심으로 전도하므로 이 소식을 전해 들은 데살로니가 유대인들이 무리 지어 원정을 와서 소동을 피우며 방해하였다. 심지어 시카리 단원도 왔다는 소문이 들렸으므로 형제들이 서둘러 바울을 선편으로 도피시킨다. 바울이 탄 배는 남쪽으로 멀리 아덴까지 직항하는 선편이었다. 이 동안 디모데는 다시 데살로니가와 빌립보를 재방문하여 단속하며 교회간, 심지어 멀리 갈라디아, 안디옥 교회 성도들과의 교통까지도 장려하였다. 실라는 베뢰아 교회에 집중하여 소시바더(Sosipater)를 조력자로 얻는 수확을 이룬다.

바울과 실라가 데살로니가 회당과 저잣거리(Agora)를 돌며 전도하는 동안 올린 실적은 세사람의 제자를 얻었다는 것이다. 아리스다고(Aristarchus), 세군도(Secundus), 데마(Demas)라는 헬라인이 그들이다. 물론 가옥이 교회가 된 야손(Jason)도 빼놓을 수 없는 성도가 되었다.(*데살로니가에서부터 바울은 교인을 성도라 부르기 시작한다.*) 이들도 얼마 지나지 않아 현지 사정이 어렵게 되자 고린도로 피난 와서 실라, 디모데가 마케도니아로 재파견된 후의 바울동역자가 된다.

바울은 아가야지방의 첫도시 아덴으로 피신하였다.

철학으로 유명한 아덴(Athens)은 우상의 도시로도 유명하였다. 온 성이 알 수 없는 이름들의 신전으로 가득하고 저잣거리는 무언가 떠들어 대는 철학자들로 시끌시끌하였다. 분에 받친 바울은 회당과 저자를 찾아 만나는 자들과 변론하기를 멈추지 아니하였고 마침내 견유학파(犬儒學派) 철학자(kynikos)들과 언쟁에 나선다. 당시 아덴은 두 철학파가 득세하고 있었다. 소위 에비

구레오(Epicuros)와 스토이고(Stoic) 철학이다. 전자는 주전341년에 사모스섬 출신의 에피큐러스란 자가 창설한 학파로 쾌락과 반신론을 바탕으로 한 유물론 주의이고 후자도 주전340년 구브로 출신의 제논(Zenon)이 효시(嚆矢)인데 지식과 진실은 그 진위가 객관적 대상과 부합하는가를 사람의 주관적 판단에 의하여 결정된다는 이른바 명목론을 주장하는 파로 폭군 네로의 스승인 세네카(Seneca)와 아우렐리우스(Aurelius) 등이 이 학파에 속한다. 다시 말해서 물활론(物活論)과 명목론의 주창자들이었다. 바울은 이들을 상대로 "이 세상에 지혜있는 자가 어디 있느뇨? 선비가 어디 있으며, 변사가 어디있느뇨?"(고전 1:20) "너희가 알지 못하면서 위하는 그것을 내가 알게 하리라. 우주만유를 지으신 신께서는 손으로 지은 전에 계시지 않고, 마치 부족한 것이 있는 것처럼 사람의 손으로 섬김받으려 하시지 않는다."(행17:24,25)라고 일갈하니 토론과 쟁론을 좋아하는 그들은 이 말쟁이가 무슨 신을 전하려고 하는지 자못 궁금하여 붙들어 아레오바고(Areopagus, 전쟁신의 언덕)로 데려가서 지식욕을 채우려 한다. 바울로서는 마침내 성 전역에 그리스도를 전파할 수 있는 기회를 얻은 셈이다. 아덴인들의 호기심과 사상과 취향을 어느 정도 감안한 장광설의 바울설교가 이루어진다.(행17:22-31) 그렇지만 열매는 아레오바고 관원(변호사) 디오누시오와 다마라라 하는 여인외 몇사람의 호응만 거두었을 뿐, 뚫기 쉽지않은 지역정서를 느낀 바울은 퇴진을 준비할 수밖에 없었다. 이때 마게도니아로부터 디모데와 실라가 도착하였다. 빌립보의 누가는 바울이 떠난 3개월 뒤에 안디옥으로 돌아갔고 빌립보와 뵈레아교회가 현재는 어느 정도 평온을 되찾았음을 디모데는 보고하였다. 잠시 들른 디모데로서는 처음인 아덴을 바울을 따라다니며 각종 신전과 건축물을 관광하는 여유를 즐겼다. 그날 밤 바울은 디모데에게 다시 데살로니가로 돌아가라고 명령한다. 가서 교회를 계속 부흥시키고 갈라디아에서 처럼(고전16:1) 예루살렘의 빈자(貧者)성도를 위한 모금을 독려하라 한다. 베뢰아에 남을 실라나 자기는 직접 갈 수 없는 형편이고 반쪽 이방인인 디모데만 카멜레온처럼 신분과 행동이 자유롭기 때문이다. 마케도니아 일대의 교회를 걱정하는 바울의 심정이 한결같음을 엿볼 수 있다.

아덴 아레오바고 장터에서 지혜 있음을 좋아하고 이성적(理性的)인 것을 자랑하는 지역정서에 되도록 부합하여 조합한 장광설의 바울답지 않은 철학적 토론전도시도(討論傳導試圖)가 실패한 후부터 그는 비로소 오직 십자가 예수만 전하지 않고 다른 방법에 의지해 본 것이 잘못임을 깨닫고 후회스러웠는데(고전1:18)……. 애초에 바울이 바리새적인 그의 전철을 아는 유대인을 상대로 변증차 소명했을 당시의 초심으로 궤도를 돌려 복귀한다.

"내가 이미 얻었거나 이룬 것이 아니나 지난 잘못은 잊고 앞에 있는 푯대(그리스도)와 부름의 상(償)을 향하여 달려가기로 결심하였다."(빌3:12-13)

어떻게든 다메섹 이후 바울에게는 복음 선포가 자기의 숙명처럼 받아들여진 것이 분명하다.(빌1:21) 복음을 전파하지 않으면 자기에게 닥칠 무서운 불행을 직감하고(고전 9:16) 항상 이 두려움과 조바심에 붙잡혀 있었다. 특히 헬라인에게나 야만인(이방 세계 우상 숭배자)에게 스스로 빚진 자라고 여기고 각종 장애물을 헤쳐 나가는 방안에 골몰하고 애쓴 결과가 때로는 무용했음을 토로하는 것이다.(롬1:14)

브리스길라

바울은 아덴을 포기하고 가까운 서쪽 지방 고린도(Corinth)로 이동했는데 여기서 아굴라(Aquila)라는 천막을 제작,수선하는 본도(Pontus)출신 히브리인을 만난다. 그의 부인은 주를 경외하는 로마시민으로 글라우디오 황제의 유대인 추방정책 때문에 유대인남편을 따라 밀려와 고린도에 정착한 브리스길라(Priscilla)로서 향후 바울의 역정에 동반자요 협력자겸 중요 후원자가 되는 또 하나의 여걸(女傑)이다. 왜냐하면 고린도와 에베소, 로마등 바울이 경유하는 중요 거점도시에 집들을 마련해서 바울과 성도들의 숙식 내지 일용할 재물과 모임처를 제공했던 공을 세웠고 앞으로도 바울이 가기로 예정된 곳에 얼마든지 거처를 준비할 못 말리는 당찬 열성분자 여인이기 때문이다.

당시 이스라엘 말고는 고린도가 유대인이 제일 많이 몰리는 도시였다. 로마의 유대인 추방정책 때문에 급작스레 인구가 불어나는 고린도는 한마디로 북새통이었다. 유대인뿐만 아니라 인근 수십 개 도시에서도 각종 인종이 일자리를 찾아 몰려들다 보니 주거지가 태부족하여 길거리에서 노숙하는 자들의 텐트가 즐비하였다. 당연히 아굴라 부부의 천막 장사는 주문받은 일감이 밀리면서 성업(盛業)을 이루어 재력가가 되었고 시내에서 상류층 인사들과도 교통하였다. 바울은 자기도 부업으로 천막을 깁고 고치며 자비량 선교하던 자이므로 저자에서 같은 업종으로 영업하는 아굴라 가게를 찾았고 안면을 트는데 브리스길라는 바울을 첫 대면에 알아보는 것이었다. '다소의 바울'이라는 이름은 이미 로마에서도 유대인 세계에서 좋거나 나쁘게 소문이 나 있었던 것이다. 열두사도를 비롯한 예루살렘장로들과 맞섰고 모세를 십자가에 못박았다고.

그들은 바울을 자기네 집으로 초대하였고 동거와 동업을 제안하여 바울로서는 더 바랄것 없는 도움을 얻게 되었다. 바울은 천막업을 도우면서 안식일마다 회당을 찾는 습관이 된 일정을 답습하던 중 어느 날 회당장 그리스보(Crispus)의 예상치 못한 회심의 고백을 얻었다. 바울의 설교가 소문나면서 세 번째 안식일에 회당은 복도까지 꽉 차는 청중들로 넘쳐나고 있었다. 이런 상황에서 그리스보가 갑자기 벌떡 일어나더니 "나는 바울이 말하는 예수가 그리스도이심을 믿기로 하였습니다."라고 큰 소리로 공포한 것이다. 청중이 웅성거리는 가운데 기겁한 회당 장로들은 바울에게 다가와 더 이상 회당에 나오지 말라고 완곡하게 말하였다. 회당 군중은 찬반으로 갈려 논쟁으로 소란스러워졌으므로 바울은 자리를 뜰 수밖에 없을 때 이미 고린도에서의 첫 회심자가 되었던 디도 유스도(Titus Justus)라는 자가 회당 옆 자기집을 모임장소로 써줄 것을 제의하였다.(행18:7, 이 유스도에 대해서 롬16:23에 언급되는 고린도의 가이오와 동일인이라는 학자도 있다.) 더 이상 회당 출입을 고집하다가는 응당 곤궁이 뒤따를 것을 아는 바울은 고린도에서 더 많은 이방인 신자를 얻기 위하여서도 그의 제안을 거절하면 안 되었다. 당장 아굴라의 집에서 짐을 옮겨 이사를 하였다. 이제 평일에도 아침, 저녁시간에 모임을 가질 수 있게 된 바울은 낮에는 생업에 종사하고 전도 사업을 더욱 열심히 하여 모이는 자들의 수가 증가하자 유스도의 집은 벽을 터서 방을 넓히지 않을 수 없는 지경에 이른다. 회당장 그리스보와 집안 사람들은 이곳에 출석하다가 곧 세례를 받게 된다.

　1년이 못지나서 실라와 디모데가 다시 고린도에 도착하였다. 바울의 과로를 덜어 줄 멋진 원군들이다. 브리스길라의 집에 여장을 푼 후 둘은 마케도니아 교회들에 대한 바울의 궁금증에 대해서 묻는대로 소식을 알려주었다. 블라스티니우스는 더 이상 나타나지 않았고 예루살렘으로 퇴각했다는 소문이고 설마 아가야 지방까지 따라오지는 못할 것이라고 일단 바울을 안심시킨 후 데살로니가 교회는 핍박 속에서도 굳건히 신앙을 지켰고 베뢰아 교회도 성장하고 있고 빌립보까지 세 교회 성도들 간에 도움과 내왕 교류가 잦다고 하여 바울을 기쁨으로 울컥하게 만들었다. 누가와 루디아 덕분에 빌립보는 도시 전체가 에클레시아에 대해서 우호적으로 변했다는 것이다. 그뿐만 아니고 더베의 가이오와 갈라디아와 안디옥에서 온 몇 교인들까지 데살로니가를 다녀간 적이 있다는 것이다. 그 멀고 험한 길을 걸어서…… 세 사람이 서로 부둥켜안으며 무릎을 꿇고 눈물과 감사의 기도를 한 뒤 디모데는 다만 데살로니가 교인들에게는 부활과 종말에 대한 확실한 가르침을 주어 이해시킬 필요성이 있다고 말하였다. 사후세계 실재와 이미 죽은자의 구원

문제에 대해서 의문을 갖는 성도들이 더러 있다는 것이다. 그리고 세상종말이 곧 온다며 밥벌이를 않고 빈둥대는 자가 한둘이 아니어서 성도들을 언짢게한다고 하였다.

그래서 바울은 편지를 써 보내기로 하였다. 마음과 달리 몸은 다시갈 수 없기 때문이었다.

"형제들아 우리가 잠시 너희를 떠난 것은 얼굴이요 마음은 아니니 너희 얼굴 보기를 열정으로 더욱 힘썼노라. 그러므로 나 바울은 한번 두번 너희에게 가고자 하였으나 사단이 우리를 막았도다. 너희는 우리의 영광이요 기쁨이니라.(살전2:17-20) 지금은 디모데가 너희에게로부터 와서 너희 믿음과 사랑의 기쁜소식을 우리에게 전하고 또 너희가 항상 우리를 잘 생각하여 우리가 너희를 간절히 보고자 함과 같이 너희도 우리를 간절히 보고자한다 하니, 이러므로 형제들아 우리가 모든 궁핍과 환난 가운데서 너희 믿음으로 말미암아 너희에게 위로를 받았노라.(살전3:6-7) 형제사랑에 관하여는 너희에게 쓸것이 없음은 너희가 친히 하나님의 가르치심을 받아 서로 사랑함이라. 또 너희에게 명한것같이 종용하여 자기 일을 하고 너희 손으로 일하기를 힘쓰라.(살전4:9-11) 형제들아, 너희는 어두움에 있지 아니하매 그 날이 도적같이 너희에게 임하지 못하리니 너희는 다 빛의 아들이요 낮의 아들이라. 우리가 밤이나 어두움에 속하지 아니하나니, 우리는 다른 이들과 같이 자지말고 오직 깨어 근신할지라."(살전5:4-6)

빛의 자녀들에게는 어둠의 그날이 부지불식간에 찾아오지 않을 것이니 늘 깨어서 자기 일을 하고 근신하며 기도하라는 것이다. 주의 날이 이르렀다고 해서 두려워하거나 맘이 흔들릴 필요가 없다. 믿음의 형제는 걱정하지 말고 일상대로 살면 된다는 것이다.

"우리가 들은즉 너희 가운데 게으르게 행하여 도무지 일하지 아니하고 일을 만들기만 하는 자들이 있다하니 이런 자들에게 우리가 명하고 주 예수 그리스도 안에서 권하기를 조용히 일하여 자기 양식을 먹으라 하노라."(살후3:11-12)

"형제들아, 우리가 너희에게 구하는 것은 우리 주 예수 그리스도의 강림하심과 우리가 그 앞에 모임에 관하여 영으로나 또는 말로나 또는 우리에게서 받았다 하는 편지로나 주의 날이 이르렀다고 해서 쉽게 마음이 흔들리거나 두려워하거나 하지 말아야 한다는 것이라. 누가 어떻게 하여도 너희가 미혹되지 말라. 먼저 배교하는 일이 있고 저 불법의 사람 곧 멸망의 아들이 나타나기 전에는 그 날이 이르지 아니하리니 그는 대적하는 자라. 신이라고 불리는 모든 것과 숭배함을 받는 것에 대항하여 그 위에 자기를 높이고 하나님의 성전에 앉아 자기를 하나님이라고 내세우느니라."(살후2:1-4)

"주께서 사랑하시는 형제들아! 우리가 항상 너희에 관하여 마땅히 하나님께 감사할 것은 하나님이 처음부터 너희를 택하사 성령의 거룩하게 하심과 진리를 믿음으로 구원을 받게 하심이니 이를 위하여 우리의 복음으로 너희를 부르사 우리 주 예수 그리스도의 영광을 얻게 하려 하심이니라. 그러므로 형제들아, 굳건하게 서서 말로나 우리의 편지로 가르침을 받은 전통을 지키라."(살후2:13-15)

바울이 고린도에서 전도한지 일년육개월 정도 지났을 즈음 드디어 유대인들이 일어나 바울을 총독 갈리오(Gallio)에 고발하고 만다. 그 고발내용이라는 것이 여태껏 해 오던 그들의 주장, 즉 종파 간 분쟁 범주를 벗어나지 않고 새로운 것도 없었다. 갈리오는 온건한 심성의 근본(Seneca의 조카?, 형제)을 가진 자여서인지 예상과는 달리 유대인 간의 내분에 관여하지 않고 바울을 놓아줌으로 성이 차지 않은 강성파들은 방면이 된 바울을 다시 잡으려고 온 동네를 무리지어 훑다가 찾지 못하자 바울 대신 역시 회심한 배반자인 다른 구역 회당장(아니면 그리스보의 후임자) 소스데네(Sosthenes)를 잡아 린치를 가하였다. 아마 그도 바울을 통하여 예수를 받아들이고 믿은 사람이라 분노한 군중의 화풀이 대상이 된 것이다. 그날 밤에 아굴라 집에서 바울은 추종자들을 불러 모았다. 다수의 에클레시아 구성원이 모인 가운데 기도와 찬송 후 바울은 이제 더 이상 성도들에 대한 민폐와 교회의 위험이 생기지 않도록 하기 위해서는 그 자신과 측근들이 고린도에서 철수하지 않을 수 없다는 것을 설명하였다. 데살로니가 철수 이유도 적들의 겁박이기도 하지만 그보다 야손과 친구들이 자기 때문에 대신 린치를 당했던 연유이다.(행17:5-7, 롬 16:21)

"여러분은 이미 우리로부터 많은 권고와 격려, 책망을 받았으므로 우리가 없어도 서로 그렇게 하십시오. 늘 말과 행동으로 주 예수 그리스도를 드러내야 합니다. 우리가 어디서 자리를 찾던지 수시로 여러분을 찾아오겠습니다. 지금은 영원한 이별이라 생각 말고 주 뵙기를 고대하듯 우리에게도 그러십시오."

위험을 생각해서 행선지는 비밀로 하고 이튿날 서둘러 아볼로 부부와 함께 겐그레아항으로 가서 수리아행 상선 편을 구하여 피신하기로 하였다. 혹 시카리 일당이 동승할지도 몰라 겐그레아(Cenchrea)에서 일부러 회당을 찾아 삭발 서원을 하고 바리새 복장으로 변장하였다. 에게해를 가로질러 소아시아 카이스터강을 거스르고 첫 기착지 에베소(Ephesus)에 도착하여 이틀 머물렀는데 안식일에 회당을 찾아보고자 함이었다. 늘 그랬듯이 예식이 끝나고 바울은 한 말씀 부탁을 받았으나 아굴라의 조언으로 말썽을 피하고자 예수 강림에 관한 제한된 소식으로 끝내었는데 청중 반응은 부정적이지 않았다. 에베소는 아덴 못지않게 여러 잡신(雜神)들의 성전이 수두룩한 곳이다. 브리스길라가 바울을 설득하였다. 이제 안디옥으로 복귀하여 그간의 된일을 보고도 할 겸 당분간 안식을 취하되 심신을 회복하여 훗날을 도모하자는 것이었다.

이튿날 세 사람(실라와 디모데 포함)은 가이샤라까지 가는 선편을 얻어 갈아탔고 아굴라 부부는 에베소에 남아 집을 구하고 정착하여 바울의 재기를 기다리기로 하였다. 아마 바울도 훗날의 새 교두보를 염두에 두고 두 부부에게 요청하였고 그들이 순응한 것으로 보인다. 두 부부는 에베소에서도 천막업으로 어려움 없이 안정된 생활을 영위할 것이고 고린도로부터 피난 올 성도를 맞이할 것이었다. 그들과 작별한 바울 일행이 탄 배는 밀레도를 지나 고스와 로도에 정박했다가 시돈, 두로, 돌레마이를 경유 가이샤라로 향할 예정이었는데 때마침 부는 서풍을 맞아 순항했다. 다른 승객들은 거의가 예루살렘으로 가는 히브리인 순례자들이었지만 민머리 바울을 알아보지 못했다. 그런데 배가 구브로섬 남쪽을 지나 지중해 대해로 나설 때부터 물결이 심상치 않더니 두로항에 접근하면서 폭풍우가 몰아쳤고 배는 또 난파되었지만 부유하는 나무통들을 붙잡고 헤엄친 덕에 모두 살아났다. 바울로서는 두 번째 해상 조난을 당한 것이다. 세 사람은 두로의 그리스도인들의 도움을 받고 며칠 후 가이샤라로 가는 배편을 구하였다. 무시무시한 조난을 겪은 사람들 같지 않게 세 사람은 가이샤라에서 사흘 육로 거리(80킬로미터)의 예루살렘으로 갈 수 있다는 희망에 들떠 있었다. 실라에게는 예루살렘이 종착점이었고 디모데에게는 이번 여행 코스의 모든 게 첫 순회(巡廻)전도 경험이었다.

  가이샤라에서 그들은 베드로가 전도했던 고넬료를 만나 보았다. 베드로가 세례를 준 백부장 고넬료는 로마사람이지만 마음으로는 이스라엘을 걱정하는 사람이었다. 고넬료는 이스라엘 민심이 언제 들고 일어날지 흉흉하고 점령자에 대한 적개심이 팽배한 가운데 로마군의 파병이 증강되며 세금 과부하 때문에 피폐해진 예루살렘에 대한 정세를 알려 주었다. 그는 이방인 전도에 열심인 바울을 잘 알고 고마워하고 있었다. 바울과 바나바가 예루살렘 사도회의에서 담판을 지은 후부터 자기 같은 비유대신자가 할례로부터 자유로워진 데다가 바울이 갈라디아 네 교회에 보낸 편지가 복제되고 퍼져서 여기서도 비유대인 사이에 인기리에 회자(回翫)되고 있음을 알려 주었다. 잠시 바울은 얼굴이 어두워졌다. 또 유대인이나 비유대인 그리스도인 모두를 힘들게 하는 블라스티니우스와 늘어나는 그의 추종자들 얘기도 들려주었기 때문이다. 지금은 어딘가 이방에서 각지의 유대회당 장로나 행정 당국자들에게 바울을 로마 평화정책(PaxRomana)에 적대자라고 비방하는 내용의 편지질을 계속한다고도 했다. 갈라디아 성도들에게 보낸 편지가 화근의 굴레가 되어 바울을 옥죄고 불편하게 하고 있는 것이다.

드디어 일행이 유월절기에 맞추어 예루살렘에 당도하였다.

예루살렘은 유월절기를 맞아 이방 지역에서 몰려든 유대인 때문에 북새통을 이루고 있었다. 갑자기 10만 인구가 불어나서 수천 명의 가난한 순례자가 노숙하기 일쑤였다. 일행은 다행히도 바울에게 예수를 처음 자세히 알려 주고 옥살이도 함께 한 친척 안드로니고(Andronicus)와 유니아(Junias, 롬16:7)의 집에 투숙할 수 있었다. 바울은 후에 유니아라는 여인을 '사도 중 뛰어난 자'로 인정하였고 이들은 뒤에 바울의 로마행에 합류하였다.

우선 바울은 디모데로 하여금 서기관들을 접견해서 자신이 유대인임을 입증하고 성전 출입증을 받아 두라고 시키고 자신은 겐그레아에서의 서원(誓願)을 마무리(제단 불에 자른 머리카락을 태움)하러 성전에 올라갔다. 블라스티니우스가 사주한 칼잡이들이 그를 쫓지 않는 한 삭발하고 남루한 옷차림의 그를 의심할 사람은 없을 터였다.

저녁에 베드로의 숙소로 찾아갔다. 바울과 베드로는 서로 껴안고 볼을 맞추며 우정을 표시하면서 눈물을 흘렸다. 예수님의 수제자 베드로를 만나다니 디모데로서는 영광이 아닐 수 없었다. 게다가 첫눈에 자기를 알아봐 주다니……. " 이 친구가 유대인 행세를 하는 할례받은 제자인가요?"

베드로는 나이가 많았지만 병약한 두 사람과는 비교되지 않는 거구였다. 서로 간에 이런저런 안부를 묻고 그간의 서로의 전도 얘기와 계획에 대해 담소를 나누었다. 디모데는 듣기와는 기대 이상으로 다른 두 거물의 격의(隔意)없는 대화와 흉허물없는 정담(情談)에 놀랄 뿐이었다. 베드로는 바나바와 부부 동반한 구부로, 알렉산드리아등지의 여행계획을 밝혔고 바울은 그 여정에 고린도도 추가하여 방문해 줄 것을 요청하였으며 다만 구부로 교회나 회당의 유대주의가 완고함을 주의하라고 일러 주었다. 자기는 디모데를 데리고 안디옥으로 가서 얼마간 유하면서 다음 여행을 구상하려고 한다고 말하였다.

안드로니고 집에서 안락한 잠자리는 즐겼지만 저녁부터 다음 날 낮 동안 금식하고 저녁에 무교병과 쓴 나물, 구운 양고기로 배를 채운 뒤 이튿날 바울 일행은 안디옥으로 출발하였다.

디모데는 바울이 예루살렘까지 와서 야고보를 만나지 않는 것이 아쉽고 이상하다고 생각하였지만 예루살렘에 남기로 한 실라는 짐짓 태연한 표정으로 두 사람을 배웅하였다.[*우리는 누가가 이 장면, 즉 예루살렘 장면을 아예 빼 버리고 가이샤라에서 예루살렘 안부만 묻고 곧장 안디옥으로 향하였다고 기록하는 점에 주목하여야 한다*](행18:22)

디모데에게는 안디옥 또한 초행이었고 바울이 돌아왔다는 소문을 듣고 모여드는 성도들의 규모와 환대에 놀라워하였다. 성도들은 이미 두 차례 소아시아를 다녀온 누가를 통해 두 사람의 고행과 업적, 특히 디모데의 사람 됨을 익히 알고 있었던 것이다. 디모데 주위에 몰려든 자들은 서로 다투듯 그의 손이나 옷자락을 붙들고 찬송과 기도를 하는가 하면 "자네가 블라스티니우스를 맞섰다면서? 나이가 몇인가? 부친이 유대인인가,, 모친이 유대인가? 바울 선생보다 설교를 더 잘한다면서?"라는 등 질문공세가 끊이지 않았다.

디도와 아볼로

디모데가 안디옥에서 누가의 조카인 디도를 만난 것 또한 빼놓을 수 없는 사건이다. 디도는 삼촌을 통해서 디모데를 너무 잘 알고 있었고 좋아하였기 때문에 초면임에도 마치 백년지기를 만난 것처럼 반가워하였고 어떤 때는 누가마저 디모데가 묵는 니게르 시므온 집을 찾아 밤늦게까지 아가야 지방 전도 얘기를 자세히 알려고 캐묻고, 듣고, 웃고, 울고 하였다. 특히 바울이 겪은 헐벗고, 매 맞고, 굶고, 추위에 떨고, 강과 바다에 빠져 사경을 헤매던 이야기를 할 때는 디도와 누가 숙질간을 엉엉 울게 만들었다. 실라가 예루살렘에 잔류하지 않고 안디옥에 왔다면 실감을 더 했을 것이다. 누가는 연방 무엇인가를 묵필로 적다가 디모데의 말을 자르고 질문을 하곤 하였다.

시므온은 예수님의 십자가를 대신 메고 골고다 수난 현장을 따라간 자이며(막15:21) 그런 권위를 가지고 안디옥 교회를 이끌던 북아프리카 무역항 구레네(Cyrene) 출신의 유대계 흑인이다. 시므온에게는 루포(Rufus)와 알렉산더(Alexander)라는 장성한 두 아들이 있었는데(막15:21), 루포는 어미와 함께 후에 로마로 가서 바울의 전도 대열에 참여한다.(롬16:13) 바울과 디모데가 안디옥에 머무는 동안 그들의 어머니 마리아는 바울 일행의 숙식과 모든 필요를 돌봐 주었다. 특히 시므온은 인간 예수의 마지막 일 주간의 생애에 관한 생생하고 귀중한 얘기를 듣고자 하는 디모데에게 상세히 들려주었다.

어느날 저녁식사 후 바울은 디모데와 디도를 말할 게 있다면서 은밀히 불렀다. 그동안 발설하지 않았던 향후 계획에 대한 궁금증을 풀어줄 줄 알고 둘은 긴장하였다. 이미 바울은 두 사람 모르게 갈라디아와 그리스 교회에 편지를 보냈고 그동안 답장을 기다리느라 시간을 보냈던 것이라고 설명하며 *"이제는 나도 나이가 들어 어려움 감당이 힘에 부치고 더 느끼는 만큼 젊고 신실한 제자를 키워 앞날을 대비해야겠네. 주님께서도 열두 명의 사도 외에 70명의 제자를 두셨지. 이제 주님은 이 세상에 계시지 않기 때문에 더 이상 직접 제자를 키울 수 없으시네. 나는 이방인 사역자로 부름을 받았지. 그러나 내 주위에는 사명감 충만한 이방인 전도 사역자나 지역 교회 지도자가 달리 없네. 그러니 누군가가 이방 사역자와 교사를 키워야 해. 우리가 죽은 후에도 교회를 세우고 가르칠 젊은 인재를 말이야."*

순간 디모데는 기댈 데를 잃어버린 어린아이처럼 갑자기 안쓰럽고 허전하고 두려운 마음이 들었다. 스승님이 자기의 죽음을 예감하고 계시는구나!

두 청년은 바짝 다가앉으며 질문을 쏟아 결의 어린 바울의 준비된 대답을 듣는다.

 "어떤 사람을요?" *"교회가 전적으로 동의하는 사람, 어디든지 나를 따라올 사람이며 한 교회에 오래 머물지 않을 사람"* *"어떤 방법으로 훈련을요?"* *"이론이나 강의가 아니라 현실 속에서 보고, 듣고, 외부의 오해와 압박을 견디면서 배우고 말할 사람"* *"어디서요?"* *"에베소에서"* *"몇 명이나요?"* *"자네 둘을 포함해서 여섯 명"* *"나머지는 누구인데요?"* *"더베의 가이오, 데살로니가의 아리스다고와 세군도, 베뢰아의 소바더"*

바울은 어떤 교회에서는 아예 해당자나 자원자가 없다고 알려 왔다면서 추천된 네 명의 이름을 알려 주고 당사자들은 부름에 응했는데 자네 둘은 어떤가 하고 물었다. "할렐루야!" 두 사람은 서로 부둥켜안았고 바울은 그럴 줄 알았다는 듯 미소를 지었다.

한편 아굴라와 브리스길라 부부는 에베소에서 영업터를 구해 여전히 성업을 이루고 있었는데 어느 날 디아스포라 유대인 한 명이 회당에 찾아왔다. 이집트 알렉산드리아 태생의 아볼로(Apollos)였다. 그는 나름 하나님과 성경에 통달하였고 세례요한의 메시아도래(到來) 선포도 알고 있었다. 지식도 있고 호감이 가는 외모와 함께 말솜씨가 출중하였다. 그는 바울처럼 가는 곳마다 회당에서 설교할 기회를 얻었고 청중을 웃고 울게 만들며 모두가 좋아하게 되었다. 누가 보아도 예수를 메시아로 믿는 사람 같았다. 그는 자칭 철학자나 웅변가이기도 하다면서 많은 팬을 확보한 연유로 연회나 결혼, 장례식 등에서 축, 조사를 해 주면서 생계를 취하는 소피스트(Sophist)[7-2]같은 자였다.

브리스길라는 아볼로를 저녁 식사에 초대하여 복음을 전해 주었고 요한의 물세례밖에 몰랐던 그에게 성령의 임재를 알렸던 것이며 신자들의 교회가 있는 고린도로 여비와 소개서를 써 주며 보내어 바울 부재중의 고린도 교회의 방황을 붙잡아 줄 것으로 기대하였다. 물론 물질적 지원과 함께였으므로 설득된 그였으나 교회 생활의 진정한 의미를 못 깨달은 채 결국 후일 고린도에서 밀려나 뵈레아, 빌립보, 달마디아, 에베소 등지로 떠돌이 생활 끝에 십여 년 후 멀리 스페인에서 생을 마감하였다고 한다. 고린도에서 추종자를 만들고 교회에 분열 위기를 초래하여 바울을 괴롭힌 장본인이기도 하다.

3차 전도 여행

안디옥교회성도들의 후원을 등에 업고 안디옥을 다시 출발한 바울, 디모데, 디도 세 사람은 지중해 연안을 따라 북시리아를 도보로 지나는 도중에 작은 마을 교회들을 방문하고 격려하며 길리기아 다소를 거쳐 갈라디아 더베로 향하였다. 거기서 응모한 가이오와 합류하기로 약정되어 있었던 것이다. 나머지 세 사람(소바더, 아리스다고, 세군도)은 무시아 드로아로 와서 기다리기로 연락되어 있었다. 그들은 루스드라, 이고니온, 비시딕 안디옥 교회를 지나면서 에클레시아들을 방문, 교인들과 재회하고 문안하였다. 갈라디아 교회들은 그동안 숱한 핍박과 방해를 견디며 지도자와 외부지원 없이 잘 버티고 있음이 확인되었다. 네 교회에 권면하고 구제하는 형제자매들이 있고 상호 방문도 한다는 것과 역시 연전의 디모데 활약 덕분에 블라스티니우스는 완승을 얻지 못한 채 패퇴하여 잊히고 있었다. 바울은 감사와 감동으로 번번이 눈물을 뿌리며 함께 기도와 찬송을 드리면서 서로 위로를 받았다. 디도는 이번 서북쪽 여행이 생소한 경험인 데다가 곳곳마다 소규모이지만 예상외로 많은 교회와 성도가 환영하는 데 놀라고 있었다. 그들은 여정이 바쁜 바울 일행에게 번번이 좀 더 머물며 설교해 달라고 졸라 대는 것이었다. 바울은 설교를 많은 부분 디모데에게 맡겼다. 심성이 착하고 행동은 거침없는 루스드라의 디모데를 갈라디아 교인 모두가 좋아하고 있었다. 디모데는 어머니 유니게Eunice, (딤후1:5)와 상봉하고 바울의 고행 여정에 수행 제자가 됨을 허락받았다.

합류한 가이오와 세 사람은 한 달여 후에 성도들의 환송을 받으면서 여장을 등짐지고 갈라디아를 떠나 용감하게 소아시아 서북쪽 무시아를 가로질러 드로아로 긴 여행을 이어 갔다. 여인숙과 때로는 노숙을 하면서 피곤하고 긴 여행 끝에 드디어 드로아에 도착한다. 그리스인 세 사람(아리스다고, 세군도, 소바더)은 이미 도착하여 바울 일행을 기다리고 있었다. 상면한 제자들은 초면인 디도에게 앞다투어 자기를 소개하면서 떠들어 대었고 짐짓 물러나 앉은 바울은 대견한 듯이 빙그레 미소 짓고 있었다. 하룻밤 늦잠에 푹 빠진 젊은이 여섯을 바울은 새벽같이 깨우고 재촉하여 에베소로 이동하였다. 도중에 에베네도(Epenetus, 롬16:5)를 비롯한 소아시아인 열한 명을 만났다.(행 19:7) 그들은 길섶에 모여 앉아 기도하는 중이었다. 아시아에서 예수를 믿을 만한 이방인들을 만나 생기가 돋아난 바울이 반가워하며 다가가서 자기소개를 간단히 하고 그들이 잘 알지 못하는 예수님의 십자가 죽음과 부활, 그 후에 일어난 일(성령강림)들을 소개하였고 그들의 믿음 고백을 받고 즉석에서 세례를 주니 곧 그들은 방언을 하고 예언도 하는 놀라운 일이 있었다.

바울 일행은 에베네도 일행도 데리고 에베소로 들어가 아굴라 집으로 갔다. "시작부터 대단하군요. 주님의 전사 여러분, 환영합니다." 브리스길라가 문간에서 팔 벌려 이들을 맞아들였다. 풍성한 저녁 식사 대접을 받고 에베네도들이 돌아간 뒤 푹 잠을 청한 이튿날 바울은 아굴라의 영업점에 새벽 일찍 나가서 일을 돕기 시작하였다. 아굴라가 이곳에는 유대 강경파가 아직 오지 않았다고 알려 주었다. 그리고 회당에는 브리스길라가 친분을 튼 적지 않은 유대인 성도와 하나님을 경외하는 이방인이 있다고 하였다. 그래서 짬이 나는 시간에 바울 일행은 회당을 찾아갔다. 아굴로와 동반한 바울이 바리새 복장을 하고 있는 것을 본 회당 원로들은 이 새로운 얼굴들에 대한 경계를 풀었다. 평소 회당 예식의 지루하고 따분함을 투덜대곤 했던 브리스길라가 회당 문턱에 앉거나 서성대며 바울을 무언으로 지원하는 가운데 관례대로 바울은 설교를 시작하였는데 유대인들의 공감을 얻기 쉬운 창세기 천지창조 성경말씀으로 입을 열었다. 유대인들은 귀를 쫑긋하고 이방인들은 생소한 내용의 달변에 점점 빨려 드는데 바울은 "오늘은 여기까지입니다." 하고 말을 중단하였다. 더 하다가는 유대인에게 거부감이 일 것이므로 시작부터 어려워질 것을 피할려하기 때문이었다. 그렇게 강론을 몇차례 진행하다가 아니나 다를까, 회당 강론 인기가 오를 무렵 3개월 만에 에베소 장로들에게 대적 유대인들의 경고의 편지가 날아들고 당황한 장로들이 브리스길라를 찾아가서 바울의 회당 출입을 거부한다고 통보하였다.

그러나 이미 바울은 대비하고 있었다. 회당 옆에 있는 두란노(Tyrannus)의 서원을 빌릴 수 있게 된 것이다. 두란노(행19:9)는 오전 중 철학 강의를 하고 오후는 비워 두고 있었다. 흡사 고린도의 회당 옆 디도 유스도 집을 이용할 때처럼 상황이 여실하게 풀린 것이다. 당시 회심을 선언하였던 고린도의 회당장 그리스보와 다른 회당장 소스데네(Sosthenes)는 브르스길라 도움으로 여기 에베소에 와서 정착하여 다른 일을 생업으로 삼아 살고 있었다.

바울은 제자들에게 오전에는 주어진 과제를 공부하거나 시장에 나가서 나름대로 노방전도를 할 것을 지시하고 그 시간에 자기는 일하며 오후에는 저녁까지 제자 교육을 하며 저녁 식사 후에는 브르스길라 집에서 성도 모임을 갖겠다고 하였다. 그리고 서원 안에만 머물지 않도록 조만간 근방 이웃 도시로 짝 지워 파견 전도 실습을 시키겠다고 했다.

성도 모임은 브르스길라 집의 한 방에서 이루어졌다. 약 50평 크기의 큰 방은 벽을 터서 만들어 놓은 것이다. 참석하는 자의 적지 않은 수가 노예 신분으로서 주인의 허락을 받고 일하지 않는 밤 시간을 이용해 나온 자들이거나 노예 출신의 해방인이었다. 그중에는 말씀에 목마른 드로비모(Trophimus)와 두기고(Tychicus) 형제가 있었는데 디도의 눈길을 끌었다. 이후로 둘은 서원과 모임에 계속 빠지지 않고 참석하여 얼마 안 가서 세례인의 대열에 합류했다. 그 후 이 둘은 성경이 말하는 시간과 공간에 때맞춰 등장하는 사람이 된다. (드로비모가 예루살렘에서 바울의 운명을 결정지을 줄은 아무도 예상치 못하였다.)

에베소에서 만난 또 다른 성경 속 인물은 노예 오네시모(Onesimus)의 주인 빌레몬(Philemon)이다, 오네시모는 포로가 된 북쪽 야만 게르만 용병의 후손으로 두기고와 함께 바울의 옥중 서신(에베소서, 골로새서, 빌레몬서) 배달자이다. 빌레몬은 시장에서 바울의 설교를 듣고 두란노 서원을 방문하여 신앙인이 된 골로새 지역의 양털수집 상인이다. 7년 후에 로마 연금 상태의 바울로부터 편지를 받고 도적질한 오네시모를 사랑으로 용서했다는 소문이 바울 서신으로 밝혀지면서 복사, 공개되어 퍼져서 로마에서 유명 인사가 된 것은 단순한 상관-노예 관계, 노예 해방의 일화가 아닌 그 이상의 중요 기독교적 용서와 포용, 사랑의 의미를 말해 주고 있다.

또 한 사람, 시장에서 바울의 설교를 경청한 에바브라(Epaphras)를 빼놓을 수 없다. 생면부지의 키 큰 우락부락한 사람이 가까이 다가와서 대뜸 세례 받겠다고 떼를 써 바울을 웃게 만드는 것이었다. 이유라는 것이 자기는 예수를 찾았으므로 바울에게는 세례성사를 거부할 권리가 없다는 것인데 기막히나 유쾌한 얘기이므로 그에 대해서는 이 책의 뒷장 어디에서 더 알아보겠다.

어느 날 바울은 여섯 제자를 서원에 불러 모았다. 모두 또 무슨 사건을 만들려고 하시나 바짝 긴장된 분위기를 깨고 바울은 진중한 표정으로 입을 열었다.

"이제 에베소에 온 지도 2년 반이 가까워 오네. 그동안 자네들은 공부하고 파견을 다니느라 정신없었겠지만 우리가 떠나고 나면 에베소는 어떻게 될까 걱정이네. 여태 모임만 가졌지 교회는 언제 만들며 누가 지키지? 늘 아굴라 부부에게 폐를 줄 수는 없지 않겠나?"

내친김에 바울은 현지인인 두기고와 드로비모 형제를 추천하며 제자들의 의견을 물어보았다. 제자들의 생각에는 에바브라가 비중이 있었지만 그는 골로새 사람이고 지금은 떠났으므로 스승의 말에 동의하였다. 두란노 동기생이 여덟으로 늘어나는 순간이다. 이 제자들은 번갈아 가며 인근 소아시아 지역으로 파견을 나갔다. 믿는 형제들의 작은 모임이나 이제 막 태동하려는 교회들이 예배 인도자와 설교자의 파송을 간절히 요청하기 때문이었다. 현재 그들의 지도자는 에베소 모임에 최소 한두 번은 참석했던 자들이고 세례인이었으나 새 신자를 전도하거나 기존교인을 가르칠 만큼은 아직 아니기 때문이었다. 에베소 남쪽의 마그네시아, 북서쪽의 골로본, 좀 더 멀리는 북쪽의 서머나, 사데, 두아디라 등 40에서 100km 떨어진 마을들에 생긴 교회들이었다.

난감한 고린도 소식

소아시아 전 지역을 성시화할 수 있겠다는 희망에 부푼 두란노 팀에게 어느 날 에베소의 여집사 글로에(Chloe)의 사환 세바스찬과 두 노예가 찾아왔다. 고린도와 에베소를 오가는 선박을 이용해 무역업에 종사하는 글로에의 하인들은 서너 달 전에도 들러서 유대 강경파들의 고린도 도착과 베드로와 바나바가 고린도에 잠시 다녀갔다는 소식을 전한 바 있었다. 그들이 이번에 전하는 소식은 외부인의 박해가 아니라 교회 신도들 간의 내부 분열과 갈등에 관한 실태였다. 교회가 바울파, 아볼로파, 베드로파로 갈려서 서로 간에 갈등으로 시달리고 있다 하였다. 중도적 온건파도 없지 않아서 이들이 중재를 해 보아도 소용이 없게 된 나머지 "바울도 아볼로도 다 필요 없다. 우리는 예수파이다."라며 아예 교회가 네 갈래로 쪼개졌다는 것이다. 게다가 한 교인은 계모와 동거하는 사실이 발각되어 교회가 쉬쉬하였지만 모두에게 공공연하게 알려졌는데 교회는 아무런 조치를 하지 못한다는 것이다. 아연실색할 노릇이었다. 바울은 얼굴이 창백해지면서 실신하여 쓰러졌고 수일을 거의 먹지 못하고 누워 지냈다. 아! 고린도여!

내가 무엇을 전했고 무엇을 보여 주며 가르쳤습니까? 주여! 주여!

블라스티니우스의 모략과 시카리들의 위협과 몽매한 유대주의자들의 비방을 견디는 수고가 부족하여 이제는 어렵사리 일군 주님의 몸 된 교회마저 버리려 하시나이까? 바울은 돌아누워 하염없는 눈물을 쏟았다. 제자와 형제들도 어찌할 바를 몰라 방문 밖에서 침통한 마음으로 묵음 기도를 할 뿐이었다.

과연 며칠 후 고린도 교회의 편지, 아니 질의서를 들고 세 사람이 또 당도 하였다. 세례교인 스데바나(Stephanas, 고전1:16)와 아가이고(Achaicus), 브드나도(Fortunatus)가 그들이다. 스데바나는 바울의 아가야 선교의 첫 열매이었고 바울은 그의 집을 고린도 초기 모임 장소로 이용하였던 신뢰하는 사람이다.(고전16:15) 이들은 글로에 일꾼들보다 먼저 고린도를 출발하였지만 중간 기항지가 다른 배를 탔기 때문에 며칠 늦어져서 서로 마주치지는 못하고 거의 같지만 좀 더 상세한 문제의 질문 항목과 해결책을 자문받고자 하는 고린도교인들의 공식적 편지를 바울 앞에 내놓았다. 아무 말 없이 읽고 난 바울은 둘러앉아 스승의 표정만 훔쳐보던 제자들에게 편지를 건네주었다. 돌려 가며 읽던 모두 눈이 둥그레졌고 얼굴이 붉으락푸르락하더니 울음이 섞인 괴성의 한숨을 쉬었다. 이들에게는 교회 공동체의 부끄럽고 어두운 모습을 처음 접하는 순간이었다. 아니 이럴 수가 있는가?

감정과 격정을 추스르며 하루를 지새운 바울은 제자들과 스데바나 일행을 불러 고린도 사태에 대한 각자의 의견을 묻고 고민하는 시간을 가진 후 조용히 디모데, 디도, 가이오와 소스데네를 별도로 차출하여 골방으로 들어갔다. 고린도에 보낼 편지를 쓰기 위해서였다. 고린도 교회의 질의서를 조목조목 정렬해서 적은 메모지를 내어 보이며 해당 항목에 일일이 답변과 해결책을 제시하려는 것이다.

그 조목들을 보면 교회가 네 분파로 갈린 것을 필두로 성도 간에 송사(訟事), 우상 제물 식음(食飮), 성찬(聖餐)의 배려 없음, 예언과 방언에 대한 왈가왈부, 부활 불신, 여신도가 머리에 수건을 쓰지 아니하고 예배하는 문제, 바울은 돈이 많아 교회의 돈은 받지 않는다느니 그리고 무엇보다 바울을 격노하게 한 교회 내 성적 부도덕성(性的 不道德性)과 침묵 등 교회가 교회답지 못한 모든 것을 망라한 고린도 교회는 시정의 불량 상품 조합 같은 것이라 아니할 수 없다.

이래서는 안 된다. 단호한 태도와 조치로 징치(懲治)하고 정리하지 않으면 교회는 세상의 조롱거리가 되어 허물어질 뿐이다.

디모데로 하여금 대필하도록 한 바울은 침착하려고 애쓰며 잔잔히 입을 열었다. 바울은 감정을 억누르며 우선 성도들에 대한 인사와 축복으로 시작하였다. "고린도에 있는 하나님의 교회 곧 그리스도 예수 안에서 거룩하여지고 성도라 부르심을 입은 자들과 또 각처에서 우리의 주 곧 저희와 우리의 주 되신 예수 그리스도의 이름을 부르는 모든 자들에게 하나님 우리 아버지와 주 예수 그리스도로 좇아 은혜와 평강이 있기를 원하노라. 주께서 너희를 우리 주 예수 그리스도의 날에 책망할 것이 없는 자로 끝까지 견고케 하시리라."(고전1:2-8)

그리고 본론에 들어간다.

"내 형제들아, 글로에의 집사 편으로서 너희에게 대한 말이 내게 들리니 곧 너희 가운데 분쟁이 있다는 것이라. 이는 다름 아니라 너희가 각각 이르되 나는 바울에게, 나는 아볼로에게, 나는 게바에게, 나는 그리스도에게 속한 자라 하는 것이니 그리스도께서 어찌 나뉘었느뇨? 바울이 너희를 위하여 십자가에 못 박혔으며 바울의 이름으로 너희가 세례를 받았느뇨?(고전1:11-13) 형제들아, 내가 우리 주 예수 그리스도의 이름으로 너희를 권하노니 다 같은 말을 하고 너희 가운데 분쟁이 없이 같은 마음과 같은 뜻으로 온전히 합하라."(고전1:10)

아볼로의 지혜와 능통한 언변에 혹한 자들과 바울을 비하하며 스스로 지혜 받은 은총을 자랑하는 성도들에 대해서

"지혜 있는 자가 어디 있느뇨? 선비가 어디 있느뇨? 이 세대에 변사가 어디 있느뇨? 하나님께서 이 세상의 지혜를 미련케 하신 것이 아니뇨? 하나님의 지혜에 있어서는 이 세상이 자기 지혜로 하나님을 알지 못하는 고로 하나님께서 전도의 미련한 것으로 믿는 자들을 구원하시기를 기뻐하셨도다. 유대인은 표적을 구하고 헬라인은 지혜를 찾으나 우리는 십자가에 못 박힌 그리스도를 전하니 유대인에게는 거리끼는 것이요 이방인에게는 미련한 것이로되 오직 부르심을 입은 자들에게는 유대인이나 헬라인이나 그리스도는 하나님의 능력이요 하나님의 지혜니라."(고전1:20-24)

"내게 주신 하나님의 은혜를 따라 내가 지혜로운 건축자와 같이 터를 닦아 두매 다른 이가 그 위에 세우나 그러나 각각 어떻게 그 위에 세우기를 조심할지니라. 이 닦아 둔 것 외에 능히 다른 터를 닦아 둘 자가 없으니 이 터는 곧 예수 그리스도라."(고전 3:10-11) "누가 너를 구별하였느뇨? 네게 있는 것 중에 받지 아니한 것이 무엇이뇨? 네가 받았은즉 어찌하여 받지 아니한 것같이 자랑하느뇨?"(고전4:7) "그러므로 때가 이르기 전, 곧 주께서 오시기까지 아무것도 판단치 말라. 그가 어두움에 감추인 것들을 드러내고 마음의 뜻을 나타내시리니 그 때에 각 사람에게 하나님께로부터 칭찬이 있으리라."(고전4:5)

뒤에 아볼로는 빌립보에 와서 마음이 무거워 바울과 형제들에게 고린도 사태를 사과하고 용서를 구하였다. 물론 바울은 이 일로 그를 대놓고 탓하거나 하지 않았다. 그를 보낸 브리스길라의 체면과 아픔을 헤아려 주려고 한 것이다.

"형제들아 내가 너희를 위하여 이 일에 나와 아볼로를 가지고 본을 보였으니 이는 너희로 하여금 기록한 말씀 밖에 넘어가지 말라 한 것을 우리에게서 배워 서로 대적하여 교만한 마음을 먹지 말게 하려 함이라."(고전4:6)

또 자기를 교만한 사람으로 보며 교회의 아무 도움도 일부러 받지 않는다는 구설수에 대해서는 "우리는 그리스도의 연고로 미련하되 너희는 그리스도 안

에서 지혜롭고 우리는 약하되 너희는 강하고 너희는 존귀하되 우리는 비천하여 바로 이 시간까지 우리가 주리고 목마르며 헐벗고 매맞으며 정처가 없고 또 수고하여 친히 손으로 일을 하며 후욕을 당한즉 축복하고 핍박을 당한즉 참고 비방을 당한즉 권면하니 우리가 지금까지 세상의 더러운 것과 만물의 찌꺼기같이 되었도다.”(고전 4:10-13)라고 자신의 모습을 묘사하다가 너무 자기 본위로 청렴만 늘어놓아서 상대를 언짢게 함이 과했다 싶었던지 “내가 너희를 부끄럽게 하려고 이것을 쓰는 것이 아니라 오직 너희를 내 사랑하는 자녀같이 권하려 하는 것이라.”(고전 4:14)라고 어조를 누그러뜨리며 달랜다.

그리고 고린도 교인들이 바울의 재방문 약속 불이행에 불평하는 것이 신경 쓰여서 먼저 디모데와 에라스도(행19:22)를 보내기로 했음을 알리다가 갑자기 어투를 바꾸어 “어떤 이들은 내가 너희에게 나아가지 아니할 것같이 스스로 교만하여졌으나 그러나 주께서 허락하시면 내가 너희에게 속히 나아가서 교만한 자의 말을 알아볼 것이 아니라 오직 그 능력을 알아보겠노니 너희가 무엇을 원하느냐? 내가 매를 가지고 너희에게 나아가랴? 사랑과 온유한 마음으로 나아가랴?”(고전 4:18-21)라며 도리어 공격적으로 돌변한다. 아마 교회의 성적 문란이 생각을 키워 순간적으로 화가 치민 것 같다. 간추린 질의 조목대로 차근차근 구술하기로 마음먹었는데 흥분한 바람에 뒤쪽에 배열했던 순서를 먼저 읊조린 모양이다. 평소에도 음행하는 자와는 사귀지도 말고 교회에서 내쫓으라고 가르쳤고 이전 편지에도 썼던 내용인데(고전 5:9) 아무 조치도 않고 방치하면서 태연히 질의나 해 대는 교인들의 죄악에 무감각한 헬라 풍습이 괘씸하지 않았을까?(고전5:11-13)

성경은 계모와 상간(相姦)하는 자를 이유 불문하고 사형 선고한다.

“누구든지 그 계모와 동침하는 자는 그 아비의 하체를 범하였은즉, 둘 다 반드시 죽일지니 그 피가 자기에게로 돌아가리라.”(레20:11)

또 세상 사건으로 형제를 불신자들이 보는 앞에서 세상 법정에 송사까지

하다니……. 불의를 저지르는 것으로 판정하며 질책한다.

"내가 너희를 부끄럽게 하려 하여 이 말을 하노니 너희 가운데 그 형제간 일을 판단할 만한 지혜 있는 자가 이같이 하나도 없느냐? 형제가 형제로 더불어 송사할 뿐더러 믿지 아니하는 자들 앞에서 하느냐? 너희가 피차 송사함으로 너희 가운데 이미 완연한 허물이 있나니 차라리 불의를 당하는 것이 낫지 아니하며 차라리 속는 것이 낫지 아니하냐? (도리어) 너희는 불의를 행하고 속이는구나! 저는 너희 형제로다. 불의한 자가 하나님의 나라를 유업으로 받지 못할 줄을 알지 못하느냐?"(고전6:5-9)

이제는 아예 교인들의 마음에 생채기를 내어서 경각심과 아픔을 일깨울 요량인 것이다.

평소에도 바울은 그가 가르치고 애착을 가지고 멀리서도 늘 기도하던 자기가 세운 교회의 신도들이 흔들릴 때마다 불안감, 심지어 섭섭함과 배신감에 참지 못하고 울분을 토하곤 했는데 이것은 원래 그의 열기 어린 성정이다.(고후11:4-7, 갈3:3,4,16)

바울이 극도로 분노를 나타내며 서신을 통해 자신의 권위를 강변(强辯), 자랑(고후11:5-22)하고 질책, 비꼬기, 저주, 위협(갈1:8,9,3:1-3, 고전4:21)을 퍼붓다가 달래기도 하는 장면(고후7:8, 갈4:17, 빌5:10)은 성경 본문들에서 이미 많이 보였다.

"너희가 받았은 즉 어찌하여 받지 않은 것처럼 자랑하느냐? 너희가 우리 없이 왕 노릇하였도다."(고전4:7-8)

문득 구부로에서와 에베소 은장색에게 시달린 것과 루스드라, 비시디아, 빌립보 감옥과 데살로니가에서 죽을 뻔한 고난과 역경을 견뎌 낸 회한이 사무쳐 여태 드러내지 않았던 개인 사정을 고린도 지체들에게는 몽땅 토해 내듯 한다.

"우리는 배고프며 갈하고 헐벗고 매 맞으며 정처가 없고 친히 일하는 수고를 하며(고전4:11,12) 비방 당한즉 참고 오히려 축복하고 권면하니 세상에서 더러운 찌꺼기 같

이 되었도다."(고전4:12,13)

　　고린도 교회의 어떤 성도가 바울의 전도 역정에 수많은 여자가 부역하며 헌신하는 사실까지 문제 삼아 비꼬는 데 대하여는 게바의 전도 짝을 빌려 대응한다.

　　"주님도 전도자의 삶을 당연히 받을 몫으로 말씀하시는데(고전9:13,14, 마10:10) 어찌 (너희만) 나와 바나바가 먹고 마실 권리가 없다는 것이냐? 다른 사도와 주의 형제들은 아내를 데리고 다니면서 너희가 마련한 거처와 식사대접을 받는데 어찌 우리라고 기른 양떼의 젖을 먹지 말라는 것이냐?"(고전9:5-7, 예끼, 이 고약한 사람들아!)

　　이 말은 아마도 다른 전도자들을 위하고 도우는 것이 주님의 가르침이며 성경에서도 당연하게 쓰여 있는 사실을 알려 준 것일 뿐 자신들도 도움을 달라는 뜻이 아니다. 고린도의 경우, 그것은 복음전도에 역장애가 될 것을 예견한 것이다. 바울은 자신이 자비량 전도하는 것을 자랑으로 여기고 있는 사람이다. 루디아나 브르스길라에게 개인적으로 재정 도움을 받기는 하였지만 극한에 몰린 어려운 사정에서 부득이했던 것이고 자신이 취하려고 교회의 헌금이나 물품을 바라거나 손 댄 적은 한 번도 없다. 마음만 열어 달라는 것이다. 흔히 말하는 '내로남불'형이 아니다. 원래 그런 사람이다.

　　"성전의 일을 하는 이들은 성전에서 나는 것을 먹으며 제단을 모시는 이들은 제단과 함께 나누는 것을 너희가 알지 못하느냐? 이와 같이 주께서도 복음 전하는 자들이 복음으로 말미암아 살리라 명하셨느니라, 그러나 우리가 이 권을 쓰지 아니하고 범사에 참는 것은 그리스도의 복음에 아무 장애가 없게 하려 함이로라. 또 이 말을 쓰는 것은 내게 이같이 하여 달라는 것이 아니라 내가 차라리 죽을지언정 누구든지 내 자랑하는 것을 헛된 데로 돌리지 못하게 하리라."(고전9:12-15)

　　예수께서 가르치신 말씀, "어디든, 누구의 집에 가던 영접하면 거기서 유하라".(막 6:10)를 인용하였으면 훨씬 설득력이 있을 뻔하였다.

편지 말미에 바울은 연보 문제에 관하여 모금과 전달 방법(고전16:2-4)을 기술시키고 자신의 고린도 방문 계획(고전16:5-7)과 늦어진 이유(고전16:8,9)를 밝힌다.

일단 고린도에 쓴 첫 편지는 소스데네가 자원하는 만큼 그 편에 보내기로 하고 디모데를 잇따라 보내 연보가 고린도 교회에 한하여 짐 지우는 것이 아니라 갈라디아, 아시아, 헬라를 망라하는 범교회적인 것이며 그 용도와 이유를 설명하도록 하였다. 그리고 자기도 곧 뒤따라가겠다고 하였다. 그러나 에베소 형제 모두가 바울더러 어떤 상황이 기다리는지 몰라 고린도에 가지 말 것을 종용하였다.

바울은 불확실성의 곤궁에 빠졌다. 시카리의 위험은 고사하고 과연 고린도 성도들이 나를 환영해 줄 것인가? 더구나 편지를 받아 본 그들의 반응이 어떨 것인지……. 영 자신이 서지 않고 과연 나를 냉대할 것인가 궁금하기도 하였다. 특히 아굴라가 바울의 고린도행을 강력히 반대하였다. 고린도에 살며 바울을 맞이했고 바울의 희망대로 에베소에 와서 4년을 바울을 기다렸으며 바울의 권함으로 이제 또 로마행 선발대로 나설 부부의 무게를 바울은 경홀히 여길 수 없는 처지였다.

그래서 바울은 우선 디도를 먼저 보내어 현지 사정을 알아보고 석 달 후 드로아에서 만나기로 약속하였다. 그런 연후에 자기는 북그리스에서의 일들(달마디아, 일루리곤 전도)이 끝나는 대로 직접 가기로 마음먹고 있었다. 지난번 편지에서 디모데가 냉대를 받을 것이 우려되어 각별히 잘 대해 줄 것을 부탁하였건만(고전 16:10-11) 예상하지 못했던 바는 아니었으나 디모데가 소기의 성과 없이 돌아온 데 대한 실망이 그의 의욕을 약화시켰고 이제 조바심이 그렇게 조치토록 한 것이다.

에베소에 빌립보에서 안디옥으로 철수했던 누가가 찾아왔다. 실라가 전하는 예루살렘의 시국 불안 소식, 즉 이집트인 봉기(행21:38, AD54)와 로마군의 진압, 이집트인의 4,000명 유대인 추종자 학살 사건, 로마에 대한 유대

민족의 저항감 팽배, 대제사장 요나단의 시카리에 의한 피살 사실 등을 바울에게 알려 위험에 대비하도록 하라는 전갈 목적이다. 이런 사태로 인해 쿠마누스 총독은 문책 해임되고 벨릭스(Felix)라는 자가 후임으로 왔는데 이자도 전임자 못지않게 성전 제물과 금전에 몹시 탐을 낸다고 하였다. 성전 재정부의 빈자구호(貧者救護) 용도 예산은 삭감되고 그마저 크리스천 유대인에게는 완전 끊긴 실정이라고 했다. 특히 바울을 죽이려고 단도단(시카리)이 그리스 일대로 출발했다는 소문이 있으며 그들의 불랙 리스트에 베드로도 올랐다는 것이었다. 소식 모두가 바울의 조급증을 부추기기에 충분하였다.

반면 좋은 소식도 가져왔다. 로마 황제 글라우디오가 다섯 번째 후처 아그라피나에 의해 독살되고 그녀의 아들 네로가 14세 어린나이로 즉위하였다는 것이다. 이 소식은 이미 제국 전역에 퍼지면서 로마에서 쫓겨난 유대인의 정국 상황 반전 기대감을 모으고 있었다. 네로의 개인 교사인 세네카는 유대인 추방 정책 철회 여부에 대해서는 분명한 입장을 취하지 않으나 현재 방관적 태도를 보인다는 것이다.

바울과 아굴라 부부의 에베소 생활을 이제 끝내야 하는 계기가 된 사건이 다가왔다. 에베소에서 행하는 바울의 희한한 병자 치료 능력(행19:11)을 흉내 내어 저들도 "예수 이름으로 명하노니 악귀야, 물러가라!"라며 신들린 자에게 다가가던 유대인 제사장 스게와 일곱 아들이 병자로부터 봉변을 당한 이후로 시내의 마술사들이 회개하고 주술 서적을 모아 불태우는 사건이 일어나며 세상 민심이 돌아서서 아데미(Artemis, 일명 Diana) 신상(神像)을 제작하여 기념품으로 팔던 은장색들이 고객을 잃는 불황이 발생, 생계가 위협받게 되자 바울을 잡으려고 시내를 들쑤시고 다니는 사건을 말함이다. 데메드리오(Demetrius)로 대표되는 동종 업자들은 두란노 서원과 아굴라의 집을 급습했으나 바울을 발견치 못하고 대신 가이오와 아리스다고를 붙잡아 연극장에 끌고 가 아우성치며 폭행하는 소요 사태를 일으켰다. 군중은 두 사람을 시의 서기장 앞에 끌고 가서 "이들이 우리 에베소의 아데미 여신을 업신여기고 사람 손으로 만든 것은 신이 아니라고 할 뿐아니라 저희 신만 퍼뜨리고 다닌다."라며 바울과 함께 처벌할 것을 요구하였다. 그러나 시장은 바울이 친분을 쌓기 위하여 브리스가를 통하여 공들인 사람이다.(엡6:5-9) 시장은 군중을 향하여 전각(殿閣) 물건을 도둑질 한것도 아니고 우리 신을 훼방하지도 않은 사람들을 불법으로 잡아 온 것을 힐난하며 이 소란이 오히려 로마군에게 군중 항쟁으로 비칠 것을 경계하여 억울하면 로마 총독 법정에 고소하라며 군중을 해산시켜 버린다. 이 현장을 누가는 지켜보았고 후일 꼼꼼히 그의 편지에 그 장면을 담았다.(행19:35-41) 이때 바울은 자신이 타고 드로아로 가는 선편들을 알아보려 항구에 나갔다가 난을 면했으나 뒤늦게 제자들의 납치 소식을 접하고 현장에 달려가려 했다. 그러나 평소 친했던 관원들과 아굴라가 사건이 끝났다고 만류하는 바람에 다행히 데메드리오 일당과 조우할 화는 면하였다.

형제들을 소집한 바울은 앞으로의 일을 논의하였다. 회고해 볼 때 모든 대적이 노리는 중심에 바울이 놓여 있었지만 이제는 바울을 따르는 주위 사람들에게도 화가 미치는 데살로니가, 고린도에서와 같은 이곳 상황을 벗어나지 않으면 안 됐다. 자기 때문에 자꾸만 애꿎은 동료들이 화를 당하는 일이 반복되었기 때문이다. 우선 진용을 다시 마게도니아로 이동하기로 결정하였다. 브리스길라에게는 아예 로마로 이주할 준비를 하라고 일렀다. 이미 멀리 안디옥과 갈라디아 그리고 인근 소아시아 교회에 통보하여 로마행 동참 희망자를 선발하여 추천해 달라고 하였으니 추천된 지원자들은 수개월 후에 빌립보로 집결할 터였다. 며칠을 고민하다가 브리스길라 부부와 누가, 에베네도로 하여금 빌립보의 루디아 집에 먼저 가서 바울이 올 때까지 동방 교회 후발대를 맞이할 준비를 하도록 지시한 것이다. 일곱 제자들은 아직 시골에 파견을 나간 형제들이 돌아올 때까지 좀 더 에베소에 체류하기로 하고 디도 소식으로 노심초사하던 바울만 혼자 먼저 드로아로 가는 배에 승선하기로 하였다. 그런데 형제들로부터 아쉬움과 눈물의 배웅을 받고 바울이 탔던 소형 용선은 드로아 앞바다에 접근하다가 암초에 걸려 좌초하였다. 바울에게는 세 번째 해상 조난이다. 환난을 피하는데 또 다른 자연재해가 겹친 것이다. 파도에 배는 부서지고 바울은 헤엄쳐서 간신히 살아났다. 기진한 바울은 주민들의 도움으로 한 교우[가보(딤후4:13)]의 집을 찾았으며 디도 소식을 탐문하였으나 아직도 디도가 도착하지 않은 것을 확인하였다. 드로아 사람들은 바울을 우호적으로 대하였으며 교인들을 다독인 며칠 후 바울은 디도의 안녕이 염려돼 참지 못하고 다시 마케도니아행 배를 얻어 탔다.

빌립보 루디아의 집에 당도하니 디모데가 와 있었다. 며칠 사이에 당도한 에베소 제자 7명과 아굴라 부부, 에베네도, 누가도 만났다. 그들은 네압볼리로 직행하는 곡물 수송선을 얻어 탈 수 있어서 바울과 거의 동시에 빌립보에 온 것이다. 그들 또한 바울이 드로아에서 디도를 왜 못 만났는지 궁금해 걱정하고 있었다. 바울은 디모데에게 고린도 사정을 물었다. 디모데는 디도가 고린도에 간 것을 몰랐고 도상에서도 조우하지 못했다고 말하면서 고린도에 시카리가 도착했다고 했다. 자기가 고린도를 출발하기 전에 고린도에서 유대인 누군가가 암살되었다는 소문을 들었다고 한 것이다.

희생자가 디도라고는 단정할 수 없다 했으나 모두를 우수에 빠뜨리고 서늘하게 한 소식이었음은 분명하였다. 모두 무릎을 꿇고 디도의 안녕을 위해 기도하였다. 이때만 해도 모두 디도를 망자로 추모하듯 행동하였고 루디아 집은 눈물바다가 되었다. 루디아는 디모데의 말을 빌려 고린도 교회는 건재하며 여전히 바울을 고대하며 사모하는 무리가 다수라 한다며 바울을 위로하였다.

그러던 중 디도가 살아 돌아왔다! 모두의 눈이 퐁그레지고 입은 벌어지고 화색이 살아났다. 바울은 물론, 모두가 디도를 부둥켜안고 친자식, 형제가 살아온 것처럼 반가워하였다. 그간 긴장과 불안에 여러 날 밤잠을 못 이룬

탓으로 모두 기진한 채 이튿날 오후 늦게까지 죽은 듯 잠만 잤다. 깨어난 바울은 마치 꿈이 아님을 확인하듯 디도부터 찾았다.

"그래, 고린도 얘기부터 듣세. 형제들이 나를 기다리던가? 아니면 여전히 배척하던가?"

디도는 어깨를 으쓱하면서 "형제님이 먼저 고린도에 편지를 보내신 후 고린도에는 이제 네 파가 아니라 두 파만 남았습니다. 스승님을 기다리는 측과 무심한 측이죠. 물론 압도적 다수가 스승님의 재방문을 희망하던데요. 그리고 계모와 동거하던 자가 회개하고 교회에서 자기를 내쫓지 말라고 애원하였습니다." 바울은 가슴을 쓸어내리면서 눈을 감았다.

"예상을 웃도는군. 그런데 자네가 죽었다는 소문은 뭔가?"

"어느 유대인 거상(巨商)이 시카리에 피살되었다는 소문은 들었지만 목격한 건 아니에요. 블라스티니우스가 고린도에 왔어요. 그렇지만 교회에 직접 나타나진 못하고 수하를 침투시켰지만 뜻을 이루지 못했어요. 다만 유대회당 장로들에게 사도님을 깎아내리고 왜곡하며 저주하기에 분주할 뿐이에요. 전부터 주님과 모세 사이에서 갈팡질팡하더니 이젠 아예 율법으로 회귀한 것 같아요. 시카리들을 뒤에서 사주한다고도 하고요. 교인들은 그를 대우하지 않아요. 4년 전에 스승님과 디모데가 예루살렘에 가서 베드로사도님을 만나 봤을 때 스승님이 고린도 교회를 꼭 방문해 달라고 직접 요청하신 사실을 제가 알려 주었어요. 그것이 교인들을 감동시킨 것 같아요. 실제로 베드로사도께서 다녀가셨대요. 스승님이 그들에게 편지로 쓰신 사랑에 관한 문장(고전 13:3-5)을 노래 가사로 해서 부르곤 하는데 믿지 않는 자들에게도 선풍적 인기를 얻고 있어요. 지금도 그들은 사도님의 겨울 전 고린도 내방 약속(고전 16:5-7)을 믿고 기대에 부풀어 있을 것입니다."

둘러앉아 듣고 있던 형제들이 "할렐루야!" 하며 외치고 박수를 치며 서로 얼싸안고 뛰었다. 그러면서 모두가 감사함에 글썽이는 눈물은 훔칠 생각하지 않고 웃고 떠들었다. 모두가 디도를 대견한 듯 마치 살아난 고린도 교회 대표자나 보듯 좋아하였다. 그만큼 바울뿐만 아니라 모든 측근이 고린도 걱정에 노심초사하고 있었던 것이다.

바울은 묵묵히 한참을 아래를 내려다보면서 생각에 잠겨 있다가 모두를 제지하며 앉혔다.

그리고는 "이제 고린도서신의 후속편을 써야겠어. 지난번 편지에 내가 좀 심하였음이 후회되고 마음이 개운치 못하였네. 근심을 많이 하였단 말이지. 갈라디아 교회에 편지 쓴 후에도 그것이 그처럼 파장을 일으킬 줄은 몰랐지. 늘 족쇄가 되어 나를 가두거나 마음의 멍에로 남게 될 줄 몰랐던 거야. 그럼에도 성도들은 외려 다정하게 나를 받아들이고 우리가 전한 말씀을 주님의 명령으로 믿는 것 같아 기쁘고 주님께 감사드릴 뿐일세. 우리가 그 고마움을 표시하고 진정 주 안에서 한 지체로서 서로 사랑하고 위로하는 마음뿐임을 고린도 교회에도 표현해 보이고 싶어. 그리고 성도 간에 한마음으로 교통하고 돕는 것이 왜 중요하고 그리스도인이 해야 할 일인지를 논증해야 할 것 같아."라면서 슬쩍 디모데를 보는 것이었다. 눈치 빠른 디모데는 전번 대필 때 고생한 것이 생각난 듯 손을 저으면서 물러앉더니 벽만 바라보고 있었다. 이때 루디아가 나섰다. "제가 아는 사서(司書) 중에 더디오(Tertius)란 자를 불러오지요. 그는 아가야 사람으로 빌립보에 와서 서기관까지 출세한 사람입니다. 글을 예쁘게 쓰고 헬라, 라틴어에 능통하고 무엇보다 속기사로 유명하지요."

대필자 더디오가 연통을 받고 루디아를 찾아왔다. 루디아는 바울이 고린도 교회에 보낼 편지를 작성할 수 있도록 별개의 방을 비워 디모데에게 준비하도록 부탁했다. 편지 작성 과정에서 누가와 제자들이 여러 의견을 낸 것이 참작되었다. 바울의 고린도 방문이 늦어지는 이유, 예루살렘 원조 모금 문제, 부활 문제, 치리 대상자의 회개와 용서 문제, 성도 간 화목, 거짓 선생에 대한 경고 등에 관해 쓰고 편지가 거의 완성될 단계에서 루디아와 브리스길라도 불러 읽어 보도록 하였다.

"내가 이 확신을 가지고 너희로 두 번 은혜를 얻게 하기 위하여 먼저 너희에게 이르렀다가 너희를 지나 (로마 출정대 맞이 준비 및 파송 차) 마게도냐에 갔다가 다시 마게도냐에서 너희에게 가서 너희가 보내 줌으로 유대로 가기를 경영하였으나(고후1:15,16)

내가 내 영혼을 두고 하나님을 불러 증거하시게 하노니 여태 고린도에 다시 가지 아니한 것은 너희를 아끼려 함이라.(고후1:23) 내가 너희를 근심하게 하면 나의 근심하게 한 자밖에 나를 기쁘게 하는 자가 누구냐? 내가 이같이 쓴 것은 내가 갈 때에 마땅히 나를 기쁘게 할 자로부터 도리어 근심을 얻을까 염려함이요, 또 너희 무리를 대하여 나의 기쁨이 너희 무리의 기쁨인 줄 확신함이로라.(고후2:2,3) 이러한 사람이 많은 사람에게서 벌 받은 것이 족하도다. 그런즉 너희는 차라리 저를 용서하고 위로할 것이니 저가 너무 많은 근심에 잠길까 두려워하노라. 그러므로 너희를 권하노니 사랑을 저희에게 나타내라."(고후2:6-8)

두 여인은 바울에게 당신 직분의 우월성과 영적 권위를 강조하고, 그간 겪은 육체적 고난 사건들을 고린도 성도들에게 자세히 밝혀 알리는 것이 좋겠다고 의견을 보태었다. 바울로서는 자신을 높이 드러내고자 한다는 오해와 시기를 불러오기 십상인 이 부분을 글로 명시하기가 겸연쩍어 내키지 않았지만 두 여인의 바람을 거절하기가 쉽지 않았던 것이다.

"무익하나마 내가 부득불 자랑하노니 주의 환상과 계시를 말하리라. 내가 그리스도 안에 있는 한 사람을 아노니 십사 년 전에 그가 셋째 하늘에 이끌려 간 자라. (그가 몸 안에 있었는지 몸 밖에 있었는지 나는 모르거니와 하나님은 아시느니라) 그가 낙원으로 이끌려 가서 말할 수 없는 말을 들었으니 사람이 가히 이르지 못할 말이로다. 내가 이런 사람을 위하여 자랑하겠으나(마땅히 자랑할 수 있으나) 나를 위하여는 약한 것들 외에 자랑치 아니하리라. 내가 만일 자랑하고자 하여도 어리석은 자가 되지 아니할 것은 내가 참말을 함이라. 그러나 누가 나를 보는 바와 내게 듣는 바에 지나치게 생각할까 두려워하여 그만 두노라.

내가 여러 계시를 받은 것이 지극히 크므로 너무 자고하지 않게 하시려고 내 육체에 가시 곧 사단의 사자를 주셨으니 이는 나를 쳐서 너무 자고하지 않게 하려 하심이니라."(고후12:1-7)

여기서 셋째 하늘이란 말은 어떤 학자에 의하면 세 층의 하늘나라(三層天

), 즉 운천(雲天), 성천(星川), 그 위의 신천(神天)을 의미한다고 하며 다메섹 도상의 혼절 상태에서 천당을 경험한 바울의 회고이다.[38-3] 바울의 '육체의 가시'는 육신의 고질(痼疾)을 뜻하기도 하고 블라스티니우스 일파를 비롯한 유대인의 공격과 위협을 뜻한다는 학자도 있다.

바울은 내친김에 방안의 모든 자를 경악하게 하고 심금을 울리는 그의 고난사를 멈춤없이 쏟아내었다. 이전에는 전혀 자기 입으로 이토록 생생하게 말한 적이 없었던 자신의 정체성과 수난이력(受難履歷)이었다.

"여러 사람이 육체를 따라 자랑하니 나도 자랑하겠노라. 저희가 히브리인이냐? 나도 그러하며, 저희가 이스라엘인이냐? 나도 그러하며, 저희가 아브라함의 씨냐? 나도 그러하며, 저희가 그리스도의 일꾼이냐? 정신없는 말을 하거니와 나도 더욱 그러하도다. 내가 수고를 넘치도록 하고 옥에 갇히기도 더 많이 하고 매도 수없이 맞고 여러 번 죽을 뻔하였으니 유대인들에게 사십에 하나 감한 매를 다섯 번 맞았으며, 세 번 태장으로 맞고 한 번 돌로 맞고 세 번 파선하는데 일주야를 깊음에서 지냈으며 여러 번 여행에 강의 위험과 강도의 위험과 동족의 위험과 이방인의 위험과 시내의 위험과 광야의 위험과 바다의 위험과 거짓 형제 중의 위험을 당하고 또 수고하며 애쓰고 여러 번 자지 못하고 주리며 목마르고 여러 번 굶고 춥고 헐벗었노라."(고후11:18-27)

'히브리인'이란 '건너온 자'를 뜻하며 아브라함이 유브라데강을 건너온 후 붙은 명칭이고(창 14:13), 이스라엘인은 신정국가 국민임을 뜻한다. 정신없다는 말은 자고하지 말아야 하는데 부득이해서 말한다는 뜻일 게다.[38-5]

바울은 한숨을 들이킨 후 벽을 기대고 눈을 지그시 감고 한동안 말이 없었다. 모두가 숨을 죽인 탓에 방 안에는 정적이 감돌다가 이어서 흐느끼는 소리가 여기저기서 흘러나왔다. 더디오도 흐르는 눈물을 훔칠 생각하지 않고 부지런히 빠짐없이 재빠르게 바울의 회고사를 받아 적었다.

다음부터는 바울 개인으로서 말하는 것 같지 않게 '우리'라는 복식기술자(複式記述者)로 표현한다. '우리'라면 실라와 디모데를 일컫는 것 같으나 그들을 포함하여 루디아 집 방 안에 있던 누가와 대필자 더디오를 아우르는 바울 주위 동역자들의 생각들이 담긴 설교라는 암시가 깔려 있다.

"그러므로 우리가 이제부터는 아무 사람도 육체대로 알지 아니하노라. 비록 우리가 그리스도도 육체대로 알았으나 이제부터는 이같이 알지 아니하노라. 그런즉 누구든지 그리스도 안에 있으면 새로운 피조물이라. 이전 것은 지나갔으니 보라, 새 것이 되었도다.(고후5:16,17) 이러므로 우리가 그리스도를 대신하여 사신이 되어 하나님이 우리로 너희를 권면하시는 것같이 그리스도를 대신하여 간구하노니 너희는 하나님과 화목하라."(고후5:20)

우리가 그리스도를 대신하여 하나님의 사신이 되어 하나님의 권면대로 너희를 새로운 피조물, 새 창조적 역사를 이루었다. 그러니 하나님과 잘 지내라(Reconcile, Make Fellowship)는 말이다. 여태 누구도 쓰지 않던 전혀 새롭고 창의적인 교리이고 어찌 보면 외람되고 불경스러운 느낌을 줄 수 있는 바울의 의도적이거나 뜻하지 않은 실수(?)의 발설(Narrative) 같기도 하다. 둘러앉아 바울의 신창조론 개진을 듣던 제자들은 심금을 강타하는 충격을 받았을 법도 하고 송구한 심정이다가 연이은 스승의 곤궁 역사 구술 순서에서는 모두 침통해 하였을 것이다.

"하나님이 죄를 알지도 못하신 자로 우리를 대신하여 죄를 삼으신 것은 우리로 하여금 저의 안에서 하나님의 의가 되게 하려 하심이니라."(고후5:21)

"우리가 하나님과 함께 일하는 자로서 너희를 권하노니 하나님의 은혜를 헛되이 받지 말라. 가라사대 내가 은혜 베풀 때에 너를 듣고 구원의 날에 너를 도왔다 하셨으니(사49:8), 보라! 지금은 은혜받을 만한 때요, 지금은 구원의 날이로다.

우리가 이 직책이 훼방을 받지 않게 하려고 무엇에든지 아무에게도 거리끼지 않게 하고 오직 모든 일에 하나님의 일꾼으로 자천하여 많이 견디는 것과 환난과 궁핍과 곤난과 매맞음과 갇힘과 요란한 것(폭도의 소동)과 수고로움과 자지 못함과 먹지 못함과 깨끗함과 (하나님을 아는) 지식과 오래 참음과 자비함과 성령의 감화와 거짓이 없는 사랑과 진리의 말씀과 하나님의 능력 안에 있어 의의 병기로 좌우하고 영광과 욕됨으로 말미암으며, 악한 이름과 아름다운 이름으로 말미암으며, 속이는 자 같으나 참되고 무명한 자 같으나 유명한 자요, 죽는 자 같으나 보라! 우리가 살고 징계를 받는 자 같으나 죽임을 당하지 아니하고, 근심하는 자 같으나 항상 기뻐하고, 가난한 자 같으나 많은 사람을 부요하게 하고, 아무것도 없는 자 같으나 모든 것을 가진 자로다.(고후6:1~10)

고린도인들이여! 너희를 향하여 우리의 입이 열리고 우리의 마음이 넓었으니 너희가 우리 안에서 좁아진 것이 아니라 오직 너희 심정에서 좁아진 것이니라. 내가 자녀에게 말하듯 하노니 보답하는 양으로 너희도 마음을 넓히라."(고후6:11~13)

사도인 우리가 전하는 말을 하나님 말씀이 아니라 사람의 말로 여김으로 은혜에서 멀어져서 열매 없이 생을 허비하지 말라는 것이다. 남을 의지하고 남이 세워 주기를 바라는 것은 하나님의 종이라기에 부족하다. 몸소 많이 당하고 오래 참고 견디어 수고함으로 극복하는 것은 약함이 오히려 강하다는 것을 보여 주는 것이다. 강하고 세상적 지혜와 능력이 많은 자는 주님보다 자기를 드러내기를 좋아한다고 은근히 대적들을 되쏘고 있다. 그러니 너희들은 마음을 넓혀 크게 진리를 보라는 것이다.

"마음으로 우리를 영접하라. 우리가 아무에게도 불의를 하지 않고 아무에게도 해롭게 하지 않고 아무에게도 속여 빼앗은 일이 없노라."(고후7:2)

"(한때) 내가 편지로 너희를 근심하게 한 것을 후회하였으나 지금은 후회하지 아니함은 그 편지가 너희로 잠시만 근심하게 한 줄을 앎이라. 내가 지금 기뻐함은 너희로 근심하게 한 까닭이 아니요, 도리어 너희가 근심함으로 회개함에 이른 까닭이라.

하나님의 뜻대로 하는 근심은 후회할 것이 없는 구원에 이르게 하는 회개를 이루는 것이요, 세상 근심은 사망을 이루는 것이니라."(고후7:9)

그리고는 말미에 이르러 브리스길라가 조언을 받아 재방문을 망설인 사연을 고린도 회중이 알아듣도록 풀어 말한다.

"너희를 대하여 대면하면 겸비하고 떠나 있으면 담대한(*반대파들이 인신공격하던 말이다.*) 나 바울은 이제 그리스도의 온유와 관용으로 친히 너희를 권하고 또한 우리를 육체대로 행하는 자로 여기는 자들을 대하여 내가 담대히 대하려는 것같이 너희와 함께 있을 때에 나로 하여금 이 담대한 태도로 대하지 않게 하기를 구하노라.(고후 10:1-2)

원컨대 너희는 나의 좀 어리석은 것을 용납하라. 청컨대 나를 용납하라.

내가 지극히 큰 사도들보다 부족한 것이 조금도 없는 줄 생각하노라. 내가 비록 말에는 졸하나 지식에는 그렇지 아니하니 이것을 우리가 모든 사람 가운데서 모든 일로 너희에게 나타내었노라. 내가 너희를 높이려고 나를 낮추어 하나님의 복음을 값없이 너희에게 전함으로 죄를 지었느냐? 내 자신이 너희에게 폐를 끼치지 아니한 일밖에 다른 교회보다 부족하게 한 것이 무엇이 있느냐? 내가 너희에게 보낸 자 중에 누구로 너희의 이를 취하더냐?

이때까지 우리가 우리를 너희에게 변명하는 줄로 생각하는구나! 우리가 그리스도 안에서 하나님 앞에 말하노라. 사랑하는 자들아, 이 모든 것은 너희의 덕을 세우기 위함이니라.

내가 갈 때에 너희를 나의 원하는 것과 같이 보지 못하고, 또 내가 너희에게 너희의 원치 않는 것과 같이 보일까 두려워하며, 또 다툼과 시기와 분 냄과 당 짓는 것과 중상함과 수군수군하는 것과 거만함과 어지러운 것이 있을까 두려워하고, 또 내가 다시 갈 때에 내 하나님이 나를 너희 앞에서 낮추실까 두려워하고, 또 내가 전에 죄를 지은 여러 사람의 그 행한 바 더러움과 음란함과 호색함을 회개치 아니함을 인하여 근심할까 두려워하노라."(고후11:1-7,12:13-21)

"내가 이제 얼마 지나지 아니하여 너희에게 갈 터이니 두세 증인의 입으로 말마다 확정하리라. 내가 이미 말하였거니와 지금 떠나 있으나 두 번째 대면하였을 때와 같이 전에 죄 지은 자들과 그 남은 (*여전히 회개치 않는*) 모든 사람에게 미리 말하노니 내가 다시 가면 용서하지 아니하리라.

너희가 믿음에 있는가 너희 자신을 시험하고 너희 자신을 확증하라. 예수 그리스도께서 너희 안에 계신 줄을 너희가 스스로 알지 못하느냐? 모른다면 너희가 버리운 자니라. 우리가 버리운 자 되지 아니한 것을 너희가 알기를 내가 바라고, 우리가 하나님께서 너희로 악을 조금도 행하지 않게 하시기를 구하노니 이는 우리가 옳은 자임을 나타내고자 함이 아니라, 오직 우리는 버리운 자 같을지라도 너희로 선을 행하게 하고자 함이라."(고후13:1-7)

아직도 육체대로 행하여 버리운 사람들이 있다면 하나님의 권세를 힘입어 치리하겠다고 강경한 입장을 밝힌다. 제자들이 긴장하여 서로 눈치만 보고 있는 중에 바울은 다시 디도를 편지 전달자로 지명하여 보내기로 한다. 그러나 이번에는 힘을 보태기 위해 그의 삼촌인 누가와 가이오를 딸려 보낸다.(고후 8:18-22) 제반 문제 해법에 강온 전략이 필요함을 느끼고 있음이다. 무엇보다 일 년 넘게 지지부진한 예루살렘 교회를 위한 고린도 교회의 모금 완성을 독려하려는 바울의 절박한 심경이 드러난다.(고후8:6-24,9:1-5)

고린도후서 중 이 부분이 이상하다. 앞 장, 절들과 10-13장의 어조와 내용이 정반대로 과격해졌다. 전 편지에서 엄혹한 질책을 미안해하고 좋은 말로 달래고 위로하던 앞부분의 분위기가 아니다. 학자들은 10-13장이 분실된 그 이전 편지의 조각이나 별개의 편지를 후대 대속 필자들이 끼워 넣어 문맥상 맞지 아니한 것으로 추정한다.[3]

바울이 고린도에 보낸 편지는 성경에 등재되지 않았거나 분실되어 그 편린만 부착된 대여섯 편 이상의 것이 있었을 개연성이 많다.

한편 마게도니아에는 갈라디아 지역에서 출발한 선발대 5명[모두 해방된 노예 출신인 아순그리도, 블레곤, 바드로바, 허메, 허마(롬16:14)]이 도착하였다. 그리고 예정대로라면 수 주 후부터는 로마로 가려는 동방 각처에서 올, 근 40여 명의 약정한 지원자들이 빌립보 루디아 집에 몰려들어 붐빌 것이었다. 어느 날 브리스길라는 바울에게 자기 부부는 에베네도와 갈라디아 선발대를 데리고 먼저 로마로 출발하겠다고 하였다. 이미 로마에 있는 친지를 통해서 새 집을 사 두었고 두리기움 항구에서 배를 구해 아드리아해를 건너겠다는 계획을 태연히 말하는 것이었다. 모두가 이 여장부의 치밀성과 대범한 결단력에 놀라며 탄복하였다. 그들 여덟 로마 원정 선발대가 떠나는 날, 바울을 비롯한 여덟 제자와 교회 형제들이 걸어서 육칠 일 장도의 두리기움 항구까지의 하루를 함께 걸어 주며 배웅하였다.

고린도 2신(信)의 전달자 디도와 두 명이 출발할 때는 바울 자신이 지금은 갈 수 없는 사유를 고린도 형제들에게 말로써 설득해 주기 바란다고 하였다. 즉, 40명 로마 후속 이주 지원자들의 영접 및 파송 문제, 일루리곤 지역 전도 사역 시도, 단도단으로부터의 안전성 그리고 지금 상황에 가면 회개치 않는 자들과의 충돌 대처 여하, 서로가 받아야 할 상처와 믿음 결속성 훼손 등의 문제 때문이다.

그리고 더 중요한 것은 형제들이 먼저 가서 연전에 약속한 예루살렘 교회 구호 모금을 마무리하도록 독려하고 수령하는 것이다.(고후 9:4-5) 계획대로 이방 교회들의 특별 헌금을 가지고 오순절에 맞추어 예루살렘에 당도하기 위해서는 더 지체하기 어렵기 때문이었다. 그렇다고 바울 자신이 더 이상 나서서 강권하기가 어려웠기 때문이다.

바울의 고린도 방문은 정경에 의하면 세 번인 것으로 보인다. 즉, 그가 교회를 설립했을 때(행 18:)와 그 후 고통스런 방문(고후 2:), 3차 전도 여행 후반, 그리고 논란이 있지만 모금 마무리 단계(고후 8-9, 롬 15:25-26)로 보인다.

다음에 쓰는 고린도 2차 방문 외에 구호 성금 관계로 북마케도니아에서 디도를 기다리며 초조해하던 중 어쩌면 가상의 직접 3차 방문이 있었는지도 모른다. 성경을 보면 사도행전과 바울서신에서 독자들에게 시간적으로 선후 관계에 혼동을 던지고 있다.[행18:11의 1차 방문(18개월)후 행20:3의 2차 방문(3개월)이 바울의 3차 전도 여행 중에 일어난 사실이다.]

바울은 마케도니아를 떠나 예루살렘 성도를 섬기러 가기 전에 다시 세 번째로 고린도에 들르겠다고 약조했었고(고후1:16) 이 약속은 지켜지지 않았다. 그래서 유대에 가서 그 성과를 가지고 서반아로 가는 중도에 로마에 들를 때에 고린도에 갈 수 있을까 기대한다고 알린다.(롬15:28) 바울은 어쩌면 그 때 고린도 성도에게도 방문이 이루어지거나 서신이 연통되기를 원하였을 것이다. 그러나 예루살렘에서의 기대 밖의 반응과 나쁜 쪽으로 꼬인 상황 정세로 더 이상의 마케도니아, 아가야 방문은 포기해야 했다. 바울의 로마 호송 선박이 에게해와 아드리아해 먼 남쪽을 돌아 몰타섬으로 향했기 때문이다.

로마 선교단 출정과
바울의 고린도 2차 방문

북마케도니아에서 고린도 서신 배달자들이 떠나고 로마 이주 선발대도 출발한 후 수 주 후부터 아시아와 헬라 지역에서 출발한 후속 부대 형제자매들이 빌립보에 속속 운집하기 시작하였다. 이들은 로마서 말미 16장 6절부터 그 명단이 등장한 인물들과 그 권속, 친지들이었다. 이들 중 몇 면면을 보면 멀리 예루살렘에서 온 안드로니고와 유니아 부부(Andronicus&Junas), 안디옥의 루포(Lufus)와 그 어미 마리아, 젊은 비롤로고와 율리아 부부(Philologus&Julia), 네레오 남매(Nereus&His Sister)와 올름바(Olympas)와 성도 친지들, 구브로에서 온 우르바노와 스다고(Urbanus&Stachys), 노예 출신의 암블리아(Ampliatus), 아가야에서 온 쌍둥이 자매 드루보나와 드루배사(Tryphena&Triphosa), 그 외 갈라디아 2진 십여 명 등이 바울이 특별하게 기억하는 이들이었다.

모두 배를 탔거나 걸어서 온 긴 여정 탓에 루디아의 접대를 받으면서 며칠씩 휴식을 취하고 예정된 인원이 다 찰 때까지 기다리면서 바울로부터 선교전략과 이겨 내야 하는 핍박과 위험을 각오하고 다지며 훈련받고 루디아로부터 로마 생활과 관습에 대한 이해와 적응 방법 등을 교육받았다.

이제 마지막 원정대가 로마를 향하여 떠날 때가 왔다. 그들은 부르스길라 등 8명의 선발대가 몇 주 전에 간 길을 따라 가도록 되어 있었다. 우선 두라기움 부두에서 배를 타고 아드리아해를 건너 이탈리아 반도 장화 뒤꿈치에 있는 부룬디시움항으로 갈 것이었다. 그렇게 된다 해도 끝은 아니었다. 거기서부터 반도 내륙을 서북 방향으로 장장 600km를 육로로 가로질러 가야 로마시가 나타날 것이기 때문이었다. 먼 거리와 시간을 이겨 내야 하는 고행길이 아닐 수 없었다.

그들이 떠날 때 바울과 측근 제자 모두가 두라기움 항구까지 동행하며 환송하였다. 모두 둘러앉아 무릎 꿇고 긴 여정 동안 위험으로부터 보호, 질병으로부터 지켜 주시기를 하나님께 기도하였다. 배가 출발한 후 바울은 가이오를 데리고 달마디아(지금의 크로아티아의 아드리아해 연안 지역)로 갔고 남은 제자들은 두라기움 지역에서 전도 사역을 시작하였다. 이곳의 언어는 모두에게 생소한 지역어로 헬라어도 아니고 라틴어라고 할 수도 없는 방언들이었기 때문에 전도에 어려움이 많았고 효과적이지 않았던 것 같다.(성경에서 별다른 이 지역 언급이 없기 때문이다.) 누군가 언젠가는 이곳, 미래의 동방정교 온상지를 개척해야 한다. 바울은 미래에 아시아에서 로마로 갈 수 있는 육로를 염두에 두고 있었다. 두라기움은 네압볼리에서 에그나티아 대로를 따라 로마로 향하는 육로 종점지로 바울이 도착할 당시는 한창 북일루리곤 지역에 도로 공사가 진행 중이었다. 바울은 루다아에게 빌립보 교인들이 이곳을 자주 방문하여 신생 교회 성장을 돕도록 부탁하였다.

두라기움 항구에는 아드리아해 연안을 따라 남쪽으로 항해하여 고린도 서쪽 레케움(Lechaeum)항으로 가는 연락선이 잦았다. 남은 바울 일행은 다시 합류하고 이들 선편을 이용하여 고린도로 가기로 결정하였다. 디도는 잘하고 있을까? 고린도 성도들은 그의 두 번째 편지에 어떻게 반응하고 있을까? 그가 간다면 고린도 성도들은 환영해 줄 것인가? 항해 동안 줄곧 바울의 관심은 거기에 있었다.

항구에 도착하자 바울은 디모데와 여섯 제자에게 고린도시에 야간 잠입을 지시하고 자기는 외곽 어느 여관에 머물러 성도들과 대적자들의 상황과 반응에 관한 소식을 기다리기로 하였다. 성도들이 그를 배척한다면 고린도 방문에 방해되는 모금은 거기서 포기해야 하나 걱정이 컸던 것이다.

새벽녘에 가이오가 돌아왔다. *"시카리들이 고린도로 돌아오고 있다고 합니다."*

동이 트고 나서 디도와 디모데가 도착했다. 바울이 묻기도 전에 그들은 중요 정보부터 이야기하기 시작했다. *"스승님을 위해하려는 유대인들이 있다 합니다. 그렇지만 스승님을 고대하며 사랑하는 성도들이 많습니다. 마중하러 오겠다는 성도들을 가까스로 말리고 왔습니다. 선생님의 거처와 모임 장소를 외부로 소문나지 않도록 은밀히 하기 위해서입니다."* *"늦은 저녁 무렵에 성내로 들어가십시다. 옷을 갈아입으시고 저희의 호위를 받으신 채로요. 밤에만 말씀을 전하시고 모임 해산 전에 떠나 거처로 이동하셔야 합니다."*

모임 장소는 가이오의 집으로 하고 시간은 도착 후 대외비로 신도들에게만 알리도록 했다. 회당에 들르는 일은 이번에는 완전 빼 버렸다.

바울이 모임 장소에 도착했을 때는 성도가 너무 많아 복도까지 꽉 채워져 있었는데 바울이 들어오자 그들의 입에서 일시에 예의 그 '사랑노래'(고전 13:3-7)가 울려 퍼졌다.

"사랑은 오래 참고 사랑은 온유하며, 시기하지 아니하며, 사랑은 자랑하지 아니하며, 교만하지 아니하며, 무례히 행하지 아니하며, 자기의 유익을 구하지 아니하며, 성내지 아니하며, 악한 것을 생각하지 아니하며, 불의를 기뻐하지 아니하며, 진리와 함께 기뻐하고 모든 것을 참으며, 모든 것을 믿으며, 모든 것을 바라며, 모든 것을 견디느니라."

바울의 눈에서는 눈물이 글썽하였고 참석자 중 평소 그를 반대했던 무리 일부도 감동에 설레는 시선을 쏟았다. 바울서신과 누가와 디도의 입을 통해 그간의 바울의 역경과 환란 속을 전도 일념으로 돌파한 과정을 세세히 들어 알게 된 때문이었다. 바울은 그들을 일일이 껴안고 입 맞추며 축복하고 회개와 용서, 사랑의 권면과 장려와 훈계의 설교를 하였다.

고린도에서의 거처는 가이오와 야손의 집을 번갈아 사용하였다. 유대 베냐민지파의 야손은 진즉에 데살로니가를 떠나 고린도에 이주했던 것이다. 가이오는 더베의 가이오가 아닌 고린도의 교인(디도 유스도)으로서 그의 노예 구아도(Quartus)를 특별히 바울의 몸종처럼 붙여서 신변 보호를 담당하게 했고 바울이 저잣거리나 교인 집을 방문을 할 때는 제자들과 일반 성도들이 동행하면서 바울 주위를 에워싸서 만약의 위험을 대비하였다. 고린도의 일반 유대 거민들은 마음은 불편하나 저번 갈리오 총독의 지시도 있었던 터라 대놓고 적의를 보이지는 않았다.

바울은 빌립보의 속기사 더디오(Tertius)를 다시 불렀다. 로마에서 태동할 교회를 위해서 기존 로마 성도들에게 부탁의 편지를 쓰기 위함이었다.

바울은 로마에 가 본 적도 없고 네로 치하에서 유대인 추방 정책이 취소된 후 로마 교회에 대한 정보를 갖고 있지 못했다. 아굴라와 누가가 로마에 정착한 성도들을 위하여 신앙과 예배를 위한 지침과 교리 교육이 필요하다고 여러 번 글을 써 이런 데 합당한 사람 보내 주기를 요구한 바가 있기 때문에 필요한 서필을 준비하였다. 나중에 알게 된 사실이지만 로마의 성도들 간에는 안전을 위하여 외부인들이 모르는 암호 표기가 만들어져서 상호 신분 확인이 필요하였던 것이다. 상대방의 신분을 모를 때는 물고기 그림을 그려 서로가 크리스천임을 알려 주는 식이었는데 예수그리스도, 하나님의 아들, 구세주란 뜻의 헬라어 첫 글자 모음을 따서 ICQUS(물고기)라 불리는 암호 표식이다. 아직 공공연하게 드러나는 모임은 불가한 정세와 분위기였고 동굴이나 공동 지하 묘실에서 비밀리 야간에 모여 예배를 본다고 알려왔다. 그만큼 교회라기에는 수준이 열악하고 공개적으로 예배나 선교할 수 있는 자리를 마련할 형편이 아니었다.

고린도에서 바울은 낮에는 집 안에서 더디오 등과 로마로 보낼 편지를 쓰기 시작하였고 해가 저물면 모이는 성도들에게 교육식 강론을 하였다. 그의 로마서를 보면 고린도에서의 경험이 많이 배어 있음을 알 수 있다. 로마 성도들을 위한 인류에게 조건 없이 주어진 하나님의 은혜에 대한 이해 돕기, 구원의 기본 구조, 하나님의 계획 속에서 이방인과 유대인의 관계, 모든 인류가 한결같이 하나님 앞에서 죄인이며 구원받아야 할 존재라는 점, 그리스도의 부활을 믿음으로 구원에 이를 수 있다는 그의 독창적인 알고리즘, 그러나 성도의 신앙은 일면 구원의 시작일 뿐임을 강조한다. 그러므로 먼저 어떻게 죄와 율법으로부터 자유하는가? 이는 그리스도의 죽음과 부활에 연합함으로써만, 그리고 성령의 임재와 능력 안에 거함으로써만 얻을 수 있다는 논리가 재강조된다. 믿음이 어린 성도가 어떻게 기도해야 할지 모를 때 성령께서는 말할 수 없는 탄식으로 그를 도우신다. 그러므로 성도는 그의 몸체 전부를 영적 예배의 산 제물로 드려야 한다. 그러면 하나님의 선하시고 기뻐하시고 완전하신 뜻을 알게 된다. 이러한 토대 위에 교회가 서고 성도들의 신앙이 성숙된다면 장래에 바울이 그들과 만났을 때 멀리 서반아 전도에 상당한 동력을 얻게 되기를 꿈꾸고 있었다.

편지 전달은 겐그레아(Cenchrea) 교회 여집사 뵈뵈(Phoebe)에게 부탁하였다. 그녀도 로마 시민이어서 마침 집안 사업 일로 로마에 가야 할 형편이었다. 이후 뵈뵈는 로마에서 사업을 일구어 적지 않은 성도들에게 일자리를 제공하여 교회 공동체에 도움을 주었다.

고린도 체류 3개월이 되어 갈 무렵 집주인 야손이 초조한 표정으로 소문을 가져왔다. 유대 강경파들이 또다시 고린도 회당에 나타났다는 것이다.

그리고는 시 재무관 에라스도(Erastus) 성도가 성 밖에 바울이 숨을 집을 마련하고 경비 경호원까지 고용하였으니 서둘러 피신해야 한다는 것이었다. 물론 구아도가 근접 경호를 하겠지만. 바울은 한참을 생각하더니만 담담한 기색으로 마지막 성도 모임을 이튿날 주선해 보라는 요청을 하였다. 지금 상황을 안일하게 보는 바울의 대응에 놀란 야손은 누가를 비롯한 아홉 형제를 데려왔다. 모두가 모임은 더 이상 안 된다며 저희가 배편을 구할 때까지 성을 탈출하여 어서 몸을 피해야 한다고 강권하였다. 그러나 바울은 전혀 두려움이 없는 듯 모임을 고집하는 것이었다. 이대로 불명쾌하게 고린도 교회 사태를 남긴 채 떠날 수는 없기 때문이었다. 에라스도는 정녕 바울이 모임을 고집하시면 무장한 로마 군인들의 배치를 부탁해 보겠다고 의견을 냈다. 이때 데살로니가인 세군도(Secundus)가 나섰다.

"이러면 어떨까요? 모임은 에라스도 님의 제안대로 하시되 해상 출발 전날 밤에 모이는 시간을 성도들에게 개별적으로 삽시간에 알리는 것입니다. 모임이 끝나는 시간에 우리 모두의 고린도 철수를 성도들에게 공포하고 행선지를 드로아로 알리는 것입니다. 이 기밀이 적들에게 새어 나가던지 아니던지 상관없이 저희는 함께 겐그레아에서 드로아행 배에 타고 가고 바울 형제님은 누가 형제와 함께 다른 시각, 다른 배로 빌립보로 가시는 것입니다."

모두 세군도가 말하는 동안 조용해졌고 묘책이라고 고개를 끄덕이거나 미소를 지었다. 이후 일의 진행은 세군도의 계획대로 진행되었다. 이튿날 한 무리의 사람이 망토를 뒤집어쓴 세군도를 에워싸고 겐그레아항으로 가서 배에 올랐다. 키 작은 세군도는 허리를 한껏 구부정하게 하고 뒤뚱뒤뚱 걸어 바울 흉내를 내는 통에 둘러싼 모두는 웃음을 참느라 애를 쓰고 있었다. 멀리서 보면 바울의 모습과 흡사하였다. 유대인 승객 중 시카리파로 보이는 서너 명이 이어 승선했고 드로아에서 하선할 때까지 눈을 부라리며 쏘아보고 찾았지만 바울이 승선하지 않았음을 뒤늦게 알고 우왕좌왕하는 눈치였으나 이미 때가 늦었다. 목표를 잃은 그들은 드로아에서 하선해 그 길로 베니게행 배를 갈아타고 유대로 돌아갈 수밖에 없었다. 세군도의 계획은 통쾌하게도 시카리의 의표를 부셔뜨렸다. 한편 바울과 누가는 계획한 바와 달리 배를 타지 않고 오히려 육로로 빌립보행을 택하였다. 적들과 미상불 마주칠 가능성을 피하기 위한 선택이었으나 두 사람에게 무거운 짐과 함께 길고 고통스런 도보여정(徒步旅程)이 아닐 수 없었다. 바울이 다시 빌립보에 도착한 것은 주님 부활 28년 후 무교절이었다. 루디아와 만나 그간 안부와 로마 파견대를 도왔던 수고를 위로하고 교회는 무탈한지, 앙숙이던 순두게와 유오디아(빌4:2)는 화해하였는지 알고자 하였다. 데살로니가, 뵈레아 교회, 일루리곤 소식도 물었다.

그리고는 피곤한 몸을 이끌고 이튿날 드로아로 가는 배를 탔다. 닷새 후에 배는 드로아에 도착하였고 미리 도착해서 활동하고 있던 여덟 제자와 무사히 합류할 수 있었다.(롬15:28) 고맙게도 드로아 교인들은 블라스티니우스 파가 다녀갔음에도 바울을 향한 사랑이 전혀 시들지 않았다. 안식 후 첫날 떡을 떼러 가보(Carpus, 딤후4:13)의 집에 들렀는데 많은 신자가 알고 모여서 바울은 강론을 시작하였다. 한 무리의 설교를 마치고 집 안에 들어오지 못했던 자들을 위하여 제2부 예배로 다시 밤늦게까지 진행한 것은 듣는 이 모두가 너무도 사모하는 마음으로 열심히 경청한 탓도 있었으나 이튿날 일찍 예약된 배에 지체 없이 승선해야 해서 달리 시간을 변통할 수 없기 때문이었다. 이때 삼 층 창문턱에 걸터앉아 졸음에 못 이긴 유두고(Eutychus)란 청년이 난간 너머로 추락사(누가의 진단)한 사건이 있었고 바울이 그를 되살리는 이적을 행하고 모두를 안도시키니 하나님을 찬송하는 소리가 크게 더하였다. 이튿날 환송에 모두가 승선하고 떠날 즈음 바울은 자기만 걸어서 가겠다고 하여 첫 기항지 앗소(Assos)에서 만나기로 하였다. 이 모두가 유대인의 위협이 주위 어딘가에 도사리고 있음에 대비하는 고행이 되었다. 아소에서 합류하여 동승한 바울이 탄 배는 에게해 연안 도시 미둘레네(Mytilene), 기오스(Kios), 사모(Samos)섬을 지나 에베소를 넘어 밀레도(Miletus)에 정박하였다.

에베소가 목적지가 아니었던 배는 다행히 밀레도에서 상품 하역과 선적을 위하여 일 주간의 체류 시간을 일행에게 주었다. 바울은 빠른 기별 편을 이용하여 에베소 장로들을 불렀다. 못 보았던 그간 서로와 교회의 안부를 묻고 위로하고 권면하고 훈계하며 경계심을 나누었다. 여기서도 한결같이 예루살렘행을 말리는 에베소인들의 근심과 불안감을 접한 바울은

"보라, 이제 나는 심령에 매임을 받아 예루살렘으로 가는데 저기서 무슨 일을 만날는지 알지 못하노라. 오직 성령이 각 성에서 내게 증거하여 결박과 환난이 나를 기다린다 하시나 나의 달려갈 길과 주 예수께 받은 사명, 곧 하나님의 은혜, 복음 증거하는 일을 마치려 함에는 나의 생명을 조금도 귀한 것으로 여기지 아니하노라. 보라, 내가 너희 중에 왕래하며 하나님 나라를 전파하였으나 지금은 너희가 다 내 얼굴을 다시 보지 못할 줄 아노라.

너희는 자기를 위하여 또는 온 양 떼를 위하여 삼가라. 성령이 저들 가운데 너희로 감독자를 삼고 하나님이 자기 피로 사신 교회를 치게 하셨느니라. 내가 떠난 후에 흉악한 이리가 너희에게 들어와서 그 양 떼를 아끼지 아니하며 또한 너희 중에서도 제자들을 끌어 자기를 좇게 하려고 어그러진 말을 하는 사람들이 일어날 줄을 내가 아노니, 그러므로 너희가 일깨어 내가 삼 년이나 밤낮 쉬지 않고 눈물로 각 사람을 훈계하던 것을 기억하라."(행 20:22-25,20:28-31)

"내가 아무의 은이나 금이나 의복을 탐하지 아니하였고, 너희 아는 바에 이 손으로 나와 내 동행들의 쓰는 것을 담당하여 범사에 너희에게 모본을 보였노니, 곧 이같이 수고하여 약한 사람들을 돕고 또 주 예수의 친히 말씀하신 바 주는 것이 받는 것보다 복이 있다 하심을 기억하여야 할지니라."(행20:33-35)하고 오히려 권면과 격정의 말을 되돌리니 모두 기도한 후에 서로 끌어안고 입 맞추며 울기도 하며 작별하였다.(그런데 세월이 흘러 바울의 경고 섞인 계도에도 불구하고 에베소의 몇 장로는 교인 위에 군림하며 사사로이 이를 취하고 엉뚱한 설교를 한다는 소문이 들려와서 바울은 디모데를 파송하고 그 직들을 박탈하였다.)

바울의 체계적 사변(思辨)

문득 다시 솟는 의문이지만 왜 유대인은 바울을 미워하며 이제는 집요하게 추적하며 암살하려 하는가?

갈라디아서를 필두로 한 그의 편지와 내용이 널리 퍼져 많은 유대인과 이방인 세계에 회자(膾炙)되면서 출애굽 이스라엘의 정체성에 큰 위협이 되고 있기 때문이다. 갈라디아서 내용이 유대인으로서는 엄청나게 놀랍고 분노하게 하는 주장이 아닐 수 없다.

"율법 행위에 속하는 자는 저주와 진노 아래에 있는 자들(갈3:10, 롬4:15)이며 구원이 없다. 율법으로는 죄만 알 수 있을 뿐 의롭게 되지는 못한다."(롬3:20)

"아브라함이 무할례 시에 가진 믿음을 하나님이 인정하신 증거가 있지 않느냐?(롬4:10-12) 이것은 모든 이에게, 즉 유대인이나 이방인이나 할례자나 무할례자나 차별을 두지 않는 (하나님)의 의(義)이다. 할례는 유대인에 대한 언약의 표징이나(창17:10) 이방인도 받을 수 있다.(창17:12) 죄를 알게만 하는 율법 이외에 하나님의 의가 나타났으니 그것은 바로 예수를 믿는 믿음이다.(롬3:20-22) 이 믿음은 인간의 능동적 노력(행함)의 산물이 아니라 하나님의 권능과 은혜 덕분에 생기는 구원의 은사로서 수동적인 것이다."(롬3:24, 엡2:8)

"내가 가진 의는 율법에서 난 것이 아니요 오직 그리스도를 믿음으로 말미암은 것이니 곧 믿음으로 하나님께로부터 난 의라.(빌3:9) 율법은 진노를 이룰 뿐이므로, 율법 없는 곳에는 범법(犯法)도 없다.(롬4:15) 사망의 쏘는 것이 죄일진대 죄의 권능은 율법이다.(고전15:56) 율법의 조문은 죽이는 것이다."(고후 3:6)

믿음의 조상 아브라함도 처음부터 하나님의 백성으로 택함받은 것은 아니다라는 것이다. 이교도인 아버지 데라의 집과 친척과 임시 기착지 하란을 떠나라시는 하나님 명령(창12:1)을 정처도 알지 못하고 무조건 순종하고 길을 나선 그 믿고 의지함을 의롭다 하신 것이다. 결코 유대 교리 안의 행위와 외식(外飾)으로 자랑할 만한 노력의 대가가 아니다.(창15:6, 롬4:2-3)

그리고 중요한 것은 아브라함을 의롭다 하심이 차후 할례받기(창17:11)에 앞서 이미 그의 믿음 때문에 인정하신 바 되었다는 사실이다.

할례는 그와 그 자손의 번성을 약속하신 언약 징표에 불과하다. 그런데 유대인은 이것이 마치 하나님의 은총을 그들만이 독점한 것으로 오해하고 타민족과의 경계표지(境界標識)로 뽐내며 민족적 자만과 배타주의에 젖어 이역(異域) 복음 전파를 방해하는 잘못을 계속 저지르고 죄를 채우고 있다는 것이다.

"율법은 범법함 때문에 중보천사의 손을 빌려 베푸신 것일 뿐 약속하신 자손이 오시기까지만 있을 한시적인 것이다."(갈3:19)

정리하자면 하나님께서 할례자의 조상이 되리라는 아브라함과의 언약은 율법으로 됨이 아니고 무할례시에 가졌던 믿음(롬4:11), 그 믿음의 자취를 좇는 자들에게도 당연히 주어진다는 것이다.(롬3:7) 즉, 이방인도 믿음으로 말미암아 아브라함의 후손이 된다는 주장이다. 유대인이나 이방인 누구든지 그리스도 안에 있으면 새로운 피조물이 된다.

중언(重言)하건대 복음은 모든 믿는 자에게 구원을 주시는 하나님의 능력이다. 먼저는 유대인일지라도 헬라인에게도 차별 없이 마찬가지라는 것이다.(롬 1:16) 유대인이나 이방인이나 당을 지어 진리를 따르지 않는 자에게는 하나님의 진노가, 선을 행하는 자에게는 영광과 존귀와 평강이 있다.(롬2:8-10)

바울의 체계적 사변(思辨)의 전개와 변증이 얼마나 놀라운가? 이 구절 부분에서 바울은 유대인이 먼저요, 선을 행함에 대해서 슬쩍 긍정함을 보인다.

그렇지만 하나님은 믿음만 있다면 (*할례 유무와 상관없이*) 일은 하지 않고 경건하지 않은 자라도 의롭다 하신다는 것이다.(롬4:5) 유대인에게는 억장 무너지는 충격과 모멸감을 주고 하나님을 경외하는 이방인 교인에게는 감동과 심금을 울리는 감미(甘味)의 종소리가 아니었겠는가?

그렇다 해도 창세기에 나오는 하나님이 주신 언약을 배반하는 것 아닌가?

"할례를 받지 아니한 남자 곧 그 포피를 베지 아니한 자는 (내) 백성 중에서 끊어지리니 그가 내 언약을 배반하였음이니라."(창17:14)

바울의 의로움에 관한 이런 반선행적, 반율법적 신념과 판단은 갈라디아서 2장 16절에서 비롯되어 7-8년 후인 로마서(3:20,4:4-5,9:11)에서 명확해지고 15년 후 목회서신까지 변함없이, 오히려 강도를 더해 한결같이 맥이 이어감을 느낄 수 있다.(딤후1:9, 딛3:5)

바울의 이러한 견해는 언제, 어디서, 무슨 사건이 있어 그의 바리새적 마음과 혼을 변개시킨 것일까?

아마 예수교 집사 스데반의 설교를 듣고 태연한 죽음 현장을 목격한 마음의 충격이 그를 흔들었을 것이다.

그리고 자신 스스로를 회고하는 대로 율법에 열성당이던 그에게 부활하신 예수가 나타나시어 음성으로 명령과 부탁하신 사건이 결정적 계기가 되고 말았다. 그의 경험에 의하면 하나님의 의가 예수님을 통해 그로 하여금 자각하도록 하신 것이다. 예수는 그리스도이다. 메시아이다. 당시 시대의 일반 유대인들처럼 바울도 메시아의 도래와 어둠의 세력을 폐멸시키고 이스라엘을 회복시키리라 믿고 고대하였던 유대인이다.[55]

유대인들이 오리라고 믿는 그분은 어떤 사람이었을까? 하나님의 뜻을 지상에서 강력하게 이루실, 로마제국의 압제를 일거에 물리칠 수 있는 위엄이 있고 능력이 있는 분일 것이다. 예수는 그렇지 못했다. 떠돌이 달변가이고 대제사장과 서기관과 율법주의자들의 잘못을 힐난하고 외식뿐인 성전을 허물고 사흘 만에 다시 짓겠다며 말도 안 되는 반란?을 꾀하다가 십자가에 달려 죽은 우스꽝스런 정신병자이다. 그런데 이 별볼일 없는자를 죽음에서 부활했다며 따르는 자가 유대는 물론 제국의 이역만리에 광범위하게 불어나면서 유대인들의 거리낌과 불편한 심기를 자극하므로 사울 같은 골수 바리새 분자들을 분노케 하였던 것이다.

당시 아마도 바울을 포함하여 많은 유대인은 구약성서에서 선지자가 말했던 의인이 조롱과 고난당하는 자, 성경 장절의 투사자(透寫者)가 예수일 거라고는 상상도 할 수 없었을 것이다.

"나를 보는 자는 다 나를 비웃으며 입술을 비쭉거리고 머리를 흔들며 말하되 그가 여호와께 의탁하니 구원하실 걸, 그를 기뻐하시니 건지실 걸 하나이다. 그들이 나를 주목하여 보고 내 겉옷을 나누며 속옷을 제비 뽑나이다."(시22:7-8)

"그는 실로 우리의 질고를 지고 우리의 슬픔을 당하였거늘 우리는 생각하기를 그는 징벌을 받아 하나님께 맞으며 고난을 당한다 하였노라. 그가 찔림은 우리의 허물 때문이요 그가 상함은 우리의 죄악 때문이라. 그가 징계를 받으므로 우리는 평화를 누리고 그가 채찍에 맞으므로 우리는 나음을 받았도다. 우리는 다 양 같아서 그릇 행하여 각기 제 길로 갔거늘 여호와께서는 우리 모두의 죄악을 그에게 담당시키셨도다. 그가 곤욕을 당하여 괴로울 때에도 그의 입을 열지 아니하였음이여 마치 도수장으로 끌려가는 어린 양과 털 깎는 자 앞에서 잠잠한 양같이 그의 입을 열지 아니하였도다. 그는 곤욕과 심문을 당하고 끌려갔으나 그 세대 중에 누가 생각하기를 그가 살아 있는 자들의 땅에서 끊어짐은 마땅히 형벌 받을 내 백성의 허물 때문이라 하였으리요. 그는 강포를 행하지 아니하였고 그의 입에 거짓이 없었으나 그의 무덤이 악인들과 함께 있었으며 그가 죽은 후에 부자와 함께 있었도다.

여호와께서 그에게 상함을 받게 하시기를 원하사 질고를 당하게 하셨은즉 그의 영혼을 속건제물로 드리기에 이르면 그가 씨를 보게 되며 그의 날은 길 것이요 또 그의 손으로 여호와께서 기뻐하시는 뜻을 성취하리로다.

그가 자기 영혼의 수고한 것을 보고 만족하게 여길 것이라. 나의 의로운 종이 자기 지식으로 많은 사람을 의롭게 하며 또 그들의 죄악을 친히 담당하리로다.

그러므로 내가 그에게 존귀한 자와 함께 몫을 받게 하며 강한 자와 함께 탈취한 것을 나누게 하리니 이는 그가 자기 영혼을 버려 사망에 이르게 하며 범죄자 중 하나로 헤아림을 받았음이니라. 그러나 그가 많은 사람의 죄를 담당하며 범죄자를 위하여 기도하였느니라."(사53:4-12)

예수의 고난과 십자가 죽음과 부활과 구원을 예고하는 이 장면에서 메시아란 단어는 보이지 않으나 하나님의 의에 합당한 '의로운 종'이라고 분명하게 표기되어 있다.

바울은 예수가 죽은지 몇해지나서 예수의 부활하신 모습을 만났다. 그 후 예수의 사망 경위를 들어 알게 되었고 그 형태가 위의 성경 구절과 유사함을 기억해 내었다. 그리고는 불현듯 충격에 빠져 고민하게 되었다. 하나님이 그를 살리셨다면 당시 많은 자칭 메시아라는 자들이 역도로 몰려 죽었던 것과는 같은 죄인이 아니다. 왜냐하면 그가 부활하였기 때문에 확실히 여느 삶과 죽음과는 다르다. 분명 하나님께서 사랑하시는 자이다. 다윗이나 엘리야와도 급이 구별되는 메시아일 가능성이 아주 크다. 기존의 메시아로 추앙받았던 자들이 부활했다는 사실 기록이 없다. 바울에게는 십자가와 부활이 특별하였다.

생각이 여기에 이르자 바울은 예수가 그리스도라는 모든 논리 정립의 근거를 부활에 두고 묵상을 기시(起始)한다.

하나님의 의는 무엇인가 ? 어떻게 하면 하나님 앞에서 부끄러움과 무서움 없이 떳떳해지는지, 어떻게 죄인 된 사람이 하나님과 올바른 관계에 이르는지 그 메커니즘을 찾아야 했다. 이는 당연히 의문의 율법만으로는 안 된다. 예수는 율법 하에 있는 이스라엘을 향하여 천국이 가까웠으니 회개하라고 외쳤다. 율법의 쏘는 바가 기대치 이하였던 게다.

"할례를 받은 그들이라도 스스로 율법은 지키지 아니하고 너희에게 할례를 받게 하려 하는 것은 그들이 너희의 육체로 자랑하려 함이라."(갈6:13)

바울에게는 메시아가 십자가 처형을 당했다는 사건이 이스라엘의 정체성 변혁으로 다가오는 사고(思考)의 소용돌이며 비유대인에게도 중대한 함의(含意)를 가진다고 보였을 것이다.[55]

그것을 회개에 더해 의아해 하지 않는 무조건 믿음(부활 신앙)과 순종밖에 결정적인 것이 없다고 본 것이다. 이것이 쉬운가? 가능한가? 그렇다.

정녕 하나님은 신실하심과 은혜 충만하시므로 인류 구원을 원하시며(딤 2:4), 성령으로 도우시면 가능하다.

드디어 바울은 메시아 형태의 진리에 대해 확신에 찬 '새 창조'를 선포하기에 이른다.

"보라! 모든 것이 새롭게 되었다. 로마당국에 의해 처형된 예수가 이스라엘의 메시아이며 온 세상의 구주이시다."

"너희가 다 믿음으로 말미암아 그리스도 예수 안에서 하나님의 아들이 되었으니 누구든지 그리스도와 합하기 위하여 세례를 받은 자는 그리스도로 옷 입었느니라. 너희는 유대인이나 헬라인이나 종이나 자유인이나 남자나 여자나 다 그리스도 예수 안에서 하나이니라. 너희가 그리스도의 것이면 곧 아브라함의 자손이요 약속대로 유업을 이을 자이니라."(갈3:26-29)

"그러나 내게는 우리 주 예수 그리스도의 십자가 외에 결코 자랑할 것이 없으니 그리스도로 말미암아 세상이 나를 대하여 십자가에 못 박히고 내가 또한 세상을 대하여 그러하니라. 할례나 무할례가 아무 것도 아니로되 오직 새로 지으심을 받는 것만이 중요하니라. 무릇 이 규례를 행하는 자에게와 하나님의 이스라엘에게 평강과 긍휼이 있을지어다. 이 후로는 누구든지 나를 괴롭게 하지 말라. 내가 내 몸에 예수의 흔적을 지니고 있노라."(갈6:14-17)

신약성경 속의 새로 지으심, 새로 태어남, 거듭남, 중생 등의 언어적 표현은 제2의 창조적 사건을 말하는 것이며 하나님이 당신의 선하신 뜻을 위하여 어린 양 예수의 피로 역사하신 결과가 어떻게 인간에게서 표출됨을 말하고 있다. 그래서 바울은 그리스도에 관해서는 이제부터는 그가 메시아임과 십자가 죽음과 부활하심에 관해서만 자랑하겠다고 다짐한다.

"그런즉 누구든지 그리스도 안에 있으면 새로운 피조물이라. 이전 것은 지나갔으니 보라 새 것이 되었도다.(고후5:17, 할례,무 할례론은 무용하며 무익하다.)

메시아의 죽음에 대해서 바울은 두 가지 해석을 하게 되었다.

첫째, 하나님이 우리 죄를 사하시려고 그리스도를 화목제물(和睦祭物)로 만 드셨다.(롬5:8,3:23-26, 고전15:3, 고후5:14, 살전5:10)

둘째, 믿는 자는 그리스도의 죽음과 부활에 연합하고 참여하여 한 몸과 한 운명이 된다는 것이다. "그러므로 우리가 그의 죽으심과 합하여 세례를 받음 으로 그와 함께 장사되었나니 이는 아버지의 영광으로 말미암아 그리스도를 죽은 자 가운데서 살리심과 같이 우리로 또한 새 생명 가운데서 행하게 하려 함이니라. 만 일 우리가 그의 죽으심을 본받아 연합한 자가 되었으면 또한 그의 부활을 본받아 연 합한 자가 되리라."(롬6:4-5) "내가 그리스도와 그 부활의 권능과 그 고난에 참여함을 알고자 하여 그의 죽으심을 본받아 어떻게 해서든지 죽은 자 가운데서 부활에 이르 려 하노니……."(빌3:10,11)

바울을 반대하는 현장 지도자 중 일부는 예루살렘 교회의 수장(首長) 야고 보가 아마도 바울의 교리를 우려하여 견제하기 위해 파견한 사람들[이를테면 안디옥에 왔던 아가보(Agabus, 행11:28,21:10) 같은 현지감사원(現地監査員)]일 것이다.

바울이 아니라도 예수 교육을 받지 않고 정제되지 못한 많은 전도자[일례로 고린도, 아가야, 에베소 교회에서의 아볼로(알렉산드리아 출신) 같은 사람(고전1:12, 행18:24,25)은 학 문이 많고 성경 지식과 언변에 능한 자로서 그 점에 매료되어 따르는 교인이 많았지만 이외로 아볼로는 세례요한의 메시아 도래설과 물세례만 알고 예수님의 지상 존재, 십자가의 의미, 성령세례 같은 소식은 아직 몰라서 브리스길라로부터 보수교육(補修敎育)을 받아야 했다.(행18:26)]에 의해 외국 교회 가 번성한다는 소식이 전해질 때 예루살렘 교회는 일면 격려받음과 동시에 큰 걱정을 가졌을 법 하다.(렘29:8,9) 그렇기 때문에 예루살렘 모교회의 입장에서는 포교의 권위와 원칙을 지켜 잘 교육받은 이들이 현장에 가야할 필요를 느꼈을 것이다.(행16:4)

"만군의 여호와 이스라엘의 하나님께서 이와 같이 말하노라. 너희 중에 있는 선지자들에게와 점쟁이에게 미혹되지 말며 너희가 꾼 꿈도 곧이듣고 믿지 말라. 내가 그들을 보내지 아니하였어도 그들이 내 이름으로 거짓을 예언함이라. 여호와의 말씀이니라."(렘29:8,9)

그중에서 특히 '율법의 의는 해롭고 배설물 같다(빌3:7,8)'는 바울의 교회가 오히려 흥왕하고 반율법적으로 어긋나고 이상한 교조로 방향이 틀어져 이방 세계에 번져 간다는 소식이 연방 답지한다. 예루살렘 교회가 파송하지 않았거나 교육하지 않은 자들이 홀연히 나타나서 다른 예수를 전하고 이상한 예언을 한다는데, 또 그 세력이 일취월장(日就月將) 늘어난다니 보통 심각한 일이 아니었을 것이다. 그래서 야고보가 이들의 일탈된 가르침을 일깨우고 바로잡기 위하여 훈령서를 지참한 제자들을 보내고 이들이 디아스포라 교회를 순회하며 교인 재교육을 위하여 안간힘을 썼을 것이다.(행15:1)

예루살렘 회의(사도회의, AD50)에서 야고보는 이들 교사를 자신이 직접 보낸 적이 없다고 시치미를 떼지만(행15:24), 원사도들의 권위를 위탁받은 듯 빙자하며 침투하는 자들 때문에 자기가 세운 교회들에 끼친 해악을 경험한 바울은 야고보가 교묘하게 책임 회피하며 은근히 훼방(詭計)만 놓는다고 내심 분개하였다.

"저들은 나의 매임에 괴로움을 더하게 할 줄로 생각하여 순전치 못하게 다툼으로 그리스도를 전파하고 있다."(빌1:17)

이방인의 사도

뒤에 재삼 거론하겠지만 더 강한 언사를 동원하여 적대감을 퍼붓게 된다.

바울은 그들을 이간질하는 자(갈4:17), 간계(奸計)로 시험에 들게 하는 자(행20:19), 투기(妬忌)와 분쟁의 전파자들로 폄하고 자기와 차별화하고자(롬16:17) 베드로를 할례자의 사도로 삼으신 주께서 자기를 구별하여 이방인 전문 사도로 삼으셨다고 여러 편지에서 누차 증언한다.(갈2:8, 골1:1, 살전2:4, 딤전1:1, 딤후1:11) 하나님이 선지자들을 통해 성경에 미리 약속하신 아들의 복음을 만방에 전하기 위하여 특별히 그를 택정하여 부르셨다(롬1:1-2)는 것이다.

그렇지만 사실 이방인 전도를 먼저 시작한 자는 바울이 아니라 집사 빌립(행8:5)을 위시해서 베드로, 요한등(행8:14, 요삼1:8) 진짜 사도들이다. 뿐만 아니라 예수님의 칠십인 제자와 수많은 평신도도 이방 전도사 업무를 톡톡히 감당하였다.

바울이 예루살렘에서 성전에 올라가 유대인 상대로 전도한 일 때문에 흥분한 유대인들이 죽이려고 위협하므로 고향 다소로 대피한 10년 기간에 베드로는 룻다, 욥바, 가이샤라 등 지중해 연안 사마리아 지역 사역을 시작한 것이다.(행9:32-42,10:1-32) 사도 요한의 형인 사도 야고보가 헤롯 아그립바로부터 잔인한 죽임을 당할 무렵 연이어 체포된 베드로는 천사의 도움으로 착고(着錮)가 풀리며 옥문을 벗어나긴 했지만 이후 더 이상 예루살렘에서 유대인 전도는 불가능하게 되었던 것이다. 베드로를 비롯한 원사도들이 도피한 예루살렘 교회는 이제 예수님의 큰 동생 야고보가 주관하며 꾸리고 있었다. 기록이 없어 알 수 없지만 예수님의 남은 사도들은 더 이상 예루살렘에 머물지 못하고 멀리 타 지역으로 도피하였다. 핍박에 구애받지 말고 "땅끝까지 전도하라."라고 하시던 부활 승천하실 때의 예수님 명령을 수행하는 계기가 되었다고 본다.

야고보가 보기에는 주님이 생시에 바울을 만난 적도, 이방인 전담 사도로 임명하신 적도 없고 증인도 없다. 사도로 부르심을 받았다는 주장은 후대 다른 이가 보기에도 바울 자신의 환상 얘기와 누가가 각색한 소설일 뿐이다.(행9:15-17) 그러면 과연 누가 그를 임명하였는가? 바울은 매번 편지 서두에 하나님의 뜻이었다고 말한다.(고전,후1:1, 갈1:1, 엡1:1, 골1:1, 딤후1:1, 딛1:3)

아는 대로 사도들은 배신자 가롯 유다를 사도 명단에서 빼고 대신 맛디아를 선출하였기 때문에 열두 명(유대 열두 지파의 지도자란 의미가 담겨있다.)이 이미 채워졌다. 그래서 여기에 바울이 끼어들 여석(餘席)은 없다. 사도의 조건으로는 평시에 늘 다른 사도들과 함께 주님을 따랐고 주님 십자가 죽으심과 부활의 목격자이어야 한다.(행1:22) 세례 요한 때부터 예수님의 십자가 부활 때까지 예수를 따라다니고 배워서 여럿에게 주를 증거할 수 있어야 한다고 누가는 생각하고 있다. 이 '따랐고', '부활의 증인' 두 조건에 의하면 당연히 바울은 결격이다. 그래서인지 사도행전에서 누가는 단 한 번을 제외하면 바울을 사도라고 부른 적이 없다.

여기에 대해 바울의 설명은 다르다. 그는 부활하신 주님의 나타남을 목격하고 정식으로 제자로 지목받고 직접 보냄을 받았으니 사도라는 것이다. 묵시문학적 용어인 하나님의 '계시'를 자기에게 나타나신 예수님께로부터 받은 것이라고 밝힌다.(엡3:3) 따라서 당연히 다른 사람들, 그 누구로부터 전수나 위탁받은 바 없다는 것이다.

"사람들에게서 난 것도 아니요, 사람으로 말미암은 것도 아니요, 오직 예수 그리스도와 및 죽은 자 가운데서 그리스도를 살리신 하나님 아버지로 말미암아 사도가 되었다."(갈 1:1)

"형제들아, 내가 너희에게 알게 하노니 내가 전한 복음이 사람의 뜻을 따라 된 것이 아니라. 이는 내가 사람에게서 받은 것도 아니요, 배운 것도 아니요, 오직 예수 그리스도의 계시로 말미암은 것이라."(갈1:11,12)

동일하신 하나님이 모세를 통하여 유대 백성에게 주신 계명은 거부하고 예수님을 통하여 자기에게 주신 계시에만 집착하는 바울의 회심 진면목을 여실히 보여 준다.

그러나 예수를 믿은 당대 유대 사람이나 이방 그리스도인 중 많은 이가 바울이 사도라는 사실을 믿지 않는다. 예루살렘에 순례를 왔다가 살아생전 예수님 육신과 행하신 믿지 못할 만한 기사(奇事)와 열한 명의 사도들이 행한 표적을 직접 목격했거나 전해 들은 증인들이 이주해 와서 살아 있기 때문이었다.(요12:20, 고전15:6) 주후 4세기를 살았던 가이사레아 주교 유세비우스는 당대의 로마황제 콘스탄티누스를 예수의 열세 번째 사도라며 칭송하였다.[46]

그 당시 그리스도교의 논란은 하나님의 구원 사건보다 그리스도의 신성과 위격에 현재해 있었다. 이른바 아리우스주의자들과의 논쟁인데 교구의 분쟁이 제국의 질서에 위협될 것을 우려한 황제가 니케아 공의회를 소집, 해결한 것을 높이 산 것이다.

근대에 이르러 어느 학자는 바울이 그리스도교 창시자라고까지 하나 교회의 머리는 바울이 아니다. 그가 찾아간 안디옥을 비롯한 많은 교회는 이미 그를 앞서 있었고 회심한 과거 박해자의 회심과 열심을 오히려 옹호하며 장려하였다. 그런데 이 지식 많은 자는 그들 공통의 예수 인식을 다른 방향으로 개조하고자 한다. 서신서에 등장하는 이런저런 반바울파 비방 인사들 중 부겔로, 허모게네, 후메내오, 빌레도, 구리장색 알렉산더, 변심한 데마[바울의 로마 투옥 때 함께하였으나(몬 1:24) 재수감 때 데살로니가로 도망하였다.(딤후 4:10)] 등 구체적인 이름을 언급함을 보아서 바울이 얼마나 자기를 의심하고 질시하는 자들의 방해와 배신을 받고 이들을 기피하려는 고까움이 심했는지 또한 수제자 디모데에게도 요주의 인물로 통보함을 봐서 알 수 있다.(딤후1:15,2:17,4:10-14) 예수의 일로 이방인을 위하여 갇힌 자 된 바울(엡3:1)이 말년에 혼자 외톨이가 되어 재수감되기 직전 로마에서 수제자에게 쓴 편지를 보면 그가 이겨

내기 벅찬 역경에 처했음을 능히 짐작하게 한다.(딤전1:6,7, 딤후4:10-16) 그래서 디모데와 마가를 애타게 부르고 있다.(딤후4:9,11)

또 어떤 이는 로마서가 바울의 유언서라고 하는데 옳지 않다.[5] 죽음이 목전에 있음을 직감하고 디모데 개인에게 쓴 두 번째 서신이 진정 유언서일 것이다.

"전제(奠祭, Drink Offering)와 같이 내가 벌써 부어지고 나의 떠날 시각이 가까웠도다. 나는 선한 싸움을 싸우고 나의 달려갈 길을 마치고 믿음을 지켰으니 이제 후로는 나를 위하여 의의 면류관이 예비되었으므로 주 곧 의로우신 재판장이 그 날에 내게 주실 것이며 내게만 아니라 주의 나타나심을 사모하는 모든 자에게도니라. 너는 (내가 죽기 전에) 어서 속히 내게로 오라."(딤후4:6-9)

갈라디아서 2장 16절(이신칭의), 3장 10절(율법 행위자에 대한 저주)의 기조가 7-8년 후에 쓰인 로마서 3장 20절(율법은 '의'는커녕 축복이 없고 할례자는 범법자이다.)에서 그 힐난 논조의 강도가 더해지며 결정적이다. 율법은 하나님이 아브라함과의 약속 후 430년 만에 모세를 통하여 이스라엘에게 내려진 교훈일진대 이것은 백성이 따르지 않고 범법하므로 더하여진 제어적 장치요 지침일 뿐 예수님이 오신 이후로는 한때는 쓰였으나 이제는 회수되어(갈 3:17-19) 없어질 수밖에 없는(골 2:22) 초등 학문적 잠정 규율이라는 것이다. 이같이 야고보의 '행함'에 대척되는 쟁론이 12-15년 뒤에 기록된 후기의 바울(혹은 그의 제자들에 의한?) 서신들(엡 2:8-10, 딤후 1:9, 딛 3:5)에서도 한결같음을 보면 그가 보고했던 원교회와의 '친교의 악수(갈 2:9)'의 의미는 애초에 무너졌고 허상같은 추억에 불과하였음을 알 수 있다. 각자의 해석과 판단에 따라 잘못된 집념을 조화할 기회를 잡지 못하고 서로 그 간극을 못 좁힌 채 다른 길로 달려간 것이다.

그 잘난 사도들(갈2:6), 지극히 큰 사도들(고후11:5, 고후12:11), 유명하다는 이들(갈2:6), 우쭐대고 강한 사람들, 궤휼의 역꾼, 사탄의 일꾼(고후11:13-15), 지혜 있는 자들(고전3:22, 고후11:19), 하나님의 말씀을 혼잡하게 하는 자들(고후 2:15-17)에 비교할 때 운명적인 자신의 나약함만을 자랑할 수밖에 없고 주안에 매인 그로서는 부득불 해야만 하며(고전9:16, 고후11:30, 갈4:12-14) 해가 지도록 분을 품지 말고 비방과 악의를 버리고 용서하라는 자기 설교(엡4:26-32)를 스스로 어기고 오히려 '작은 자(주님 말씀을 자랑스레 빌어 씀, 마5:19, 엡3:8)' '곤고한 자(롬7:24)'라며 짐짓 스스로 낮추며 자조(自嘲)하다가 어떤 때는 "내가 지극히 큰 사도들보다 조금도 부족한 것이 없다. 내가 비록 말에는 졸하나 지식에는 그렇지 아니하니 이것을 모든 사람 가운데서 모든 일로 너희에게 나타내었노라."(고후11:5,6)라며 겸손과 오만을 동시다발로 터뜨려서 서신을 듣고 보는 자로 하여금 무슨 말을 하자는 것인지 정신없게 만든다.

하나님은 인간이 교만, 자고하는 것을 싫어하시고 경계하신다.(신8:14, 삼상 2:3)

오히려 성실하나 곤고에 처한 자를 구하시고 교만자를 낮추신다.(삼하 22:28, 시31:23, 사2:17) 교만한 자는 은혜를 알지 못하고 계명과 복음을 듣지 않으며 전능자를 배반하며(대하32:25, 느9:29, 욥15:25) 무엇보다 자긍하며 언쟁, 투기, 분쟁, 훼방하기에 편도되기 때문이다.(고전13:4, 딤전6:4)

"말에 졸하다."라는 말은 고린도인들이 그를 "편지는 무게 있고 힘이 있어 보이나 면대하면 경망스럽고 언변이 시원치 않다."(고후10:10)라는 등 폄하한다는 소문을 알고 빗대어 응대한 것이지만 대적자들의 틀린 평가에 경도된 말이다.

누가의 소개에 의하면 숱한 회당에서 말할 기회를 얻는 순간마다 바울은 우리로 하여금 스데반 이상의 장광설(長廣說)의 달인(達人)임을 알게 한다. 비시디아 안디옥(행16:47), 루스드라(행14:14-18), 아덴 아레오바고(행17:22-31), 특히 예루살렘 성벽 계단에서 유대인을 향해 연설한 것과 가이샤라에서 총독 베스도와 이그립바왕 앞에서의 자변 진술(행16:)로 그들의 심금을 말로써 쥐락펴락 사로잡으며 위기의 순간을 벗어나는 언변은 압권이다. 모든 그의 동역자보다 설파력과 구약성경을 바탕으로 한 논리성이 비범하여 듣는 이로부터 신격화(神格化)될 지경이어서 스스로 당황한 적도 있다.(행14:12) 토론과 철학을 좋아하는 아덴 시민들로부터는 떠벌이와 말쟁이(행17:18)란 명성과 일시적 관심도 얻고……. 이렇듯 연설은 주로 그만의 몫이었다.(바울의 이런 명연설 장면은 누가의 문학적 서술 구성 작품이라고 보는 견해도 있지만 동의하기 어렵다. 이유는 서신서의 주옥같고 유창한 문체를 구사하는 바울이 실제 대화에서 설령 상대적으로 설득력이 떨어진다 해서 말주변이 영 아니라고 보기 힘들기 때문이다.)

전도자가 현장에서 위협과 조소를 당하는 어려움을 겪을 것은 이미 주님께서 생전에 예언하신 바이다.(눅11:49, 행9:16,22:18) 유대인에게는 불편하고 이방인에게 어리석게 들리는 전도 설법을 구사해야 하기 때문이다. 진짜 사도인 요한마저도 으뜸이 되기 좋아하는 디오드레베에게 능멸을 당하고는 하였다.(요삼 1:9)

물론 바울이 유대 땅에서는 자기가 사도라고 말한 적이 없다. 이방인들에게 보내는 서신서에서만 사도임을 주장하며 예수님이 그에게도 나타나셨다고까지 강변하나 먹혀들지 않는 것이 이상할 리 없다.(고전9:1,15:8) 주님이 바울에게 나타나심은 전술한 대로 그의 환상이거나 아니면, 지어내고 꾸민 것으로 의심하는 까닭이다. 다메섹(행9:4-5,22:8)과 드로아(행 16:9-10), 그레데 유로굴라 광풍속 항해시(행27:23,24) 영적으로 그가 접한 주님은 모두 그의 꿈속 장면일 뿐이다.

바울 사후(死後) 로마(혹은 알렉산드리아?)에서 사도행전을 쓴 누가는 할례받지 않은 사람에게 복음을 전할 사명을 주님으로부터 직접 받았다는 바울의 주장(갈 2:8)을 고민하다가 예루살렘 사도회의에서 협상 결과 공인받은 것으로 평화적으로 그리고 있다. 그러나 사실은 이방인 전도자 한 사람으로서의 자격 인정이었을 뿐이다. 스스로를 사도라며 우긴 바울의 바람과는 달리 예수운동의 다른 지도자들은 초기의 마가가 아마도 그랬던 것처럼 유능한 전도자의 한 사람임은 믿으나 자신을 사도라는 바울의 자격을 인정하지 않았던 것이다.

바울의 자유분방함을 따라서인지 대도시 고린도 교회에는 그를 모방한 소위 '유랑 설교자'들이 역시 스스로 사도라고 자천하거나 '그리스도의 일꾼(고후11:23)', '의의 종(고후11:15)'이라며 자기도 선택된 이스라엘 백성이며 게다가 타 교회의 추천서를 받았다며 침투해 왔다.(고후3:1,11:4,13,23) 그래서 바울의 전쟁터가 된 공동체들에서 이들과 싸우는 가운데 끊임없이 이들을 자기와 대비시키면서 자기의 상이성(相異性)과 우위를 무리하게 증명하려 하였다.

"내가 이 복음을 위하여 선포자와 사도와 교사로 세우심을 입었노라. 이로 말미암아 내가 또 이 고난을 받되 부끄러워하지 아니함은 내가 믿는 자를 내가 알고 또한 내가 의탁한 것을 그 날까지 그가 능히 지키실 줄을 확신함이라."(딤후1:11,12)

누가도 타 공관복음서들(마10:2, 막6:30)에서처럼 누가복음과 사도행전 기록에서 무수히 열두 제자를 사도로 호칭하면서도 바울이 그에게 현현하신 예수님으로부터 직접 사도직을 부여받았다는 주장은 글로 남기기를 어려워한 것으로 보인다. 그는 바울을 비시디아 안디옥(행13:43)과 이고니아에서만 몇 차례 사도라고, 그것도 바나바와 함께 복수 호칭한 적이 있을 뿐(행14:1-26), 그 외에는 교사라 했을망정(행13:1) 사도라고 단독으로 부른 적이 없다.

왜 바울은 늘 서신 첫마디부터 애써 자신의 사도 자격을 알리는가?

사도됨은 전도 현장에서 다분히 유용한 호조건이지만 그런 호칭으로 불러 주는 사람도, 달리 증명해 주는 보증인도 없기 때문에 스스로를 증거할 수밖에 없는 게 이유였다. 심지어 자신의 사도됨을 인친 것이 추종 성도들이라고까지 말한다.

"내가 자유자가 아니냐? 사도가 아니냐? 예수 우리 주를 보지 못하였느냐? 주 안에서 행한 나의 일이 너희가 아니냐? 다른 사람들에게는 내가 사도가 아닐찌라도 너희에게는 사도니 나의 사도 됨을 주 안에서 인친 것이 너희라."(고전9:1,2)

누가는 사도행전에서 예수님이 바울을 이방인의 사도로 임명하시는 장면을 묘사는 했지만 당사자의 진술을 옮겨 받아 적었을 뿐 목격자는 아니다.

그런데 바울의 기억에서 빠뜨린 증인, 한 사람이 있다.

그는 바로 다메섹 사람 아나니아(Ananias)이다. 환상 중에 직가(곧은 길)의 유다 집에 들려 먹지도 못하고 실명 상태로 누워 있는 바울을 치료하고 세례 주라시는 주님 지시를 받은 사람이다.(행9:10-16)

"주께서 가라사대 가라. 이 사람은 내 이름을 이방인과 임금들과 이스라엘 자손들 앞에 전하기 위하여 택한 나의 그릇(도구, Instrument)이라. 아나니아가 떠나 그 집에 들어가서 그에게 안수하여 가로되 형제 사울아! 주, 곧 네가 오는 길에서 나타나시던 예수께서 나를 보내어 너로 다시 보게 하시고 성령으로 충만하게 하신다 하니...(행 9:15-17)

그런데, 그 후로 바울은 영육 간에 은인이며 주님 대사인 그이에 대해 전혀 말이 없다. 누가 역시 그로부터, 아니면 아나니아나 주위 사람들로부터 들은(?), 아니면 그가 각색한 예수님의 꿈속 명령과 바울의 개종 사실 현장과 순간을 묘사해 전하면서도 더 이상 아나니아에 대한 얘기는 사도 호칭과 함께 중단한다. 둘 다 꿈 얘기이기 때문일까? 아나니아를 통해서 교육과 세례받고 예수님 명령을 간접적으로 전달받은 사실을 알리고 싶지 않았던 걸까? 그래서 바울이 이 사람을 함구(緘口)하는 걸까? 주님은 사울을 자신이 쓰실 그릇이라고 하셨지 사도 명칭은 아니하셨다. 주님과 그 사이에 아나니아란 대리인이 끼게 되면 주와 하나님으로부터 직접 임명받았다는 그의 주장이 거짓으로 드러나게 될 것이기 때문에 고의로 침묵하는 게 아닐까?

하여튼 이 직분명 논쟁에서 바울 측 증인은 소송 당사자(?)인 자신 이외에 아무도 채택되지 않았다. 사도행전은 바울 사후 오랜 세월이 흐른 뒤에 써졌으므로 바울 당시에는 누가의 각색처럼 아나니아를 비중 있게 생각하지 못하였다. 아니면 그가 받은 주님의 시키심이 무시되었다.(행 9:17) 오히려 자기 복음을 받은 자들을 증인으로 출석시키려 한다.

"다른 사람들에게는 내가 사도가 아닐지라도 너희에게는 사도이니 나의 사도 됨을 주 안에서 인친 것이 너희라."(고전9:2)

그러나 바울도 언젠가 불쑥 자신을 자천(自薦)했다는 사실을 고백하는 실수를 저지르기도 한다.(고후 6:4)

메시아

바울은 늘 예수를 메시아로, 그를 믿는 자를 그리스도인이라고 표현함을 반복해 왔다.

왜 유대인은 예수가 성서에서 예언된 메시아임을 받아들이지 못하는 걸까?

그 이유 중 하나가 무력하게 처형을 받는 메시아는 유대 전통에 없기 때문이다. 메시아란 '기름 부은 자'란 뜻이다.(레4:3, 삼상10:1) 기름부음을 받은 자는 하나님의 사랑을 받고 시키시는 일을 맡은 자이다. 유대인의 첫 왕 사울과 다윗이 그들이라 여겨졌다. 하지만 그들은 범죄하여 사울은 당대에 버림받고 다윗은 그의 후예가 대대로 유대 왕권을 받으리라는 하나님의 약속을 범죄함으로 이루지 못하고 분열하며 그의 유대 왕국은 400년 후에 바빌론에 멸망하였다. 그러나 이 망국의 가련한 유대 포로들은 언젠가는 신실하신 하나님이 당신의 약속을 잊지 않고 지키실 것이며 장차 다윗 후손에게서 새 메시아를 세우시고 적들을 물리쳐서 이스라엘을 독립 국가로 만들 것이라는 옛 선지들의 말을 굳게 믿고 있었다.(삼하7:12,13) 구약성경의 뭇 선지자들이 예언하고 무엇보다 하나님의 공의와 약속 계약이고 상금도 존재하기 때문이다. 이 메시아가 고난당하고 무능하고 비천한 인간, 에비온파(금욕주의) 성격의 세례요한과는 달리 먹기를 탐하고, 포도주를 즐기며, 유대인이 혐오하는 세리나 병든 자와 이방 창녀와 어울리며, 나무에 달려 죽으며(행19:36, 신21:23), 갈릴리에서 사생아(Bastard)로 태어나 목수 요셉의 의붓아들이 된 나사렛 출신의 예수 같은 모습일 리가 없다.(마11:18,19, 요6:42)

게다가 율법은 '나무에 달려 죽은 자는 하나님의 저주를 받았음'을 명기하고 있다.(신21:23) 이 모든 조건이 메시아 요건에 부합하지 않는다.

이런 관념적 부정 사조(思潮)에 대응하기 위해서 당대 기독교인은 성서에서 몇 구절을 찾아내었다.(사53:3-10, 시22:1-11, 단7:13,14) 여기에 등장하는 자는 멸시받고, 버림받고, 채찍받아 상하며 세상 모든 죄악을 담당하여 십자가에 달려 죽음으로 하나님은 그를 속건제물로 만드셔서 대리 속죄시키신다는 내용이다. 그가 하나님께 인도되매 율법으로 불경하고 혐오스런 죄로부터 사함받고 멸망하지 아니하는 영원한 하늘나라 권세를 누린다. 구약에 이 캐스트가 메시아라고 단정하는 문자는 없지만 정확히 메시아와 예수님을 동일하게 지칭한다는 자구(字句)라는 것이다.

수리아 총독 구레네(Quirinius)가 호적 정리를 할 때 요셉은 모든 사람이 하는 것처럼 아내 마리아를 데리고 고향(베들레헴)으로 가서 입적했는데 이때는 아기 예수가 잉태된 상태였다.(눅2:2-5) 선지서의 예언과 일치한다.(미5:2)

바울의 묵상이 여기에 이르자 비로소 그도 힘을 가진, 죽을 자와 살 자의 심판자로서 다시 이 땅에 오실 메시아일 것이라고 확신하게 된다.(살전4:16) 그리고 당연히 토라가 정하는 유, 무죄(의로움과 부정함)판정은 예수로 인해서 하나님의 은혜를 입은 자에게는 무효(무혐의)라는 결론에 도달한 것이다.

기독교의 출현과 존재 근간은 성경이다. 역사적으로 신앙과 성경관의 해석에서 여러 갈등분파가 출몰해도 성경의 말씀은 하나이다. 말씀이 하나님이요(요1:1) 말씀으로 천지 창조하시었고, 말씀을 계시하시어 인간에게 기록하게 하셨으며(딤후3:16), 말씀이 그리스도를 육신이 되게 하셨다.(요1:14)

그래서 신약은 구약시대의 선지자가 전한 소식의 토양에서 자란 구체적 성취이고 열매이다. 말씀 이외에는 아무도 영원 전부터 시간과 공간을 초월한 하나님을 본 사람이 없다. 만약 누가 보았다면 그는 죽어야 한다.(출33:20) 성경이 없으면 하나님의 천지 창조와 동정녀 잉태와 메시아 탄생, 십자가 죽음의 이유와 부활도, 그리고 여태 이루어진 적 없는 주님의 재림 약속을 증거할 수 없다.

그런 하나님이 예수를 기름 부으신 것이다.

사무엘을 통해 기름부음받은 사울이나 다윗왕은 메시아로 칭송받고 세상 권세를 누렸지만 모두 죽었을 뿐, 다시 살아 재림한다는 예언이 없다.

그렇지만 모든 선지서가 지목하는 주님은 스스로를 메시아라 직설로 칭한 적이 거의 없으며 애써 피하셨었다. 그리고 제자들에게조차 자기가 그리스도인 것을 아무에게도 이르지 말라 하셨다.(마16:20) 다만 사마리아 수가에서 우물을 긷던 부정한 여인과의 대화 중 "내가 그(메시아)로라"(요4:26), "너희가 오리라는 엘리아가 나로라."(마11:14), 또 마지막 유월절 때 제자들의 발을 씻어주시며 칭찬하신 경우만 빼고 말이다.

바리새 서기관이 당신이 무슨 권위로 하나님을 선포하는 거냐고 힐난할 때나(눅20:8) 세례요한이 투옥 중에 두 제자를 예수께 보내어 "당신이 오실 그분 입니까?"라며 마지막 확인을 하려 했지만 매번 직답을 피하시고 모호한 말씀만 주신 것을 보라.(눅7:19-22) 하기는 예수님도 장소와 때에 따라 스스로를 선지자보다 더 나은 자라고 하시긴 했다.(마11:9)

왜 주님은 스스로 자신을 메시아라고 당신의 입으로 대중에게 밝히지 않으신 걸까?

세례요한의 생각도 그렇지만 뭇 유대인이 기다리며 대망하는 메시아는 하나님의 왕국을 세우고 적들을 분쇄, 심판하며 세상에 군림하는 위력의 강자이며 따르는 자의 통치자요, 보호자이다.

복음서(요6:15,11:54,12:36, 막7:24, 눅4:41)에서 열광하며 모여드는 군중은 그가 행하는 이적을 보고 예수를 왕으로 삼고 싶어 하였고 이를 부담스러워 피하시며(막1:45,2:12) 드러내는 것을 삼가시는 장면(막3:43)에서 보여 주듯이 주님은 혹시나 로마 당국에 의해 정치적 혁명가로 의심받게 됨을 우려하신 게 분명하다.[44] 그 시절 숱한 자칭 메시아라던 자들이 출현하고 처형되고 사라졌었다. 갈릴리 유다(헤제키아의 아들, AD6), 그의 아들 야곱과 시몬(AD46), 엘리아자르(다나에우스의 아들, AD48), 에집트인(AD52) 등의 무력 봉기가 일어났고 많은 사람이 죽임을 당하고 나라가 로마군에게 짓밟혀 피폐해졌던 시대이었다.

공관복음서를 보면 주님은 베드로의 신앙 고백을 들으시고 아무에게도 자신을 메시아라 얘기하지 말라시며 조심하도록 당부하셨다.(막8:30, 마16:20, 눅9:21) 가뜩이나 안식일을 예사로 범하며 하나님을 친아버지라며 심지어 신과 동일하다는 예수에게 분노한 유대인들이 죽이려 들고 미끼만 걸리기를 기다리고 있기 때문에(요5:18) 때가 찰 때까지 기다리실 뿐 미리 분란을 만들어 로마 권력에게 정치적 혼란 사태로 보이고 싶지 않으신 것으로 보인다. 이러한 예수의 자신을 감추려는 약한 태도에 실망한 군중은 그가 형벌을 받고 십자가에 달릴 때 속았다고 분해 하고 오히려 그의 죽음을 열광하며 조롱하고 반감을 표출하였다.

복음서와 계시록에 보면 주께서는 스스로 자신을 '인자(人子, Son of Man)'라 하신다. 성경 주석가들은 주께서 구약 다니엘서 7장 13, 14절을 의식하신 것으로 보기도 한다. 그러나 하나님께서는 에스겔, 다니엘을 부르실 때와 예레미아서에서 일반적으로 의로운 사람을 '인자'로 호칭하시는 것을 보면(렘49:18-43) 이 용어는 특정인을, 더구나 단일 메시아를 뜻하는 고유 명사나 독립적 형용사가 아님은 분명하다. 인자란 말은 중요할 수도 별 의미가 없을 수도 있는, 듣는 자에 따라 해석이 다를 수도 있기 때문에 주님은 이 용어를 쓰심으로써 로마 당국과의 긴장을 피하시고 싶으셨던 게 아닌가 해석된다.

메시아란 개념은 구약 예언자들이 사용했던 낡은 상징어였는데 제자들이 처음부터 예수님을 부르던 대명사이다.[49] 그러나 자칭, 혹은 타칭의 유대적, 헬라적 호칭들[그리스도, 사람의 아들, 신의 아들, 퀴리오스(Kyrios)]이 하나님의 성실하신 은혜에 의해 성취될 구원의 전달자, 수여자, 혹은 심판자라는 새로운 존재를 실현한 것 또한 부인할 수 없다. 이 또한 예수님은 내심 바라시며 자인하심은 그가 보여 주신 숱한 표적들이 구원을 전파하는 수단이 됨으로서이다.

아무튼 예수님 사후 기독교 공동체가 그를 메시아라고 관용적으로 불렀던 것은 사실이고 구주(Lord our Savior)라고 존칭하였으며 그리스도 예수로 최종 칭명되어 오늘에 이르게 된다. 그리스도란 용어가 비록 베드로와 마르다(요11:27)의 고백에서 처음 등장하였지만 기름 부음 받은 자란 뜻의 헬라어이고 메시아란 말은 히브리어인 만큼 훗날 '그리스도인들'이란 칭명의 일반화 사용이 원교회 아닌 안디옥 교회에서 비롯되어진 게 이채로운 것은 아니다.(행11:26) 뒷날 쓰인 복음서는 이 일반화된 안디옥 이방 용어를 따와서 사용하였다고 본다.

예수 그리스도는 유대인이 생각하고 기대하는 메시아와는 전혀 반대 개념인 약하고 겸손하며 다 내어 주다 못해 수난당하는 새 패러다임의 메시아로 정의된 것이다.[44]

"그는 근본 하나님의 본체시나 하나님과 동등됨을 취할 것으로 여기지 아니하시고 오히려 자기를 비워 종의 형체를 가지사 사람들과 같이 되셨고 사람의 모양으로 나타나사 자기를 낮추시고 죽기까지 복종하셨으니 곧 십자가에 죽으심이라."(빌2:6-8)라는 바울의 수식(修飾)은 예수님이 우리를 구하시기 위해 자신을 희생 제물로 바치시며 스스로를 누추하게 하시었다는 자신 처지를 의식한 시의적절(時宜適切)한 변증이다.

"그가 모든 사람을 대신하여 죽으심은 살아 있는 자들로 하여금 다시는 그들 자신을 위하여 살지 않고 오직 그들을 대신하여 죽었다가 다시 살아나신 이를 위하여 살게 하려 함이라. 그러므로 우리가 이제부터는 어떤 사람도 육신을 따라 알지 아니하노라. 비록 우리가 그리스도도 육신을 따라 알았으나 이제부터는 그같이 알지 아니하노라. 그런즉 누구든지 그리스도 안에 있으면 새로운 피조물이라. 이전 것은 지나갔으니 보라 새 것이 되었도다."(고후5:15-17)

새 창조가 일어난 것이다.[55] 따라서 이제는 새것에 걸맞은 사고가 필요한 시점이며 사는 방식도 달라져야 한다.

'메시아의 마음'(고전 2:16)과 '그리스도 안에서' 생각하고 살아가는 성숙한 사람, 하나님의 의를 아는 지혜에서 장성한 사람(고전 14:20)이 되어야 한다.

대척 논리

예루살렘 교회가 구원의 주요 조건으로 주장하는 '이웃에게 선의를 행함[주님의 가르침이다.(마5:16, 눅6:46)]'은 믿음 우선을 주장하는 바울의 관점과 대립되는 교리로 확대되어 보이면서 첨예하게 상호 충돌과 논쟁 유발을 지속한다.

예루살렘 교회가 가르치는 주님 말씀은 어떠한가?

"행함이 없는 믿음은 그 자체가 죽은 것이다.(약2:17) 아브라함이 아들 이삭을 제단에 바칠 때에 행함(순종함)으로 의롭다 하신 것 아니냐?(약2:21) 너희의 착한 행실을 보고 저들이 믿게 하여 하나님께 영광 돌리라.(마5:16) 주여,주여 한다고 구원받는 게 아니고 행하는 자라야 천국에 들어 갈수 있다.(눅6:46) 계명 중 일부라도 버리고 가르치는 자는 지극히 작다하겠고 행하며 가르쳐야 천국에서 크다 할 것이다.(마15:19) 생명에 들어 가려면 계명을 지켜라.(마19:17) 온전한 율법을 보는 자는 잊는 자가 아니요 실천하는 자이다."(약1:25)

율법주의 성향의 야고보와 변절자로서 신교리 창작자(?)인 바울의 차이점을 명료하게 보여 주는 대목이다. 한마디로 바울의 '이신칭의론(以信稱義論, 믿음으로 의롭다)'과 야고보의 '언약적 신율주의(言約的 信律主義, 행함으로 의롭다)'[32]가 대립각을 세우고 예수를 해석한다고 요약할 수 있겠다.

언약적 신율주의(Covinental Nomism)는 약속과 율법이다. 이른바 이행득의의 전통적 유대 교리이다.

본론으로 돌아가서 바울의 평화적 심경 동요에도 불구하고 생애 말기에 아마도 로마에서 쓴 서신들을 보면 바울은 새삼스럽고 여전히 "개들을 삼가라." "몸을 상해하는 손할례당을 삼가라." "육체를 믿지 않는 우리가 할례당이다." "양심의 화인(火印)을 맞아서 외식하며 거짓말하는 자"라고 유대 비하적이며 역습적인 반격을 계속하고 있다.(빌3:2,3, 엡2:11, 딤후4:3,4, 딤전4:1,2) 소강상태 없는 유대열심당들의 집요한 추적, 공격이 네로 당시의 로마에서도 아니면 그와 제자들이 일궈 놓은 제국 내 교회들에 많이 있었음을 짐작하게 한다.

할례, 구제 등 율법의 행함에 관하여는 일부분 이견을 좁히고 융합을 이루었다하나(행15:19) 음식, 즉 먹는 것(우상제물, 죽은 동물의 피 등)에 관해서는 야고보가 당부한 바 있음에도 불구하고 그 제한 범위를 뛰어넘어서까지 오히려 더 자유한 방향으로 풀어 두고 있다.(고전8:4-9,10:25-29)

"시장에서 파는 것이나 상 차려 놓은 것은 무엇이든 먹으라. 다만 네가 먹을 것이 우상제물이라 알려 주거든 그의 양심을 위하여 먹지 말라. 이는 내 자유가 남의 양심대로 판단받지 않기 위함이다."(고전10:25-29) "(거짓말하는 자들이) 혼인을 금하고 어떤 음식물은 먹지 말라고 할 터이나 음식물은 하나님이 지으신 바니 믿는 자들과 진리를 아는 자들이 감사함으로 받을 것이니라. 하나님께서 지으신 모든 것이 선하매 감사함으로 받으면 버릴 것이 없나니……"(딤전4:3,4)

이방인에게는 이 언변구사가 얼마나 실용적이며 교묘하고 상당한 설득력이 있냐? 이방인과의 결혼, 식습관을 수용하다니 말이다. 바울은 이방인과의 혼인을 한 번도 문제 삼은 적이 없다. 아굴라 부부를 친근히 대함으로도 그 뜻을 드러낸다.

이런저런 정황을 원교회가 알았기 때문에 4차 예루살렘 방문에서 야고보의 강압적이고 징벌적인 명령에 피동적으로 성전 참배를 했다가 애초 뜻한 바와는 정반대로 그를 아는 유대인들에게 혼쭐나고 가이샤라 감옥에 갇히는 지경에 이른 것이다.(AD57) 그가 기대했던 이방 교회의 구제 헌금으로 선한 분위기를 만들어서 음식 규례와 절기 준수의 관습 철폐에 관하여 제안할 수 있는 기회를 잡거나 난상 토론이라도 해 보려는 뜻을 못 이룬 채로…….

당시가 유대 축일이라 예루살렘에는 이방에 사는 유대인 예수교인도 수만 명이 몰려들었다.(행21:20) 바울은 이들 상당수를 좋게 말해서 "열심은 있으나 하나님의 의는 모르고 자기네 의만 세우려는 자."(롬10:2-3) "경건의 모양은 있으나 경건의 능력은 부인하는 자."(딤후3:5)들로 치부하였다.

분명, 누구를 지칭하여 비난하는가? 야고보와 베드로를 비롯한 할례파 예수 제자들이 배후에 있다.

야고보가 온유하며 인내심이 있는 사람이지만 이를 묵과하고 넘길 수는 없다. 바울에 대한 부글부글 끓는 적개심을 삭이지 못하는 유대파 성도들의 정서를 고려하지 않을 수 없는 야고보는 '자유한다'며 함부로 말하는 바울을 다음과 같이 간접적으로 역공한다.

"너희는 도를 행하는 자가 되고 듣기만 하여 자신을 속이는 자가 되지 말라. 자유하게 하는 온전한 율법을 들여다보고 있는 자는 듣고 잊어버리는 자가 아니요 실행하는 자니 이 사람이 그 행하는 일에 복을 받으리라. 누구든지 스스로 경건하다 생각하며 자기 혀를 재갈 물리지 아니하고 (다른 복음을 만들어 전하여)자기 마음을 속이면 이 사람의 경건은 헛것이라."(약1:2-26)

사도행전에서 누가가 갈등이나 다툼의 암시를 주지 않으려고 기껏 묘사한 화합적 장면과는 달리 바울은 내키지 않았지만 야고보의 강권을 거부할 수 없어 본의 아니게 짐짓 공개적인 참회의 모습을 보여 줌과 부탁받은 나실인들의 성전 정결례의식을 도와주려 결행에 참여했다가 도리어 화를 당한 것이다.

왜 바울은 야고보의 강압을 거부하지 못한 것일까?

어떻게 해서든 이번 기회에 야고보를 설득하여 자신의 사도 직분을, 아니면 그에 상응하는 권위의 무엇을 공식적으로 부여받고자 한 것이다. 반면에 야고보는 10년 이상 이방 세계에 선포하고 다닌 바울복음을 이참에 스스로 반성하는 모습으로, 아니면 너무 과도하게 오해한 것으로(행21:21) 교회와 유대사회에 보여 주어 예수교에 대한 유대사회의 나쁜 인식을 누그러뜨리는 목적이 있었다.(행21:21-24)

누가의 기록처럼 바울이 순종적으로 야고보의 부탁을 수행했을까?

베드로의 제자이며 제3대 교황(AD88-97)인 클레멘스의 위서(The pseu-do-clementines) 중 헌사(Recognitions)에는 놀랍게도 바울이 성전에서 야고보와 심하게 다툰 것으로 기록하고 있다. 언쟁 중 야고보를 밀어 성전 계단에서 추락하여 부상을 입혔다고 한다.[20] 자신의 부지불식간 행동이 야고보의 명령에 저자세로 순종한다고 공개적으로 선언하는 것이나 다름없다고 깨닫는 순간 참을 수 없어 순간 도전한 것이다.

도대체 같은 주님 제자라면서 어찌 이리 격하게 다른 생각과 주장을 하며 다투겠나?

그러나 바울의 영향(살전2:15,16)을 받은 초대 교부들의 가르침과 이를 따르게 된 훗날 대부분의 이방 그리스도인이 율법과 유대교를 새 언약이 대체했다고 믿으려하고 이들이 훗날 서구 역사에서 유대인들을 백안시하는 빌미를 제공하게 된다. 사실 바울은 구약과 유대 관습을 이용하여 부정과 외식과 불법을 일삼는 유대인 민족 일부의 사상과 사조를 겨냥하여 힐난하고 겉치레뿐인 할례와 음식, 절기 준수 규례의 무효력을 선포하고 율법 전체를 무시하고 소홀히 하였다지만 이는 이방인 선교 전략을 위한 겉치레 표현일 뿐 오히려 바울이 구약성경에 능통하였고 토라의 계명에 심취해 살았던 전력을 그때나 후세 사람들, 그의 서한을 읽어 본 모두가 안다. 스스로 변신을 압축적으로 자변하듯 베냐민 지파의 히브리인이요 율법의 의로는 흠이 없다시피 한(빌3:5,6) 그인지라 두루마리 기록물을 보지 않고도 가지고 있는 해박한 구약 지식을 기억만으로도 즉각 현장에서 실시간 동원, 인용함으로 말미암아 비범한 설파력을 발휘, 모든 그의 교리에 이론적 근거로는 구태여 구약의 예언들을 내세워 전파에 효력을 더 하는 것이었다.

바울이 로마서(8:13)에서 "너희가 육신대로 살면 반드시 죽을 것이로되 영으로써 몸의 행실을 죽이면 살리니"는 모세의 율법(신30:16-18)을 그대로 강론하는 좋은 예이다.

사실 의견 상충 과정에서 바울을 저돌적 반격자로 돌변하게 만든 직접 계기는 안디옥 사건의 발화점이 된 율법의 음식 규례(레위기 16장)와 그의 교회를 내분시킨 유대파 교인들의 할례성수(창17:10) 주장 때문이었음을 상기해야한다.

할례는 아브라함이 하나님으로부터 이스라엘 조상으로 매김 될 때에 후손의 번성을 약조하신 언약의 징표이다.(창17:10) 후에 유대인의 선민의식적 포장(배타적 보호막, 구별 표식, Identification Mark)이 되어 버렸지만 하나님의 계명 표찰임은 분명하다. 아브라함 이후 450년 만에 출애굽시키신 하나님께서 자기 백성의 불순종과 혼돈상들[금송아지 숭배(출32:4), 출애굽을 원망하는 백성(민14:3), 족장들의 반역(민16:3), 이방여자들과 통혼 및 우상 숭배(민25:1,2)]을 보시고 삶의 교과서를 모세를 통해 다시 주신 것인데, 훗날 토라(모세오경)에 정리되고 선지들을 통해서 미쉬나(구전법)가 부가되면서 탈무드로 전통되어 왔다.

바울 입장에서는 이 율법이 그리스도 이전까지의 유대인을 대상으로 한 규범일 뿐이어서 분명 구원사적 한계를 가진 것인데 이를 깨닫지 못하는 보수적 유대인들은 이방인의 유대교 개종에는 율법 준수가 필수 조건으로 등장하는 것이다. 이 장치가 앞날의 이방인 전도 역정에 큰 장벽이 아닐 수 없게 된 것이다. 구약 선지자나 예언자들은 구원사를 온 민족에게 선포할 때(대상16:24) 율법 조문의 상당 부분이 현실적으로 장벽과 거침돌이 될 것을 예상치 못했으므로 대책도 내어 놓지 않았던 것이다. 그저 하나님의 권세에 의지하여 강제할 수 있음을 빙자하면 된다고 생각하였다. 예수교인 유대인도 같은 생각과 입장을 유지하고 있다는 데 그 심각성을 더하는 것이다.

그러면 이방인이 할례를 받고 음식 규례를 준수한다면 유대사회가 그리스도인을 용납할 것인가? 결코 그렇지 않을 것이다. 실례로 사마리아인을 대하는 유대인의 태도를 보면 알 수 있다. 유대인들은 사마리아인을 개처럼 하찮은 존재로 보며(마15:26, 막7:28) 선의로 받아들이지 않고 순혈주의를 고집하며 배척한다. 그들이 혼혈족이기 때문이다. 사마리아인은 바빌론 포로 시절 잡혀가지 않고 남은 변방 이스라엘 피난민이며 앗수르 사르곤왕(왕하17:29)이 정착시킨 이방 이주민과 섞여 살았다. 그들은 그리심산에 성전을 짓고 아브라함의 가나안 땅 첫 기착지 세겜에 살았다.(창12:6) 그들도 북이스라엘 왕국의 조상을 두었고 모세오경을 믿었고 다수가 할례인이었던 것이다. 할례인이어도 오염된 혼혈인이었다고 배척되었다. 싫어하는 그들에게 비할례배우자는 율법을 빌미로 한 접수 불가의 핑계일 뿐이었던 것이다. 이방인 경계와 배척, 비할례자들로부터의 불상종등 모든 차별적 유대 사상 근저에는 유대 순혈주의의 전형이 도사리고 있다. 그러니 헬라 세계와 유대인, 서로에 대한 태도 역시 닮은 꼴이다. 예루살렘과 안디옥 교회 내의 두 세계 신도 간 갈등이 이 사실을 여실히 보여 주고 있다.

도대체 할례가 무엇인데 이렇게 말썽인가? 다시 말해 할례는 하나님과 아브라함 사이에 언약이 체결된 표징이다. 그것은 택함과 순종과 보살핌과 헌신의 증거를 담보한다.(창17:10-27) 은혜와 믿음과 노력과 독점적 구원의 표찰이다.

아브라함은 90세에, 이스마엘은 13세에 할례받았다. 아브라함의 적자(嫡子) 이삭은 난 지 8일 만에 할례받았다.(창21:4) 이것이 할례 전통의 시작이다.

하나님이 음식 규례와 함께 할례를 얼마나 중요하게 여기시는지는 출애굽기에 잘 나타난다. 모세가 하나님의 명령으로 미디안 땅 장인 이드로의 집을 떠나 애굽왕 바로와 담판하려고 가기 전 하나님은 모세를 죽이시려 하셨다.(창4:24) 이 돌연한 사건은 모세의 10여 살 난 장남(게르솜)이 그때까지 할례를 받지 않았기 때문이다.(레12:3) 출애굽 명령의 중임을 맡은 자가 언약의 중대 요소인 할례를 미필한 자식을 두다니. 이 장면에서 아내 십보라가 재빨리 아들의 양피를 차돌로 베어 던짐으로 무탈하게 하나님이 노여움을 푸시는 장면을 보여 준다.(출4:24-26) 유대인에게는 하나님 언약의 표징으로서 할례가 얼마나 중요한가를 여실히 보여 주는 대목이다.

그런데도 바울은 자신도 할례인이면서 그리스도 안에서는 '할례가 무익, 무효능'이라는 가르침(갈5:2-6)으로 이방인을 부르고자 무리수를 둔 것이기 때문에 유대인에게 배교자로 몰리는 입장을 자초하고 힘든 저항과 할례 무용 논리 개발에 골몰하지 않을 수 없기도 했을 법하다. 할례를 받고도 율법을 범하는데 외식적인 육신의 할례가 무슨 소용이냐며 뒤늦게 깨달은 자신의 경험을 바탕으로 항변을 유지하면서....(롬2:25)

바울의 구원론에는 신인협력설이 들어올 틈이 없다. 은혜와 믿음이 강한 울타리를 치고 있기 때문이다.

유대인의 맹목적 열심(롬10:2), 수건으로 얼굴을 가린 완고한 마음(고후3:14,15), 자신의 바리새 시절 삶 등을 재조명하여 관조(觀照)한 바울은 이방 전도의 방해 벽인 율법의 해당 조항들 해제를 어떻게 하면 관철시킬 것인지 현안으로 방점을 찍고 심각하게 고민했던 것이다.

알다시피 다급한 실제 이방 선교 현장 상황(전도를 위해서는 할례, 음식 규례 적용 부적합함)을 외면할 수 없었기 때문이며 또 원사도 수장이라는 사람이 안디옥 이방 교인들 앞에서 식탁 교제를 피하는 이중적 외식(外飾) 자세를 보여 걸맞지 않게 위상을 실추시키고 자신의 전도 동력에도 도움 안 되는 형편으로 몰고 가는 것으로 보았을 것이다. 그러나 사실 평소의 바울에게는 개인적으로 베드로나 바나바가 할례나 이방인과 식사 문제에서 큰 걸림돌이 아니었다. 그들은 이미 거리낌 없이 공동 식사를 예사로이 하며 이방 전도 사역을 해 왔음을 바울도 잘 알고 있었다.(행10:28,29)

그런데 왜 구태여 그런 추태를?

문제는 헬라와 로마 제국 내 교인들이 우상제물의 음식 문제는커녕 무슨 음식을 어떻게 먹든 전혀 개의치 않고 도리어 어리석고 우스꽝스러운 유대 관습을 조롱만 할 뿐이었기 때문이다.(유대인에게 율법이 허용하는 음식규례(레11:1-10, 신14:3-20)를 보면 우선 육지 짐승 중 발굽이 갈라지고 되새김질하는 것들과 지느러미와 비늘 있는 물고기와 날고 뛰는 것(메뚜기, 메추라기)은 식용 가능하나 기어 다니는 것은 금한다. 그래서 돼지는 되새김질하지 않고 말, 낙타, 토끼는 되새김하나 쪽발이 아니므로 식용 불가하다. 그리고 이방인과 더불어 식사하거나 동거하는 것도 금기사항이다.)

음식 규제 문제를 대수롭지 않게 여기는 헬라적 문화를 고치기는 불가능하다는 판단도 바울의 입장과 처신의 방향을 설정하는 데 중요한 요소이다. 그리고 이 음식 문제는 끝까지 야고보의 용납과 양보를 받아낼 수 없었다.

이 환경에 대처하는 바울의 전도 열정과 동력의 수단을 응변(應辯)하는 진술이 엉뚱하고 놀랍다. 예루살렘 교회가 그를 대하는 모든 것이 성경에 나오는 아래 구절처럼 서운하기만 한 것이다.

"나를 책망하는 자는 원수가 아니라 원수일진대 내가 참았으리라. 나를 대하여 자기를 높이는 자는 나를 미워하는 자가 아니라 미워하는 자일진대 내가 그를 피하여 숨었으리라."(시55:12) "그의 입은 우유 기름보다 미끄러우나 그의 마음은 전쟁이요 그의 말은 기름보다 유하나 실상은 뽑힌 칼이로다."(시55:21)

야고보의 견제가 심장을 찌르는 비수같이 통렬한 아픔을 주었으나

"모든 것이 내게 가하나 다 유익한 것이 아니요, 모든 것이 내게 가하나 내가 무엇

에든지 얽매이지 아니하리라."(고전6:12) "내가 모든 사람에게 자유하였으나 스스로 그들 종이되고, 유대인에게는 유대인이 되고 이방인에게는 이방인이 되고 약한 자에게는 약한자 되며 여러 모양새가 되어 일관성이 없게 비추인 것"(고전9:19-23)은 더 많은 이에게 복음을 전하기 위해서였다라고 자신의 설화(舌禍)로 저질러 놓은 문제를 설거지하려고도 하였다.

"형제들아 내가 당한 일이 도리어 복음 전파에 진전이 된 줄을 너희가 알기를 원하노라. 이러므로 나의 매임이 그리스도 안에서 모든 시위대 안과 그 밖의 모든 사람에게 나타났으니 형제 중 다수가 나의 매임으로 말미암아 주 안에서 신뢰함으로 겁 없이 하나님의 말씀을 더욱 담대히 전하게 되었느니라. 어떤 이들은 투기와 분쟁으로, 어떤 이들은 착한 뜻으로 그리스도를 전파하나니 이들은 내가 복음을 변증하기 위하여 세우심을 받은 줄 알고 사랑으로 하나 그들은 나의 매임에 괴로움을 더하게 할 줄로 생각하여 순수하지 못하게 다툼으로 그리스도를 전파하느니라."(빌1:12-17)

그러면서도 복음 전하기를 말의 지혜로 하지 않았다고(고전1:17) 새삼스레 변명함은 스스로 일관성 없다는 비난이 비등(飛騰)함을 심각히 자각했음이 분명하다. 다툼, 시기심, 공명심, 무엇으로 어찌하던지 주님 영광만 바란다고 얼버무려서라도 속마음을 피력해야 했다.

"그러면 무엇이냐 겉치레로 하나 참으로 하나 무슨 방도로 하든지(이중적이라 해도) 전파되는 것은 그리스도니 이로써 나는 기뻐하고 또한 기뻐하리라."(빌1:18)

결국, 성령-육체의 대척점을 부각시켜 오직 '은혜(Sola Gratia)', '믿음(Sola Fide)'을 선행(善行)과 공로를 따라 구원받는다는 율법의 대안으로 만든 것이다. '율법'의 대항마로 '성령'을 불러들인 것이다. 혹자는 바울의 이러한 착안이 에스겔 36장을 상고(詳考)함으로 이루어졌다고 한다.[9]

"또 새 영을 너희 속에 두고 새 마음을 너희에게 주되 너희 육신에서 굳은 마음을 제하고 부드러운 마음을 줄 것이며"(겔36:26)

그리하여 자기 옛사람의 심향(心鄕)이었던 율법을 오히려 한계성을 가진 법제로 저평가하기에 골몰하게 된 것이다.

"만일 능히 살게 하는 율법을 주셨더라면 의가 반드시 율법으로 말미암았으리라."(갈3:21)

율법은 의문에 속하는 계명이며(롬7:6), 피아(彼我)를 구분하는 장벽이다.

그러나 이 장벽은 그리스도에 의해 무너져 내렸다.(엡2:14-16)

율법이 한시적(限時的)이라는 바울의 생각은 고린도후서 3장에 '얼굴의 수건'이라는 표현에서 명확히 드러난다.(고후3:13-17) 모세는 율법이 없어지는 것을 백성들이 못 보게 하려고 수건으로 얼굴을 가리도록 했다는 것이다.

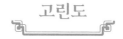

고린도

고린도는 1세기 그리스에서 가장 큰 도시로서 동서 3.5마일 폭의 협지(峽地)를 사이에 두고 동서로는 에게해와 아드리아해가 운하처럼 연결되며(노예들이 배 밑에 통나무들을 나열하여 배를 끌어 양 대양으로 이송하였다.) 고대로부터 해상 무역로의 집결지였고 북으로는 마게도니아, 달마디아를 연결하고 BC44년 줄리어스 시저 때 로마식민지가 되면서 재건되어 아가야(Achea, 그리스 남부, 펠로폰네소스) 지역의 행정 수도이자 부요한 도시로서 총독이 주재하였다. 여러 종족의 왕래로 인한 혼합적 문화의 자유분방한 도시로서 아프로디테 신전에서는 성창(聖娼)이 번성하는 등 성적(性的)으로도 아주 문란한 문화풍조가 만연하여 교회내까지 이런 일탈이 침투하였다.

AD51년경 바울이 여기에 당도하였고 교회를 세우며 머문 일년반 동안 그리스보가 관리하는 회당 인근의 디도유스도 집에 기거하며 글라우디오

통치하에 로마에서 추방되어 온 유대인 브리스길라, 아굴라 부부의 천막 장사를 도우면서 교회의 후원 없이 자비량 선교를 한 것이다.(행8:18:2,3,7) 51년 갈리오 총독 때 유대인으로부터 기소 당한적도 있었지만(아마 일부 반대파 교인들이 헌금 유용 의혹을 제기하며 바울을 고소하였을 것이다.) 유대인을 제국의 위험 집단으로 보지 않는 총독이 괜한 저들의 싸움에 관여되기 싫어하는 덕분에 기각되었고 불만이 팽배했던 반대파들은 바울에게 호의와 편의를 제공하였던 회당장 소스데네에게 폭력을 가하여 앙갚음하였다. 그길로 바울 동역자들은 에베소로 피신하면서 그곳에 아굴라 부부를 남겨두고 안디옥으로 귀환하고 만다. 이즈음 에베소에 있던 아볼로가 고린도로 가서 바울의 빈자리를 차지하였다.

아볼로는 누구인가? 이 사람은 알렉산드리아 출신의 아람어, 헬라어를 유창하게 구사하는 유대인으로 세례요한과 예수의 일과 죽음, 부활 소문을 듣고 영적 각성에 도취된 지혜 많고 배운 사람이었다. 아프리카의 유대 철학자 필로(Philo)의 영향을 받은 자로 하나님의 의와 긍휼이 풍부하신 성품을 깨달은 점에서 바울과 닮았으나 세상 법과 관습에 얽매이지 않는 철학과 자유로운 헬라적 기풍에 좀 더 편도된 사람이었다. 바울이 에베소와 안디옥으로 철수하여 체류하는 동안 그가 고린도에 당도한 것이다. 그의 박식한 지식과 재치 있는 화법에 매료된 교인들은 "모든 것이 가하다. 모든 희생제와 잔치에서 숭배되는 우상들은 거짓이며 존재하지 않는 것이라고 교육받은 추종자들은 육체적 욕망이나 사회적 신분 상승을 도모해도 되고 제물 먹는 것에 거리낌을 느끼지 않고 사회적으로 종족을 가리지 않는 유리한 결혼과 여성들은 독신으로 지낼 자유가 있다."라는 등의 교육으로 들뜨게 된 것이다. 바울이 말하는 소위 '특출한 사람들', '지혜있는 자들'의 일부가 그의 추종자들이었을 것이다. 그렇게 본다면 고린도 교회의 혼란 상황 상당 분량은 그의 책임이 아니라고 할 수 없을 것이다. 53년 3차 전도 여 행때 바울은 그러한 교회 내 풍조의 변화를 꾸짖은 것이다.(고전 7, 8, 9장)

"오직 너희가 읽고 아는 것 외에 우리가 다른 것을 쓰지 아니하노니, 너희가 끝까지 알기를 내가 바라는 것은 너희가 대강 우리를 아는 것같이 우리 주 예수의 날에 너희가 우리의 자랑이 되고 우리가 너희의 자랑이 되는 것이라."(고후1:13,14)

위 14절의 '대강'이라는 말은 대충이란 뜻이 아니라 오해하고 있는 '일부(一部, in part)' 사람들을 말한다.(IRV, NIV) 그의 반대자들에 대해서 이중적이지 않은 자기의 한결같은 사랑이 이전 편지의 본뜻임을 얘기하고 있다.

말썽 많은 고린도 교회는 여러 잡음과 문제가 불거진 파당(派黨, 고전 1:11-12), 빈부격벽(貧富隔壁, 고전11:18-22), 성도 간의 소송(고전6:1-8), 우상제물음복(偶像祭物飮福) 문제(고전8:1-13), 버리지 못한 세상 사람 때의 습성인 성도덕문란(性道德紊亂, 고전6:9), 동성 연애(롬1:27), 부활 불신(고전15:12), 차별적 혹은 무배려적 성찬(聖餐) 문제(고전11:21)등 분란과 불평이 한,두가지가 아니었다. 특히 성도들은 전통적 헬라 철학에 물든 때를 씻어 내지 못하여 신앙생활에 어려움을 겪고 있었다. 헬라의 에피큐라오 학파는 내세(來世)는 없다고 하고 스토아 철학은 부활이 없다고 하기때문이다. 특히 그레꼬-로마 세계의 성적 타락은 성경기준과는 동떨어진 지역 종교 행사의 일부이기까지 하였으므로 바울은 교회 내의 이런 세상동조적 문란과 분란을 편지로 호되게 비판하고 꾸짖었었다.

"형제들아 내가 우리 주 예수 그리스도의 이름으로 너희를 권하노니 다 같은 말을 하고 너희 가운데 분쟁이 없이 같은 마음과 같은 뜻으로 온전히 합하라." "너희가 각각 이르되 나는 바울에게, 나는 아볼로에게, 나는 게바에게, 나는 그리스도에게 속한 자라 하는 것이니 그리스도께서 어찌 나뉘었느뇨? 바울이 너희를 위하여 십자가에 못 박혔으며 바울의 이름으로 너희가 세례를 받았느뇨?"(고전5:1-3, 6:9,10)

"지혜 있는 자가 어디 있느뇨? 선비가 어디 있느뇨? 이 세대에 변사가 어디 있느뇨? 하나님께서 이 세상의 지혜를 미련케 하신 것이 아니뇨?" "형제들아 너희를 부르심을 보라. 육체를 따라 지혜 있는 자가 많지 아니하며 능한 자가 많지 아니하며 문벌 좋은 자가 많지 아니하도다. 그러나 하나님께서 세상의 미련한 것들을 택하사 지혜 있는 자들을 부끄럽게 하려 하시고 세상의 약한 것들을 택하사 강한 것들을 부끄럽게 하려 하시며 하나님께서 세상의 천한 것들과 멸시받는 것들과 없는 것들을 택하사 있는 것들을 폐하려 하시나니 이는 아무 육체라도 하나님 앞에서 자랑하지 못하게 하려 하심이라."(고전1:10-13,20,26-29)

"개들을 삼가고 행악하는 자들을 삼가고 몸을 상해하는 일을 삼가라. 하나님의 성령으로 봉사하며 그리스도 예수로 자랑하고 육체를 신뢰하지 아니하는 우리가 곧 할례파라."(엡3:2-3)

인간은 허영과 득세(得勢)를 좋아한다. 전도자도 예외는 아니다. 말의 기교와 지혜의 심미함으로 사람을 끌어보려 한다. 그래서 그리스도를 전파해야 할 본업을 망각하고 자기를 전하게 된다. 파쟁이 생기는 이유이다. 예나 지금이나 같은 현상을 현대교계에서도 볼 수 있다.[43]

그러나 하나님이 기쁘게 사용하시는 사람은 '미련하고(십자가의 길을 쫓는)', '약하며' '천하고', '없는' 형편에 처한 자들이다.(고전1:26-31) 지혜 있는 자, 재물 있는 자, 강한 자, 고귀한 관헌(고전2:6-8)이 아니다.

"형제들아 내가 너희에게 나아가 하나님의 증거를 전할 때에 말과 지혜의 아름다운 것으로 아니하였나니 내가 너희 중에서 예수 그리스도와 그의 십자가에 못 박히신 것 외에는 아무것도 알지 아니하기로 작정하였음이라."(고전2:1,2)

아고보를 두고 한 듯하지만 분명 '특출한' 사도와 그 일파의 위험을 겨냥한 경고의 말이다.

AD53-55사이에 바울이 에베소와 마케도니아에서 고린도 교회에 보낸 편지는 정경의 고린도전서 외에도 이전에 보낸 아마도 문책, 경고, 비도덕적인 교인에 대한 권징의 요구등이 담긴, 지금껏 행방이 묘연한 다른 바울의 편지(그 일부 내용이 고린도전서 여러군데 흩어진채 다시 편집되어 담긴?)가 있었다.(

고전5:9) 여기에 고린도 교인이 보낸 문의에 대한 회신 편지(답장? 혹은 새로운 문제 발생 알림?)가 있고(고전7:1) 그 답장이 베드로도 언급하는(벧후3:16) 고린도전서라고 보면 무리가 없을 듯하다.[8]

바울은 분파 싸움 문제 외에도 모금 독려 차 고린도에 55년말 즈음 또다시 가서 과동(過冬)하고자 하였다.(고전16:6,7) 이 여행 계획은 이미 위의 분실된 편지(고전5:9)로 그들에게 알리고 약조하였던 일이었다. 그런데 사정이 곤란하게 되었다. 워낙 그를 불복하고 반대하는 세가 커서(고전16:9) 수모를 당할까 두렵기도 하였고 그가 가서 서로 상처를 입고 근심하게 될것을 염려하지 않을 수 없게 된 것이다.(고후2:1-5) 하여 스스로 방문 계획을 취소하게 됨을 알린다. 이를 또 대적자들은 약속 위반자로 험구하는 것이어서 이 결정이 경홀히 이루어지지 않았음을 이유를 대며 자변하기도 한다.(고후1:15-23, 2:1-12)

결국 자신은 에베소에 머물면서 에라스도와 함께 마케도니아로 파송했던 디모데를 대신 보냈는데 역시 여의치 않았다.(고전16:10, 행19:22)[7-1] 알다시피 디모데는 바울의 수제자 중 한명이다. 그는 태생적으로 착하고 유약한 성품을 갖고 있어서 눈물이 많고(딤후1:4) 젊었지만(딤전4:12) 육신적으로 병약(病弱)하였다.(딤전5:23) 그래서인지 편지에 교인들의 각별한 배려를 부탁하였건만(고전16:10-11) 스승으로부터 받은 고린도 화평과 모금임무를 완수하기에는 역부족하였다. 그래서 바울은 아볼로더러 다시 가 주었으면 하였으나 그가 설레발이치면서 기피하는 걸 보면 고린도교회 내 분파의 세가 어떻게 상호 부정적이며 반목했는지 짐작이 간다.(고전16:12) 이때는 아볼로 역시 그 나름의 반대 분파에 시달리다가 밀려나서 다시 에베소로 철수한 처지였기 때문이다.

'다른 예수, 다른 영, 다른 복음을 선포하는 자(고후11:4)'들이 고린도 교회에 침투하여 예루살렘으로부터 위임받음과 영적 신통력을 과시하며 자랑하자 다수 교인들은 새 말씀의 권위와 기사(奇事)능력에 매료되면서 그나마 있던 추종자들도 바울을 열등하게 보며 경시하기 시작하였다. 이들은 일부 아볼로나 베드로파였거나 아니면 또 별개의 예수운동 전도집단이었을 것이다.(고전1:12) 본디부터 고린도에는 유대인이 적지않게 거류했었다. 그런데 글라우디오가 추방한 로마 유대인집단이 대거 이곳에도 몰려오면서 주택사정을 비롯한 도시의 삶이 더욱 어렵고 분주하게 된 것이다. 이 교인된 자들은 이방인이 할례를 받아서 온 세상이 유대교로 개종할 때를 고대했고 이스라엘이 새로운 세계 질서를 주재하게 될 희망에 부푼 유대적 기독교인이었기 때문에 소문으로 듣던 대로 이상한 말만 하는 바울과 아볼로를 경원시(警遠視)함이 당연했다. 함께 있을 때는 말도 신통치 않아 물질적 요구도 하지 못하며 막노동으로 생계를 꾸리다가 떠나서는 예루살렘교회나 돕겠다고 거액의 헌금 요구를 편지로 쓰는 바울의 저의를 의심하며 비꼬는 것도 그 때문이었다.

"성도를 위하는 연보에 대하여는 내가 갈라디아 교회들에게 명한 것같이 너희도 그렇게 하라. 매주일 첫날에 너희 각 사람이 이를 얻은 대로 저축하여 두어서 내가 갈 때에 (특별)연보를 하지않게 하라.".(고전16:1,2)

"내가 명령으로 하는 말이 아니요 오직 다른 이들의 간절함을 가지고 너희의 사랑의 진실함을 증명코자 함이로라. 우리 주 예수 그리스도의 은혜를 너희가 알거니와 부요하신 자로서 너희를 위하여 가난하게 되심은 그의 가난함을 인하여 너희로 부요케 하려 하심이니라. 이 일에 내가 뜻만 보이노니 이것은 너희에게 유익함이라. 너희가 일 년 전에 행하기를 먼저 시작할 뿐 아니라 원하기도 하였은즉 이제는 행하기를 성취할지니 마음에 원하던 것과 같이 성취하되 있는 대로 하라."(고후 8:-11)

고린도 교인 중 새 정착인들은 바울 같은 이동 전도자들에게 은근히 다른 지역 교회보다 자신들의 특출한, 신앙 면에서의 우월성을 보여주기를 좋아하였다. 또 믿음뿐만 아니라 지식, 사랑에서도 그러하다고 생각하였다. 그러나 바울이 볼 때는 말로만 풍성할 뿐이었다.(고후 8:7)

평소부터 연보하되 억지로 하지 말고 무리 없이 균등하게 하도록 매주 첫 날에 이(利)를 저축해 두라는 방법까지 알려 주며 작정하도록 약속을 주고받 았다. 바울은 이를 마케도니아 교회들에게 자랑하였으며, 때문에 저들로 하 여금 시련과 극한 가난에도 불구하고 분에 넘치는 연보를 함에 동력을 주었 던 것이다.(고후8:2-3)

그런데 뺀질뺀질한 고린도인들은 학수고대하는 바울의 간절함을 외면한 채 일년이 지나도 영 이렇다 할 소식이 없는 것이었다.(고후8:10, 9:2-4) 그래서 디모데 ,디도 등을 연이어 보내면서 재촉하지 않을 수 없게 만든 것이다.(고 후9:5)

그러니 어찌하랴? 바울은 자신의 힘으로는 통제되지 않는 그들을 좋은 말 과 명분으로 달래며 독려할 수밖에 달리 강제할 방법이 없지 않았겠는가?

"하나님이 능히 모든 은혜를 너희에게 넘치게 하시나니 이는 너희로 모든 일에 항 상 모든 것이 넉넉하여 모든 착한 일을 넘치게 하려 하심이라. 기록한 바 저가 흩어 가난한 자들에게 주었으니 그의 의가 영원토록 있느니라(시112:9)함과 같으니라. 너희 가 모든 일에 부요하여 너그럽게 연보를 함은 저희로 우리로 말미암아 하나님께 감 사하게 하는 것이라. 또 저희가 너희를 위하여 간구하며 하나님의 너희에게 주신 지 극한 은혜를 인하여 너희를 사모하느니라."(고후9:8-14)

물적 도움의 열매로 예루살렘 교회가 이방 교회에 마음이 열려서 감사하 게 함인데 바울의 간절한 바람일 뿐이었다.

그리고 한편으로는 바울은 이 일로 인해서 고린도교회 내 적대자들과의 관계를 더 악화시키고 싶지 않았다.

"우리가 너희 믿음을 주관하려는 것이 아니라 오직 너희 기쁨을 돕는 자가 되려 함 이다. 내가 다시는 너희에게 근심 중에 나아가지 않기로 결심하였다."(고후1:24, 2:1)

결국 1년 뒤 디도와 '다른 형제'[고후8:6-22 ; 아마도 누가와 두기고인 듯하다. 디도 는 누가의 조카로 보이며 그래서인지 사도행전에서 누가는 그를 어느 장면에서도 등장시키지

않아 숙질(淑姪)간에 설친다는 인상을 독자로 하여금 주려 하지 않는다.(행20:4, 엡6:21, 골4:7,

딤후4:12, 딛3:12)]들로 강화된 팀을 다시 보내어 그제야 모금을 완료한다. 디

도와 동행한 이 형제는 여러 교회에서 인정받는 신실한 사람(고후8:18)인데

그를 함께 보냄은 거액의 연보로 인한 의혹이나 불안감을 덜어 주기 위한

보증인이었다.(고후8:20) 디도 일행이 과연 고린도 교회 문제를 지시한 대로

잘 해결하고 임무를 완수했는지, 교인들의 호불호 간에 반응이 어떠했는지

한시 바삐 알고자 안달이 났던 바울은 그를 만나러 에베소를 떠나 약속 장

소인 드로아로 마중 나갔는데 디도가 약속 시일에 도착하지 않자 마케도니

아까지 달려갔던 장면을 편지에 쓰면서 유월절까지 예루살렘에 당도해야겠

다는 생각과 디도의 신변 안전에 그가 얼마나 고심하고 절박한 심정이었는

지를 알려 준다.(고후2:12-13,7:6-7) 마케도니아에서 기다릴 때도 육체가 편치

못하고 사방으로 환난(밖으로는 다툼이요 안으로는 두려움) 때문에 디도일이 어찌 될

지 조바심과 함께 심정적 불안에 떨었다고 말한다.(고후7:5,6)

　당시 고린도 교인 전부가 헌금을 반대했던 것은 물론 아니다. 스데바나

(Stephanas), 브드나도(Fortunatus), 아가이고(Achaicus) 등 바울의 뜻을 처음부터

순종하고 작정하여 예상 부족분을 미리 채운 '아가야의 첫 열매'로 칭송되

던 교인들이 있었다.(고전16:15-17) 이들은 바울이 에베소에서 제자 훈련을 할

때 고린도 교회의 편지와 문제들을 가지고 자문을 구하기 위해 방문한 바

있던 자들이었다. 그러나 바울은 로마서에서 이 모금 규모가 예루살렘 가

난한 성도를 섬기기에는 충분치 않았음을 내비치면서(롬15:26) 당연 논리(고전

9:11, 고후9:9-11)에 비추어 아쉬웠지만 그래도 저희가 기쁨으로 힘에 겨운 연

보를 했다고 추켜세워 주며 감사를 표하기는 한다.(롬15:27) 이로 미루어 우

리는 아가야 교회, 특히 고린도의 전폭적인 모금 찬동은 없었던 것으로 볼

수 있다. 모금 시작 전과 후에 있었던 디모데(고전10:10,11), 디도(고후7:7)의 보

고가 짐짓 고무적이어서 한동안 위안을 받았던 바울은 보고서의 동조한 자

들이 자기를 그리워하는 일부 사람들뿐이라는 사실을 뒤에 현지소식으로

알게된다. 54년말 에베소의 아데미(다이아나) 신상목각(神像木刻)을 만드는 은장색(銀匠色) 데메드리오 일당이 바울일행을 상대로 고소와 폭동을 일으키는 와중에 동역자 가이오와 아리스다고가 연극장으로 끌려가 린치를 당했고 바울은 제자들이 서둘러 피신시키는 바람에 피동적으로 빌립보, 마케도니아, 일루리곤을 거쳐 마침내 고린도로 대피하지 않을 수 없었다.(행19:23,20:2) 예전에 고린도교회와 재방문 약속을 타의에 의해 지키게 된 셈이다.

그러나 평소 근심하고 예상했던 대로 재앙 수준의 저항과 유대인의 위협을 맞닥뜨린 바울은 고린도에서의 두 번째 머묾을 3개월밖에 버틸 수 없었다.(행20:3)

예전에 부활이 없다한 자들(고전15:12), 음행으로 정죄된 자들(고전5:1-9), 이방신제의(異邦神齋儀)도 고수하는 자들(고전10:20)이 디모데의 보고서와 달리 개심(改心)은 물론 회개도 하지 않고 치리, 배척받지도 않으면서 버젓이 교회 내에서 지혜있는 자로 행세하며 반바울적 운동을 주도하고 있는 것이었다. 아무리 견책하고 달래기도 했으나 참회는커녕 개심의 모습이 조금도 없고 수그러질 것 같지도 않기 때문에 힘에 겹고 울분에 잠겼던 바울은 3개월을 버티지 못하고 그길로 쫓기다시피 고린도를 벗어나 수확 없이 드로아로 이동했고 디도 일행을 대신 고린도에 파견하여 미흡하나마 숙제를 풀게 한 것이다.(AD55-56) 숙명적 마지막 예루살렘행은 그 다음 해에 감행하게 된다. 무덤덤한 여타 교인들에게는 서운함과 원망스러움까지 가지고.

"너희는 지혜로운 자로서 어리석은 자들을 기쁘게 용납하는구나. 누가 너희로 종을 삼거나 잡아먹거나 사로잡거나 자고하다 하거나 뺨을 칠지라도 너희가 용납하는도다."(고후11:19,20)

"마음으로(라도) 우리를 영접하라. 우리가 아무에게도 불의를 하지 않고 아무에게도 해롭게 하지 않고 아무에게도 속여 빼앗은 일이 없노라."(고후7:2) "하여간 어떤 이의 말이 내가 너희에게 짐을 지우지는 아니하였을지라도 공교한 자가 되어 궤계로 너희를 취하였다 하니 내가 너희에게 보낸 자 중에 누구로 너희의 이를 취하더냐? 내가 디도를 권하고 함께 한 형제를 보내었으니 디도가 너희의 이를 취하더냐?(고후12:16-18) 원컨대 너희는 나의 좀 어리석은 것을 용납하라. 청컨대 나를 용납하라. 내가 하나님의 열심이 너희를 위하여 열심내노니 내가 너희를 정결한 처녀로 한 남편인 그리스도께 드리려고 중매함이로다."(고후11:1,2) "그러나 우리는 분량밖의 자랑을 하지 않고 오직 하나님이 우리에게 분량으로 나눠 주신 그 분량의 한계를 따라 하노니 곧 너희에게까지 이른 것이라."(고후10:13)

"이때까지 우리가 우리를 너희에게 변명하는 줄로 생각하는구나. 우리가 그리스도 안에서 하나님 앞에 말하노라. 사랑하는 자들아! 이 모든 것은 너희의 덕을 세우기 위함이니라."(고후12:16-18) "내가 명령으로 하는 말이 아니요 오직 다른 이들의 간절함을 가지고 너희의 사랑의 진실함을 증명코자 함이로라. 그러므로 너희는 여러 교회 앞에서 너희의 사랑과 너희를 대한 우리 자랑의 증거를 저희에게 보이라."(고후8:8-24) "우리는 수다한 사람과 같이 하나님의 말씀을 혼잡하게 하지 아니하고 곧 순전함으로 하나님께 받은 것같이 하나님 앞에서와 그리스도 안에서 말하노라."(고후2:17)

그토록 눈물겨운 호소와 권면과 자변에도 불구하고 요지부동인 닫힌 심령들에 대한 그의 서운하다 못해 괘씸함과 허탈감에 찬 심정이 우선 느껴지지만, 반대로 성경을 누차 다시 읽노라면 고린도에 대한 포기를 모르는 바울의 진한 애증(愛憎)을 독자로 하여금 새삼 발견하도록 만든다. 그만큼 대도시 고린도는 헬라 전도의 요충지로 바울에게는 중요하게 인식되었던 것이다. 그래서 편지 분량이 로마서 다음으로 많다. "내가 마음에 큰 눌림과 걱정이 있어 많은 눈물로 너희에게 썼노니 이는 너희로 근심하게 하려 한 것이 아니요 오직 내가 너희를 향하여 넘치는 사랑이 있음을 너희로 알게 하려 함이라."(고후2:4)

'눈물'로 쓴 편지는 그 대상이 고린도 교회만이 아니고 빌립보 교회에도 해당한다.(빌3:18) 그러나 그 용도는 다르다. 빌립보서는 구원의 여정에 이르는 험난한 과정을 극기(克己)함으로 하늘나라 시민이 되어 그리스도의 영광에 동참(빌4:20.21)하라는 권면이지만 고린도는 외부에서 오는 고난과 핍박보다는 자유분방하고 통제되지 않는 교회 내부의 현안을 고심한 대처 방법이다.

온갖 신선하고 감성적인 조어(造語)를 동원하여 끊임없이 고린도 교회를 붙잡으려 한다. 세상 지혜에 미혹되지 말라. 육체의 정욕을 쫓지 말라. 하나님의 뜻이 어떠하며 부름 받은 자가 어떤 신분인지 스스로 깨닫게 하기 위해 안간힘을 쓰는 모습이 여실하다.

"너희는 하나님의 밭이요(고전3:9) 집이다. 내가 터를 닦아두매 다른 이가 그 위에 세우나 다른 터는 닦아둘 자가 없다."(고전3:9-11) "너희는 하나님의 성전이다."(고전3:16) "성령이 너희 안에 거하신다."(고전3:16) "너희는 그리스도의 지체이며 너희 몸은 성령의 전(殿)이다."(고전6:15-19)

그리고 자기가 가르친 교훈에 귀를 기울여 주기를 간청하듯 한다.

"주께서는 지혜 있는 자들의 생각을 헛것으로 아신다."(고전3:20, 시94:11) "원컨대 너희는 나의 좀 어리석은 것을 용납하라. 청컨대 나를 용납하라."(고후11:1) "내가 비록 말에는 졸하나 지식에는 그렇지 아니하니 이것을 우리가 모든 사람 가운데서 모든 일로 너희에게 나타내었노라."(고후11:6)

"하나님께서 지혜 있는 자들을 부끄럽게 하시고 폐하시려고 미련하고 약하며 천한 것들을 택하사 (쓰시니) 이는 아무 육체라도 당신 앞에서 자랑하지 못하게 하심이다."(고전1:26-29)

어떤가? 특출나고 지혜 있고 추천서 있고 신령한 그들의 고양된 자태나 겉모양을 인정하고 자기를 한껏 낮추듯 하면서도 주께서 뒷받침하시니 개의치 않는다고 둘러치는, 지금껏 들어 보지 못한 놀라운 수사력(修辭力)이다.

그러나 사실은 구약성경에서 나타나는 하나님의 뜻과 마음을 재확인하는 설교이다.(살전4:3, 레11:45)

"하나님의 뜻은 이것이니 너희의 거룩함이라." "내가 거룩하니 너희도 거룩할지어다."

내가 너희 가운데 있을 때는 두려워 심히 떨었으나 구차스레 말과 너희들이 사모하는 세상 지혜로 전도하지 아니한 것은 성령의 능력이 도우시기 때문이라고 자기를 낮추나 도리어 하나님의 의를 힘입어 옳고 강함을 은연중 드러낸다.(고전2:3)

바울은 예수님의 다음과 같은 가르침을 알지 못했음이 확실하다. 그래서 설득과 권면이 장황하고 구차해진 것이다. 설사 알았더라도 차마 분위기상 다음과 같은 주님 가르침을 제대로 외지는 못했을 것이다.

"사람들이 잘 때에 그 원수가 와서 곡식 가운데 가라지를 덧뿌리고 갔더니(마 3:25) 주인이 이르되 (추수 때까지) 가만히 (함께) 두라. 가라지를 뽑다가 알곡까지 뽑을까 염려하노라.(마13:29) 추수 때에 가라지는 먼저 거두어 불사르게 단으로 묶고 곡식은 모아 내 곳간에 넣으라."(마 13:30)

이때만 해도 바울은 예루살렘을 거친 후 로마로 가는 도중에 또다시 고린도에 다시 돌아오겠다고 미리 경고성 예고(豫告)를 한 바 있다.(고후13:1) 격한 다툼을 감내해서라도 포기하지 않고 다시 바로잡아 세우기 위해서…….

그러나 3차 방문은 하나님이 허락지 아니하시므로 이루어질 수 없었다. 그래서 고린도와는 남은 문제들이 미결인 채로 영영 이별한 셈이다.

혹자는 바울의 고린도 방문이 교회 설립 시(행18:1)와 고통스런 3개월간의 2차 방문(행20:3, 고후1:15), 그리고 예루살렘 구제 모금 전달 차 방문(고후8,9장, 롬15:26)을 더하여 3차례였다고 한다.[4]

그러나 3차 방문 근거로 예시한 어떤 구절에서도 바울이 직접 방문하여 성금을 거둔 정황은 찾기 어렵다.(고후1:23, 2:1) 대신 디도와 누가, 두기고(고후8:16-22)가 수령하러 갔던 것이다. 누가도 사도행전에서 바울의 손수 고린도

3차 방문에 대한 언급이 없다.

예루살렘교회 구호 성금

하지만 아마 모든 유대나 헬라파 그리스도인들처럼 바울의 심중에도 깊숙이 내재하는 성전이 있는 예루살렘에 대한 선망과 그곳 교회의 권위에 대한 부러움과 위축감, 질투심과 경외심(敬畏心)이 내재할 수밖에 없었을 것이다. 누가는 어떻게 해서라도 바울을 예루살렘과 굳건한 끈으로 이어서 묶어 두고 싶어 했음을 기록으로 여실히 알 수 있다. 수신자 데오빌로와 그 주위 사람들의 의구심을 해소하려고 바울을 좋게 채색해서 소개하는 편지(사도행전)에서 묻어나는 누가의 내심을 우리는 간파할 수 있다. 명쾌한 이유는 누구도 주님의 십자가 처형과 부활의 장소요 주님의 열두 제자가 주재하는 본거지와 관계를 끊고 예수도를 천하에 전할 수 있는 명분과 처지가 아니기 때문이다. 이는 누가도 바울도 체험적으로 꿰뚫고 있는, 안 가겠다는 고집을 꺾고 되돌려 놓아야 할 숙제였다.

그래서 바울의 주장이 부활하신 주님이 달이 차지 못하고 태어난 자기에게도 마지막으로 나타나셨다는 것이지만(고전15:8) 사실 주님의 육성 가르침 현장에 있지도 보지도 듣지도 못한 열등감 때문에 자기를 낮추는데, 이는 늘 예루살렘 교회의 중압감이 그를 옥죄고 의식되었기 때문이었다. 비록 주께서 보지 않고도 믿는 자가 복이 있다고 말씀하셨지만 말이다.(요20:29)

그를 대적하는 이들에 저항하여 항상 스스로를 주님으로부터 직접 임명받은 사도라고 무리하게 강조했던 그의 서신서 중 데살로니가와 빌립보서를 제외하면 모든 편지 서두는 자신이 사도라고 소개하는 문구로 시작하는 수고를 아끼지 않았다.

그러면서도 바울은 들려오는 예루살렘 교회의 가난과 바리새인의 핍박으로 인한 어려움을 항상 염두에 두었고 쉽사리 내키지 않아도 늦지 않은 언제인가는 가야만 했기에 그때를 대비해서[회심 14년 후 안디옥에서 예루살렘 3차 방문시(AD50, 행15:2)와 아시아(오늘날 터키의 서부 지역)와 헬라(그리스) 교회에서 4차 방문시(AD57, 롬 15:26)] 빈손으로 가지 않기 위해 성금을 장시간에 걸쳐 모금해 두어야 한다는 작정과 준비를 하였던 것이다. 그러나 바울 교회인 중 적지 않은 이들에게는 무심하고 외면하고 멀게만 느껴지는 예루살렘 교인을 위한 모금이 거부감을 주며 적극성을 떨어뜨리는 게 사실이었다. 특히 큰 역할을 기대한 부자 교회, 고린도가 걸림돌이었다. 이웃도 어려운데 유대에 사는 보지도 못한 사람들을 돕는 게 옳으냐? 이런 따지기 좋아하고 지혜롭다는 고린도 교인들의 목 곧은 생각들을 불식시키고 설득하기 위해 바울은 몇 가지 신학적 명철로 고린도 교회를 재교육하는 수고를 쏟아야 했다. 아니, 달래어야만 했다.

"너희를 대면하면 유순하고 떠나 있으면 너희에 대하여 담대한 나 바울은 이제 그리스도의 온유와 관용으로 친히 너희를 권하고,,,",(고후10:1) "우리가 너희 믿음을 주관하려는 것이 아니요, 오직 너희 기쁨을 돕는 자가 되려 함이니 이는 너희가 믿음에 섰음이라."(고후1:25) "우리는 우리를 전파하는 것이 아니라 오직 그리스도 예수의 주 되신 것과 또 예수를 위하여 우리가 너희의 종 된 것을 전파함이라."(고후4:5)

"(주께서는 부조)할 마음만 있으면 있는 대로 받으실 터이요, 없는 것은 받지 아니하시리라. 이는 다른 사람들은 평안하게 하고 너희는 곤고하게 하려는 것이 아니요, 균등하게 하려함이니 이제 너희의 넉넉한 것으로 그들의 부족한 것을 보충함은 후에 그들의 넉넉한 것으로 너희의 부족한 것을 보충하여 균등하게 하려함이라. 기록된 것같이 많이 거둔 자도 남지아니하였고 적게 거둔 자도 모자라지 아니하였느니라."(고후8:12-15, 출16:18) "그들은 이스라엘 사람이라. 그들에게는 양자됨과 영광과 언약들과 율법을 세우신 것과 예배와 약속들이 있고 조상들도 그들의 것이요 육신으로 하면 그리스도가 그들에게서 나셨으니 그는 만물 위에 계셔서 세세에 찬양을 받으실 하나님이시니라."(롬9:4,5)

박해자에게 오히려 선을 행하는 미덕(눅6:27,28), 하나님 백성 유대인과 이방인이 주 안에서 하나됨과 한 몸의 지체됨(엡2:11-18), 하나님 나라 확장을 위해 유대-이방 상호 협력(롬11:17)의 예표 강론이다.

사도행전을 자세히 읽어 보면 바울의 3차 방문 이전에 그것도 1차 전도 여행(AD45) 이전에 안디옥 교회는 바나바와 바울을 소위 한발피해(旱魃被害) 구제 성금 전달 목적으로 예루살렘에 보낸 바 있다.(AD43-4, 행11:29-30,12:25) 글라우디오 황제 재위 시(AD41-54)에 예루살렘의 아가보(Agabus)란 선지자가 안디옥에 들러 예언한 대로 실제로 큰 가뭄이 있었고(행11:28) 그들이 부조의 일을 마치고 귀환할 때 마가가 바나바의 소개로 바울을 만났고 첫 이방 전도 여행에 동참한다.(행12:25) 3차 방문 때(사도회의)는 준비를 하지 못한 탓인지 성금 전달 소식은 없었고 안디옥 교회 내의 유대-이방인 갈등 문제를 자문받기 위한 방문으로 기록됨으로 시기적으로도 다른 별도의 사건으로 보인다. 이때는 다른 사람들(유다와 실라)이 안디옥 귀환 때 동반 수행자였기에 더욱 그러하다.(행15:22)

회심 이후 바울의 예루살렘 방문(네 차례)을 일부 성경학자들이 세 차례로 거론하는 것은 현재의 신약성경이 전도 여행의 시작점과 종착점이 된 방문을 기준하여 구분하였기 때문이리라.

바울의 예루살렘 교회 방문을 다시 정리해 보면 첫 방문 후[다메섹에서 회심 후(행9:26, 갈1:18,19)] 유대인의 위협 때문에 다소로 피신하였고 두 번째는 바나바와 함께 안디옥 교회로부터 한발 피해 부조 전달(행11:29,30), 세 번째도 바나바와 함께 안디옥 교회 할례-비할례파 분란 문제 자문 차(諸問次, 사도회의, 행15:4), 네 번째는 운명의 마케도니아, 아가야, 아시아 교회의 대규모 구제 모금 전달(행21:15)이었다.[이때에 앞서 고린도 2차 방문에서의 핍박을 피해 브리스길라 부부와 함께 에베소로 피신했다가 그들을 떼어 두고 실라, 디모데만 대동, 가이샤라를 경유 안디옥으로 복귀할 때 교회 안부를 묻는 장면을 포함하여 도합(都合) 5차 방문이었다는 학자도 있다.(행18:22)]

2차 전도 여행을 마칠 때 바울은 고린도를 철수, 해상으로 운행하여 여섯 제자와 브리스길라 부부를 에베소에 남기고 밀레도, 고스, 로도, 시돈, 돌레마이, 두로, 가이샤라까지 와서 다시 예루살렘으로 들러서 겐그레아 서원시 가지고 온 삭발한 머리카락을 성전에서 불살랐다고 하고 디모데는 이때 베드로를 처음 만났고 안디옥에 가서는 디도도 처음 만났다. 이 여정에서 두로항 앞에서 폭풍우를 만나 배가 좌초하는 사고가 생기면서 두 번째 파선의 고충을 겪은 것이다.[7-1]

누가에 의하면 바울의 예루살렘 방문은 모두 일곱 차례로 유추되는데 이는 그가 회심하기 전, 이름을 사울로 쓸 때의 세 차례[가말리엘 문하에서 사사(私師), 스데반의 순교 현장(AD34, 행22:20), 예수교인 색출, 구인권(拘引權)을 받기 위해 대제사장을 만나려 산헤드린에 간 것등]를 포함하나 교회 방문은 아니었으며, 2차 방문(안디옥 교회의 한발 구제 성금 전달)에 대해서는 바울이 언급한 사실이 없다. 3차 방문까지는 바나바와 동행하였다.

3차 선교 여행을 마치고 복귀 과정에서 바울 일행이 밀레도에서 에베소 장로들과 조우한 후 행선하여 바다라(Patara)에서 베니게(Phoenicia)로 가는 배를 구하고 시리아로 간 것은 4차 예루살렘 방문(AD57) 직전이다. 그들은 두로에 당도해서 7일간 머물면서 지역 형제들을 만나 교류하였다. 현지 교인들은 한목소리로 예루살렘행을 말렸고 이어 톨레마이(Ptlolemais)에서도 모두가 한결같이 만류하는 것이었다.

가이샤라(Caesarea)에서는 예루살렘에서 피신한 일곱 집사 중 한 사람인 빌립(Philip)의 집에 유하였다. 그런데 소문을 들었는지 유대의 아가보(Agabus)가 또 찾아와서 바울의 구금을 예언하는 것이었다.

로마를 거쳐 스페인으로 갈 여행을 앞두고 설레는 예루살렘 입성 목전에서 모두 예루살렘을 포기하라는 암담하고 맥 빠지는 소리만 하였다. 누가와 집 주인 빌립도 예루살렘에서 바울을 죽이려고 기다리는 유대 강경파가 한 둘이 아니라고 걱정했다. 단도단, 셀롯열심당, 대제사장과 서기관, 바리새인, 기타 유대 강경파들이 바울이 오는 것을 대기하고 있다고 알려 주었다. 유대인들에게는 바울 부대가 거금을 가지고 예루살렘교회를 방문한다는 소문이 파다한 상태였다. 바울을 포함한 열 명은 사태의 심각성을 다시 한번 깨닫고 회의를 하였다. 이런 저런 숙의 끝에 바울은 담담하게 말하였다.

"디모데! 자네는 내일 여덟을 데리고 예루살렘으로 출발하게! 유월 절기 시작은 아직 며칠 여유가 있으니 나는 좀 더 생각해 보고 결정하겠네. 자네와 디도는 성지 순례가 처음이 아니니 이 여섯 형제를 안내하게. 성전에서는 '이방인의 뜰'을 월경치 않도록 주의하고 구브로 사람 나손(Mnason)을 함께 데려가서 그의 집에 여장을 풀도록 하게."(행21:15,16)

그리고는 아가보에게 야고보를 직접 개인 면담할 것을 중재해서 주선해 줄 것을 부탁하였다.

마케도니아와 그리스, 아시아, 갈라디아 교회들(고전16:1)에서 모금한 4차 방문 시의 구제 헌금이 실제로 예루살렘 교회에 제대로 전달되었는지는 불분명 하다.

바울의 행동 반경을 분신처럼 끝까지 지켜본 그리스인 개종자 누가(딤후4:11)도 2차 방문 시의 안디옥 성금 전달 사실을 적시(摘示)한 바(행11:29,30, 12:25)와는 다르게, 그리고 더둘로의 고발로 총독 벨릭스 앞에서 자변할 때(행24:17) 잠깐 장면 기술이 있을 뿐 바울이 오랜 기간 모금하여 여러 사람을 대동하면서 장거리 운반한 4차 방문 시의 고충과 충정에 응당하는 보람차고 아름다운 연보 전달, 접수식 장면을 묘사하는 명시적인 보도가 없어 독자의 기대와 만족을 채워 주지 않는다.

아마도 유대인과 교인의 세간 정서를 의식하여 바울을 경계하며 탐탁지 않게 여기는 야고보가 공식적 성금 수령을 거절했거나[바울도 서반아 전도 계획에 앞서 예루살렘으로 갈 때 거부당할 것을 미리 염려하였다.(롬15:30,31)] 교회 명의로 공식 수령하지 않고 오히려 3차 방문(사도회의) 때 당부한 것처럼 그 돈은 바울 자의로 불쌍한 과부나 고아를 도우라고 했을 것이다.[40](갈2:10) 그리고 야고보나 심지어 누가에게도 말썽꾼 바울로부터 원조를 받음으로써 생길 원교회의 위상 추락이나 성난 교인들의 성토나 항의, 유대 제사장이나 총독으로부터의 세금 포탈적 이방 자금 수취에 대한 반사적 불이익을 걱정했을 수도 있겠다. 옛날 가난한 과부나 고아를 도우라 했던 권면은 바울도 동의했던 바이나(갈2:10) 다만 이번 성금만은 바울이 원교회 당국에 꼭 공식적으로 수입 처리되기를 바랐던 것이다. 그래야 가져간 이방 교회와 교인들의 헌금 명단과 액수를 전달 확인받는 동시에 공식 영수증을 받아 이방 교회들에게 확증해 주어 보람과 연대감을 높여 줄 계획이었기 때문이다.

옛날과는 달리 그는 이번에는 성전에서의 유대인 전도 같은 것은 아예 계획에 두지 않았다. 그러나 야고보의 강압적 권고를 통해 바울은 직접 성전 제의에 참석하지 않을 수 없게 되고 가난한 교인 네 명의 '나실인' 서원 제물 비용을 대납하도록 한 야고보의 권고만 따랐을 뿐이다.(행21:23,24) 전에도 겐그레아에서(행 18:18) 머리를 깎고 서원하여 결례의식을 행한 바 있었던 만큼 율법 준수의 모습을 성전에서 여러 사람에게 보이는 것이 새삼스럽거나 그리 어려운 일도 아니요 예정에는 없었으나 하지 못할 것도 없는 바울이기는 했을 것이다.

"유대인에게는 유대인으로, 이방인에게는 이방인으로……"(고전9:20)

그러니 성금은 용처를 찾지 못해 상당 부분 바울 일행의 수중에 있었음이 짐작된다. 나중에 대제사장 아나니아에 의해 고소당하여 가이샤라 감옥에 수감될 때에 총독 벨릭스(Antonius Felix)가 바울이 돈을 가진 것을 알고 헤롯 아그립바 1세의 딸이며 재혼한 아내 드루실라[에메사(Emesa)왕 아시수스(Azizus)와 이혼]와 함께 바울의 도를 듣는 척하며 탐하는 장면이 누가에 의해 기술되어 있음으로 봐서 유추된다. 벨릭스는 후임 베스도(Porcius Festus)가 올 때까지 바울을 2년 이상 어떤 결정도 내리지 않고 보호한다는 명목으로 가이사랴 감옥에 구류하여 두고 부부가 자주 불러 그의 강론을 들어 준다고 하며 후대해 주었으나 돈을 얻는 목적을 달성하지 못한 것 같다.(행 24:23-26) 그는 당시에 폭동을 일으킨 에집트인(AD54)을 따른 사천 명 이상의 무리를 무자비하게 진압 도륙한 실정(失政)으로 유대인의 원성이 높아 네로 황제에 의하여 파직, 소환, 유배되었고(AD59, 요세푸스의 '유대전쟁사') 때문에 집요한 그로부터 바울은 돈을 빼앗기지 않게 된 것으로 보인다.

당시 총독들은 자기 임기 안에 치부(致富)를 하고자 수단 방법을 가리지 않았다. 세금을 과부과한다든지 심지어 성전 재산까지 일부분 탈취했기 때문에 바울의 경우는 하나님 도우심이라 보겠다. 왜냐하면 바울 일행의 로마 호송 과정과 체류 기간 중에 목적과는 다르게 체재비와 전도활동에 유용하게 이 돈 일부가 쓰였을 개연성이 보이기도 하기 때문이다. 그러나 어느 쪽이던 사실을 확실히 단정할 기록이나 가시적 자료는 발견되지 않는다.

행여 바울이 그 돈을 가졌다 해서 사사로이 썼을 것이란 단정적 추측은 무리이다. 그가 교인들에게 폐 끼치기를 싫어해서 자비량 선교하는 품성(고전9:7, 행18:3,20:33-35, 살전2:9, 살후3:9)이나 평소에 헌금의 모금과 관리에 대해 조치하고 부탁한 그의 언행에 비추면 말이다. 바울은 연보를 정성껏 하되 인색함이나 억지로 하지는 말라했다.(고후9:7) 모금에 대해서는 무리가 없도록 그가 방문하기 전에 조금씩 미리 하여 두기를 원했고(고전16:2, 고후8:10-12,9:2-5) 걷힌 연보를 취급함에 있어 늘 조심하였고(고후8:20-21) 디도(디도는 고린도, 아가야 교회의 헌금을 수령해 왔다.)와 누가(고후8:18?), 두기고(고후8:22?), 드로비모(행20:4,21:19)를 비롯해서 함께 성금을 예루살렘으로 운반할 사람들을 신망받고 추천받은 개교회 구성원들로 하여금 관리, 호송하도록 함으로써 있을 수 있는 개교인들의 의구심을 없애 주려고 조신(操身)하게 배려한 것 등이 바울의 청렴성과 지혜로움을 알 수 있게 해 주기 때문이다.(고전 16:3) 연보한 사람에게 확신을 주고 기쁨과 보람을 느끼도록 하기 위해서 아가야에서 아시아까지 운반할 조력자에는 베뢰아의 소바더, 데살로니가의 아리스다고와 세군도, 더베의 가이오 그리고 루스드라 디모데까지 동원되었다.(행20:4) 이들은 안디옥의 디도(고린도 성금 운반 역할), 에베소의 두기고, 드루비모와 더불어 바울의 애제자 8명이다. 이들은 개교회의 편지들을 소유하고 있었고 거기에는 헌금 교회와 신자 이름과 액수가 상세히 적혀 있었을 것이다. 후일 이 편지가 예루살렘 교회에 전해질 때 현지 장로들과 성도들은 이방인의 성금과 모금 과정과 운반 과정, 나아가 이방 세계 전도와 교회 부흥,예루살렘 교인들을 향한 사랑과 성령의 열매를 알게 할 터였다. 또한 이들은 성금이 용처를 떠나 허투루 쓰이지 않도록 서로 감시하는 임무도 짊어졌을 것이며 차후 각자 소속된 기부 공동체에 결과 보고해야 하는 숙제도 안고 있었을 것이다.

끈질긴 바울의 노력으로 부자(富者)인 고린도교회에서의 성금액이 가장 많았으나 그 모금 과정이 전 교회인 동참이 아니어서 순탄하지 못했던 곡절도 알게 될 것이다. 바울이 고린도 교회를 재촉하다가 빌립보 교회로부터 요(料)를 탈취하였다고 실언(?)한 이유도 알게 될 것이다.(고후11:8) 이것은 고린도 교회에서 거짓 스승들이 바울의 자급 생활(행18:3)을 위장된 덕행이라고 비난하는 데에 대한 바울 특유의 풍유적 반어(反語, Allegorical Antonym)로 분노를 감추며 표출한 어법인 것을 알게 될 것이다.

마케도니아와 아가야에서의 소요된 경비로 말미암아 궁핍 환경에 빠진 바울일행(실라와 누가)은 빌립보 교회가 마가(마가요한과는 다른 인물로서 루디아의 심부름, 짐꾼)와 뒤늦게 안드레아스(Andreas)라는 일꾼 편으로 보낸 두어 번 공급물로 도움을 받았다.(빌4:16) 빌립보 교회는 말썽 많은 고린도, 겐그레아, 아가야 교회보다 부유하지 않았다.(고후8:9-14, 루디아의 헌신이 대부분이었을 것이다. 바울과 실라가 경황 없이 빌립보를 떠날 때 교인들은 두 사람의 경제적 빈궁을 미처 생각하지 못

하였고 짐 운반꾼 마가가 뒤늦게 그들의 곤궁한 형편을 보고하므로 안드레아스를 데살로니가로 보내어 금품과 필요를 메꾸게 하였다)[7-2] 이 비용은 바울과 실라, 디모데가 노역하여 벌어들인 돈에 보태어져서 데살로니가, 뵈레아, 아덴, 아가야, 고린도 교회에서의 사역 현장과 여정에서 부족한 부분을 충당하였는데 마땅히 여유가 있는 너희(고린도 교회)가 부담해야 할 것을 빌립보 교인들에게 지웠으니 탈취가 아니고 무엇이냐는 의미이다. 복음을 값없이 오히려 일한 삯을 들여가면서 전한 것이 죄이냐고 엉뚱하게 되묻고(고후 11:7-9) 마땅히 너희로 칭찬과 환대받아야 할 사람(바울 동역자들)을 억지로 시켜 어리석게도 폐를 끼치게 아니하였고 다른 교회에 비해 부족하지 않은 대우를 받아 누리는 너희 고린도 교회에 대하여 오히려 공평하지 못하게 저들보다 후대했던 점을 용서하라고 역설적으로 나무라는 것이었다.(고후12:11-13)

특별히 말 많은 고린도 교회로부터는 사역할 때 한 푼 도움도 애써 받지 아니하였다. 장사치나 노예이거나 다인종 집합체의 말 많고 잘난 척하기 좋아하는 전형적 헬라 교회 구성원들을 생각할 때 바울은 그들로부터의 수혜가 오히려 전도와 구제 모금에 방해가 될 것이라고 꿰뚫어 보았던 것이다.

바울이 자신은 마케도니아에 머물면서 디도를 보낸 것(고후9:3)은 자신의 건강 문제(고후7:5)도 있었지만 고린도 교회의 현저했던 반바울 분파의 모금에 대한 잡음을 고려했기 때문이었음이 분명하다.(고후7:2) 구차하고 지루하게 모금을 위해 써 내려가는 바울의 편지를 보면 근심과 조바심, 꾸짖음에 대한 후회(고후7:8-11), 설득과 권면, 짐짓 칭찬과 위로(고후7:13-14)들로 뒤섞인 채 가득 차 있다. 그래서 그의 사도됨을 의심하는 고린도 교인들로부터는 자기를 위해서 재정적 후원 받기를 꺼려하여 브리스길라 부부의 천막업에 함께 종사하면서 생활비를 버는 모습을 일부러 보여 준 것인데 결국 모금 동기에 대한 오해와 의구심을 줄이고 훼방을 피하고 싶었던 것이다.(고후 8:20) 그가 보낸 편지에는 물질적 후원을 받을 수 있는 자신의 당연한 권리는 언급하나 의도적으로 이를 누리지 않았다.(살전2:9, 살후3:8,9, 고9:11-15)

그렇지만 빌립보와 데살로니가 교회의 후원(행18:27, 롬15:26, 고후9:2, 살전3:7)은 기꺼이 받고 하나님이 받으실 만한 향기로운 제물이었다고 감사를 표하며 칭찬하였던 것이다.(빌4:15-18, 고후8:1-5)

"너희 전대에 금이나 은이나 동을 가지지 말고 여행을 위하여 배낭이나 두 벌 옷이나 신이나 지팡이를 가지지 말라. 이는 일꾼이 자기의 먹을 것 받는 것이 마땅함이라."(마10:9,10)라고 하신 예수님의 제자 파송지침을 몰랐거나 어찌했든지 상황에 따라 지키고도 하고, 어기기도 한 셈이 된다. 동절기라 디모데더러 드로아 가보의 집에 두고 온 겉옷을 챙겨 오라는(딤후4:13) 부탁도 말씀 그대로 본다면 어긋나기는 마찬가지이다. 또 후에 로마 체류, 사역 시에 에바브로디도 역시 빌립보로부터의 후원금을 가져왔다.(빌4:18) 루디아의 한결같은 바울 사랑을 여실히 보는 것 같다.

그러나 고린도에서는 바울이 그곳 특유의 냉소주의 철학자들이나 웅변가(Sophist)들의 약장수 같은 행동을 답습하는 듯한 모습으로 비춰지길 싫어했던 것이다. 그들은 떠든 후에 항상 청중들로부터의 금전적 보응을 바랐다. 바울의 어김은 어찌하던 복음과 주님의 뜻을 펼치고 실현하기 위한 상황과 전략이었던 것이다.30)

"내가 복음을 전할지라도 자랑할 것이 없음은 내가 부득불 할 일임이라. 만일 복음을 전하지 아니하면 내게 화가 있을 것이로다. 내가 내 자의로 이것을 행하면 상을 얻으려니와 내가 자의로 아니한다 할지라도 나는 사명을 받았노라. 그런즉 내 상이 무엇이냐? 내가 복음을 전할 때에 값없이 전하고 복음으로 말미암아 내게 있는 권리를 다 쓰지 아니하는 이것이로다."(고전9:16-18)

바울이 당시 그의 신학적 교리, 그리스도 신학을 생각하였을까? 당시 유대나 헬라에서는 이런 용어와 어법은 누구도 상상하지 못했고 더구나 후세에 그의 서신들이 새로운 구원 약속의 성경이 되리라는 것까지는 꿈에도 그리지 못했을 것이다. 다만 떠맡아야 할 숙명과 책임을 사명으로 알고 자신

했을 뿐이다.[55]

　이러한 사고와 논리가 새사람이 된 바울의 심중에 처음부터 일었기 때문에 열두 사도와 대면하기가 겸연쩍어 주저했고 예루살렘 방문을 꺼려했던 것이 아닐까?

마지막 예루살렘 방문

　바울은 예루살렘으로 가기 위해 고린도 교회에 도움을 청했던 것처럼(고전 1:6) 곧 만날 예정의 로마 교인들에게 가서 서부 세계 전도 여행을 위해 도움을 받기 위해 재정적 후원을 부탁하기까지 했는데(롬15:24) 왜 이 서바나 여행 계획(행19:21, 롬15:28)을 늦추면서까지 예루살렘 4차 방문을 강행했는가? 마케도니아(일루리곤, 롬15:19)에서 곧바로 로마로 갔다면 가깝고 육로가 잘 닦여 있는 등 여행할 수 있는 사정이 좋아 풍랑으로 인한 침몰 위험이 상존하는 예루살렘 경유로부터의 긴 육, 해상로를 피할 수도 있었는데 말이다.

　예루살렘행 장도에 유대인은 물론, 유대계 교인들의 반감이 위험 수위인 것을 잘 아는 제자 모두가 한결같이 말릴 뿐만 아니라 스스로도 근심하며 두려워했고(행20:22) 원교회가 성금을 받아 줄 것인지조차 불안하여 기도를 부탁하던(롬15:30-32) 바울이 말이다. 사실 바울은 한때 위축되어 성금 전달을 각 이방 교회 대표들로만 구성된 사절단을 보낼 마음이 없지 않았지만(행 20:4) 부득이해서 동행했다.(행20:14) 부득이하다는 의미는 예루살렘 교회와 하나되게 하는 작업의 중요성을 생각할 때 이를 성사되게 나설 수 있는 자는 결국 갈등 야기의 장본인인 자기밖에 없다는 사실을 말한다.

　여정을 동반하던 누가에 의하면(누가는 이번 여행의 헌금 운반에 대해서는 성경 어

디에서도 일절 언급하지 않았다.) 그들이 장도에 들르는 곳곳마다[밀레도(행20:250, 두로(행21:4), 가이샤라(행21:13)] 신도들이 나와서 매복과 음모의 위험이 기다린다는 것을 알리며 직접 가지 말라고 만류하다 바울의 완강한 결심을 꺾지 못해 눈물로써 입 맞추고 배웅하는 장면이 나온다. 이 여정을 밀착 동행하는 누가마저 만류하는 쪽이었으나(행21:12) "너희가 어찌하여 울어 내 마음을 상하게 하느냐? 나는 주 예수의 이름을 위하여 결박받을 뿐 아니라 예루살렘에서 죽을 것도 각오하였노라."(행21:13)라고 하며 비장한 결의를 보이는 바울의 우직스런 고집을 아무도 꺾지 못하였다.(행21:14)

사실 바울은 곳곳의 강력한 이방 우상숭배주의자들과 배타적 유대주의자들 세력 때문에 점점 이 아가야 지역에서는 그의 역량을 더 펼치기가 어렵다는 판단을 하였다.(롬15:19) 그래서 이미 많은 지하 교회가 있는 로마를 교두보로 삼아 새 도전지를 찾으면서 땅끝(서반아)까지 전도해야겠다고 결심한 상태였다.

"이제는 이 지방에 일할 곳이 없고(*위협 때문에 더 이상 머물 수도 없어서*) 여러 해 전부터 언제든지 서바나로 갈 때에 너희(*로마 교회*)에게 가려는 원이 있었으니 이는 지나가는 길에 너희를 보고 먼저 너희와 교제하여 약간 만족을 받은 후에 너희의 그리(*서반아*)로 보내 줌을 바람이라."(롬15:23,24)

그래서 바울은 이 원대한 구상을 이루기 위해 미리 계획했고 고생스레 이룬 실적(*성금과 이방인 헌금 교인 명단과 이방 교회 대표자들*)을 가지고 마침내 예루살렘행을 서둘러 감행하는 것이다. 앞서 기술한 대로 오랜 기간을 모금을 위해서 준비하고 교회들을 독려하고 어렵사리 재촉하고 권면한 노력들(행20:35, 롬15:27)이 원교회에 가서 단순히 자기 생색만 내고 그들의 환심을 산 대가로 공로와 지위를 인정받아 자신을 존재감 있는 위치에 격상시키면서 새로운 단계의 수월한 선교 전력으로 믿음의 선취자들과 씨름하며 동일 지역에서의 경쟁적 승리만을 위한 것으로 보는 독자가 있다면 그대는 아직 바울을 덜 알고 있다 하겠다.

바울은 교회가 세우기도 어렵지만 분열하여 무너지기도 쉽다는 것을 고린도의 경험을 통해서 뼈저리게 느꼈다. 이러한 장애 환경이 생길 것이라는 우려에 대하여 바울이 진작 대처하지 못한 바가 아니었다. 여태껏 그가 세운, 혹은 제자들의 교회에 보낸 편지들은 바울의 이러한 걱정의 산물이었다.

"내가 육신으로는 떠나 있으나 심령으로는 너희와 함께 있어 너희의 규모와 그리스도를 믿는 너희 믿음의 굳은 것을 기쁘게 봄이라. 누가 철학과 헛된 속임수로 너희를 노략할까 주의하라. 이것이 사람의 유전과 세상의 초등 학문을 좇음이요 그리스도를 좇음이 아니니라."(골2:5-8) "형제들아 우리가 잠시 너희를 떠난 것은 얼굴이요 마음은 아니니 너희를 굳게 하고 너희 믿음에 대하여 위로함으로 누구든지 이 여러 환난 중에 요동치 않게 하려 함이라."(살전2:17,3:2,3) "오직 너희는 그리스도 복음에 합당하게 생활하라. 이는 내가 너희를 가보나 떠나 있으나 너희가 일심으로 서서 한 뜻으로 복음의 신앙을 위하여 협력하는 것과 아무 일에든지 대적하는 자를 인하여 두려워하지 아니하는 이 일을 듣고자 함이라. 이것이 저희에게는 멸망의 빙거(憑據, 증거물)요 너희에게는 구원의 빙거니 이는 하나님께로부터 난 것이니라."(빌1:27,28)

"형제들아, 내가 우리 주 예수 그리스도의 이름으로 너희를 권하노니 다 같은 말을 하고 너희 가운데 분쟁이 없이 같은 마음과 같은 뜻으로 온전히 합하라."(고전1:10)

"나의 형제들아 주 안에서 기뻐하라. 너희에게 같은 말을 (반복해서) 쓰는 것이 내게는 수고로움이 없고 너희에게는 안전하니라. 개들을 삼가고 행악하는 자들을 삼가고 손할례당을 삼가라. 하나님의 성령으로 봉사하며 그리스도 예수로 자랑하고 육체를 신뢰하지 아니하는 우리가 곧 할례당이라."(빌3:1-3)

사랑하고 기뻐하고 면류관처럼 여기는 빌립보 교인들에게도 "복음의 원수들에게서 떠나 주 안에 서라."라고 눈물까지 흘리며 말한다.(빌3:18-19,4:1)

공간적으로 이격(離隔)된 곳에 있는 자녀를 버려 둔 부모의 심정으로 부친 바울의 편지들은 분명 얘들이 몽학선생에게 오염될까, 잘못된 곳으로 이끌려 실족할까 염려하여 경각심을 고취하고 부축하여 세워두는 목적을 가지고 있었다. 말하자면 그 편지들은 올곧은 믿음과 순종의 효능 지속제, 승압기, 보조 추진 장치(Booster) 등의 역할을 감당하는 목적이 있었다.

"형제들아 내가 너희를 권하노니 너희 교훈을 거슬러 분쟁을 일으키고 거치게 하는 자들을 살피고 저희에게서 떠나라. 이 같은 자들은 우리 주 그리스도를 섬기지 아니하고 다만 자기의 배만 섬기나니 공교(工巧)하고 아첨하는 말로 순진한 자들의 마음을 미혹하느니라. 너희 순종함이 모든 사람에게 들리는지라, 그러므로 내가 너희를 인하여 기뻐하노니 너희가 선한 데 지혜롭고 악한 데 미련하기를 원하노라. 평강의 하나님께서 속히 사단을 너희 발 아래서 상하게 하시리라. 우리 주 예수의 은혜가 너희에게 있을지어다."(롬16:17-20)

고린도의 경험은 바울에게 새삼 길을 잃고 허둥대는 교회들에게 굳건한 기반을 다질 필요성을 여실히 보여 주었다. 예수 공동체는 영적으로나 공식 예배 절차가 무원칙, 무질서한 미혹에 빠져드는 것을 방지하기 위해 교회 구성원 간의 단합과 교회 간의 하나됨과 끈끈한 연결을 필요로 하였고 역사적 뿌리가 동일하다는 사실을 환기시키고 이 원칙을 분명히 해야 할 필요가 있었다. 바울의 원하는 바와 목표는 주님 교회의 통일성이었다. 통일성이란 예루살렘과 이방의 교회가 다양한 이질적 요소가 존재하여 상충할지라도 교통하며 극복하여 연대하고 격려하면서 믿음의 본질에서 하나됨이다. 모금은 이런 과업을 이룰 연결 수단 중 중요한 하나였기에 만약 예루살렘에서 헌금 수령이 거절되는 것은 물론이고 먼저의 사도회의 때처럼 명확하지 않고 느슨한 양보(?)만 얻는 정도여서 앞으로도 여전히 유대열심당들이 가는 곳마다 쫓아오며 훼방하기를 멈추지 않는다면 이 결속의 당위성이 위태하고 끊어짐의 불씨로 키워질 수밖에 없다는 사실을 바울은 잘 알고 있었다. 그에 의해 이방인에게 선포되는 율법에 무관한 복음의 진리, 온 세상 땅

끝까지 전파해야 한다는 선교의 필요와 당위성, 이것을 이번 기회에 한 번 더 소명하여 원교회의 윤허(할례 문제는 이미 해결되었다 하나 원교회 할례당 일부가 여전히 괴롭히는 상황으로부터)와 영적 지원까지 단서(먹는 문제 등) 없이 확실히 받아 내는 것이었다. 유대적인 원그리스도교의 묵시문학적 언약과 미래 소망으로부터 새 복음이 현재화되고 여태처럼 상호 배외적이지 않고 모든 믿는 인류에게 평등하게 계시되며 그들을 무지로부터 해방시키는 것만이 신의 은혜와 의와 능력의 성취(롬1:16,17)라는 그의 교리가 용해되고 수용되며 일반화되어 정립되도록 구호 성금을 힘입어 다시 한번 진력해 보고자 하는 것이다. 그의 이런, 더러는 독창적인 복음 선포(Kerygma)만 위해(危害)받지 않는다면 통일성을 위해서는 어떤 위험과 희생도 피하지 않겠다는 각오를 한 것으로 보인다. 그렇지 못하다면 향후 로마나 서반아 전도는 갈라디아나 고린도보다 더 어렵고 험난하지 않으리라는 보장이 없기 때문이다.

사도회의 때보다 더 개방적이고 이방적 관습이 가능한 한 많이 포용된 새로운 훈령을 야고보로부터 받아 내서 보강된다면 앞으로 그가 모르는 서방 세계 전도 현장(이미 복음이 들어간 곳)에서 있을 개연성이 충분한 충돌을 예방하고 방해를 극복하는 데 더할 나위 없이 유용하고 용이하지 않겠는가? 그런 만큼 야고보로부터의 보증과 영적 지원이 절실한 현실이 되었다. 이 일의 원만한 진행을 위해서는 야고보의 당부했던 바(갈2:10)에도 부응되고 원교회 유대회중의 감동과 연민, 인종 간의 동질적 연대감도 살 수 있는 물질 후원이 중요하다고 본 것이며 그래서 바울은 예루살렘행이 로마행에 앞선 필수 과정이라 여겼기에 용기를 내어 직접 진두지휘해서 간 것이다.(롬15:28)

그리고 보니 매회 선교 여행 마무리는 항상 예루살렘 방문이었다. 그것은 새로운 여행의 재시작점이자 활력소로 작용하였기 때문이기도 해서 몸은 열방에 있어도 마음은 늘 유대를 잊지 않고 있었다는 방증이기도 하다.

그동안 바울이 "먼저는 유대인이요 그 다음은 헬라인이라."라고 애써 여러 서신, 여러 단락에서 강조한 저의가 드러난다.(갈3:28, 고전1:24, 롬1:16,2:9-10) 그래서 이번에는 일부러 많은 동역(同役) 이방인을 대동하였다. 이유는 현지의 이방 선교 열매를 직접 보여 줌으로써 그들의 믿음과 신실함을 야고보와 장로들에게 각인시키고 "먼저는 유대인이나 이방인도 차별않으신다."라는 성경말씀을 빌어 노증(露證)하고 싶었을 것이다.(창12:3, 사43:6-9, 롬10:12)

"유대인은 표적을 구하고 헬라인은 지혜를 찾으나, 오직 부르심을 입은 자들에게는 유대인이나 헬라인이나 그리스도는 하나님의 능력이요 하나님의 지혜니라."(고전 1:22-24)

그러나 바울은 보여 주기 식으로 비할례인 대동이 예루살렘 현장에서 오히려 나쁜 결과를 촉발하는 불씨가 될 것이라는 현실은 면밀히 예측하지 못하였다.

정경에서 보면 로마서는 바울이 로마에 가기 전에 쓴 마지막 일반 편지이자 유서이다.[8] 원교회와 성도를 섬기러 사지(死地; 예루살렘)에 간다고 밝힌다.(롬15:25, 행21:12,13)

비록 거기가 적들의 본거지이나 성전이 있는 곳이며 주께서 세우셨던 열한 제자들이 주거하는 성도(聖都)여서 자기뿐만 아니라 그리스도인들의 마음의 행로(行路)이자 발판이요 정처(定處)이기도 해서 결코 이 지경을 건너뛰거나, 업신여길 수 없는 선교의 시작이요 원천(原泉)이기 때문이다. 세상의 중심과 끝을 향해 가야 하는 지금이 그동안 얽힌 실타래를 풀어 놓고 고쳐 감아서 해결을 받아야 할 시점이고 변곡 시점인 것이다.

그런데 해상 장도에 적들의 살해 기도가 있다는 소식 때문에 마케도니아에서 육로로 우회하여 일부러 제자들과는 다른 곳에서 승선, 항해, 하선, 조우(遭遇), 환승을 반복하고 밀레도에 도착하여 에베소 교회 장로들을 은밀히부른 마지막 만남의 자리에서 역시 거행을 만류하는 그들에게 "예루살렘에서 무슨 일을 당할지 모르지만(행20:22) 나의 달려갈 길과 복음 증거 일을 마치려 함에는 내 생명쯤은 아무것도 아닌 것으로 여긴다."(행20:24)라고 말하며 유언하듯 비장한 결심까지 밝힌 것이다. 이미 어떤 불운 가능성을 각오하고 주님의 도우심만 의지하기로 마음을 정했음이 분명하다.

보른캄(Bornkamm)의 제자인 윌킨스(Ulich Wilkins)나 훅스(E.Fuchs) 등은 로마서를 예루살렘에 갔을 때 자기 변호를 위한 서신, 다시 말해 '예루살렘이 다른 수신인'이라고 주장하기도 한다. 로마서 내용이 갈라디아서와 달리 복음의 원주인이 유대인이라며 여태 주장해 온 바와 다른 논조로 수정되어 재삼 강조하는 그 설파 의도가 간파되기 때문이다.(롬7:12,13:8) 부차적(?)인 구제 성금의 성격에 대해서는 이방인이 그들(원교회인들)의 영적인 것을 나눠 가지는 빚을 졌으니 물질적인 것으로 그들을 섬기는 것이 당연한 도리라며 미상불(未嘗不) 지원을 받을 원교회의 체면을 보란 듯 배려하기도 하고.(롬15:27)

바울은 로마에 간 적이 없고 수신인 대부분이 어떠한 사람인지도 모른다. 로마의 그리스도 공동체 사정에 대해서는 아마도 부르스길라 등으로부터 전해 들은 소식 정도의 지식만 가지고 있었을 것이다. 따라서 로마서를 쓴 동기는 지금까지 자기가 주장하고 설파한 서신들의 내용을 곡해하거나 거부하는 비동조자들, 특히 예루살렘 심지어 고린도, 갈라디아 지역의 신도들에게 까지 읽히기를 바라고 적은 것 같은 내용으로 점철되어 있기 때문이다. 자기가 저질러 퍼트려 놓은 논란의 예봉(銳鋒)을 무디게 하여 수습하려는 의도가 담긴 글월이 로마서이다.

이방인과 유대주의자들에게는 여전히 이신칭의를 강조하면서도 갈라디아서 때와는 다르게 열광적 자유주의자들에게는 완고하게 윤리, 도덕, 나눔, 사랑을 권고하면서 달라진 자신의 본모습을 보이려 하고 있다.

예수를 전하지 않았다

바울은 이방인에게 복음 선포를 위해 자신이 성별된 부름을 받고 보내심을 받은 자라고 여기는 사람이다.(갈1:15, 롬1:1) 신, 자신이 그가 임명한 사자들을 통하여 말씀하고 역사하신다는 것이다. 이 사명을 받은 사신으로서의 자격을 강조하여 주지시키고 그것을 이행하기 위해서 골몰하다 보니 예수의 역사적 사실이나 육신적인 사역과 말씀, 인간적 면모들을 전하는 데는 상대적으로 의도하지 않은 소홀함을 보였다.

다시 말해 지상의 예수를 제대로 전하지 못했다는 것이다.[8]

바울의 정경 서신서에는 예수님의 공생애 사역과 행하신 이적, 가르치신 말씀들에 관한 보도나 예시가 거의 없다시피 하다. 예수의 말씀을 계속 가르침받고 그대로 전파하기 위해 그다지 노력하지도 않아 보인다. 회심 전후에 얻어 들은 몇 가지 사소한 말만 옮길 뿐(고전7:10,11,9:14,11:23, 살전4:15) 산상 설교의 팔복론, 나사렛 예언자로서 말씀한 하늘나라 비유, 바리새인이나 서기관들과의 논쟁, 유대인이 혐오하는 세리와 부정한 여인, 병약자, 문둥병자와 접촉하며 보이신 치유 행적, 어린아이 사랑(마18:5), 주기도문(눅11:1)등 예수님의 중요한 가르침에는 일언반구도 없다. 예수의 언행 대신 십자가 사건 이후에 전개된 결과를 자신만의 판단으로 체계화하여 수사학적으로 의미화, 신비화하여 얘기할 뿐이다. 십자가에 못 박힌 분(갈3:1, 고전1:23), 율법 아래 태어난 다윗의 씨(갈4:4, 롬1:3), 자기를 기쁘게 아니한 분(롬15:3)이라는 정도의 누구나 보지 않고도 할 수 있는 추상적 인물 소개에 그칠 뿐이다.

Bultmann[50-1]은 바울이 역사적 예수를 거의 알지 못했고 잘 알려고 하지도 않았다고 말한다.

주님의 산상수훈 중 율법관 가르침은 그가 몰라도 한참 모른다.

거짓 전도자들의 복음에 현혹되면 안 된다고 으름장을 놓는다.

"다른 복음은 없나니 다만 어떤 사람들이 너희를 교란하여 그리스도의 복음을 변하게 하려 함이라. 우리가 전에 말하였거니와 내가 지금 다시 말하노니 만일 누구든지 너희가 받은 것 외에 다른 복음을 전하면 저주를 받을지어다."(갈1:7-9)

수십 년 후에 마태와 그의 도제(徒弟)들이 썼다고 추정되는 복음서는 바울의 반율법 성향에 결정타를 날린다.

"내가 율법이나 선지자를 폐하러 온 줄로 생각하지 말라. 폐하러 온 것이 아니요 완전하게 하려 함이라. 진실로 너희에게 이르노니 천지가 없어지기 전에는 율법의 일점일획도 결코 없어지지 아니하고 다 이루리라. 그러므로 누구든지 이 계명 중의 지극히 작은 것 하나라도 버리고 또 그같이 사람을 가르치는 자는 천국에서 지극히 작다 일컬음을 받을 것이요 누구든지 이를 행하며 가르치는 자는 천국에서 크다 일컬음을 받으리라. 내가 너희에게 이르노니 너희 의가 서기관과 바리새인보다 더 낫지 못하면 결코 천국에 들어가지 못하리라."(마5:17-20)

실제로 복음서들의 구원은 믿음의 문제일 뿐만 아니라 실천의 중요성을 강조하고 있다.

다만 바울 서신서에서 예수님의 말씀이나 가르침을 인용하는 구절이 소수 발견되는데 나열해 보면 고전7:10,11(이혼하지 말라), 고전9:14(전도자는 복음 덕분에 살리라), 고전11:23-25(마지막 성찬 축사) 정도인데 그마저 전승 청취나 예배 의식 참여만으로도 배울 수 있어 누구도 기술 가능한 것들이다.

바울이 예수님 말씀을 인용하는 서신 구절들의 예는 뒤에 일별(一瞥)해 보기로 하겠지만 전반적으로 볼 때 선포자를 선포되는 자로 만들면서 죽음, 부활, 승천 이후, 재림, 종말론, 구원론 등 예수님의 아이템에 자신만의 한정된 지식을 얹어 변개적 논조로 겹겹이 포장하여 과부하(誇負荷)시켜 쌓아 둔다.(딤후4:17)[3],[4]

몸 안에 있을 때였는지 밖에서였는지 모를 때(고후12:2-4)에 부활하신 예수를 만났고 면담했던 장면을 회상하던 바울은 어느 순간 정신이 번쩍 들게 되었다. 율법에 열성이면서도 해결되지 못하는 인간 세상의 삶 자체를 고민해야 했던 자신을 돌이켜 보게 되었을 것이다. 그가 통달했던 성경과 선지서 말씀들에서 예수상이 자꾸만 겹쳐 보였을 것이다.

바울은 예수를 누구이며 어떤 인물로 이해했는가? 무엇을 위했고 얻으려고 죽음을 택했는가? 바울의 사고영역(思考領域)이 이러한 방향으로 굴절, 선회되기 시작한 것은 다메섹 사건이 도화선 불꽃이다. 예수를 실체로 보지 못했기 때문에 쓸 수 없었겠지만 그래서인지 스스로도 '사도라 칭함 받기를 감당 못할 자'라고 자평할 때가 있는데(고전15:9) 그럼에도 불구하고 방어적 변명을 위해 하나님께서는 오히려 약한 자, 없는 자, 미련한 자, 천한 자를 택하시고 그 대척의 보수자를 폐하시고 부끄럽게 하신다고 집요하게 에둘러 우회 자변한다.(고전 1:27,28)

"이는 아무 육체라도 하나님 앞에서 자랑하지 못하게 하려 하심이라."(고전1:29)

도리어 바울은 이런 태생적 조건의 어려움에도 망설이지 않고 목표를 고착적으로 이방인에게로 설정하여 왕성한 열정과 동력을 바탕으로 한 전도여행과 그의 장기인 현란한 문서 선교(고후3:1-3)를 통하여 자신이 개발한 독특한 교리와 정교하고 수려한 용어 창출로 설파하기를 멈추지 않는다. 교인들에게는 여태 듣고 배우지 못했던 성격의 메시아, 육화된 하나님, 부활신앙, 화목 제물, 소망 공동체, 예수 재림 시기의 설왕설래, 구원의 현재화, '하늘나라 시민(빌3:20)', '하나님의 밭(고전2:9)', '그리스도의 향기(고2:15)요 편지(고후3:2,3)', '그리스도와 연합(롬6:3-5)', '양자의 영(롬8:15)', '하나님의 자녀요 상속자(롬8:15-17)' 등 놀랍고 대단히 감성적이고 신비적이고 논란적(論難的)이며 결코 예수님 어록이라고는 생각되지 않는 새로운 내용과 단어투성이의 명언을 꾸며서 내놓는다.

십자가에 달려 죽은 예수의 불가사의한 부활에만 집중하여 이를 믿게 하기 위해서 교리를 개발, 선포하고 묵시 문학적 울림을 줄려고 집요하게 노력하였던 것이다. "주께서 내 곁에 서서 나에게 힘을 주심은 나로 말미암아 선포된 말씀이 온전히 전파되어 모든 이방인이 듣게 하려 하심이니 내가 사자의 입(刑執行)에서 건짐을 받았느니라."(딤후4:17)

그러나 바울은 늘 십자가와 부활의 의미를 이해시키고 설득하는 데 어려움을 느꼈으며(행4:2,23:6) 대적하는 사람들을 기피하거나 소극적으로 대하다가도 정 곤란에 처하면 정면에서 십자가 죽음의 의미와 그리스도가 우리 죄를 대속하는 메시아임을 정면 도전하며 갈파하고 비방의 풍랑을 헤쳐 나간다.

"우리는 십자가에 못 박힌 그리스도를 전하니 유대인에게는 거리끼는 것이요 이방인에게는 미련한 것이로되(고전1:23), 십자가의 도가 멸망하는 자들에게는 미련한 것이요 구원을 얻는 우리에게는 하나님의 능력이라."(고전1:18)

유대인은 멸망하는 자요, 이방인은 십자가로 말미암아 구원받을 자라는 부등식이다. 언약적 신율주의는 그 안에서 죽음을 의미하며 믿음의 의는 새 생명이다.

"우리는 구원 얻는 자들에게나 망하는 자들에게나 하나님 앞에서 그리스도의 향기니 이 사람에게는 사망으로 좇아 사망에 이르는 냄새요, 저 사람에게는 생명으로 좇아 생명에 이르는 냄새라. 누가 이것을 감당하리요. 우리는 수다한 사람과 같이 하나님의 말씀을 혼잡하게 하지 아니하고 곧 순전함으로 하나님께 받은 것같이 하나님 앞에서와 그리스도 안에서 말하노라."(고후2:15-17)

"진리에 관하여는 저희가 그릇되었도다. 부활이 이미 지나갔다 하므로 어떤 사람들의 믿음을 무너뜨리느니라."(딤후2:18) "그리스도께서 만일 다시 살지 못하셨으면 우리의 전파하는 것도 헛것이요, 또 너희믿음도 헛것이며"(고전15:14) "또 우리가 하나님의 거짓 증인으로 발견되리니, 우리가 하나님이 그리스도를 다시 살리셨다고 증거하였음이라. 만일 죽은 자가 다시 사는 것이 없으면 하나님이 그리스도를 다시 살리시지 아니하셨으리라."(고전15:15) "만일 그리스도 안에서 우리의 바라는 것이 다만 이 생뿐이면 모든 사람 가운데 우리가 더욱 불쌍한 자리라."(고전15:19) "또 죽은 자들 가운데서 다시 살리신 그의 아들이 하늘로부터 강림하심을 기다린다고 말하니 이는 장래 노하심에서 우리를 건지시는 예수시니라."(살전1:10)

세상이 그리스도의 십자가 대속을 부정하고 부활이 없다(고전 15:12), 지나 갔다(딤후 2:18) 하면 하나님의 '의', 아니 하나님 성실하심 자체를 인정 않겠 다는 것이 된다. 하나님의 '은혜', '긍휼', '성령', '속죄', '구원', '예정', 성경 에 기록된 모든 것이 미신이고 신비적인 말뿐이 되기 때문이다. 여기서 바 울의 '오직 믿음' 강조의 동기와 충정이 이해된다.

그래서인지 생전의 갈릴리 예수 가르침을 말하지 않고 십자가 죽음과 부 활 이후, 현재의 복음 사건의 소리, 즉 믿음에 의한 의인의 소식만 중점을 두고 그 의미의 심오함을 일깨운다. 바울이 말하는 '믿음'의 목적격 언어는 십자가의 피와 부활 신앙이다.

따라서 지상 예수의 보수 유대 개혁적 선포와 바울의 교회 소식에는 확연 히 다른 근간의 가르침이 있다. 바울이 들려주는 소식에서는 "예수님이 말씀 하시기를……." "예수님 가라사대……." 같은 전제 문구가 없다. 나사렛 랍비의 예언, 이적(異蹟)의 소개, 세리와 죄인의 친구, 바리새인이나 서기관들과의 논쟁, 신의 나라 비유 등 전형적 인간 예수의 모습이나 성전 개혁 열망 같은 예수님의 진면목을 소개하는 적이 없다. 이것은 순전히 원제자들의 몫으로 제쳐 둔 것이거나 자기 복음 선포를 위하여 감추어 둔 것은 아닐까?

"저가 모든 사람을 대신하여 죽으심은 산 자들로 하여금 다시는 저희 자신을 위 하여 살지 않고 오직 저희를 대신하여 죽었다가 다시 사신 자를 위하여 살게 하려 함이니라. 그러므로 우리가 이제부터는 아무 사람도 육체대로 알지 아니하노라. 비 록 우리가 그리스도도 육체대로 알았으나 이제부터는 이같이 알지 아니하노라."(고후 5:15,16)

"내가 너희 중에서 예수 그리스도와 그가 십자가에 못 박히신 것 외에는 아무것도 알지 아니하기로 작정하였음이라."(고전2:2) "내게는 우리 주 예수 그리스도의 십자가 외에 결코 자랑할 것이 없노라."(갈6:14)

오로지 그리스도의 십자가 죽음과 부활, 그 의미만 강조한다.

자신이 발견한 부활하신 메시아사상에 따라 선지자들의 선민사상에 따른 메시아사상을 갱신하는 것이다.[45] 십자가 부활 이전 것은 지나간 과거사이므로 이제부터는 앞날에 일어날 고난과 영생과 하나님의 영화에 이르기에 요구되는 구원론에 집착하고 이것이 자기의 몫이므로 자기가 이제부터는 새로 가르치겠다는 것이다.

"아무 것도 염려하지 말고 다만 모든 일에 기도와 간구로, 너희 구할 것을 감사함으로 하나님께 아뢰라. 그리하면 모든 지각에 뛰어난 하나님의 평강이 그리스도 예수 안에서 너희 마음과 생각을 지키시리라. 너희는 내게 배우고 받고 듣고 본 바를 행하라. 그리하면 평강의 하나님이 너희와 함께 계시리라."(빌4:6-9)

예수께서 너희에게는 말씀하시지 아니하셨다 하더라도 내가 전하는 대로 믿고 감히 자기를 본받으란다. 이것만이 자기가 주께로부터 부여받은 직무라는 것이다. 누구나 차별 없이 하나님과 친해지고 그리스도 부활만 믿으면 구원은 해결된다는 것이다.

"그런즉 누구든지 그리스도 안에 있으면 새로운 피조물이라. 이전 것은 지나갔으니 보라! 새 것이 되었도다. 이는 하나님께서 그리스도 안에 계시사 세상을 자기와 화목하게 하시며 저희의 죄를 저희에게 돌리지 아니하시고 화목하게 하는 말씀을 우리에게 부탁하셨느니라. 하나님이 죄를 알지도 못하신 자로 우리를 대신하여 죄를 삼으신 것은 우리로 하여금 저의 안에서 하나님의 의가 되게 하려 하심이니라."(고후5:17-21)

앞절 어디에서 말했듯이 과연 바울이 예수님 전기에 대해서 잘 알지 못했기 때문에 말씀 인용이 미약했던가?

꼭 그렇지는 않을 것이다. 그는 다메섹과 안디옥 공동체, 빌립보와 에베소 등지 여행 중 자기보다 먼저 예수를 따르고 믿은 숱한 디아스포라 교인들과 시간을 같이하였고 배우고 토론에 참여하였다. 여기서 그는 예배의 제의(祭儀)와 말씀을 전승받아 익히고 깨달았던 것이다.

그렇지만 Q 복음서의 존재나 마가가 복음서를 집필한다는 사실은 바울 인생의 마지막까지 아마도 몰랐을 것이다. 과연 바울은 무지하여 자신감 결여로 예수를 전할 수 없었을까?

지금껏 바울의 예수 소식 함구(緘口)에 대한 우리의 인식과는 달리 바울서신중 예수님 말씀을 끌어 쓰는 대목이 드물지 않다. 특히 말썽 많은 고린도 교인들과 시시비비에서 예수님 어록에 많이 의지한다. 예를 들면 예수님 최후의 만찬사(고전11:23-26), 결혼과 이혼 문제(고전7:10,11, 마19:6, 막10:9), 음식 규례(레11장)의 준수 여부(롬14:14, 마15:10,11), 전도자의 보수에 관한 당위성(當爲性, 고전9:14-17, 마10:10, 눅10:7), 세상 지혜 있는 자들에 대한 경고(고전1:25,2:7-8, 마11:25, 눅10:21) 그리고 데살로니가 교우들의 종말에 이미 죽은 자들이 구원 심판에서 제외될까 하는 우려(살전4:15-18, 마24:30-31)와 종말 도래의 시기(살전5:2, 고전15:52, 마24:43, 눅12:39,40)에 대한 위기감을 정정해 주는데 복음서를 통하여 우리가 알고 있는 예수님의 말씀이 바울에 의하여 재조명되는 것을 볼 수 있다. 특히 이혼(고전7:12)과 독신주의 장려의 경우(고전7:6,7:25-40)는 예수 말씀이 아니라 자기 생각임을 밝히는 친절성까지 보인다.

바울이 4복음서 내용 중 얼마큼이나 예수를 알고 있었을까?

아니다. 복음서들은 바울 생시에는 세상에 있지도 않았다. 복음서(외경 포함)들은 수십년후에 예수님의 삶과 가르침에 대한 기억들을 종합하여 후예들이 정리한 것들이다.

이 사실을 기억해야 한다. 주님의 말씀은 복음 서술자와 대필자들의 기억이 가물가물했을 당시에 써진 복음서들보다 바울의 것이 문서화된 첫 소식이며 역사성이나 시간적으로 본다면 더 진실에 근접하다고 보아야 한다.

그러면 바울은 예수 어록 정보를 어디서 구했을까? 이미 말했듯이 기존 교인과의 교류를 통해서이다. 바울에게 있어서 사도적 의미는 그에게 위임된 복음에 근거를 두고 있다.(롬1:1-17)[8] 택함과 부르심 받음은 '이방인의 사도'로 여태 알려진바 없는 하나님의 비밀 소식을 전하는 목적의 것이다.

야고보

이제는 베드로를 위시한 사도들도 떠나고 헬라파도 없이 유대파 교인만 남은 예루살렘 교회는 예수님의 동생인 야고보가 리더였다.

야고보는 '의로운 사람'이다. 청렴할 뿐만 아니라 신앙심이 두터웠으며[처음에는 갈릴리 이웃 사람들은 물론 같은 식구(마리아와 4남 2녀)마저 예수를 미더워 하지 않았으나(마12:46, 막3:21-31, 눅8:20, 요7:5) 후에 형의 예루살렘 진출을 권유한 장본인이다(요7:3)] 율법도 철저하게 준수했고 무엇보다 가난한 사람을 위해 애썼으며 사유 재산을 소유하지 않았다. 진종일 무릎 꿇고 너무나 열심히 기도하는 바람에 '굳은 낙타 무릎'의 사람이라는 별명을 얻기도 했다. 성품이 온화하고 남다른 이해심과 사리 분별력도 겸비한 그는 신흥 종교에 대한 유대인의 비난과 질시, 참소(讒訴)에 잘 대응해 왔다. 아무튼 야고보는 예루살렘 교회에서 '기둥처럼 여겨지는 사람(갈2:9)'이었다. 정경에서 별로 큰 비중을 주지 않지만 우발적(?)으로 언급되어(막6:3,15:40, 갈1:19, 고전15:7) 우리의 호기심을 자아내는 야고보는 열두 제자 중 하나가 아니었고 사도의 자격을 말하는 사도행전 기준(행1:21,22)에도 배제되는데 정경에서는 비중이 약한 것 같으나 예루살렘 초기 교회(AD30-65)에서 두드러진 지도자로 1세기 바리새인 사가(史家) 요세푸스에 의해 언급됨은 경이롭다.[11] 제사장 풍의 망토를 착용하고 성전 제의에 빠짐 없이 참석하는 모습이 유대인들의 눈에 자주 목격되어 여러 바리새인의 호 감을 얻었기 때문이다. 요세푸스가 예수를 직접 본 것은 아니다.(37년생) 많은 사람을 몰고 다녔던 세례요한과 예수를 전설로 들었고 그의 동생 야고보를 동격으로 갈릴리 지방 출신의 현자(賢者)로 본 것이다. 유대파 교인들에게 야 고보는 메시아와 직통하는 동복형제(同腹兄弟)이고 교회의 살아있는 수장(首長)이었다. 초기 기독교 역사가이며 가톨릭교에서 성인으로 받드는 헤게시푸스(Hegesippus, AD110-180)에 따르면 일반 시민뿐 아니라 제사장들도 그를 칭송했으며, 그의 영향력을 빌어 그의 죽은 형 예수를 사람들이 메시아로 부르지 못하게 해 달라고 부탁할 정도였다고 한다. 바리새인들에게는 하찮은 시골 마을 나사렛 출신인 목수 아들이 장차 오실 메시아라는 것은 고대 선지자들의 예언 어디에도 없을 뿐만 아니라 왕 되실 이가 반역죄로 당시 시대에 치욕의 극치인 십자가형까지 당하다니 결코 받아들일 수 없고 거짓 예언자이거나 당시 중흥하던 열심당 신흥 종파 교주 중 한 사람일 뿐이었다.(마27:37-40, 막15:18,19, 눅23:3, 요19:3) 바울도 십자가 유대인 전도의 어려움이라고 하소연을 한 적이 있다.(고전1:23) 그런 이유로 복음서는 수리아 총독 퀴리나우스가 유대를 포함한 전 관할 지역 인구 조사를 실시할 때에(눅2:1,2) 요셉 부부가 다윗 동네 베들레헴에 와서 예수를 출산한 사실을 적시함으로써 구약의 메시아는 베들레헴에서 난다는 예언에 부응한 사실을 그들은 꿰맞춘 것이라고 무시하였다.(미5:2, 마2:1-9, 눅2:11, 행2:30)

이스라엘 백성의 바벨론 포로 생활부터 세 차례에 걸친 대귀환이 끝나는 BC400년경부터 주후 1세기까지의 역사 전개는 성경 문서적 공백 기간으로 신, 구약 정경에서는 물론이거니와 중동 역사학에서도 자세히 찾아보기 쉽지 않다. 서양 역사가들은 이 조그만 가난하고 미개한 나라에 별 관심이 없었던 것이다. 당시 유대사회는 매우 혼란하였다. 때와 곳을 가리지 않고 거짓 메시아, 예언자, 퇴마사, 축귀자(逐鬼者), 열심당원(Zealot)과 비적들이 무수히 출몰하여 괴담으로 혹세무민하거나 약탈과 폭동을 일으키고 홍길동처럼 기득권자들이나 부자로부터 빼앗은 재물을 가난한 자에게 흩기도 하며 로마에 충성하는 유대 지도층과 로마 총독 군대에 적개심을 드러내고 대항하였다.(막13:22) 이들의 공통점은 한결같이 로마의 압제와 이에 부응하는 세습적인 대제사장이나 분봉왕에 대한 적개심 분출과 징벌적이며 폭력적인 신의 메시아 도래에 대한 종말론적 기대와 열망이었다.[14,20] 이러한 시대적 혼돈기(제2성전 유대사회, BC200-AD200)에 로마에 아첨하며 기득권을 누리는 하스모니안 왕가 이래, 비아론지파면서 대물림하는 귀족 제사장이나 서기관들(행4:1-6)에게는 이들이 끊임없는 위협이 되었고 그중 비폭력적이지만 예수를 믿는 무리가 반바리새적 세력을 키우니 두렵지 않을 수 없었다.

세례요한의 아버지 사가랴 집안(눅1:5) 같은 하층 제사장들의 유일한 소득원은 십일조인데 이를 탈취, 착복하고 정적들을 제거하는 등으로 악명이 높았던 대제사장 요나단은 폭동이 일어 도망을 하다 헤롯이 중수(重修)한 성전 '이방인의 뜰' 군중 속에서 시카리(Sicarii) 단도단(短刀團)에 의해 암살을 당하는 사건이 발생하였다.[요세푸스에 의하면 이 단도단은 총독 벨릭스가 몰래 사주(使嗾)하였다고 한다][11] 사도 야고보가 순교하고 베드로를 위시해서 사도와 제자들이 이방으로 도피한 시기, 즉 예수님 동생 야고보가 교회 수장이 된 시기는 유대열심당(Zealot)을 위시로 사회가 극열 보수적으로 들끓던 때이며 로마 총독이 무자비하게 이들을 도륙하던 시기이다. 따라서 야고보로서도 이런 분위기에서 바울의 행태 때문에 예수교가 과장된 반유대교, 반로마적 종파로 또 정치적으로 몰리는 몹시 위태로운 환경에 있었다.

일반적으로 유대 제사장은 레위지파 아론의 후손들로서 태어나면서부터 육체적 결함만 없으면 성전과 제사의전에 종사하는 운명이 지어졌다. 개인 재산이나 소득이 없으므로 대개 역할 위상과 달리 부유하지 않았지만 여기서 말하는 대제사장은 앞서 말했듯이 달랐다. 헤롯의 치적이랄 수 있는 예루살렘 성전중수, 증축(聖殿重修, 增築)이 끝나고 제사장 가계의 소규모 씨족, 즉 솔로몬 때 대제사장이었던 사독의 후손(사두 개인)들로 세습되어 온 이들 대제사장 부류는 정치와 권력에 아부하며 관직에 진출하여 재물에 맛을 들인 부패 집단으로 여겨지던 시절이었다. 게다가 헤롯 왕가 때부터 대제사장은 비레위지파계 사람들로 바뀌기 시작한다. 헤롯가(家)는 에돔인으로 이두메 출신인데 하스모니아 왕가의 힐카누스가(家) 고문(顧問) 헤롯 안티파터가 일으킨 가문으로(BC37-4) 정통 유대계가 아니다. 시리아와 유대를 침공한 파르티아(페르시아)군에 의해 유대 왕으로 임명된 안티고누스와 전쟁을 벌여 승리한 공로로 시저(Caesar)가 유대 왕으로 세운 후 하스모니안계를 모두 숙청하였던 것이다.(본 권 말미의 '성경 외 역사 연대기' 참조)

예수님 당시의 갈릴리 분봉 왕 헤롯은 그의 아들이다.(BC 4-AD 39)

세금 징수란 미명으로 성전 금고를 탈취하던 부패한 총독 베스도가 사망하고 에집트에 있던 후임 총독 알비누스가 늦장 부임하는 공백기에 예수님 동생 야고보를 불법적(사형 언도 및 집행은 로마 총독의 권한이었다.)으로 바리새 군중을 동원, 돌팔매질로 죽게 한 대제사장 아나누스 2세(Ananus)의 극악무도한 전횡도 있었다.(AD 62) 그는 사회 지도 계층을 비난하고 가난한 천민을 사랑하고 위하는 예수와 야고보를 눈에 가시 같은 존재로 인식한 대제사장 가야바(마 26:57)의 사위로 직분을 세습받아 야고보를 제거할 기회를 잡은 사람이다. 그는 이 일 때문에 유대인 일부의 항의가 들끓어 폭동을 우려한 알비누스 총독에 의해 내려오고 예수스(담네우스의 아들)로 직이 교체되었다. 가히 1세기 팔레스타인 유대사회는 묵시의 시대였다고 한다.[요세푸스(Flavius Josephus)의 유대 고대사(Antiquitcs juives), AD94][11]

당시 극열당파와 달리 신앙의 순결성을 지키며 어느 면에서는 친야고보 성향의 소수 가난한 유대인 일부를 에비온파(Ebyon)라 이름하여 분류한다. 에비온은 '가난한 자'의 히브리어인데 예루살렘 유대 기독교인 일부가 스스로 자기들을 이름하였다. 이들 중 일부는 칠 남매를 출산한 마리아의 동정녀설을 부정하였다.(예수님 사체를 자기네 무덤에 안장한 아리마대 요셉이 에비온파였다.) 또한 쿰란(Qumran) 공동체처럼 사해 북서쪽(여리고 남쪽) 동굴 속에 숨어서 혼돈한 세상을 멀리하고 다윗과 모세 같은 선지자와 아론 반열의 제사장이 나타날 시대가 도래하기를 믿고 기도하며 금욕적 삶을 이어 가던 에세네파(Essenes)는 사두개, 바리새파와 함께 당시 유대 3대 계파를 이루었으나 AD 68 이후 로마의 소탕 작전으로 멸절되었다. 에세네파는 원래 바리새파와 함께 하스몬 왕조의 민족주의자와는 다른 '충성된 무리들(Hasideans, 마카비1서2:24,7:13)'이라 불리던 무리의 소수 유대분파이다.

註) 하스모니아 왕조(셀류코스 왕조에 대항한 마카비 형제의 군사 혁명으로 세워짐)가 정권, 군사력, 대제사장직까지 차지한 암울하고 혼란한 시대에 에세네파는 AD 70년까지 2세기 동안 쿰란 지역 토굴에서 공동체 생활을 하였는데 1947년 여기 열한 개 동굴에서 그 유명한 소위 사해사본(死海寫本, Dead Sea Scrolls)이라는 장서 유물 양피지 두루마리가 무더기로 발굴되었다. 이 잔존 장서는 100여 권의 히브리어로 된 구약 필사본으로 에스더서를 뺀 구약서 모두를 망라하고 있다. 이러한 발견은 이전까지 현존했던 최고 사본과의 사이에 불충분한 유대 역사 기록의 시간적 공백 1,000년을 해명해 주는 의미가 있다. 기타 외경 이외의 사해사본으로는 헬라어로 기록된 마가복음, 요한복음, 사도행전, 솔로몬의 지혜서 사본이 기드론 골짜기 수도원 터에서 발굴되기도 했다.

이 무렵, 바울과 원사도들과 야고보가 죽고 사라진 속사도 시절, 즉 이스라엘이 멸망의 길로 접어든 시점(AD70-130)에는 원교회에서도 유대교의 품에서 비롯된 세 종파가 생겨났다. 이른바 첫째가 나자렛파(nazaréens, 히브리어 마태복음만 사용, 信 예수 신성&동정녀 탄생을 믿음), 둘째가 에비온파(ébionites, 바리세파 유형, 바울 사도직 불인정, 그리스도인의 할례 강요), 셋째가 엘카사이파(elkesites, 동정녀 탄생 부인, 예수를 영(靈), 천사장이라 부름)를 이름이며 로마제국 디아스포라 세계에서는 소

위 영지주의 종파들이 태동하고 분열하였다.[47]

참고로 구약 역사 종결 시점과 예수님 탄생, 및 로마 국교 선언까지의 유대 및 주변 국가의 역사적 사건들을 연대기별로 정리하여 독자의 이해를 돕고자 한다. 동시에 하나님이 어떻게 역사하시는지 그 이후의 역사진 행을 생각해 보자.

말미에 도식한 부록 별표 1과 3은 성경의 역사기 외(外) 세계사적 및 기독 사상사 연대기를 필자가 조합해 본 것이다. 참고하기 바란다.

각설하고 되풀이되는 이야기지만 바울의 언행 활동이 일파만파로 커진 데다 당사자가 예루살렘으로 직접 왔기 때문에 당황한 야고보는 급기야 그를 교회 공의회에 소환한다.[누가는 바울의 3차 예루살렘 방문은 안디옥 교회가 바나바 등과 할례, 음식 문제 등에 관한 의견 충돌로 물의가 있어서 안디옥 교회가 원교회 수장 야고보의 판단에 맡겨 이 문제를 판결해 주기를 바라고 자발적으로 보낸 것으로 기록하며 4차 방문도 소환이 아니라 자발적인 방문으로 보도한다.(행15:2,19:21)]

여하튼 바울의 방문이 야고보로서는 그렇지 않아도 교회를 이끌기 어려운 제반 난제가 쌓이는 마당에 보태어 처리하기 어려운 숙제를 하나 더 안기는 달갑지 않은 사건이었다.

앞서 기록했듯이 바울은 예루살렘 성도를 섬기기 위하여 로마와 서반아 선교를 위한 원대한 꿈을 뒤로 미루고 이방 교회에서 장기간 애써 모금한 헌금을 가지고서 도중에 탈취나 살해 위험이 예견되는 예루살렘행을 감행한 것이다.(롬15:25) 일행이 가이사랴에 당도하여 빌립의 집에 유숙할 때에 유대에서 온 아가보란 사람이 와서 그의 구금을 예고하는 것이었다.(행 21:10,11) 그가 아마도 예루살렘 분위기와 야고보의 긴급 소환 명령(?)을 전달한 것 같다. 왜냐하면 바울이 예루살렘에 도착했을 때 모든 절차가 사전 준비된 듯이 바울의 문책과 사후 처리를 유수(流水)처럼 진행한 것(행21:18-26)을 봐서 그렇고 야고보의 일 처리와 언사를 봐서도 그렇다.

그런데 야고보가 바울 맞이로 준비했던 세정(世情) 무마 계획(행 21:24)이 결과적으로 빗나가고 야고보를 설득해 보려던 바울의 계획도 기회를 얻지 못해 뜻대로 되지 않고 이미 모두가 우려했던 바대로 최악의 방향으로 사건이 전개된 것이다. 설사 야고보가 유대 당국을 통해 바울을 징벌하려 계획한 것이 아니었지만 일이 그렇게 나쁜 방향으로 악화될 것을 예견하지 못했다 하더라도 애초에 바울의 예루살렘행을 반대한 사람들과 입장을 같이 한 동행인이며 증인인 누가(행21:12)가 이 모든 것을 보았으면서도 사실 기록을 외면, 누락하고 되려 아름답게 각색하고 있다.(행21:17)

이 무렵 예루살렘에는 베드로와 사도들이 열방으로 나가고 없었고 헬라파 유대그리스도인들도 철수하였으므로 교회는 더욱 보수유대화되었고(행 21:20) 야고보는 장로들을 소집하여 벼르고 기다렸다는 듯 바울 일행을 대기하고 있었으며 전번처럼 비호해 줄 바나바나 실라 같은 이는 안디옥으로 가버린 지 오래라 유력한 헬라파 유대인 교인 우군은 전무한 상태였다.(행 21:18) [누가는 예루살렘 형제들이 오히려 그들을 반겨 기꺼이 영접하였다고 기록하고 있다.(행21:17)] 하지만 사실은 바울 일행이 그들의 믿음과 원교회를 받드는 진정성을 보여줄 사절로 비할례 헬라인들만 잔뜩 대동해 온 것이 역으로 원교회인들의 분노를 부추긴 셈이 되었다. 그렇다 해도 금전을 받고 환대하고 사안울 영입하라는 요구를 수용하는 것을 더 굴욕적인 패배로 여겼을 가능성이 있다.

야고보는 사도회의(3차 방문) 때 이방인 선교에 대한 관용적 태도를 보였음에도 그 후에도 바울이 계속 초기의 입장(갈5:4)을 굽히지 않고 여전히 칭의론 선포에 곁들여 자기를 비방하고 다닌다는 사실(롬3:20)을 알고 괘씸해서 분노하고 이일의 파장에 대해서 걱정에 싸여 있었을 것이다. 모세를 배반하고(고후3:7-15) 예수님 가르침을 왜곡한 것으로 간주하여 심히 나무라는 한편(행21:21) 유대사회의 예수교인에 대한 적대감도 극성이어서 위태롭게 버티는 자신들마저 이방 의연금(義捐金) 수용으로 불똥을 맞을 가능성을 감안, 그로 하여금 마침 원교회에 가난한 네 사람의 유대 서원인(誓願人)이 있으니 함께 성전에 올라가서 그들의 비용을 지불하며 도와주고 중인환시(衆人環視) 속에 율법 의식대로 (머리를 깎아) 결례(민6:1-21, Purification Rites)를 행하여 유대 정서에 부응하는 모습을 보여 주도록 요구하여 바울을 보호하려 했는지도 모른다. 이같이 함으로써 바울이 소문과는 달리 율법규례를 잘 이행하는 장면을 보여 주어 들끓는 일반 유대인의 노여움을 어느 정도 달랠 수 있지 않을까 기대감이 있었다.(행21:23-26)

"네가 이방에 있는 모든 유대인을 가르치되 모세를 배반하고 아들들에게 할례를 하지 말고 또 규모를 지키지 말라 한다함을 저희가 들었도다. 그러면 어찌할꼬? 저희가 필연 그대의 온 것을 들으리니 우리의 말하는 이대로 하라. 서원한 네 사람이 우리에게 있으니 저희를 데리고 함께 결례를 행하고 저희를 위하여 비용을 내어 머리를 깎게 하라. 그러면 모든 사람이 그대에게 대하여 들은 것이 헛된 것이고 그대로 율법을 지켜 행하는 줄로 알 것이라."(행21:21-24)

야고보의 계획과 지시대로 조심조심 일주간의 풍전등화(風前燈火) 같은 제의(祭儀)를 결행하는 동안 아무 소동 없이 계획대로 일정이 소화된 듯이 보였다. 그런데 예루살렘을 절기 방문한 디아스포라 할례파 유대인들에게 꼬투리를 잡혔다. 헌금 운반차 바울과 동행한 이방인들[에베소 사람 드로비모(행20:1-12), 데살로니가인 아리스다고(행27:2), 그리스 사람 누가와 형제 디도 등]이 구브로사람 나손(행21:16)의 집과 성전을 들락날락하는 것을 목격한 그들을 아는 아시아에서 온 유대인들이 바울이 이들 이방인들을 성전에 데리고 들어가 거룩한 곳을 더럽혔다고 소문내며 소동을 피우는 바람에 바울은 오히려 성전에서 끌려 나가 구타를 당하고 죽을 뻔하였다.(행21:21이하)

[바울이 40에 하나 감한 매 다섯 번 중 태장으로 세 번 맞았다고 했는데 빌립보, 에베소와 예루살렘인 것 같다.(행16:22, 고후11:24,25)] 유대의 태형법(笞刑法)에는 한 번에 사십 대 이상 때리지 못하도록 되어 있다.(신25:1-3)

그러나 사실 바울의 동반자들은 성전 '이방인의 뜰'까지만 입전하였고 본

전에 들어가 삭발 의례를 치른 것은 바울과 야고보가 부탁한 네 할례파 예수교인들만이었다. 혹시 호기심 많은 에베소인 드로비모(Trophimus)가 유대인의 뜰을 범접하여 월경(越境)한 것 아닐까? 다행히 소동 급보를 받고 때맞춰 달려온 천부장 글라우디오 루시아(Claudius Lysias) 덕분에 횡사는 면했는데 이는 대규모로 유대인이 모이는 명절에 맞추어 혹시 모를 항쟁 발생을 우려한 로마군이 성벽 안토니망대 부근에 집결해 있었기 때문에 신속한 출동이 가능해서 바울이 살아났던 것이다. 그런데 웬걸 천부장은 바울을 연전에 예루살렘 성벽이 무너진다고 추종자들을 선동한 애굽인(AD54)으로 잘못 알고 바울을 고문한 후 지중해 연안 도시 가이샤라에 있는 총독 벨릭스의 감옥(헤롯궁)에 압송한다.(행23:10-32) 바깥에서는 대제사장 아나니아가 법률서기 더둘로를 시켜 바울을 고소하고 유대인들은 연일 몰려들어 제 옷을 찢고 단식까지 하며 바울을 죽이라고 아우성을 치는 황망(慌忙) 중에 심문이 열렸으나 총독은 바울의 "죽은 자의 소망인 부활을 전한 것으로 말미암아 심문받게 되었다.(행23:6)라는 설득력 있는 자변(自辯)과 고소인 주장대로 피고를 죽일 만한 증거는 나오지 않으므로 일단 유대인으로부터 격리, 보호를 위해 재판 선고 없이 구류 상태만 유지하였다. 벨릭스나 후임 베스도나 그들의 실정(失政) 때문에 악화된 유대인의 마음을 얻고자 함은 같았다. 그러나 그렇다고 그들 소원대로 넘겨주어 로마시민인 바울을 즉각 처형하는 무리수를 두기에는 후환이 두려웠다.

벨릭스는 차일피일 바울 사건 처리를 미루었고 2년 뒤 후임 총독 베스도 때에 대제사장 측이 바울을 예루살렘 감옥으로 이관해 줄 것을 요구하였으나 도중에 살해할 음모를 첩보받은 총독은 자기 쪽(가이샤라)으로 아그립바왕(2세)을 불러 함께 심문해 보자고 하였다.(행25:6) 과거 빌라도(Pilate) 총독의 예수 일처리 끝이 생각났기 때문이다. 예수님 처형을 제사장과 서기관들 요구대로 집행한 그는 10년 후 다른 실정으로 유대인의 반감을 사서 고발을 접수한 로마 실력자이자 수리아 총독인 비텔리우스(Vitellius)에게 퇴직당하고 로마로 소환된 후 말년을 갈리아 지방에 유배당하였다.(AD37) 때문에 비텔리우스가 유월 절기 예루살렘 방문 시 유대인들은 그를 대대적으로 환영하였고 보답으로 세금 감면, 대제사장 성전 예복 관리,보관건을 유대인에게 이양하는 답례를 보이면서 칭송이 자자하였다. 이를 기억한 베스도는 이그립바 2세와 버니게를 휴양지 가이샤라로 초빙한 것이다. 총독 관저에서는 자기들 뜻대로 사건을 키우지 못할 것으로 판단했고 더욱이 아그립바가 네로 황가의 고관들과 막역한 사이인 것을 잘 아는지라 이 기회에 유대 왕가와 돈독한 관계를 유지하고 싶었을 것이다.

다급해진 바울이 빌립보에서처럼(행16:37) 자기는 나면서부터 로마 시민이므로(행22:28) 유대 법정이 아니라 황제에게만 심판을 받아야 한다고 주장하며 총독과 아그립바왕에게는 일면 예를 갖춘 수사(修辭)와 법률적 지식을 동원, 자변한다.

"여러 해 만에 내가 내 민족을 구제할 것과 제물을 가지고 와서 드리는 중에 내가 결례를 행하였고 모임도 없고 소동도 없이 성전에 있는 것을 저희가 보았나이다. 그러나 아시아로부터 온 어떤 유대인들이 있었으니 (내가 못마땅해도) 저희가 만일 나를 반대할 사건이 있으면 마땅히 당신 앞에 와서 송사하였을 것이요, 그렇지 않으면 이 사람들이 내가 공회 앞에 섰을 때에 무슨 옳지 않은 것을 보았는가 말하라 하소서. 오직 내가 저희 가운데 서서 외치기를 내가 죽은 자의 부활에 대하여 오늘 너희 앞에 심문을 받는다고 한 이 한 소리가 있을 따름이니이다."(행24:17-21)

여기서 가이샤라 재판 장면을 살펴보면 총독, 아그립바왕, 대제사장과 서기관들이 참석한 가운데 바울의 이상하다 싶은, 우리 기대와 다른 진술이 눈에 띈다. 그가 평소 신도들에게 권장한 대로 상전과 권력자에게 복종하라(롬13:1, 골3:22, 엡6:5, 딛2:9)했던 모습을 실연(實演)으로 보여 준다. 아그립바 2세와 함께 등장하는 버니게(Bernice, 행15:13)는 그의 누이뻘로(마리암네와 아켈라우스의 딸) 유대인이 금기시하는 근친 결혼한 왕비이다.(요세푸스, '유대고대사')

사도행전에서 보면 그녀는 아무 역할도 없이 왜 재판정에 참석했는지도 의문이다. 당시 유대-헬라사회에서 악명 높은 바울이 어떤 자인가 하는 호기심으로 한번 만나 보고자 했을까? 바울이 비윤리적인 이 여인을 몰랐을 리 없다. 아그립바를 향해 "왕이여, 선지자를 믿으시나이까? 믿으시는 줄 아나이다."(행26:27) "유대 풍속과 규율을 잘 아시는 당신께 자변케 됨을 다행으로 여기오니 너그러이 들으시기 바라나이다."라고 정중하다 못해 애틋하게 예를 갖추어 강론적 자변을 시작한다.(행26:1-3) 세례요한이 마리암네(Mariamne)를 버리고 동생 빌립의 아내 헤로디아와 결혼한 헤롯왕을 힐난하다 처형당한 자세와는 사뭇 다르게, 왕을 높이며 어느 정도 비굴하게 숙이는 대목이 누가에 의해 연출(?)된다. 총독에게도 마찬가지이다.(행24:10-20)

"아그립바왕이여 유대인이 모든 송사하는 일을 오늘 당신 앞에서 변명하게 된 것을 다행히 여기옵나이다. 특히 당신이 유대인의 모든 풍속과 및 문제를 아심이니이다. 그러므로 내 말을 너그러이 들으시기를 바라옵나이다."(행26:2,3) "베스도 각하여, 내가 미친 것이 아니요 참되고 정신차린 말을 하나이다."라며 자기가 율법에 충성하던 바리새인으로서 어떻게 예수를 믿게 되었는지와 선지자들이 예언한 대로 고난받고 죽었다가 부활한 예수를 메시아로 전하는 이유가 동족도 구원하려는 일념뿐이었던 바를 읍소(泣訴)하는 것이다.(행26:25)

평소에도 바울은 상전에 복종하라(골3:22, 엡6:5, 딛2:9), 권세에 복종하라(롬13:1), 모든 권세는 하나님께로부터 나왔다고 생각하고 가르쳤다. 실제 바울은 세상 권력자들이나 재력가들에게 우호적으로 다가간 행적이 성경 여러 곳에서 감지된다. 아예 이들을 경원시(警遠視)하고 죄지은 사람, 창녀, 세리 그리고 천진한 어린이들과 친하려 하였던 예수님과는 전혀 다른 모습이다.

바울의 이런 성향은 타고났거나 성경 지식에 해박한 바울의 사상이 유대 선지자들의 가르침을 바탕으로 한 것으로 보인다.(렘28:12, 겔36:36)

물론 전도의 편의도 생각했을 것이다. 바울의 이러한 권력 존중, 순복 사상은 훗날에도 변함없다.

"각 사람은 위에 있는 권세들에게 굴복하라. 권세는 하나님께로 나지 않음이 없나니 모든 권세는 다 하나님의 정하신 바라. 모든 자에게 줄 것을 주되 공세를 받을 자에게 공세를 바치고 국세받을 자에게 국세를 바치고 두려워할 자를 두려워하며 존경할 자를 존경하라."(롬13:1-7)

권력 순복으로 자아와 동족 보호를 실현한 전례에는 애굽의 재상 요셉, 유대 멸망기의 선지자 예레미야, 바빌론의 다니엘과 술관원 느헤미야, 에스더와 삼촌 모르드게등이 있다.

바울도 선교를 위해 현장에서 권력자나 관원들과 친교를 맺고자 다가갔던 것이다. 구부로 총독 서기오 바울, 고린도 총독 갈리오(행18:14), 재무관 에라스도(롬16:24), 회당장 소스데네, 많은 귀부인(행17:4,12)이 그 예이다. 이런 상류층과 친교가 가능했던 것은 바나바, 브리스길라, 루디아 등의 조력이 컸을 것이라고 미루어 짐작된다.

현장을 지켜본 누가가 바울의 말을 거의 정확히 기록했다고 볼 때, 혹시 바울이 의도적으로 두 통치자의 몰인륜적인 개인 약점에 빗대어 은근히 풍자한 것이라면 그들은 분명 알아채지 못한 정황이 펼쳐지고 있다. 왕은 "네가 나를 전도하느냐?"(행26:28) 하고 코웃음 치고 어이없어 했지만 기분이 나쁘지 않았고 총독과 불화하기도 원치 않으므로 "이 사람이 가이사에게 심판을 청하지 않았다면 무죄방면될 뻔 했나이다."(행26:32)라고 아첨하였다.

어쨌든 이 바람에 마음이 물러진 총독은 유대인 저희끼리의 종파 싸움이라 죄목도 애매할 뿐만 아니라 전임자처럼 뇌물에 대한 기대도 있었으므로, 그리고 바울 스스로 황제 앞에 서기를 청하매, 그리고 유대 왕까지 참석한 재판정이니만큼 더 이상 처분을 보류할 수도 없어서 바울이 원하는 로마 송환을 결정짓는다. 유대인들 무리에서 바울을 빼내어 백부장 율리오(행27:1)로 하여금 하급 로마 군사들로 호위하게 하면서 아드라뭇데노 상선에 다른 죄수들과 함께 태우고 험난하지만 유대인들로부터는 안전한 해상 항로를 따라 로마로 호송시킨다.(AD58) 도중에 유라굴라 광풍을 만나 배가 파선하여 구사일생으로 몰타섬에 3개월간 대피한 위기도 있었으나 그가 여러 번 원했건만 길이 막혀 가지 못한 로마행(롬1:13)이 자신의 뜻한 바 이상으로 교회들의 도움이 아닌 로마 당국(총독)의 조치에 따라 마침내 진행되는 것을 우리는 본다.

로마로 이감되는 바울

이리하여 벼르던 또 한 번 다지고 해결하려 한 문제들이 기다리는 고린도행은 불가능하게 되었지만 바울을 유대열심당의 위협으로부터는 안전하게 목적하던 로마행이 이루어진 경위에 결과적으로 공헌?한 사람들을 꼽아 볼 필요가 있다. 우선 예루살렘 성전에서 헬라유대인에게 끌려 나가 돌 맞아 죽을 위기에서 그를 빼낸 천부장(행23:26,24:22)과 백부장(행22:26), 그들에게 유대인의 매복 정보를 일러바친 바울의 생질(행23:16, *누이 유니아의 아들?*), 돈 좀 얻어 볼까 하던 총독 벨릭스(행24:3)와 베스도(행25:12), 재판정에 아내를 자랑스레 데려온 멍청한 아그립바왕(행26:32), 멜리데섬의 토인들과 추장 보블리오(행28:1-7), 보디올의 형제들(행28:13-14), 로마의 형제들(행28:15)등이다.

특히 백부장(*행17:1-3의 율리오와 동일 인물인지는 불명하다.*)과 로마시민권이 없는 보조군대원들은 바울을 호송 중 일행에게 호의로 여러 편의를 제공했고 (행27:24) 로마에서 의지할 데 없이 바울 경비가 유일한 직무이었던 까닭에 1차 연금 2년간을 끝까지 경호하며 바울의 사역을 눈감아 주고 비호해 준 사람들이다. 그들이 예수를 믿게 되었다는 기록은 없지만 정황으로 봐서 바울과 밀착하여 고생하였고 인간적인 우정 이상의 관계를 유지한 것으로 보인다.

무엇을 말하는가? 하나님이 예비하셔서 불러 쓰신 연출의 주인공 바울을 위해 등장시킨 조연들이라고 보겠다. 만약 유로굴라 광풍(행27:14)이나 아드리아 풍랑에 선체가 침몰하여 승선자 이백칠십육 명(행27:37) 모두가 거기서 익사하였다면? 멜리데섬에서 독사에 물린 바울이 죽었다면? 오늘날 기독교가 어떤 모습일까? 아마 일찍이 세계종교로 남아나지 못하였을 것이다. 그 증거는 중세 이래 오늘날까지의 중동이나 서구 교회상을 보면 확실하다.

편자는 위에서 말한 공로자 중 이름은 알려지지 아니하였지만 바울의 외조카(누이의 아들)를 특별히 주목한다. 극렬파(블라스티니우스 수하) 40여명(행23:13)이 좀 더 알아볼 것이있다 하고 바울을 산헤드린으로 불러올려할때 중간에 매복하였다가 죽이기로 모의한 정보를 안 바울의 조카가 백부장(Centurion)과 천부장(Commander)에게 제보했고 천부장이 이 사건 개요를 벨릭스 총독에게 편지를 쓰고 두 백부장로 하여금 무려 보병 2백 명과 창병 2백, 기병 70명이 한밤중 제3시에 바울을 호송하여 가이샤라로 이송하게 한다. 이 일로 인해 훗날 안드로니고와 유니아 가족은 아들의 시카리 내부정보 폭로로 보복표적이 된 이상 예루살렘에 살 수 없어 바울의 로마 원정대에 합류한다.(롬16:7)

유대인과 이방인의 시기와 핍박, 유대열심당(Zealots)과 대적자들로부터의 생명 위협, 교회 안팎의 다툼과 배척 등, 이 모든 것이 바울로 하여금 여러 장소와 대륙으로 전도지를 자주 옮기게 했고 그로 말미암아 땅끝까지 복음이 전파되는 결과를 낳는 데 큰 역할을 하게 하였다.[39]

다시 말하지만 바울은 오래전부터 서바나(Spain) 전도에 뜻을 두고 기도해 왔다.(롬15:28) 그러기 위해서는 역시 한 번도 가 본 적이 없는 제국 중심부 로마에 가서 그곳 교인들의 후원에 힘입어 로마를 서바나 진출의 전초기지로 삼을 계획을 하고 있었다.(롬15:22) 서바나는 대륙의 종점이다. 땅끝까지 전파하라시는 성경과 주님의 지상(至上) 명령 아닌가?(사42:4, 행 23:11,23:11,27:24)

우리는 바울이 고린도에서 쓴 로마서(AD59)를 겐그리아 교회의 여집사 뵈뵈 편에 보내면서 향후 계획하고 구상한(행19:21) 서부 지역 전도에 도움을 줄 수 있는 무려 26명의 지인이나 통성명된 자들을 소개하며 도우도록 부탁함을 본다.(롬16장) 이들은 이미 믿는 로마 거주인이거나(행2:5-10) 천거, 파송한 아시아, 마케도니아 교인들이다. 모두 앞날에 바울-플랜을 도울 재목들이며 예비군이다.

처음 로마에 온 바울은 비록 영오(領悟)의 몸이 되었지만 주님이 자신의 앞길을 잘 풀어 주시리라 믿고 하나님께 감사하였다. 과연, 로마에서의 1차 수감은 교인들이 세를 얻어 주며 보살펴 준 가택(오네시보로의 집?, 딤후 1:16)에 미결수 연금 상태로 2년간(AD61-63)은 백부장의 보위를 받으며 생활이 비교적 자유롭고 전도 사역도 가능하였기 때문이다.(행28:23-30) 이때 동역자들[누가, 데마(몬1:24), 마가, 할례인, 유스도, 예수, 아리스다고(골4:10,11), 오네시보로(딤후1:17)]은 우리 기대 이상으로 전도 활동은 물론 연금(軟禁) 생활까지 함께 하며 바울을 충심으로 도왔다.

빌립보 교회에서 달려온 에바브로디도(Epaphroditus)는 열심히 바울을 수발하다가 병들기까지 하였다. 이 사람은 골로새, 라오디게아의 교회 설립자(?) 에바브라(Epaphras)와는 다른 사람으로 노예 출신의 마케도니아계 자유인이다. 바울은 로마(혹은 에베소) 감옥에 갇혀 있을 때도 그를 불렀으며 그를 얼마나 사랑하는지 옥중 서신에서 장황하게 칭송하는 글을 써서 빌립보에 보내면서 그의 수고와 희생을 교인들에게 알릴 정도로 깊이 배려, 간병하였다.(빌 2:25-30)

그런데 바울의 황제 앞 재판은 기약 없이 세월만 삼키고 연이어 발생하는 로마 화재 사건으로 말미암아 앉으나 서나 꿈이었던 서반아 계획은 수포로 돌아가게 된다.

바울은 2년간 재택 연금 후 풀려났다가 로마 화재 사건 때 체포되어 재수감 되었다.(AD64) 네로 황제는 재임 기간(6년) 전반기까지는 기독교인에게 관대하여 글라우디오 황제 때의 유대인 추방령을 거둬들이고 그들의 로마 귀환과 재산 복원을 허락하였던 자이다. 아마 로마에 유대인의 특성을 살려 시장 경제를 흥하게 함으로써 제국 백성의 불만을 무마하려는 정치적 결정으로 보인다. 이때가 바울이 고린도를 철수하여 소아시아와 마케도니아에 머물며 왕래하던 시기이다.(AD56-57)

바울의 수감은 그의 편지에 의하면 통틀어 5회이다.(에베소, 빌립보, 가이샤라, 로마 감옥 2회) 데살로니가에서도 잡혀 갈 뻔하였으나 용케 도피하였다.

바울이 열방 선교하는 방법으로 첫 발은 항상 그 지역 유대회당(Sanhedrin)을 찾는 것인데 선교 여행 장도에서 회당이 없는 곳 중에 소도시 루스드라, 더베, 대도시인 빌립보와 아덴을 제외하면 모두 그냥 지나쳤다. 예를 들면 사모드라게, 네압볼리(행16:11), 암비볼리, 아볼로니아(행17:1) 등지에는 교회를 세우지 않았다.

회당이 있는 도시에서 유대인까지 전도할 수 있었으면 더 없이 좋았겠지만 그것은 이미 거의 불가능한 것으로 판명이 났다. 그러나 따져 볼 때 배타적인 유대인이 바울의 이방 전도에 적지 않은 기여(?)를 하였다면 상식이 용납할 것인가? 당시 유대인이 모이는 회당에는 개종은 아니했으나 유대 하나님을 경외하는 소위 '경건한 이방인'들이 늘어나기 시작하였다. 회당 장로들은 그들의 출입을 허용하고 가능하면 유대화 개종을 기대했을 것이다. 바울이 유대회당을 찾는 목적이 이들일 수도 있지만 이들 앞에서 할례인들과의 언쟁을 유발하여 무관심했던 사람들의 주의를 끌어 율법을 어느 정도 알게 하고 그가 전하는 신과 그 도에 대한 흥미를 모으는 효과를 얻고자 하지 않았을까? 그들은 바울의 종교를 혹여 멸시는 하였을지언정 적대시하지는 않았다. 이른바 '소음 판매 전략(Noise Marketting Strategy)'을 이용해 이방인들의 관심을 끌지 아니하였나 생각이 될 정도이다. 매번 유대인과의 싸움이 뒤따랐으니 말이다. 이러면서 반율법적 교리의 점차적 개발 논거가 자란 것은 아니었을까? 이런 추리에 대해 Bultman[50]은 동의하나 김[30]은 반대한다.

유럽 제국의 첫 선교지 빌립보나 마지막 선교지 로마에는 아예 유대인 회당이 없었다.

그래서 시를 가로지르는 강가(빌립보)나 지하 공동묘지(로마)를 찾아 거기 모이는 유대인들이나 개종자, '경건한 자'들에게 복음을 전했다.

로마에는 이미 헬라파와 돌아온 유대인 크리스찬이 비밀 모임들을 여럿 갖고 있었으므로 바울이 직접 교회를 세울 필요는 없었다. 당국의 눈을 피해 그들이 모이는 곳을 찾기만 하면 되었다. 유대인 유입이 허용된 로마에는 이제 이방인 크리스찬이 숫적으로 다수의 대세를 이루고 있었다. 많은 이방 숨은 신자와 모임이 생겨난 것이다.

바울과 베드로의 불편한 관계

다시 되돌려 안디옥 공동 식사에서 바울의 분노폭발사건으로 돌아가 보자. 바울의 그런 반응은 율법에 고집스런 야고보를 따르려는 레위지파 바나바까지 간접 공격하기 위한 것이었는데 이 장면을 자랑스레 그의 편지에 폭로하는 바람에 결과적으로 사도회의에서의 화해에도 불구하고 널리 회자되는 이방인과의 회식 결렬 사건이 되었다.(갈2:11-14)

베드로는 이미 안디옥 식탁 교제 사건 이전에 바울뿐만 아니라 평소에도 전도지에서 예사롭던 일을 새삼스레 야고보와 예루살렘 신도들에게 이방 지역(룻다, 사론, 욥바, 가이사라)의 이방인 집(애니아, 다비다, 시몬, 고넬료)을 왜 출입했는지에 대해서(행9:32-42,10:1-33) 구차하게 누차 설명해야 하는 곤욕을 겪은 바 있었고(행11:2-4) 사도회의 때도 바울을 위하여 이방인과의 식사 교류 문제를 욥바에서의 경험(행11:5)에 빗대어 옹호한 바 있었다. 그럼에도 불구하고 이 안디옥 사건이 3차 예루살렘 방문(사도회의) 직후에 일어난 것이다. 그때는 이미 조건부 무할례 이방인 선교를 공식적으로 용인하기로 된 상태였다.(우상제물과 목매달아 죽은 동물, 그리고 피만 먹지 않는다면 무엇이든지 먹는 것을 문제 삼지 않기로 한 사안이었다.) 많은 후대 신학자는 사도행전과 바울서신을 열독하여 그렇게 믿고 있다. 그럼에도 불구하고 일부 학자는 안디옥 사건과 사도회의 시점이 선후가 바뀌었다고 주장한다. 안디옥 사건이 먼저 일어나서 그 갈등 문제가 사도회의에 회부되었다는 것이다. 그래야 바울의 돌발 행태로 비롯된 계파 갈등 관계가 안디옥 대표단의 예루살렘 방문 계기로 이어지는 설명이 쉽기 때문이다.[1-1](할례와 율법 규례 문제로 안디옥 공동체가 시끄러워지자 교회는 바나바와 바울, 두 사람을 모교회에 파견했는데 누가는 밝히지 않았으나 서로 다른 파의 입장을 대표하는 자격이 있던 것 같다. 이때 바나바는 바울의 의견에 극열 반대쪽은 아니었을 것이나 평소 그의 합리적 성품과 모교회에서의 헌신을 잘 아는 할례파들이 그들의 대표로 지명, 수락을 요청했을 것이다.)

그러나 베드로의 도움을 받아 야고보가 평화적 결단과 화해적 권면을 했음에도 불구하고(행15:19,21:25) 유대파 그리스도인들은 야고보의 권위를 아랑곳하지 않고 여전히 할례 문제와 음식과 식사의 정함과 부정함 문제를 가지고 따지며 바울을 괴롭혔고 이 두 가지 문제는 한결같이 그 간격을 좁히지 못하고 그의 동북 지중해 연안 지역 전도 사역 내내 따라 다녔다. 일부 학자는 이 훼방꾼을 유대화주의자(Judaizer)라고 칭하며 야고보와는 독립적인 분파로 별개화하는 견해를 보인다.[13] 열심당을 비롯한 반바울 세력과 훼방자들이 이들인데 야고보의 통제 밖에 있는 사람들이었고 야고보를 압박하는 분파들이었을 것이다.

베드로나 바나바도 바울의 이신칭의교리가 못마땅하나 그의 불같은 열정과 품성에 못 이겨 어느 정도 동의 아닌 양보를 했거나 바울의 실적을 고평가하여 간섭 않기로 한 게 분명하지만 여느 유대파 신자나 유대화주의자들은 그렇지 않았다. 상황이 이러하던 차에 바울은 그들이 존중하는 베드로에게 이런 공동 식사 이탈 장면을 말하며 대뜸 정색하여 충격 대응하지 않으면 안 되겠다는 절박한 위기의식에 봉착했던 것이다. 바로 이때가 바울로서는 자신의 위상과 입장을 명확히 토로할 기회이기도 하였지만 많은 이방인 교인이 베드로와 할례파의 이탈 장면을 목도했기 때문에 분연(憤然)히 지적하며 맞서서 따지는 모습을 보이지 않을 수 없는 절체절명의 순간이었던 것이다. 안디옥 성내 전 교인이 모여 베드로를 위한 전별식(餞別式)을 해 주는 것도 불편한데 할례당까지 참석한 마당이라 터뜨릴 대결의 틈새만 노리던 차라 마침내 기회를 잡은 것이다. 그리고 자기가 원교회의 기둥 같은 사도 베드로까지 견책할 수 있는 위치에 있음도 과시하고 싶었을 것이다. 더욱이 바울은 갈라디아인들에게 그의 이런 투쟁 모습의 거사(擧事) 장면을 세세히 편지로 써서 폭로함으로써 베드로의 체면을 손상하는 무례까지 주저 없이 의도적으로 표현한다.

"야고보에게서 온 어떤 이들이 이르기 전에 게바가 이방인과 함께 먹다가 저희가 오매 그가 할례자들을 두려워하여 떠나 물러가매 남은 유대인들도 저와 같이 외식(外飾)하므로 바나바도 저희의 외식에 유혹되었느니라. 그러므로 나는 저희가 복음의 진리를 따라 바로 행하지 아니함을 보고 모든 자 앞에서 게바에게 이르되 네가 유대인으로서 이방을 좇고 유대인답게 살지 아니하면서 어찌하여 억지로 이방인을 유대인답게 살게 하려느냐 하였노라."(갈2:12-14)라고 힐난한 장면을 전 갈라디아 교인들에게 상세하게 서신으로 공개한 것이다. 게다가 유대 경멸적 신조어(ioudaïzein)를 써서 서신에 남긴 것이다.

안디옥에서 베드로와 바나바를 위시해서 남은 유대파 교인들이 보인, 야고보의 사절들에게 공동 식탁 모습을 보여 주지 않으려는, 감추고 회피하는 반응은 거의 무의식적으로, 계율 안에 머물러 있는(Stay in) 모습이다. 겉으로는 아무 차별이나 격의 없는 것처럼 해도 내심 할례받지 못한 자들과 함께 어울려 식사함으로써 유대 전통을 어겼음을 불현듯 깨닫고 사절단들의 눈과 소문의 후환이 두려웠던 게 틀림없다.

"너희와 함께 거하는 타국인이 여호와의 유월절을 지키고자 하거든 그 모든 남자는 할례를 받은 후에야 가까이 하여 지킬지니 곧 그는 본토인과 같이 될 것이나 할례 받지 못한 자(와)는 먹지 못할 것이니라."(출12:48)

반면 바울의 1차 관심사는 이방인을 어떻게든지 까다롭지 않고 용이하게 믿음 공동체 안에 끌어들이는가(Get in)였으니까 그들에게 '주 안에서의 자유'를 가르치며 자기를 따르도록(갈 1:8) 할 수 있는, 어찌 보면 주거와 식사 공동체의 당연성 그리고 무엇이던지 식음할 수 있는 양심을 드러내고 만민 앞에 선포할 절호의 기회를 놓칠 수 없었을 것이며 베드로와 바나바 일행이 부지불식간에 의도하지 않고 그 허점을 시빗거리로 제공한 셈이기는 하다.

앞서 다른 곳에서 기술한 대로 바울의 성급한 맹공과 쏟아 내는 분노의 언사는 사도행전 기록자 누가나 다른 서신서 대필자들은 물론 후대 필사자들도 원문 그대로 받아 적기가 난감, 황당하였을 것이다.

특히 가장 도전적이고 자극적으로 토해 내는 말, "스스로 속이는 자(갈 6:3), 할례로 육신의 모양을 내어 십자가 박해를 면하려는 자(갈6:12), 행악하는 자, 육신을 신뢰하는 손 할례당(빌3:2,3), 율법 아래서 살아 그리스도에게서 끊어진 자(갈 5:4), 불순종하고 헛된 말로 속여 집안을 온통 들어 엎으려는 할례파(딛1:10), 배만 위하는 게으름쟁이"(딛1:12), "손할례당은 거세(?)시키라"(갈5:12)라는 말과 예루살렘에서 감독차 파견 나온 사람들을 포함한 다른 말하는 유대화주의 교사들을 '가만히 들어온 거짓형제(갈2:4)', '이간질하는 자(갈4:17)', '개들(빌3:2)', '사탄(고후11:15)', '교묘한 말로 속이는 자(골2:3)'라고 형용하는 대목에서 말이다. 적들도 자신이 사도요, 그리스도의 종(고후11:15-23)이라 하는 데 대한 엄청난 비난과 불인정의 욕설들이다.

거침없는 우리의 돌격 대장이요 직구 투수 같은 바울은 대필자의 펜을 빼앗아 "보십시오. 내가 이렇게 큰 글자로 씁니다."라고 망설임 없이 당당하게 편지 말미를 맺는다.(갈6:11) 결코 내뱉은 막말을 취소하지 않겠다는 당당한 자세이다.[바울은 안질(眼疾, 녹내장, 갈4:15) 때문에 시력이 나빠서 데살로니가서(살후3:17), 골로새서(골4:19), 고린도전서(고전16:21), 빌레몬서(몬1:19), 갈라디아서 등 일부를 제외하면 거의 모든 서신을 대필(代筆)시켰다.(롬16:22)]

생각하면 원교회의 체면이나 위상을 깡그리 낮추어 뭉개는 모멸과 저주의 언사들이다.

바울의 '오직 믿음'과 칭의론에 의한 구원사상은 다윗의 믿음이 표상이었을까? "의로운 인생은 하나도 없사오나 주의 종에게는 심판을 행하지 마옵소서."(시143:2) 다윗은 하나님께 원수를 고자질하고, 억울함을 호소하고, 자기는 건져 주시고, 원수는 멸해 달라고 간청한다.(시143:3-11) 지금 세상의 양심, 윤리, 염치, 도덕률의 상식으로는 문제 있는 사람이다. 그러나 이해하기 어렵게도 하나님은 자기를 찾고 부르며 부탁하는 자를 범죄 유무와는 상관없이 사랑하시고 들어 쓰시는 분이시다.

바울의 여러 도발적이고 적의에 가득 찬 저주의 언사들은 베드로나 야고보를 향해서 직설한 것이 아니라 할지라도 따져 보면 대적자들의 정점에는 원교회 기둥 사도나 장로들이 있다는 사실, 결국 야고보에게 화살 표적이 향해지는 것은 분명하다. 원수를 사랑하라. 형제를 사랑하라시는데 예수님 동복 형제는 왜 사랑하지 않는가?

그러나 전통적 보수 신학자들은 바울의 적대자, 저주의 대상자들이 예루살렘 원사도나 유대파 교인 일반이 아니라 그들의 대표로 위임받았거나 자칭하는 이들 중 여전히 율법 아래에 있는 자, 율법의 행위에 속한 자들이라

고 두루뭉술하게 지목한다.(롬4:14-16)

"율법 안에서 의롭다 함을 얻으려 하는 너희는 그리스도에게서 끊어지고 은혜에서 떨어진 자로다."(갈5:4) "그리스도께서 우리를 자유롭게 하려고 자유를 주셨으니 그러므로 굳건하게 서서 다시는 종의 멍에를 메지 말라. 보라! 나 바울은 너희에게 말하노니 너희가 만일 할례를 받으면 그리스도께서 너희에게 아무 유익이 없으리라."(갈5:1,2)

위중(危重)한 것은 이들의 영향으로 바울이 세운 교회의 많은 신도들이 흔들리고 있다는 것이다. "내가 이제라도 너희와 함께 있어 내 음성을 변하려 함은 너희를 대하여 의심이 있음이라."(갈4:20) "그리스도의 은혜로 너희를 부르신 이를 이같이 속히 떠나 다른 복음 좇는 것을 내가 이상히 여기노라. 다른 복음은 없나니 다만 어떤 사람들이 너희를 요란케 하여 그리스도의 복음을 변하려 함이라. 그러나 우리나 혹 하늘로부터 온 천사라도 우리가 너희에게 전한 복음 외에 다른 복음을 전하면 저주를 받을지어다. 우리가 전에 말하였거니와 내가 지금 다시 말하노니 만일 누구든지 너희의 받은 것 외에 다른 복음을 전하면 저주를 받을지어다."(갈1:6-9)

"나의 복음과 예수 그리스도를 전파함은 영세 전부터 감추어졌다가 이제는 나타내신 바 되었으며 영원하신 하나님의 명을 따라 선지자들의 글로 말미암아 모든 민족이 믿어 순종하게 하시려고 알게 하신 바 그 신비의 계시를 따라 된 것이니 이 복음으로 너희를 능히 견고하게 하실 지혜로우신 하나님께 예수 그리스도로 말미암아 영광이 세세무궁하도록 있을지어다. 아멘."(롬16:25-27)

영원 전부터 감춘 신의 계시는 이제 바울의 독과점 지혜요 진리이다. 거짓사도들은 이를 알리가 없다.

바울이 왜 그렇게 과격론자가 되었는지를 상당 부분 해명해 줄 수 있는 경구이다. 예수께서 율법의 일점일획이라도 변개하는 자를 경고하신 것을 반전시켜 오히려 자신의 대적들에게 저주를 곱씹으며 쏟아붓는다.

"저런 사람들은 거짓 사도요 궤휼의 역꾼이니 자기를 그리스도의 사도로 가장하는 자들이니라."(후11:13) "저희가 너희를 대하여 열심 내는 것이 좋은 뜻이 아니요, 오직 너희를 이간붙여 너희로 저희를 대하여 열심 내게 하려 함이라."(갈4:17)

이런 주장은 역으로 원사도들이 바울에게 했다고 해도 무리가 아니다. 그리스도를 아는 데서, 이해하는 데서부터 양 진영의 주장이 모두 합리적이며 정당성을 가진 것인가 ? 그렇지만 만족스럽지 못한 것은 믿음의 해석 차이 전투에서 파생되는 거북한 후유 잔재는 변증적 논술(Dialectical Logic)과 신학적 역설(Theological paradoxes)의 난무장이기 때문이다.

모두가 인정하는 원사도들의 대응은 훨씬 온화하거나 간접적이다. 물론 유대화주의자들을 제외한다면 말이다.

후대의 주교들도 바울의 막말, 욕설, 저주 부분들을 정경에서 누락시켰으면 하는 마음이 간절했을 것이다.

그래서 아마도 바울서신이 아니라 속사도시대 제자들이 썼을 것 같은 에베소서를 보면 전혀 바울 성향의 서술이 아니다.

"무릇 더러운 말은 너희 입 밖에도 내지 말고, 오직 덕을 세우는 데 소용되는 대로 선한 말을 하여 듣는 자들에게 은혜를 끼치게 하라. 하나님의 성령을 근심하게 하지 말라. 그 안에서 너희가 구원의 날까지 인치심을 받았느니라. 너희는 모든 악독과 노함과 분냄과 떠드는 것과 비방하는 것을 모든 악의와 함께 버리고 서로 친절하게 하며 불쌍히 여기며 서로 용서하기를 하나님이 그리스도 안에서 너희를 용서하심과 같이 하라."(엡4:29-32)

신약 정경의 원전은 발견되지 않았지만 이 진정한 혹은 유사한 바울서신들이 각색되지 않고 후대에 전해진 것이야 말로 편저자가 누구든 간에 초기 기록물 그대로의 내용이며 원저에서 벗어나지 않은 역사적 진실을 증거하는 것 아닐까?

창업 사도들에게 응어리진 감정 폭발은 그렇다고 치더라도 그가 아끼는 여러 교회의 문제에 대처하는 편지 내용의 과격함이 명백히 알려짐으로 말미암아 바울은 오히려 애써 이루어 놓은 다수 교회인으로부터도 배척을 당하는 지경에 이르렀음을 우리는 앞서 공부하였다.(딤후1:15, 2:17)

바울 사후, 그의 소아시아 사역은 점차 성과가 쇠퇴하기 시작한 것으로 보인다. 바울의 유수한 엘리트들이 로마로 근거지를 옮겼기 때문일까?

세기 이월기(離越期)에 쓰인 요한계시록에는 소아시아 교회를 평설하면서 바울교회에 관하여는 일체 언급이 없는 것을 봐서도 그렇다. 바울교회가 계속 흥성했다면 왜 요한이라고 그 사실을 언급하지 않았겠는가?

바울의 이신칭의교리(以信稱義敎理)에 대해 평소 역시 비판적이었던 요한서신과 복음서의 어록을 살펴보자.

"그를 아노라 하고 그의 율법을 지키지 아니하는 자는 거짓말하는 자요, 진리가 그 속에 있지 아니하되"(요일2:4) "그의 안에 산다고 하는 자(바울의 신조어 '주 안에'를 빈정댐?)는 그가 행하시는 대로 자기도 행할지니라."(요일2:6) "자녀들아, 우리가 말과 혀로만 사랑하지 말고 행함과 진실함으로 하자."(요일3:18) "자녀들아, 아무도 너희를 미혹하지 못하게 하라. 의를 행하는 자는 그의 의로우심과 같이 의롭고"(요일3:7)

"너희는 세상의 소금이니 소금이 만일 그 맛을 잃으면 무엇으로 짜게 하리요? 후에는 아무 쓸 데 없어 다만 밖에 버려져 사람에게 밟힐 뿐이니라."(마5:13) "너희는 세상의 빛이라 산 위에 있는 동네가 숨겨지지 못할 것이요."(마5:14) "빛 가운데 있다 하면서 그 형제를 미워하는 자는 지금까지 어둠에 있는 자요."(요일2:9) " 이같이 너희 빛을 사람 앞에 비취게 하여 저희로 너희 착한 행실을 보고 하늘에 계신 너희 아버지께 영광을 돌리게 하라."(마5:16) "누구든지 등불을 켜서 그릇으로 덮거나 평상 아래에 두지 아니하고 등경 위에 두나니 이는 들어가는 자들로 그 빛을 보게 하려 함이라."(눅8:16, 11:33)

이른바 예수님의 빛과 소금 교리로 바울을 강타한다.

반대 측에 미혹당하는 형제들을 안타까워하기는 서로가 마찬가지이다.

요한과 그의 공동체는 바울을 더 알고 싶지도 그의 행적이나 이룬 업적(교회)을 찾거나 챙겨 보고 싶지 않았을 개연성도 다분하다. 바울을 직접 거명하지 않지만 그의 교리를 반박하는 게 분명하니까 말이다.(계2:2-4) *(사도요한의 소아시아 일곱 교회 중 에베소는 바울의 사역지와 겹치지만 서로 다른 교회이거나 짧은 바울 시대의 전성기가 지워진? 후기 교회일 것이다.)*

소아시아 교회 중 서신서에서 보는 바울의 애틋한 사랑 표현과는 어울리지 않게 골로새 교회와 라오디게아, 히에볼리 교회 등은 바울이 직접 간 적이 없고 제자인 에바브라에 의해 복음이 들어갔으며(골1:7,2:1-5,4:13) 그 후 그 지방에 보내진 옥중서신 전달자는 두기고와 오네시모이다.(골4:7-9)

이즈음(갈라디아, 에베소와 마케도니아 시절) 바울은 소위 '육체의 가시*(말라리아, 두통, 간질, 안질환 등? 아니면 마음의 고민?)*'로 고통에 몹시 시달린 것 같다.(갈4:13-15, 고후12:7) 바울의 갈라디아 서신에는 자신의 타고난 육체적 질고를 암시하는 구절이 눈에 띈다. 평소에 강조하던 약한 모습의 자신을 고백하며 서신 독자들의 마음을 얻고자 한다.

"내가 처음에 육체의 약함을 인하여 너희에게 복음을 전한 것을 너희가 아는 바라. 너희를 시험하는 것이 내 육체에 있으되 이것을 너희가 업신여기지도 아니하며 버리지도 아니하고 오직 나를 하나님의 천사와 같이 또는 그리스도 예수와 같이 영접하였도다. 너희의 복이 지금 어디 있느냐? 내가 너희에게 증거하노니 너희가 할 수만 있었더면 너희의 눈이라도 빼어 나를 주었으리라."(갈4:13-15)

그래서 이런 고통을 제하여 달라며 주께 세 번씩이나 간구하였지만 "내 은혜가 네게 족하다."(고후12:7)라는 퉁명스런 핀잔만 받았으나 바울은 이 말씀을 저를 자고(自高)하지 않게 하시려는 주의 뜻으로 긍정적으로 받아들이는 겸허한 모습을 보인다.

"내가 그리스도와 그 부활의 권능과 그 고난에 참여함을 알려 하여 그의 죽으심을 본받아 어찌하든지 죽은 자 가운데서 부활에 이르려 하노니 내가 이미 얻었다 함도 아니요 온전히 이루었다 함도 아니라. 오직 내가 그리스도 예수께 잡힌 바 된 그것을

잡으려고 좇아가노라."(빌3:10-12)

가뜩이나 여기(아시아, 마케도니아) 교회에는 이단 사상(영지주의)과 거짓 철학이
태동해서 예수님의 성육신과 십자가의 피로 구속, 구원됨(빌2:7,8)을 부인하
고 부활은 없다고 주장하는 등(딤후 2:18) 천사 숭배, 율법주의, 금욕주의, 탈
세속주의가 만연하여 교회 내에도 침투하는 등, '차지도 더웁지도 않은 교
회(계3:15-16)'라는 평가를 받기도 한, 신앙 열정이 식은 무덤덤한 지역이었
다. 그래서 바울은 "무할례로 죽었던 너희는 그리스도와 함께 죽고 함께 살아났으
며 그가 법조문 증서를 십자가에 못 박아 지우셨다."라고 십자가의 신비(神祕)를
일깨운 곳이다.(골2:12-14)

유대 열심당들의 훼방과 협박은 바울의 세 차례 전도 여행 어느 때도 잠
잠하지 않았으며 오히려 점차 집요해지면서 생명의 위협을 여러 번 당하였
다. 바울이 이동하는 도시마다 무리를 지어 따라다니며 방해하고 욕하며 폭
행을 일삼았고(딤후4:11) 암살까지 모의했는데, 사도행전을 중심으로 보면 다
메섹(행9:25), 비시디아 안디옥(행15:45), 이고니온(행14:2-5), 루스드라(돌매질로 빈
사 지경까지 얻어맞음, 행14:9), 데살로니가(행17:5-6), 베뢰아(행17:13), 고린도(행18:6-
12), 예루살렘(행21:36,23:12), 가이샤라(행26:21)에서 특히 심하였다.

그를 도운 동역자는 물론이고 조력자나 호의를 베푼 이들도 화를 당하기
일쑤였다.[데살로니가의 야손(행17:5-9), 아가야의 회당장 소스데네(행18:17), 에베소에서의 가이
오와 아리스다고(행19:29) 등]

빌립보나 에베소, 드로아 등 몇 공동체를 제외하면 바울에게 고난과 위협
을 준 자들은 한결같이 유대인 거류자들이거나 가는 곳마다 저해하기 위하
여 '가만히 침투'하거나(갈2:4) 매복하고 따라다니며 다른 복음을 전하는 예
루살렘에서 추적해 온 동족 유대파 기독교인들이었다.

오죽 분통이 터졌으면 바울이 자신은 "남의 수고를 가로채거나 남이 닦아 놓

은 터에서 건축하는 짓은 않는다."(롬15:20)라고 하며 분별받고 싶어 했겠는가?

그러나 베드로와 야고보의 입장에서 보면 바울이야말로 가만히 들어온 사람이다.(벧후2:1, 유1:4)

왜 다수의 추적자와 일반 디아스포라 유대인들은 바울을 그토록 미워하고 죽이려고까지 한 것일까? 단지 할례와 음식 규례를 무시했기 때문일까? 아니다. 이스라엘을 배반했을 뿐만 아니라 보수 바리새인을 저주하고 모세와 율법 자체를 깡그리 지우려 한다고 보기 때문이다.

"율법은 믿음에서 난 것이 아니니 율법을 행하는 자는 그 *(실행 불가능한)* 가운데서 살리라 하였느니라."(갈3:12) "이제는 우리가 얽매였던 것에 대하여 죽었으므로 율법에서 벗어났으니, 이러므로 우리가 영의 새로운 것으로 섬길 것이요, 율법조문의 묵은 것으로(는) 아니할지니라."(롬7:6)

바울의 각 지역 설교와 신앙생활의 개별화(상황화)[15]에서도 일관되게 보여주는 전통 율법에 대한 무시와 파기 주장 때문에 이를 듣는 유대인들의 분노를 산 것은 확실하다. 모세의 하나님이 아닌, 십자가에 매달려 창에 찔리고 팔다리가 꺾인 자를 죽었다가 살아났다면서 신격화하고 신성 모독을 뛰어넘어 아예 율법에 대한 반격까지 하니까 말이다.

유대인에게 참된 신앙인의 모범은 아브라함이다. 하나님은 그를 민족 중에서 불러내시고(창12:1,2) 믿음의 조상이 되라시며 부부를 개명(改名)시키셨다.(창17:5-15) 그리고 그와 후손들에게 번성의 언약의 증표로 할례를 주었다.(창17:10) 이스마엘과 에서도 할례인이다. 그런데 하나님은 이삭의 씨만 선민으로 택하셨다.(롬9:12,13) 선택된 이스라엘은 신의 백성으로 자처하며 전능자이신 하나님을 의지했다. 원그리스도교도 이 전통을 유지했다. 모세와 그들이 고백하는 하나님은 아브라함과 이삭과, 야곱의 하나님이다.

그런데 바울에 의하면 이 신앙은 이미 행해진 흘러간 과거 공적의 자랑일 뿐이며 울타리 안에서 보호를 받는 유대 민족만을 위한 모세의 율법은 신과 인간의 중보적 연결 통로일 수 없다고 한다.

오직 하나님의 일방적, 주권적, 우주적 은총만이 구원에 이르게 하실 권능일 뿐이다. 이것을 위하여 영원 전부터 예정하신 독생자 예수를 이 땅에 보내시고 십자가의 피로 대속하게 하심이다. 하나님이 자기 백성에게 주신 은총마저 반역하고(민29:10) 범죄(레16:21)한 이스라엘은 하나님으로부터 일시 버리신 바 되었으며 하나님이 그들 조상과의 언약 때문에 불복하고 우상 숭배하는 탈애굽 세대에게 경고로 주신 천 년 전의 모세 계명에는 더 이상 의지할 수 없게 된 것이다. 율법을 엄수하기란 인간으로서는 불가능하기 때문에 이것으로는 하나님과 화해하는 수단이나 길로 삼기에는 지난(至難)한 일이다.

"누구든지 온 율법을 지키다가 그 하나에(라도) 거치면(실수하면) 모두를 범한 자가 된다."(약2:10)

유대인의 주장대로 할례를 받아야 구원을 얻는다면 그리스도의 오심이 우리에게 아무 유익이 되지 못할 뿐만 아니라(갈5:2) 그리스도의 구주되심에 심각한 위협을 의미하지 않을 수 없다. 따라서 율법이 하나님의 구원계획이실 리 없다. 구원의 은덕(恩德)은 오직 그리스도의 보혈과 부활을 믿는 우리의 신뢰뿐이다.

그래서 바울이 적대자 바리새파 교인들에게 저주(Curse)의 언사를 퍼붓는 것은 일차적으로 그의 칭의 교리를 지키기 위한 것이나 좀 더 근본적 목적은 그 '피복음'을 옹위하려는 데 있다고 보겠다. 슈바이처(Schweitzer A.)는 바울의 칭의론을 양 진영 논쟁을 위한 교리이며 바울신학의 곁가지라고 하였고,[29] 더 먼저로 올라가면 브레데(Wrede W.)의 발상에서 유래된다.[28]

그렇다면 바울교리의 중심은 무엇이라고 정리해야 하나?

피복음이다. 성경에서 피는 생명을 뜻한다. 피복음은 대속의 십자가 죽음과 부활의 요약이다.(이단 피복음 교회를 말하는 것이 아님) 많은 순교자가 예수님을 따라 피흘려 지키고 이룬 복음 말이다. 이렇게 되어 반율법적 서술들만

묵인된다면 원사도들의 전승과 진배없게 된다. 간단명료하게 정리된 복음 수혜의 무 차이를 말하는 진수(眞髓)이다.

그렇지만 이래서는 그의 선포가 무시되고 이방 선교라는 소기의 목적이 방해받게 될 우려가 다분하다.

이것이 그에게 임한 주님의 계시와 사도 자격과 원교회 사도 어느 누구에 게서도 전승받지 않은 독창적 복음임을 그토록 우기는 이유이다. 원제자들 이 수긍하지 않는 교리이니까 독창적이긴 하다. "내가 자유인이 아니냐? 사도 가 아니냐? 예수 우리 주를 보지 못하였느냐? 주 안에서 행한 나의 일이 너희가 아니 냐? 다른 사람들에게는 내가 사도가 아닐지라도 너희에게는 사도니 나의 사도 됨을 주 안에서 인친 것이 너희라."(고전9:1-2) "내가 지극히 큰 사도들보다 부족한 것이 조 금도 없는 줄 생각하노라."(고후11:5) "형제들아 내가 너희에게 알게 하노니 내가 전한 복음은 사람의 뜻을 따라 된 것이 아니니라. 이는 내가 사람에게서 받은 것도 아니요 배운 것도 아니요 오직 예수 그리스도의 계시로 말미암은 것이라."(갈1:11,12)

"유명하다는 이들 중에 (본래 어떤 이들이든지 내게 상관이 없으며 하나님은 사람의 외모를 취 하지 아니하시나니) 저 유명한 이들은 내게 더하여 준 것이 없고"(갈2:6)

그러나 이런 류(類)의 독립사도라는 바울의 주장과 변증은 우연히 스스로 한 말 때문에 쉽게 허물어질 단서를 남긴다.(고전15:3)

"내가 받은 것을 먼저 너희에게 전하였노니 이는 성경대로 그리스도께서 우리 죄를 위하여 죽으시고……."(고전15:3)

그리스도가 우리를 위해 성경대로 죽으시고 장사되었다가 사흘 만에 성 경대로 부활하시고 게바와 제자들에게 보이시고……. 이런 사실 증언의 의 미를 계시로 알게 되어 진술하는가? 아니다. 사울이 바울이 되기 이전부터 의 예수교회인들에게 들었거나 회심 후 게바를 면담하려 예루살렘 교회를 첫 방문했을 때 상당 분량 다른 많은 예수 소식과 함께 실체성 있게 구체적 으로 구두 전승받은 것을 술회하는 것이다. 바울은 예수께서 어떤 가르침과 일을 하셨기에 고난당하고 처형되었는지 모두 거의 사람에게서 듣고 알게 되었음에 틀림없다. 그런데 버젓이 문자로 거짓 주장을 계속한다. 그의 권위를 지키려고 경상도 말대로 '카더라 통신'을 통해 예수 공부를 해서 지식을 갖고 있음을 독자들이 눈치채지 못하게 하고 싶었지만, 장기간 너무 많은 편지를 쓰면서 현장 대처하다가 한순간 깜빡하고 실필(失筆)한 것도 분명하다.

그 실수 때문에 자신의 사도됨을 의심하는 이방인과 디아스포라 그리스도인들의 자신을 보는 눈빛과 반응을 감지한 바울에게는 대안교설(代案巧說) 개발이 절실했고 그들에게 공감을 줄 수 있는 할례와 음식 규정을 담은 율법 규례를 계속 공격하고 폐(閉)하려는 선포가 가장 효과적이라는 판단을 한 것이다. 그리고 잘 알지 못하는 인간 예수의 개인사와 유대와 성전 개혁론에 대해서는 가능한 한 약사(略史)라도 들추지 않는 것이 유리한 것으로 판단한 것이다.

"하나님의 지혜에 있어서는 이 세상이 자기 지혜로 하나님을 알지 못하는 고로 하나님께서 전도의 미련한 것으로 믿는 자들을 구원하시기를 기뻐하셨도다. 유대인은 표적을 구하고 헬라인은 지혜를 찾으나 우리는 십자가에 못 박힌 그리스도를(만을) 전하니 유대인에게는 거리끼는 것이요, 이방인에게는 미련한 것이로되 오직 부르심을 입은 자들에게는 유대인이나 헬라인이나 그리스도는 하나님의 능력이요 하나님의 지혜니라."(고전1:21-24)

"그러므로 우리가 이제부터는 아무 사람도 육체대로 알지 아니하노라. 비록 우리가 그리스도도 육체대로 알았으나 이제부터는 이같이 알지 아니하노라. 그런즉 누구든지 그리스도 안에 있으면 새로운 피조물이라 이전 것은 지나갔으니 보라, 새 것이 되었도다."(고후5:16-17)

육신적 예수, 역사적 예수에 대해 안다는 것은 믿음(부활 신앙)에 비하면 부질없는 것으로 치부(置簿)하고 있다. 그리스도를 아는 지식에 대한 욕구 많은 분량은 신앙을 뒷받침할 수 있는 조건이 아니라는 것이다.[3] 이제부터는 십자가에 못 박힌 예수만 전하겠다고 말한다.(고전 2:2) "그리스도 안에만 있겠다." 라는 말은 과거도 함축하는 의미이나 바울의 본심은 부활 이후에만 매달리겠다는 것이다.

"내가 그리스도와 그 부활의 권능과 그 고난에 참여함을 알려 하여 그의 죽으심을 본받아 어찌하든지 죽은 자 가운데서 부활에 이르려 하노니 내가 이미 얻었다 함도 아니요 온전히 이루었다 함도 아니라. 오직 내가 그리스도 예수께 잡힌 바 된 그것을 잡으려고 좇아가노라. 형제들아! 나는 아직 내가 잡은 줄로 여기지 아니하고 오직 한 일 즉 뒤에 있는 것은 잊어버리고 앞에 있는 것을 잡으려 푯대(Goal)를 향하여 그리스도 예수 안에서 하나님이 위에서 부르신 부름의 상을 위하여 달려가노라."(빌3:10-14)

격정적으로 감정을 실은 저주의 언사들은 단순히 그의 독창적 반격 펀치가 아니고 신명기 말씀의 권위를 빌린 것이다. "이 율법의 모든 말씀을 실행치 아니하는 자는 저주를 받을 것이라 할 것이요, 모든 백성은 아멘 할지니라."(신27:26)

그러므로 모세오경에서도 밝힌 이루기 불가능한 율법의 행위에 매달리는 자는 저주 아래에 있다는 것이다. "무릇 율법 행위에 속한 자들은 저주 아래 있나니 기록된 바 누구든지 율법책에 기록된 대로 온갖 일을 항상 행하지 아니하는 자는 저주 아래 있는 자라 하였음이라."(갈3:10)

사람이 어느 누구도 율법의 모든 요구를 온전히 실행할 수 없음은 자명하기 때문에[9] 구약을 인용한 바울의 설파는 상당한 매력과 설득력을 가진다. 언어로 표현하는 바울 사상이 저항에 부딪혀 좌초될 위기를 맞을 때는 예외없이 구약의 유대 묵시사상을 끌어와서 방어한다. "또 하나님 앞에서 아무나 율법으로 말미암아 의롭게 되지 못할 것이 분명하니 이는 의인이 (율법이 아니라) 믿음으로 말미암아 살리라 하였음이라."(갈3:11, 합2:4) "율법은 믿음에서 난 것이 아니니

율법을 행하는 자는 그 *(실행 불가능한)* 가운데서 살리라 하였느니라."(갈3:12)

"그런즉 우리가 무슨 말을 하리요? 의를 따르지 아니한 이방인들이 의를 얻었으니 곧 믿음에서 난 의요, 의의 법을 따라간 이스라엘은 율법에 이르지 못하였으니 어찌 그러하냐? 이는 그들이 믿음을 의지하지 않고 행위를 의지함이라. 부딪칠 돌에 부딪쳤느니라."(롬9:30-32)

율법은 탈애굽 사막 시대의 불신앙과 우상 숭배 때문에 하나님이 주신 금령(禁令)임을 강조한다. 그런데, 예수그리스도 우리 주가 오셔서 율법에 얽매인 저주를 우리를 대신해 도맡으셨다. "그리스도께서 우리를 위하여 저주를 받은 바 되사 율법의 저주에서 우리를 속량하셨으니 기록된 바 나무에 달린 자마다 저주 아래에 있는 자라 하였음이라."(갈3:13)라고 구주 예수의 십자가 구원론에 접근한다.

다시금 두 세력의 율법관으로 돌아가 섞어 버무려 보자.

바울에 의하면 구원은 인간의 도덕적, 윤리적, 자기 의를 행함의 공로로 얻는 것이 아니다. 오로지, 오래 참으시고 인간의 허물을 기억하지 않으려 하시는 미쁘신 하나님의 은혜로 받는 선물이라는 것이다. 이것이 바울신앙 교리의 기시(起始)요 푯대이다.

바울의 하나님은 공의로우시고 신실하시고 자애로우시고 특별하시다.

죽은 자를 살리시며 없는 것을 있는 것같이 부르시는 이시다.(롬4:17) 일을(행하지) 아니할지라도, 경건치 아니한 자를 의롭다 하시는 분이시다.(롬4:4)

결코 구약이 말하는 시기(猜忌, 출20:5), 진노(震怒, 출15:7), 저주(신27:26), 복수(신32:41)하시는 하나님이 아니다. 신실하시고 의로우신 하나님의 무게가 후회(삼상15:11)와 질투와 복수(나 1:2)의 하나님을 압도하고 가려 버린다.

사람은 모두가 죄인이다. 죄는 첫 사람 아담으로 말미암아 율법이 있기 전에도 세상에 들어왔고 그 독침이 쏘는 사망도 마찬가지이다.(롬5:12,15:56) 율법이 없을 때는 범죄자가 자기 죄목을 모르는 상태에서 율법이 없는 그

자체로 망하였고 율법의 지배를 받는 자는 율법의 법정적 심판으로 정죄되었다.(롬2:12)

인생 중 의인은 하나도 없다.(시143:2) 모두가 죄인이다.(롬3:10)

하나님을 알 만한 것이 저의 속에 보이는데도(롬1:19,20, *자연계의 모든 피조물 양태가 그 증거이다.*) 마음에 하나님 두기를 싫어하고(롬1:28) 영화롭게 아니하고 감사치도 아니하고 허망한 생각에 우준하게 되어 죄의 종노릇하게 된다.(롬1:21)

율법도 계명(율법 조문)도 하나님께서 주셨으며 하나님께 봉사하는 데 소용되는 지침이므로 거룩하며 의로우며 선하다.(롬7:12) 그러나 하나님 앞에서는 율법을 듣는 자가 아니라 오직 행하는 자라야 의롭다 하심을 얻으리라 했으니(롬2:13) 들음은 행하기 위함이다. 습관적으로 듣기만 하고 행하지 않거나 단회성으로 그치고 잊는다면 이는 자기 양심을 속이고 부채를 지는 자이다. "그러므로 모든 들은 것을 우리가 더욱 간절히 삼갈지니 혹 흘러 떠내려갈까 염려하노라."(히2:1)

훗날 야고보는 이 구절에 덧붙여 훈수한다. "너희는 도를 행하는 자가 되고 듣기만 하여 자신을 속이는 자가 되지 말라."(약1:22)

율법의 의는 사람이 실천하여 온전히 이루기가 불가능한 것이 명백하다.[2]

그런데 율법의 의는 행하지 않으면 정죄받는다. 율법의 저주를 면하기 위하여 유대인은 매번 희생과 예물[속건제(贖愆祭)]을 드려 허물을 씻어 버린다.

"이 율법의 모든 말씀을 실행치 아니하는 자는 저주를 받을 것이라 할 것이요 모든 백성은 아멘 할지니라."(신27:26)

아브라함에게 주신 하나님의 은혜 계약은 만고 불변성의 것이다. 은혜 계약보다 후대, 모세시대에 들어온 율법 또한 하나님께서 주신 것이나 성질상 은혜계약을 교체하려는 것이 아니라 출애굽 세대 인간의 범법을 인하여 은혜계약에 더하기 한 명령이다.

그러나 문제가 인간은 율법을 완벽히 준수할 수 없다는 것이다.. 그로 말미암아 죄만 깨달을 수 있을 뿐이다. 율법은 몽학선생이 되어 은혜계약을 도울려 하지만 효과는 기대에 못 미칠 뿐이라는 것이다.(갈3:24-26) 바울의 저주는 그의 독창적 성정을 표현하는 어휘가 아니라 성경말씀(신27:26)을 인용함으로써 설복시키며 적대자들을 대응하는 구약 논리에 불과하다.

"율법을 자랑하는 네가 율법을 범함으로 하나님을 욕되게 하느냐? 하나님의 이름이 너희로 인하여 이방인 중에서 모독을 받는도다."(롬2:23,24)

"율법 안에서 의롭다 함을 얻으려 하는 너희는 그리스도에게서 끊어지고 은혜(계약)에서 떨어진 자로다."(갈5:4)

한때 열심히 교회를 핍박하던 바울도 율법의 의로는 흠이 없는 자였다.(빌3:6) 그러나 어느 순간부터 그리스도를 인하여 여태 자기에게 유익하던 것 모두를 해로운 배설물같이 여기게 되었다.(빌3:7,8)

하나님의 의는 아브라함이 믿음으로 구원받는 모든 자의 조상이 된다는 은혜 계약으로 세상에 나타났다.(롬4:16,17) 율법의 의는 은혜 계약에 더부살이하는 것에 불과하므로(롬5:20) 그 필요성은 일시적이고 비절대적이다. [크리소스톰(Chrysostom)] "그리스도는 모든 믿는 자에게 의를 이루기 위하여 율법의 마침이 되시니라."(롬10:4)

유대인 교인에게는 동의가 안 되는 주장이다.

샌더스(E. P. Sanders)[5]에 의하면 바울시대의 유대교는 완벽한 율법 준수를 요구하지 않았고 율법을 범한 경우 속죄 제사를 힘입어 언약 관계를 유지할 수 있었다. 즉 제2 성전 유대교는 '언약적 율법주의'의 시대였다.

하나님은 계약 백성들이 범죄함을 오래 참으시고 문제 삼아 벌하지 않으시고 간과하셨다.(롬3:25) 그런 오랜 세월 중 마침내 그의 의를 드러내시었다. 이는 우연이 아니고 때가 찬 경륜을 위하여 영원부터 예정하신 것(엡 1:9)으로 택정하신 자녀들에게 기업이 되게 하시고 지혜와 총명을 주사 그 비밀을 알게 하셨으니(엡1:8-17) 자기도 의로우시며 독생자 그리스도로 말미암아 죽음과 부활을 믿게 하심으로 자기의 의를 나타내시고 믿는 자들을 의롭다 하려하신 것이다.

"나는 너희의 하나님이 되려고 너희를 애굽 땅에서 인도하여 낸 여호와라. 내가 거룩하니 너희도 거룩할지어다."(레11:45)

"하나님이 죄를 알지도 못하신 자로 우리를 대신하여 죄를 삼으신 것은 우리로 하여금 저의 안에서 하나님의 의가 되게 하려 하심이니라."(고후5:21) "하나님이 우리를 부르심은 부정케 하심이 아니요, 거룩케 하심이니"(살전4:7) "기록하였으되 내가 거룩하니 너희도 거룩할지어다 하셨느니라."(벧전1:16) "하나님의 뜻은 이것이니 너희의 거룩함이라."(살전4:3)

역사적으로 이스라엘은 하나님을 의존, 순종치 않는 죄를 여러 차례 범하므로 하나님의 백성답지 못하였다. 그러나 하나님은 이스라엘을 부르시고 은혜 계약을 추가 갱신하시려고 예수를 보내셨다. 신실하신 하나님의 구원 사건이다. 두 번째 아담을 통해 십자가 사건을 보이시는 것이다.

바울은 이 사건을 남다르게 파악하고 예리하게 해석하였다.

우선 그리스도의 죽음을 원제자들의 전승과 동일하게 '희생 제물' 개념으로 보았다. 양측 모두 기독론에서는 일치하고 있다. 세상이 조롱하는 십자가 복음을 그들은 부끄러워하지 않는다. 복음은 믿는 자에게 주시는 하나님의 능력이요 하나님의 의라는 사실을 알기 때문이다.(롬1:16,17)

인간은 첫 아담의 원죄로 인해 죄를 물려받았고 그 결과는 죽음이다. 이 죽음에서 자유하기 위해서는 십자가 복음을 믿음으로 가능하다.(롬3:23-25)

이 믿음의 사람들에게 죽음이란 오직 '죄'에 대하여 죽는 것이다.

"무릇 그리스도 예수와 합하여 세례를 받은 우리는 그의 죽으심과 합하여 세례를 받은 줄을 알지 못하느냐? 그러므로 우리가 그의 죽으심과 합하여 세례를 받음으로 그와 함께 장사되었나니 이는 아버지의 영광으로 말미암아 그리스도를 죽은 자 가운데서 살리심과 같이 우리로 또한 새 생명 가운데서 행하게 하려 함이라."

"만일 우리가 그리스도와 함께 죽었으면 또한 그와 함께 살 줄을 믿노니 이는 그리스도께서 죽은 자 가운데서 살아나셨으매 다시 죽지 아니하시고 사망이 다시 그를 주장하지 못할 줄을 앎이로라."(롬6:3-9)

"그러므로 우리가 그리스도를 대신하여 사신이 되어 하나님이 우리를 통하여 너희를 권면하시는 것 같이 그리스도를 대신하여 간청하노니 너희는 하나님과 화목하라. 하나님이 죄를 알지도 못하신 이를 우리를 대신하여 죄로 삼으신 것은 우리로 하여금 그 안에서 하나님의 의가 되게 하려 하심이라."(고후5:2-21)

로마서 3장과 6장은 예수의 죽음을 각각 '속죄양'과 하나님과 화목하는 '참여(Participation)'에 방점을 두는 바울교리 건축의 두 주춧돌이다.

성경이 구원 사건을 주관적인 은유법으로, 네 가지 모습으로 표현한다고 보는 견해도 있다.[9-2]

예수 그리스도의 형상을 닮고자 하며 그가 하신 일에 참예하여 하나님으로부터 '의롭다(칭의)' 하심과 '하나님과 화목(Reconciliation)'하며, '하나님의 양자(Adoption)'가 되고 '새 피조물(Recreation)', 즉 새 창조된 자로 변화되어야 구원받을 수 있다는 것이다.

그러면 진정 믿음을 고백한 우리가 세례받고 확실히 의인된 신분인가? 아직 아닐 것이다.

인간은 누구나 육체의 소욕을 가졌다. 인간은 아무리 도덕군자라도 자력으로는 이를 쉽사리 제어하지 못한다. 육적 소유가 분명한 이성의 능력으로는 윤리, 도덕성을 온전히 펼칠 수 없다.

바울이 스스로 곤고한 육신의 처지를 부르짖는 이유이다.

"육체의 소욕은 성령을 거스리고 성령의 소욕은 육체를 거스리나니 이 둘이 서로 대적함으로 너희의 원하는 것을 하지 못하게 하려 함이니라."(갈 5:17)

우리가 원하는 것이 무엇인가? 영생이다. 영혼과 육체의 현재적 소욕이다.

성령의 능력이 임할 때만, 그리고 지속적으로 죄악을 억제하고 다스릴 수 있을 때만 모든 것이 해결 가능해진다는 것이다.

바울과 베드로의 순교

그러다가 갑자기 큰 재앙이 닥쳐왔다. 로마 황제 네로는 자신이 저지른 로마시 방화 사건(AD64)이 뜻밖에 큰 문제가 되자 그 책임을 그리스도인에게 전가하면서 전격적으로 유대인 크리스천을 붙잡아 감금하고 경기장 같은 데서 노리개로 사자 밥이 되게 하거나 무차별 방화 처형하여 분노한 시민들을 오락적 구경거리로 달래고자 하였다. 재수감되었던 바울은 기결수가 되면서 곧 참수(斬首)되었고(AD66-67) 그 무렵 조금 앞서 베드로도 로마에 도착하였다.(AD62-64) 베드로는 바벨론이라 이름한 교회를 근거지로 지하 전도를 했는데 바울 재구속과 참수 이후 숨어 지내던 한때 바울 동역자였던 실루아노와 골로새 지방으로 피해서 사역하던(골4:10) 마가가 찾아와서 수종하였다.(벧전5:12,13)

실루아노는 핍박과 체포, 처형의 위험 속에서도 꿋꿋하게 신앙을 지키는 로마 교인들에게 보내는 베드로의 편지를 대필하였다. 이 사람은 누구인가? 바울이 2차 전도 여행 때 대동했던 실라(행17:14,15,18:5), 바로 그 사람이다.(행5:22-40) [실라는 희랍식 이름이고 실루아노는 라틴식 표기이다. 누가의 사도행전은 수신자가 아가야(남부 희랍) 지방 고관인 데오빌로였기 때문에 그를 실라로 소개하였다.] 본래 그는 예루살렘 교회의 신실한 디아스포라 순례 회중으로 야고보의 신망이 두터워 그가 직접

써 준 편지를 휴대하고 바울을 수행하면서 전도 지역민들에게 낭독해 주어서 바울에 대한 원교회 인허의 보증인 역할을 하였고 빌립보에서 바울과 함께 투옥됐다가 역시 로마 제국 시민이란 이유로 함께 풀려나기도 한 그리스 태생 유대인이었다.(행15:22) 그는 소아시아 서남쪽 로도(Rhodes)섬으로 대피하였다가 거기서 순교하였다.

바울의 죽음과 비슷한 시기에 베드로도 로마 콜로세움 광장에서 십자가에 거꾸로 매달려 화형당하였고 많은 교인도 사자 밥이 되었다.(AD66-67) [클레멘트 1서5:2-7, 유세비우스의 Ecclesian History 2:25에 의하면 바울과 베드로의 순교 시기도 AD 60년도 후반이라고 기록했다.]26)

바울과 절교하였던 바나바도 7, 8년 뒤 본거지 안디옥에서 십자가 처형되었다.(AD73)

로마에서의 베드로 활약상은 불행하게도 현재까지 발견된 기록이 별로 없어서 잘 알 수 없다. 로마에서 실라가 받아 적은 베드로의 편지(벧전5:12)를 보면 그가 로마에 당도하기 이전이나 도중에 에집트, 갈라디아, 갑바도기아, 아시아 그리고 바울이 가지 않은 비두니아, 본도 등지에서 사역했음을 알 수 있다.(벧전1:1) 바울도 이곳을 가려고 애썼는데 예수님의 영이 허락하지 않고 빌립보로 파송하셔서 두 사람의 사역지를 분담시키셨다.(행16:7-9)

이즈음 누가는 박해를 피해 숨어 지내느라 바울의 로마행전을 계속하여 기록할 여유가 없었을 것이고 베드로 행처도 잘 몰랐거나 그의 활약상에 대해 알지 못하므로 써보려는 경황이 없었을 개연성이 높다. Foxe의 『순교자 열전』12)을 보면 누가는 멀리 아프리카의 알렉산드리아에서 죽음을 맞는다. 바울이 체포, 재수감되고 기독교인들의 대학살이 시작되자 로마를 탈출하고 도피생활로 절필했을 것이다. 그래선지 두사람의 로마사역과 순교장면을 기록하지 못하고 사도행전을 바울의 로마도착까지만으로 미완성인 채 끝맺음 한다.

베드로의 로마 선교상은 1세기 말에 쓰인 『클레멘스 1서』에 짧게 소개되는 정도인데 역시 바울과의 협동, 동역 상황은 보이지 않는다.[10,11]

왜 누가는 이런 중대한 화해 여부(與否)를 사도행전에서 언급하지 못한 걸까? 두 계파의 화해, 통합을 바라는 것이 누가의 뜻이고 보면 실제 합심하여 선을 이루는 장면이 없었기 때문 아닐까? 두 사람의 로마 체류가 같은 시기로 겹치는 때가 있으므로 성경 본문에 사실 적시가 없더라도 이들은 간혹 조우(遭遇)하였을 터이고 필경 믿음의 교류와 선교의 아름다운 화합적 동역이 있었을 것이라 보는 것은 후세 믿는 자들의 자위요 바람이다. 물론 마가와는 이미 화해한 사실이 확인된다.(골4:10, 딤후4:11, 몬1:24, 고전9:6, 갈2:1)

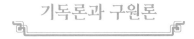

기독론과 구원론

예수님 생전에 사람들이 더러 그를 세례요한이나 엘리야, 예레미야 같은 선지자로 여겼다.

주님은 제자들에게 "너희는 나를 누구라고 하느냐?"라고 물었을 때, 게바가 "주는 그리스도시요 살아 계신 하나님의 아들이시니이다."라고 하여 '반석(磐石)'이란 뜻을 가진 베드로라는 이름을 부여받고 지상에서 풀면 하늘에서도 풀린다는 천국열쇠를 상품으로 부여받았다.(마16:13-19) 정답이었던 게다.

만약 우리에게도 주님이 물으신다면? 갑작스런 상황에 당황하여 우물쭈물, 이리저리 성경 속 기억을 찾아 헤맬 게 아니라 제자들의 기도 공통성 모음체인 사도신경을 욀 일이다.

바울에게 단문장으로 답하라고 물으셨다면? (아마 "메시아십니다."라고 했을 것 같다.)

바울신학의 정수는 기독론(롬1:2-4, 고전15:4)과 만민 구원론(롬1:16)에서 비롯된다.

"이 복음은 하나님이 선지자들을 통하여 그의 아들에 관하여 성경에 미리 약속하신 것이라. 그의 아들에 관하여 말하면 육신으로는 다윗의 혈통에서 나셨고 성결의 영으로는 죽은 자들 가운데서 부활하사 능력으로 하나님의 아들로 선포되셨으니 곧 우리 주 예수 그리스도시니라."(롬1:2-4) "내가 복음을 부끄러워하지 아니하노니 이 복음은 모든 믿는 자에게 구원을 주시는 하나님의 능력이 됨이라. 먼저는 유대인에게요 그리고 헬라인에게로다. 복음에는 하나님의 의가 나타나서 믿음으로 믿음에 이르게 하나니 기록된 바 오직 의인은 믿음으로 말미암아 살리라 함과 같으니라."(롬1:16,17)

고금(古今)을 막론하고 기독교의 신앙 고백은 위 두 이론에 근거하고 있기 때문에 범세계적 은혜의 종교됨이 가능했다.

그리스도는 하나님의 우주적 구원 사건의 현현(顯現)이었다.[55] 따라서 헬라사상에 비추어 해석할 것이 아니라 체질잔류의 유대 묵시사상적 종말론에 비추어 해석해야 한다.[28]

바울은 그만의 지식과 형안(炯眼)으로 그리스도의 비밀과 진실을 독학으로 파악한 것이다. 하나님의 지혜와 권능을 아는 정도에는 어느 누구보다 더 우위에 있음을 자랑하고 있다. 그래서 혼잡하지 않게 그만의 그리스도 전파의 핵심을 간단명료하게 십자가로 정리한다.

"우리는 십자가에 못 박힌 그리스도를 전하니 유대인에게는 거리끼는 것이요 이방인에게는 미련한 것이로되, 오직 부르심을 입은 자들에게는 유대인이나 헬라인이나 그리스도는 하나님의 능력이요 하나님의 지혜니라. 내가 너희 중에서 예수 그리스도와 그의 십자가에 못 박히신 것 외에는 아무것도 알지 아니하기로 작정하였음이라."(고전1:23,24,2:2)

그런데 하나님의 의, 거룩이란 복음의 진리와 지혜가 우리 영혼에 심어지고 현재에 실현되는 것이다, "저희를 진리로 거룩하게 하옵소서. 아버지의 말씀은 진리니이다."(요17:17)

예수의 역사적, 인간적 모습과 그의 수훈과 행적을 별로 소개하지 아니하고 기독론(롬1:3,4)으로만 요약한 뒤에 오직 죽음과 부활에 대한 믿음, 종말에 올 영광만을 강조한다. 이것이 바울복음의 본질이며 가는 방향이다. 칭의는 본질이 아니다.[28] 바울이 예수의 죽음과 부활에만 매달리는 이유를 추정할 만한 것이 본 책자의 여러번 기술에서 설명이 되었으리라고 본다.

16세기 종교 개혁자들은 바울사상의 중심을 '이신칭의'로 해석했고 현대 개신교의 교리에 큰 영향을 끼친 것은 사실이나 근세 자유주의 신학자, 종교 사학자들로부터 샌더스에 이르기까지 비평 신학자 일부는 칭의를 제외하고 '그리스도-신비주의(Christ-Mysticism, 그리스도와 연합하고 그 안에 참여하는 삶)'를 꼽기도 한다. 바울의 "그리스도 안에서 함께 살고 함께 죽는다."라는 사상은 따지고 보면 헬라스토아적 신비주의에서 유래되었다. "형제들아 내가 그리스도 예수 우리 주 안에서 가진 바 너희에 대한 나의 자랑을 두고 단언하노니 나는 날마다 죽노라."(고전15:31)

예수님의 십자가 고난은 인간의 속죄를 위함이었으며 초대 교회 사도신앙과 고백의 밑거름이다. 특히 바울교회에서는 신자를 주격으로 삼아 세례 때에 단번에 주와 함께 자기 육체와 정욕을 십자가에 못 박은 것으로 의미를 부여하였다.(갈5:24) 자기 옛 사람과 세상적 행실, 습관들이 죽고 새 사람으로 탈바꿈 처리된 사건이다. 이른바 제2의 창조사건이다. 바울은 이것을 "율법에 대해서 죽었다."(갈2:19)로 연장, 결속하고 안팎을 벽침으로 문제가 된 것이다. 날마다 그리스도와 함께 죽는다고 자랑한다. 죽은 율법?의 빈 자리는 '성령'으로 대치한다. 율법이 할 수 없는 것을 가능케 하는 것은 성령이기 때문이다.

그리고 더 나아가 유대-헬라의 담을 헐고 그리스도 안에 구별 없이 부르심에 응하여 모인 새로운 인종으로 구성된 교회론 주장도 성령으로 가능하기 때문이다. 명목과 겉치레, 즉 율법과 회당, 성전을 허문 것이다.[51] 예수님이 성전을 허물고 사흘 만에 다시 짓겠다고 하신 말씀대로 구원 사건이 진행한다는 사실을 바울 자신은 알고 있었을까?(*구약에 능통한 바울이라도 말라기의 이 말씀이 예수님의 입에서 재설된 것은 몰랐을 것이다.*)

"만군의 여호와가 이르노라. 너희가 내 단 위에 헛되이 불사르지 못하게 하기 위하여 너희 중에 성전문을 닫을 자가 있었으면 좋겠도다. 내가 너희를 기뻐하지 아니하며 너희 손으로 드리는 것을 받지도 아니하리라."(말1:10) "우리가 그의 말을 들으니 손으로 지은 이 성전을 내가 헐고 손으로 짓지 아니한 다른 성전을 사흘에 지으리라 하더라 하되……."(막14:58)

종교 사학자들이 바울신학에 헬라적 배경이 있다고 보는데 이미 언급한 스토아 철학이 중심에 등장한다. 특히 노예 출신 에픽테투스(Epictetus, AD50-125)는 "욕심을 억제하는 것이 행복에 이른 길", "이 세상 눈에 보이는 무질서와 육체의 질병을 만나기 전에 내면 속에 침잠하여 신을 만나 보라."라는 내용의 저서로 금욕주의를 주창하여 바울 당시 로마제국을 풍미하였다.

이에 바울 이해에 조금 거리를 둔 브레데, 슈바이처 등은 종말 사상, 즉 유대 묵시 사상으로 분명 간파하였다. 어쨌든 바울은 양다리를 걸친 모양새의 교리로 인하여 부담을 짊어지게 되었다.

"복음에는 하나님의 의가 나타나서 믿음으로 믿음에 이르게 하나니 기록된 바 오직 의인은 믿음으로 말미암아 살리라 함과 같으니라."(롬1:17)

"내가 복음을 부끄러워하지 아니하노니 이 복음은 모든 믿는 자에게 구원을 주시는 하나님의 능력이 됨이라, 첫째는 유대인에게요 또한 헬라인에게로다."(롬1:16)

예수께서도 믿음을 구원될 자의 자격으로 가르치셨다.

"예수께서 저에게 이르시되 보아라. 네 믿음이 너를 구원하였느니라 하시매……."(눅18:42)

바울은 여기에 정리하여 덧붙인다.

"사람이 마음으로 믿어 의에 이르고 입으로 시인하여 구원에 이르느니라."(롬10:10)

그렇다고 믿음이 모두의 것은 아니다.(살후3:2) 언제일지 모르는 종말의 대비와 대망을 믿음과 성령으로 구원의 과정을 현재화하고 있다. 여기서부터 일컫는 구원론이 구사도들과 차이를 벌린다.

구원의 서정(序程)

믿는 자는 죄 없는가? 죄없는 자는 하나도 없다.

"만일 우리가 죄 없다 하면 스스로 속이고 또 진리가 우리 속에 있지 아니할 것이요."(요일1:8)

하나님은 단지 신앙 고백 하나를 사서 값없이 의롭다고 여기신 것이다. 일단 하나님께서 법적으로 판정하신 것이다. 우리는 의롭다 하심을 거저 얻은 자들이다.(롬3:25) 이것이 하나님 은혜의 단적 표증이다. 인종적, 민족적, 신분, 지성, 성적 차별도 없다. 십자가 죽음과 부활의 이유를 인정하고 믿겠다고만 하면 말씀을 맡은 자나 비할례자나 누구든 간에 구별하지 않으신다.

"누구든지 주의 이름을 부르는 자는 구원을 얻으리라"(롬 10:13) "네가 만일 네 입으로 예수를 주로 시인하며 또 하나님께서 그를 죽은 자 가운데서 살리신 것을 네 마

음에 믿으면 구원을 얻으리니"(롬10:9)

자랑할 데가 어디 있느뇨?(롬 3:27) 구원은 우리 노력의 대가나 선행의 공로로 얻는 게 아니기 때문이다.(딛 3:5) 오직 믿음으로 말미암은 하나님의 은혜와 선물인 것이다.(엡2:8)

구원이 무엇인가? 영생이다. 우리 모두가 갈망하는 것이다.

성경에서 미루어 보건대 영생은 칭의로 말미암아 부르신 모든 믿는 자에게 주시는 하나님의 능력이다.(롬1:16) 하나님이 예수 그리스도를 높이시고 자기의 영광과 의로 동일시하심으로 그를 믿고 그를 닮기로 마음을 정한 우리도 의로 여기신다는 말이다.

그러면 까마득한 옛날 하나님이 의롭다 하시던 아브라함도 시공을 초월하여 훗날에 오실 예수를 알고 믿었다는 말인가? 그렇다. 우리는 성경에서 이 증거를 찾을 수 있다.

예수께서 "너희 조상 아브라함은 나의 때 볼 것을 즐거워하다가 보고 기뻐하였느니라."(요8:56)하셨고, 하나님께서 아브라함에게 "또 네 씨로 말미암아 천하 만민이 복을 얻으리니 이는 네가 나의 말을 준행하였음이니라."(창22:18) 하셨다.

바울이 이르기를 "이 약속들은 아브라함과 그 자손을 두고 말씀하신 것인데 여럿을 가리켜 그 자손들이라 하지 아니하시고 오직 하나를 가리켜 네 자손(씨)이라 하셨으니 곧 그리스도라."(갈3:16)라고 증거한다.

구약 선지자 다니엘도 환상 중에 예수의 강림을 보았다는 암시가 있다.(단 10:16-18)

이스라엘을 약속의 땅에 거하게 한 믿음의 조상을 아브라함이라 한다. 그의 여러 씨 중 오직 한 씨, 즉 예수 그리스도는 하나님이 약속을 이행하신 신실성의 열매이다. 영원 전부터 예비하시고 때가 차매 육신으로 세상에 내리시고 대속죄를 지우시고 피 흘려 죽게 하시고, 부활시켜 영광의 보좌에 올리시고 성령을 보혜사로 보내셨다.

예수를 모르거나 부정하며 율법 아래 옥죄어 지은 죄를 해결받지 못한 자들은 면목 없게 되었다. 창세로부터 볼 수 없었으나 모든 피조물에 분명한 의미를 보이시므로 그 신성과 능력을 믿어야 했다.(롬1:20) 존귀하나 깨닫지 못한 자는 짐승과 같다.(시49:20) 말하자면 이들은 영과 진리가 그 마음속에 있지 아니한 자들이다.(요4:24, 요일1:8) 따라서 거저 받지도 못하고 내 공로로 이룬 척 자랑할 수도 없게 되었으니 말이다.(고전4:7)

그러니 죗값 청산 혜택을 받은 우리는 이제 내 것이 아닌 내 몸과 정성을 다한 믿음으로 미련과 우준함을 벗고 하나님께 순종, 감사함으로 종말에 이르러 구원에 도달하기까지 곡절이 있더라도 간단(間斷) 없이 상속자의 모습을 흩트리지 말아야 한다.(고전6:19,20)

이것이 개혁주의 신앙(개신교)이다. 인간이 손으로 그리거나 만든 다른 신이나 피조물 형상으로부터의 구원은 있을 수 없다.

구원은 어디에 있는가? 하늘나라 보좌에 앉으신 하나님과 그 우편에 올리신 주님께 있다.

"다른 이로서는 구원을 얻을 수 없나니 천하 인간에 구원을 얻을 만한 다른 이름을 우리에게 주신 일이 없음이니라 하였더라."(행4:12) "큰 소리로 외쳐 가로되 구원하심이 보좌에 앉으신 우리 하나님과 어린 양에게 있도다 하니……."(계7:10)

여기서 바울의 칭의와 구원론에 동원되는 성경의 용어 개념에 대해서 유념해 보자.

바울은 죄가 가는 곳이 사망이고(롬6:11) 칭의의 가는 곳은 구원이며 구원은 사람의 노력(행위) 덕분이 아니고 오로지 하나님의 은혜와 긍휼 때문이라고 여러 번, 여러 곳에서 가르친다.(엡2:8-9, 딛3:5)

하나님이 누구신가? 구원의 판관(判官)이시다. 예수님은 피고의 변호사이시다. "입법자와 재판자는 오직 하나이시니 능히 구원하기도 하시며, 멸하기도 하시

느니라."(약4:12)

    믿는 자는 구원받고 불신자에게는 하나님의 진노가 기다린다. 바울의 견지에서는 하나님의 진노 대상은 신앙인이라도 당을 지어 복음의 진리를 따르지 않는 자들이 포함된다.(롬2:8)

    하나님은 그의 존재, 지혜, 능력, 거룩, 공의, 선하심과 신실하심이 무한하시고 변함이 없으신 영이시다. 이런 하나님은 그의 백성된 사람들의 하나님 되시기를 기뻐하시고 백성들도 자기처럼 거룩하게 되기를 원하신다.

    "나는 너희의 하나님이 되려고 너희를 애굽 땅에서 인도하여 낸 여호와라. 내가 거룩하니 너희도 거룩할지어다."(레11:45, 벧전1:16)

    그래서 애굽왕 바로의 노예로부터 자유하게 하시고 홍해 물을 갈라 건너게 하심으로 구출하셨다. 그런데 이 백성이 어떻게 되었나? 동족상잔을 피하게 하시려고 신광야에서 40년을 붙들어 두신 동안 불평하고 우상을 만들어 숭배하고, 모세를 통하여 계명을 주셨건만 불순종하며 거역하지 않았나? 진노하신 하나님은 그 출애굽 일세대들을 가나안 땅에 들이지 않으시고 거기서 머물다가 죽기까지 유기(遺棄)하신다. 오늘날 세상 것들을 선호하는 다수 기독교인들에도 영락(零落)없이 딱 들어맞는 모습이요 예견되었던 바이다. 하나님의 말씀에 순종하여 준행(창 22:18)치 않고서 어떻게 구원을 바라는가?

    "또 약속하신 이는 미쁘시니 우리가 믿는 도리의 소망을 움직이지 말며, 굳게 서로 돌아보아 사랑과 선행을 격려하며, 모이기를 폐하는 어떤 사람들의 습관과 같이 하지 말고 오직 권하여 그 날이 가까움을 볼수록 더욱 그리하자."(히10:23-25)

    우리가 오직 믿음으로 의롭게 되어 구원받은 신분이 되었으니 그 은혜를 더 받거나 시험하려고 다시 죄를 지어도 될까? 그럴 수 없음은 성경의 역사

서나 예언서가 가르쳐 준다. 의인이라도 죄를 범하면 보응받는다.(잠11:31)

칭의 상태가 실제로는 한결같이 변함없이 오래가지를 않는다. 인간의 본성이 그러하다. 인간의 몸은 선과 악, 즉 두 가지 법이 공존하여 거기에 예속되어 있다.(롬7:21)

"내 속 곧 내 육신에 선한 것이 거하지 아니하는 줄을 아노니 원함은 내게 있으나 선을 행하는 것은 없노라."(롬7:18) "이는 세상에 있는 모든 것이 육신의 정욕과 안목의 정욕과 이생의 자랑이니 다 아버지께로 좇아온 것이 아니요, 세상으로 좇아온 것이라."(요일2:16)

유가(儒家)에서 얘기하는 성선설(性善說)과 성악설(性惡說)처럼 모순되는 두 본성이 태어날 때부터 인간의 것이라면 하나님 영의 주관없이도 우리는 어느 정도의 착한 일을 할 수 있는 존재가 된다. 즉, 인간의 의지와 자력으로 구사하는 모든 선과 악한 행위의 주체가 된다는 의미가 되므로 비성경적이다. 하나님의 은혜를 허물고 하나님의 존재를 부정하는 것이기 때문이다. 성경은 이 모든 것이 하나님께로서 난 것이라 확증한다.

"우리가 무슨 일이든지 우리에게서 난 것같이 생각하여 스스로 만족할 것이 아니니 우리의 만족은 오직 하나님께로서 났느니라."(고후3:5)

때문에 믿음을 구원의 마지막 심판날까지 간단(間斷) 없이 유지하기 위해서는 순종(롬6:16)과 지속적 기도와 회개와 매일 거듭남으로 성화(Sanctification)됨, 즉 거룩(Holiness)하게 되는 과정(골3:10)의 반복과 답습과 중생이 필요하다. 거룩은 감추어진 진리가 아니고 누가 보아도 동의할 수 있도록 밖으로 드러나게 되어 있다. 하나님의 명령에 응한 각 사람의 지속적 경건한 삶을 영위하는 노력과 의무 수행의 결단적 모습이 나타남이 요구된다. 빛의 자녀가 되어 그를 보는 모든 이가 하나님께 영광을 돌려드리려면 자신의 열매된 모습을 자신의 영적 내면에서부터 외부 세상에 드러내어야만 한다. 이것이 가능하려면 되게 하시는 성령의 도움 없이는 안 된다. 이런 관점에서 볼 때

소위 인간 의지의 공로(행위, 신인협력설)[5]를 중요하게 보는 가톨릭 교리에서처럼 인간이 자의적 선택으로 행복과 생명을 구할 수 있다면 하나님의 은혜적 구원은 무용한 것이 되고 만다는 것이다. 17세기 초 독일에서는 이 관점 차이로 신, 구교 간에 전쟁(30년 전쟁)이 일어나 800만 명이나 죽는 인류 역사상 최대 참사를 겪었다. (본책 말미에 수록된 '세계사와 교회사상사' 참조)

칭의(Justification)는 죄의 형벌에서 벗어남이고 성화는 죄의 오염 잔재를 씻어 내는 믿는 자의 삶에 성령이 주시는 삶이다. 풀어서 말하자면 칭의는 법정적 무죄 선언이고 성화는 무죄 방면된 사람의 거룩한 삶의 모습이다. 또 달리 말하면 칭의는 '거룩'하다고 불림이고 성화(Sanctification)는 '거룩함의 열매(빌1:11, 롬6:22)'로 눈에 실상을 드러내는 상태이다. 성경에 무엇에나 '흠이 없어서 나무랄 것 없음(골1:22, 요일3:21)'이 성화 과정에서 저절로 표출되는 상태이다.

그러면 무엇으로 인간이 구원에 이를 수 있는가? 성화에 이르는 것이 사람의 자력과 도덕성만으로 가능한가? 개신 교리로는 아니다. 성화와 구원이 필요로 하는 것은 율법의 권능이 아니라 하나님의 은혜가 주시는 성령이 그 수단이요 대안이다.

"우리를 구원하시되 우리의 행한 바 의로운 행위로 말미암지 아니하고 오직 그의 긍휼하심을 좇아 중생의 씻음(세례)과 성령(강림)의 새롭게 하심으로 하셨나니"(딛3:5)

율법의 역할이 성령으로 대체되었다. 율법으로는 감당이 되지 않는 구원의 여정(旅程)을 성령이 오셔서 우리 몸에 내주하심으로 능력으로 풀고 매시며 가르치시고 이끄신다. 왜냐하면 인간 스스로는 선과 악이 공존하는 본성 때문에 쉽게 사탄의 유혹에 이끌리어 구원의 과정에서 좌초하거나 탈락할 위험이 늘 상존(常存)하기 때문에 성령의 능력에 의지하는 것만이 의문을 뿌리치고 바로 설 수 있는 방법이다. 바울교회에서는 성령이 부재하거나 연약한 연유로 불순종 현상이 잦았고 바울도 경험적으로 그 위험도를 늘 가늠하고 늘 경고하고 자신 스스로 늘 채찍질하고 있었음을 알 수 있다.

"선 줄로 생각하는 자는 넘어질까 조심하라."(고전10:12)

"내가 내 몸을 쳐 복종하게 함은 내가 남에게 전파한 후에 자신이 도리어 버림을 당할까 두려워함이로다."(고전9:27)

예수님께서 이 세상을 떠나시므로 망연자실(茫然自失)하는 제자들에게 성령을 대신 보내 주시겠다는 약속(요16:7)은 제자들에게 좌절하지 말고 용기를 내어 사탄과의 싸움에 이겨서 믿음을 굳건히 지키며 명령하신 바 역할을 능히 감당하도록 도우시기 위함이었다.

성령으로 아니하고는 예수를 주시라 할 자 아무도 없다.(고전 12:3) 마음으로 믿고 입으로 시인하는 일도 성령님의 사역이다. 성령은 보이지 않는 진리의 영이다. 예수님의 사역을 도와 우리로 하여금 하나님을 뵐 수 있게 하는 또 다른 보혜사(保惠師)이다. 그러나 믿는다는 이도 성령 체험을 하지 못한 자가 수두룩한데 불신자는 이 같은 놀라운 성령의 사역을 전혀 느낄 수 없다.

성령은 하나님의 말씀을 생각나게 하시고, 가르치시고(요14:26,16:13), 진리 가운데로 인도하신다. 예수께서는 "두세 사람이 내 이름으로 모이면 나도 함께 그 곳에 있겠다."라며 보내 주신 분이다.(마18:20) 누구든지 그리스도의 영이 없으면 그리스도의 사람이 아니다.(롬8:9) 성경책은 사람의 이성(理性)으로 얼마든지 만들기 때문에 복음에서 영이 떠나가면 그건 허구일 뿐이다.[37] 하나님의 감동이 없기 때문이다.(딤후3:16, 벧후1:21)

성령은 믿음을 고백하게 하며 여러 가지 은사를 주시고 연약한 성도를 위하여 탄식하고, 위해서 간구하시는 분이다.(롬8:26) 생각하시며(롬8:27), 뜻과 목적을 갖고 계시며(고전12:11), 지식이 있으시고(롬8:27, 고전2:10-12), 사랑하시고(롬15:30), 슬퍼하시는(엡4:30) 인격적인 분이시다. 성부, 성자와 동등하신 하나님이시다. 영원히 계시고(히9:14), 어디나 계시고(시139:7-10), 전능(욥26:13, 눅

1:35)하시고, 전지(요14:26,16:12,13)하시다. 거룩(눅11-3)하시고, 자비하시며(느 9:20), 진리의 영(요일5:7)이시다. 항상 우리 가운데 내주하시고(고전3:16), 위로(행9:31)하시며, 인도(요16:13)하시고 도와주신다.

은사(恩賜)는 여럿이나 성령과 주님과 하나님은 같은 분이다.(고전12:4-6)

삼위일체론이라는 용어 자체가 정경에는 발견되지 않는다. 2세기 말 터툴리안이 처음 사용했지만 4세기에 와서야 공식화 된다[AD325 아타나시우스(Athanacius)에 의해 주도된 니케아 공의회].별표 3

여기서 우리는 구원의 설명이나 조건, 관련되거나 과정에 등장하는 성경 용어를 일별(一瞥)해 볼 필요가 생긴다.

하나님의 '사랑', '긍휼(롬9:16)', '예정(살후2:13, 엡1:6,3:11)', '은혜(사49:8)', '죄사함(엡1:7)', '부르심(막2:17, 롬1:6)', '택하심(롬9:11,11:7)', '중생(重生)', '믿음의 확증(고후13:5)', '칭의(롬3:28,4:3-5)', '성령(고후3:6, 롬7:6)'과 '성령의 도움(롬8:26)', '은사(恩賜, 고전12:4)', '거룩(살후2:13, 롬4:4-11,6:19,8:30)', '연합(롬6:3-5, 고후5:20)', '화목(롬5:1, 고후5:20)', '견인(고전4:12,13)', '고난(시50:15)', '인내(살후3:5,마11:22)', '구원(사49:8)', '영화(살후2:13)', '영광(롬8:17)' 등이다.

이 용어들을 곱씹어 보면 하나님의 은혜와 구원을 위해 계획하신 시나리오가 순차적이라는 것을 느낄 수 있다.

"처음부터 너희를 택하사 성령의 거룩하게 하심과 진리를 믿음으로 구원을 얻게 하심이니, 이를 위하여 우리 복음으로 너희를 부르사 우리 주 예수그리스도의 영광을 얻게 하려 하심이니라."(살후2:12,13)

바울교리의 특성을 한마디로 응축하면 은혜에 의한 구원론인데 이스라엘의 말씀 맡은 특혜에 한정하지 아니하고 그리스도의 죽음과 부활의 목적을 우주적으로 모든 피조물에 조명, 강조한 보편성에 있다. 구원 대상이 하나님의 언약 백성이라는 전통적 독과점 유대사상을 깨트린 것이다. 이것이 바울교리의 중심이다.

구원이란 무엇인가? 창세전에 예정하신 택하신 자에게 주시는 하나님의 선물이다. 그 크신 은혜에 의하여 믿음으로 청종하는 자들에게 주시는 최고의 보상이다. "자기 아들을 아끼지 아니하시고 우리 모든 사람을 위하여 내어 주신 이가 어찌 그 아들과 함께 모든 것을 우리에게 은사로 주지 아니하시겠느뇨?"(롬8:32)

성령의 은사(Gifts)에는 여러 가지가 있다. 지혜와 지식, 교육 사역력, 헌신, 믿음, 질병 치유 능력, 예언, 방언, 통역, 재력, 구제사역 등 각 사람에게 다양한 정도의 분량을 나누어 주신다. 이런 은사를 받은 사람들은 각별히 조심하여 자신을 살펴서 자기가 잘하는 것으로 성령을 기뻐하시게 해야 한다. 그렇지만 과시하고 자랑하며 정욕을 위해 남용하거나 사단의 유혹을 받는 일은 없어야 하고 있다면 단연코 뿌리쳐야 한다.

창세전부터 택정하신 자를 위한 성령 사역 사실을 확증하기 위해 그리스도를 통한 하나님과의 화목(롬5:10,고후5:18), 그리스도를 믿어 의인됨(갈2:16, 롬1:17)과 속죄됨, 은혜사적(롬3:24)으로 자녀됨과 상속자론(갈4:4-7,롬8:14)이 변증적으로 덧붙여지는 것이다.9-1) 오직 믿음과 의(義)만이 구원과 생명에 이르는 통로의 첫 갈림길을 선택할 수 있는 수단이다.

의가 개인의 특성이 된 것이냐? 아니고 신의 의이다. 열심히 믿어 얻은 의가 변함없는 자신의 것이 아님은 자명하다. 의로 여김 받았으니 무죄하냐? 육신의 심층 깊은 곳에 숨어 있는 죄성으로 말하면 의인은 없다.(롬3:10)

"어리석은 자는 그 마음에 이르기를 하나님이 없다 하도다. 저희는 부패하고 소행이 가증하여 선을 행하는 자가 없도다. 여호와께서 하늘에서 인생을 굽어 살피사 지각이 있어 하나님을 찾는 자가 있는가 보려 하신즉, 다 치우쳤으며 함께 더러운 자가 되고 선을 행하는 자가 없으니 하나도 없도다,"(시14:1-3)

죄가 없지 않은데도 무죄 선포하심이 신의 은혜 아닌가? 몹시 고마워해야 할 일이다.

그렇지만 중요한 점은 이것이다. 법정적으로 은혜받은 자의 신앙과 구원은 아직 목표에 도달된 것이 아니다. 현재 진행 내지는 미래형이다. 신앙 고백이나 세례, 안수받는 의례도 구원의 완성받음을 위한 아주 기초적 초보 과정이다. 첫 의례 관문 통과일 뿐이다. 구원을 다 이룬 것처럼 방만함과 교만에 빠질 수 있음을 경계해야 한다. 기억에 희미하더라도 항상 자기 죄를 찾아보고 자각하고 뉘우치고 겸허히 고백하고 회개하고 죄 사함을 간구해야 한다.

"만일 우리가 죄 없다 하면 스스로 속이고 또 진리가 우리 속에 있지 아니할 것이요, 만일 우리가 우리 죄를 자백하면 저는 미쁘시고 의로우사 우리 죄를 사하시며 모든 불의에서 우리를 깨끗케 하실 것이요, 만일 우리가 범죄하지 아니하였다 하면 하나님을 거짓말하는 자로 만드는 것이니 또한 그의 말씀이 우리 속에 있지 아니하니라."(요일 1:8-10)

"저희를 불쌍히 여기소서." "우리가 알게 모르게 저지른 모든 죄를 고하오니 용서하여 주소서."

회개, 회심과 믿음 고백은 그 자체가 하나님의 역사이다. 이 같은 일은 자기의 기쁘신 뜻을 위하여 우리로 소원을 두고 행하게 하시는 하나님의 능력이며(빌2:13), 믿음 또한 우리를 그리스도에게 나아가게 하신 하나님의 은총이다.(요6:65)

칭의는 과거 단숨에 주어진 은혜일 뿐 받은 자의 현재 진행형 신앙에는 커짐(고후10:15)도 작아짐(롬14:1)도 정체됨과 부족함(살전3:10)도 저마다 다른 분수(롬12:3)가 있는 것이고 실족(벧후1:10)과 심지어 배교(背敎, 딤전1:19)의 위험도 있는 것이다.

"그런즉 선 줄로 생각하는 자는 넘어질까 조심하라."(고전10:12)

"그러므로 모든 들은 것을 우리가 더욱 간절히 삼갈지니 혹 흘러 떠내려 갈까 염려하노라."(히2:1) "한 번 빛을 받고 하늘의 은사를 맛보고 성령에 참여한 바 되고 하나님의 선한 말씀과 내세의 능력을 맛보고도 타락한 자들은 다시 새롭게 하여 회개하게 할 수 없나니 이는 그들이 하나님의 아들을 다시 십자가에 못 박아 드러내 놓고 욕되게 함이라."(히6:4-6)

중생, 거듭남도 회개, 신앙 고백, 세례의 과정을 통과했다고 얻어지는 게 아니다. 펠라기우스나 소치니 사상(Socinianism)처럼 자유 의지로 도덕적, 개혁적 삶의 정도로 착각해서도 안 된다. 영혼과 본성과 생활과 버릇, 행동, 이 모든 것의 거듭남, 새롭게 됨을 체질화하여 방만하지 않고 단속해야 함을 뜻한다. 우리의 영적 삶의 내면에 성령에 의해서 새 요소가 들어온 것이다.37)

"그런즉 누구든지 그리스도 안에 있으면 새로운 피조물이라. 이전 것은 지나갔으니 보라! 새 것이 되었도다."(고후5:17) "너희는 유혹의 욕심을 따라 썩어져 가는 구습을 좇는 옛 사람을 벗어 버리고 오직 심령으로 새롭게 되어 하나님을 따라 의와 진리의 거룩함으로 지으심을 받은 새 사람을 입으라." (엡4:22-24)

"우리는 그의 만드신 바라 그리스도 예수 안에서 선한 일을 위하여 지으심을 받은 자니 이 일은 하나님이 전에 예비하사 우리로 그 가운데서 행하게 하려 하심이니라."(엡2:10)

중생(重生, Regeneration)도 하나님이 예비하셨고 성령으로 도우신다.
"육으로 난 것은 육이요 성령으로 난 것은 영이니 내가 네게 거듭나야 하겠다 하는 말을 기이히 여기지 말라."(요3:6-7)

많은 사람이 교화(敎化)는 되었지만 회심(Conversion)이 부족한 것은 본성에 중생의 요소가 부족한 때문이다. 교화된 사람은 죄를 자각하는 이성을 회복하므로 늘 부끄러움과 두려움, 비탄에서 헤맨다. 그러나 중생에 이른 사람은 하나님의 양자(養子)됨으로 회개를 이루어 불안을 떨칠 수 있어야 한다.
"하나님의 뜻대로 하는 근심은 후회할 것이 없는 구원에 이르게 하는 회개를 이루

는 것이요, 세상 근심은 사망을 이루는 것이니라."(고후7:10)

그리스도 안에서 선한 일을 행하도록 지으심을 받은 자는 하나님의 예비하신 대로 순종함으로 구원에 이른다. 이 또한 알미니안주의(Alminianism)적 자유 의지가 아니고 성령 인도하심의 열매일 뿐이다.

바울을 인용하면 구원이 "이미 얻은 것도 이룬 것도 아니므로 오직 앞에 있는 것을 좇아갈 뿐이라"는 것이다.(빌3:12) 이것이 구원의 현재이다. 구원이 벌써 완전히 이루어진 것이 아니고 아직 되어 가는 과정에 있다는 것이다. 그러니 예수를 붙잡고 놓치지 않아야 한다.

"내가 그리스도와 그 부활의 권능과 그 고난에 참여함을 알려하여 그의 죽으심을 본받아 어찌하든지 죽은자 가운데서 부활에 이르려 하노니 내가 이미 얻었다 함도 아니요 온전히 이루었다 함도 아니라. 오직 내가 그리스도 예수께 잡힌 바 된 그것을 잡으려고 좇아가노라."(빌3:10-12)

평강의 하나님은 성화와 거룩의 창조자이시고 보존하시기를 원하신다.(살전 5:23) 은혜로 받은 이 상태를 언제까지 유지해야 하나? 몸이 죽기까지 혹은 주 강림하실 때까지이다.

"평강의 하나님이 친히 너희로 온전히 거룩하게 하시고, 또 너희 온 영과 혼과 몸이 우리 주 예수 그리스도 강림하실 때에 흠 없게 보전되기를 원하노라."

거룩하게 됨은 하나님의 요구이며 명령이다.

"내가 거룩하니 너희도 거룩할지어다."(레11:44-45,벧전1:16)

거룩하게 되어야만 그리스도와 연합하여 은혜와 사명을 감당하기에 모자람이 없다.

그러나 인간의 노력은 유한하고 세상 유혹에 취약하여 오래 보전이 불완전하다. 오로지 하나님의 무한하신 능력이 임할 때에 성취가 가능하다.

"너희를 부르시는 이는 미쁘시니 그가 또한 이루시리라."(살전5:24)

결국, 온전한 거룩은 우리의 전 본성이 하나님의 지배 아래에서 경영되어야 하는 것이다.

중생과 회심(Conversion)은 성도의 성화와 거룩을 이루는 필수 절차이다.

거룩은 영생에 도달할 수 있는 복음의 진리를 확실히 믿는 마음에 있다.[37] 육적인 이성의 눈으로는 구별할 수도 없고 깨닫지도 못한다. 평강의 하나님이 사람을 거룩하게 하신다. 하나님은 우리의 본성과 인격을 성화하시고 당신과 평강한 관계를 지속시키려 하신다.

이 사역을 그리스도를 시켜 이루신다. 언제까지 유지하시는가? 그리스도를 다시 보내실 때까지이다. 우리는 거룩을 이루시는 성화의 하나님 사역을 간절히 사모해야 한다. 사탄의 유혹을 물리치고 주 안에서 늘 기뻐하고 범사에 감사함과 쉴 새 없이 기도하여야 한다.(살전5:16-18)

"그들을 진리로 거룩하게 하옵소서. 아버지의 말씀은 진리니이다."(요17:17)

성화는 영원히 거룩하게 됨이다. 재 소생함이고 영생을 보장받는 것이다. 은사, 은혜, 믿음, 소망 같은 것은 사용 후 소멸되거나 시간과 여건이 바뀌면서 사라질 수 있다.

믿음(Pistis)은 하나님에 대한 인간의 의지함 또는 신뢰를 뜻한다.

전통 유대적 믿음은 하나님이고 메시아이며 구원이 시온에서 나기를 갈망한다.(시14:7)

예루살렘 교회는 '하나님 아들', 바울적 믿음은 그의 부활에 믿음 초점이 고정되어 있다. 성화는 이 모든 것을 막론하고 성도가 영원히 거룩에 존재하도록 한다. 이것은 구원의 필수 구비 요소이다.

따라서 성화와 구원에는 그것에 이르는 과정이 있기 마련이고 그 과정에는 세 시제(時制)가 있다 할 수 있다.[3]

구원의 과거, 현재, 미래가 그것이다.

최종적 불변적 구원 성취는 미래에 있다. 즉, 주 강림 때이다.(살후1:10, 약 5:17)

각 시제와 순서에 맞게 칭의, 성화, 영화가 서정(序程)으로 배당된다.9-1) 믿음으로 이미 의인이라 칭함받은 우리는 거룩하게 살아 드려야 하는 숙제와 의무가 남아 있으며 이를 달성해야 하나님의 형상과 영광에 이른다는 단서, 조건이 된다.

성화의 과정은 속죄와 중생, 하나님과의 화목 상태, 믿음에서부터 겸손, 순종, 사랑, 내어 줌, 고난, 인내를 포괄한다. 이 모든 것에 성령의 도우심이 필수이며 성령의 사역이 인간 자력에 의한 기여(寄與)의 중요 동인(動因)도 됨을 보여 준다. 오직 심령에 의와 진리와 거룩함을 입은 것만으로는 부족하다. 외부에 가시적으로 빛을 발해야 하고 소개와 선포도 해야 한다는 뜻이다.

예수님은 믿는 자들을 빛과 소금으로 비유해서 가르치셨다.

"너희는 세상의 소금이니 소금이 만일 그 맛을 잃으면 무엇으로 짜게 하리요? 후에는 아무 쓸 데 없어 다만 밖에 버려져 사람에게 밟힐 뿐이니라."(마5:13)

"너희는 세상의 빛이라 산 위에 있는 동네가 숨겨지지 못할 것이요."(마5:14)

믿는 자가 세상에 내어놓고 선행하여 거룩이 비치게 하지 아니하고 말과 혀로만 사랑을 외치고 혼자 골방 어두움 속에 숨어서 믿음 고백만으로 맛을 내지 못하면 무슨 소용이냐는 것이다. 경건과 착한 행실을 보여 주지 않고 무슨 선포가 있으며 어찌 감동적인 하늘나라 소개나 설득이 가능할 것인가?

"이같이 너희 빛을 사람 앞에 비취게 하여 저희로 너희 착한 행실을 보고 하늘에 계신 너희 아버지께 영광을 돌리게 하라."(마 5:16)

예수를 믿음은 하나님의 은혜이고 특혜이나 늘 고난과 핍박을 부른다. 믿음을 지킨다는 것은 세상 박해 또한 각오해야 하며 참아 내고 이겨 내야 한다는 것이다. 이 상황에 처하리라는 것은 이미 주께서 예견, 경고하시고 이를 복되다하신 것이다.

"의를 위하여 박해를 받은 자는 복이 있나니 천국이 그들의 것임이라. 나로 말미암아 너희를 욕하고 박해하고 거짓으로 너희를 거슬러 모든 악한 말을 할 때에는 너희에게 복이 있나니 기뻐하고 즐거워하라. 하늘에서 너희의 상이 큼이라. 너희 전에 있던 선지자들도 이같이 박해를 받았느니라."(마5:10-12) "무슨 일에든지 대적하는 자들 때문에 두려워하지 아니하는 이 일을 듣고자 함이라. 이것이 그들에게는 멸망의 증거요 너희에게는 구원의 증거니 이는 하나님께로부터 난 것이라. 그리스도를 위하여 너희에게 은혜를 주신 것은 다만 그를 믿을 뿐 아니라 또한 그를 위하여 고난도 받게 하려 하심이라."(빌1:28-29) "우리가 환난 중에도 즐거워하나니 이는 환난은 인내를, 인내는 연단을, 연단은 소망을 이루는 줄 앎이로다."(롬5:3,4)

성령의 도움으로 모든 고난과 멸시를 인내하며 극복하게 하심도 하나님의 뜻이다. 소망은 하나님의 사랑이 우리 몸에 부음됨이니 우리는 어리석으나 부끄럽지 않은 것이다.(롬5:5)

믿음의 대적자를 담대히 맞서 물리치며 고난도 달가워하는 것은 역설적으로 은혜이며 구원의 소망 때문이다.

"내가 그 삼분지 일을 불 가운데 던져 은 같이 연단하며 금 같이 시험할 것이라. 그들이 내 이름을 부르리니 내가 들을 것이며 나는 말하기를 이는 내 백성이라 할 것이요, 그들은 말하기를 여호와는 내 하나님이시라 하리라."(슥13:9)

로마서 6장에서 바울은 '그리스도와 연합'이라는 신비주의적 구원론(Mystical Salvationism)을 피력함으로써 법정적 칭의론과 구별되는 새로운 또 하나의 사상 범주로 소개하고 있다.

"만일 우리가 그리스도와 함께 죽었으면 또한 그와 함께 살 줄을 믿노니 너희도 너희 자신을 죄에 대하여는 죽은 자요, 그리스도 예수 안에서 하나님을 대하여는 산 자

로 여길지어다."(롬6:8-11)

　그리스도와 합함은 고난에도 불구하고 하나님과의 올바른 관계에 동참하게 됨을 의미한다. 곧 모든 믿는 자에게 구원을 주시는 하나님의 능력을 힘입는 것이고 하늘나라 유업을 이어받을 양자됨이다. 성경이 가르치는 구원론에서 성도의 예정, 견인론과 탈락가능론(고전10:1-12, 히6:6) 간에 긴장은 늘 성도들이 숙지하고 가벼이 여기지 말 것이며 사도와 선배 신앙 고수자들을 본받아 고난을 이겨 내고 연단을 통해 산 소망을 유지해야 한다는 경고가 함축된다.

　성경에서는 믿음이 좋은 것(삿9:15-19)과 신실치 못한 것(레6:2), 충만한 것(레6:5-24)과 연약한 것(마6:30), 의지하고 의뢰하는 것(민14:11, 시78:22)과 흔들리는 것(신32:20)등을 형용해서 주의를 일깨우고 있다.

신비주의 신학

　"만일 죽은 자들이 도무지 다시 살지 못하면 죽은 자들을 위하여 세례받는 자들이 무엇을 하겠느냐? 어찌하여 저희를 위하여 세례를 받느뇨? 또 어찌하여 우리가 때마다 위험을 무릅쓰리요?"

　"형제들아, 내가 그리스도 예수 우리 주 안에서 가진 바 너희에게 대한 나의 자랑을 두고 단언하노니 나는 날마다 죽노라."(고전15:29-31) "내가 그리스도와 그 부활의 권능과 그 고난에 참여함을 알려 하여 그의 죽으심을 본받아 어찌하든지 죽은 자 가운데서 부활에 이르려 하노니……."(빌3:10-11) "그리스도께서 죽은 자 가운데서 다시 살아나셨다 전파되었거늘 너희 중에서 어떤 이들은 어찌하여 죽은 자 가운데서 부활이 없다 하느냐?"(고전15:12) "그리스도께서 만일 다시 살지 못하셨으면 우리의 전파하는 것도 헛것이요, 또 너희 믿음도 헛것이며 또 우리가 하나님의 거짓 증인으로 발견되리니 우리가 하나님이 그리스도를 다시 살리셨다고 증거하였음이라. 만일 죽은 자가 다시 사는 것이 없으면 하나님이 그리스도를 다시 살리시지 아니하셨으리라."(고전15:14,15)

"보라, 내가 너희에게 비밀을 말하노니 우리가 다 잠잘 것이 아니요, 마지막 나팔에 순식간에 홀연히 다 변화하리니 나팔 소리가 나매 죽은 자들이 썩지 아니할 것으로 다시 살고 우리도 변화하리라."(고전15:51-52) "너희가 세례로 그리스도와 함께 장사되고 또 죽은 자들 가운데서 그를 일으키신 하나님의 역사를 믿음으로 말미암아 그 안에서 함께 일으키심을 받았느니라."(골2:12)

부활신앙, 이것이 신비(神祕)이다. 바울은 늘 개인적으로 체험한 혹은 더욱 체험하기 위한 기적과 표적을 구하고 몸에 쌓기 위해 정진해 왔고, 내심 그 열매를 드러내 보이고자 하였다.

세칭 신비주의를 '신에 대한 체험적 인식'이라고 부르기도 한다.

신비주의적인 체험은 성경보다 개인의 체험을 우선적으로 인정한다는 의미이다. 그러나 기독교는 성경을 객관적인 교리 신앙의 기준으로 본다는 것을 잊지 말아야 한다.

성경에서 말씀하는 신비적인 기적은 항상 하나님께서 자신의 백성을 구원하기 위하여 공동체에게 특별한 메시지를 전달하는 방법이 되는 반면에, 개인적인 신비주의는 '자신과 신에 대한 특별한 관계'를 드러내려고 하는 것에 그 목적을 둔다. 신비주의자들은 자신의 위상을 위하여 자신의 체험을 드러내지만, 바울과 요한 같은 사도들은 구속사적 메시지를 먼저 드러내기 위하여 자신의 신비한 체험을 오히려 감추거나 상징적으로 표현한다. 예를 들면, 사도바울은 고후 12장 6-12절에서 3인칭을 사용하여 그의 삼층천(三層天) 체험을 잠깐 말하지만 그 표현이 나타낼 수 있는 의도하지 않은 결과

발생에 대해서 두려워한다고 말한다.

"무익하나마 내가 부득불 자랑하노니 주의 환상과 계시를 말하리라. 내가 그리스도 안에 있는 한 사람을 아노니 그는 십사 년 전(다메섹 도상 강한 빛 사건)때에 셋째 하늘에 이끌려 간 자라. (그가 몸 안에 있었는지 몸 밖에 있었는지 나는 모르거니와 하나님은 아시느니라) 내가 이런 사람을 아노니 그가 낙원으로 이끌려 가서 말로 표현할 수 없는 말을 들었으니 사람이 가히 이르지 못할 말이로다. 내가 이런 사람(임)을 위하여 자랑하겠으나 나를 위하여는 약한 것들 외에 자랑하지 아니하리라. 내가 만일 자랑하고자 하여도 어리석은 자가 되지 아니할 것은 내가 참말을 함이라. 그러나 누가 나를 보는 바와 내게 듣는 바에 지나치게 생각할까 두려워하여 그만두노라 ."(고후12:1-6)

천당 다녀온 것을 이미 다 말해 놓고 독자들의 반응을 염려하는 이유는 자기만의 체험이기 때문에 진위논란의 약점으로 책잡힐 것과 그것 때문에 바라지 않는 후과를 알고 있음이다. 신비주의는 이와 같이 사람들의 공감을 자아내는 데는 무리를 부른다. 그렇지만 바울은 신이 자신을 부르신 묵시에 대해서는 부득이하게나마 선포하기를 망설이지 않으며 신의 영광을 찬미하고 자신도 죄인임을 이미 고백한 것으로 막음하려 한다. 아무튼 자신은 이미 영세 전부터의 복음의 신비를 계시를 받았고 이를 너희로 알게 하였다는 것이다.

"나의 복음과 예수 그리스도를 전파함은 영세 전부터 감추어졌다가 이제는 나타내신 바 되었으며 영원하신 하나님의 명을 따라 선지자들의 글로 말미암아 모든 민족이 믿어 순종 하게 하시려고 알게 하신 바 그 신비의 계시를 따라 된 것이니 이 복음으로 너희를 능히 견고하게 하실 지혜로우신 하나님께 예수 그리스도로 말미암아 영광이 세세무궁하도록 있을지어다. 아멘."(롬16:25-27)

"그러므로 너희가 그리스도 예수를 주로 받았으니 그 안에서 행하되 그 안에는 신성의 모든 충만이 육체로 거하시고 또 그 안에서 너희가 손으로 하지 아니한 할례를 받았으니 곧 육의 몸을 벗는 것이요 그리스도의 할례니라. 너희가 세례로 그리스도와 함께 장사되고 또 죽은 자들 가운데서 그를 일으키신 하나님의 역사를 믿음으로 말미암아 그 안에서 함께 일으키심을 받았느니라. 또 범죄와 육체의 무할례로 죽었던 너희를 하나님이 그와 함께 살리시고 우리의 모든 죄를 사하시고 우리를 거스르고 불리하게 하는 법조문으로 쓴 증서를 지우시고 제하여 버리사 십자가에 못 박으시고 통치자들과 권세들을 무력화하여 드러내어 구경거리로 삼으시고 십자가로 그들을 이기셨느니라."(골2:6,9,12,13-15)

바울이 거듭 강조하는 것은 우리에게 불리한 율법의 채무증서를 주님이 십자가에 못 박혀 죽으심으로 모두 지우셨다는 것이다.

"그러나 (너희들이 말하는 대로) 나의 거짓말로 하나님의 참되심이 더 풍성하여 그의 영광이 되었다면 어찌 내가 죄인처럼 심판을 받으리요? 또는 그러면 선을 이루기 위하여 악을 행하자 하지 않겠느냐? 어떤 이들이 이렇게 비방하여 우리가 이런 말을 한다고 하니 그들은 정죄 받는 것이 마땅하니라. 그러면 어떠하냐? 우리는 나으냐? 결코 아니라. 유대인이나 헬라인이나 다 죄 아래에 있다고 우리가 이미 선언하였느니라."(롬3:7-9)

십자가의 신비는 기적이다.

사도요한도 자신의 환상을 비유적으로 기록하며 그 계시록을 가감하지 말라는 경고를 한다. 가장 많은 기적과 표적을 보였던 예수님조차 "요나의 기적밖에는 보일 것이 없다."라고 하며 표적을 보여 달라는 유대인들을 책망하신다.

그러나 성경은 일면 기적과 표적을 항상 하나님의 역사라고는 간주하지 않는다. 다시 말하면 거짓 선지자나 거짓 그리스도, 사탄도 기적과 표적을 나타낼 수 있다는 의미이다. 그러니 기적과 표적과 같은 가시적인 현상을 보고 추구하는 믿음은 경우에 따라서는 의구심을 자아내므로 진정한 믿음이 아니라 할 수 있다. 누군가 예수 이름으로 행하는 권능과 기사라고 할지라도 예수님과 전혀 상관이 없는 경우도 있다. 주님은 이런 주술적 표적들을 불법하다고 밝히셨다.

"거짓 그리스도들과 거짓 선지자들이 큰 표적과 기사를 보이어 할 수만 있다면 택하신 자들도 미혹하리라."(마24:24) "악한 자의 임함은 사단의 역사를 따라 모든 능력과 표적과 거짓 기적과 불의의 모든 속임으로 멸망하는 자들에게 임하리니 이는 저희가 진리의 사랑을 받지 아니하여 구원함을 얻지 못함이니라."(살후2:9-10) "나더러 주여, 주여 하는 자마다 천국에 다 들어갈 것이 아니요 다만 하늘에 계신 내 아버지의 뜻대로 행하는 자라야 들어가리라. 그 날에 많은 사람이 나더러 이르되 주여, 주여 우리가 주의 이름으로 선지자 노릇하며 주의 이름으로 귀신을 쫓아내며 주의 이름으로 많은 권능을 행치 아니하였나이까 하리니 그 때에 내가 저희에게 밝히 말하되 내가 너희를 도무지 알지 못하니 '불법을 행하는 자들아 내게서 떠나가라' 하리라."(마 7:21-23)

오늘날 신비주의자들은 자신의 영험을 지혜를 터득한 것이라고 드러내 놓고 뽐낸다. 개신교 중 퀘이커교가 특징적 예이다. 그러나 신비주의적 체험은 자랑할 것이 못 된다. 객관적이지 않기 때문이다. 신비주의는 타 종교나 무속주의에서도 발견되는 현상이며 오히려 모든 종교적인 특성이라고 말할 수 있다. 다시 말하여 반드시 하나님의 역사라고 볼 수 없는 종류의 것이라는 의미다. 이러한 성향에 빠지면 그는 신비적 체험을, 신을 영접하는 유일한 경로로 여기고 더 자극적 체험을 위해 자신의 인생을 허비할 뿐만 아니라 타인의 영혼도 손상시킨다.

세상적 지혜의 특징은 신을 자신의 척도로 가늠한다는 데에 있다. 진정 그리스도인이라면 하루 빨리 이러한 행태를 버려야만 한다. 칼빈이 강조한 대로 늘 자신이 택함받은 자인가 자문해 보아야 한다. 기록된 말씀에 충실한 그리스도 안에서의 믿음이 곧 반석 위에 세운 신앙이 되기 때문이다.

기독교도 일면 신비의 종교라 할 수 있다. 예수님의 탄생부터 대속하기 위해 죽으심, 죄에 죽은 자를 살리시려고 부활하심, 승천 후 하늘 보좌로부터 계시다가 성령을 보내시고 결국 다시 오실 것임, 그 어느 것 하나 신비롭지 않은 것이 없다. "믿음은 바라는 것들의 실상이요 보지 못하는 것들의 증거니 선진들이 이로써 증거를 얻었느니라."(히11:1-2)

그러나 신비주의는 말씀보다 자신의 체험으로 증거를 삼으려 하는 행위로 성경이 금하는 것이다. 제의식(祭儀式)으로 초래된 신성과의 결합은 아주 원시적인 종교에서도 볼 수 있다. 기원전 1세기 사회에서 인기를 끌었던 희랍의 미스터리 종파에서 좀 더 발달된 형태의 신비주의도 발견된다. 아티스, 오시리스, 미트라스의 종파가 그것들이다.

슈바이처는 이러한 형태의 신비주의가 좀 더 인격적, 지적(知的)으로 진화된 브라만과 부처님, 플라톤주의, 스토이즘, 스피노사, 슈펜하우어, 헤겔에서도 찾을 수 있다고 말한다.[29] 그는 바울이 그의 지적 기록으로 인해 원시 신비주의 위에 서 있지만, 결코 하나님과 하나가 되거나 하나님 안에 있다는 것을 말하고 있지 않았다고 보았다. 대신, 그는 하나님 아들을 전하는 것을 그리스도와의 신비로운 연합을 통해 중재되고 영향을 받는 것으로 생각했다고 간파하였다. 그는 바울의 신비주의를 '하나님 안에 있는 것'이 아니라 '그리스도 안에 있는 것'으로 요약한다. 이른바 연합 혹은 참여 신앙이다.

"너희는 하나님으로부터 나서 그리스도 예수 안에 있고 예수는 하나님으로부터 나와서 우리에게 지혜와 의로움과 거룩함과 구원함이 되셨으니"(고전 1:30)

고린도의 지혜로운 열광주의자들은 다른 그리스도 복음과 영에 매료되어 다른 구원의 세계에 든 것을 자랑하여 바울을 불편하게 만들었다.

"형제들아 내가 너희를 위하여 이 일에 나와 아볼로를 들어서 본을 보였으니 이는 너희로 하여금 기록된 말씀 밖으로 넘어가지 말라 한 것을 우리에게서 배워 서로 대적하여 교만한 마음을 가지지 말게 하려함이라. 누가 너를 남달리 구별하였느냐? 네게 있는 것 중에 받지 아니한 것이 무엇이냐? 네가 받았은즉 어찌하여 받지 아니한 것 같이 자랑하느냐?"(고전4:6-7)

바울은 맹목적 신앙을 요구하지 않는다. 하나님이 세상이 거리끼고 어리석다는 십자가 소식으로 오히려 인간의 지혜를 어리석게 만들었다는 것이다. 바울의 역설적 사유 중심과 행동 척도 표준은 십자가 신앙이 유일하다.[8]

십자가에 달려 죽은 그리스도는 하나님의 지혜이고 능력이며 인간에게 주시는 은혜이다.

"우리는 십자가에 못 박힌 그리스도를 전하니 유대인에게는 거리끼는 것이요 이방인에게는 미련한 것이로되 오직 부르심을 받은 자들에게는 유대인이나 헬라인이나 그리스도는 하나님의 능력이요 하나님의 지혜니라. 하나님의 어리석음이 사람보다 지혜롭고 하나님의 약하심이 사람보다 강하니라."(고전1:23-25) "내가 율법으로 말미암아 율법에 대하여 죽었나니 이는 하나님에 대하여 살려 함이라. 내가 그리스도와 함께 십자가에 못 박혔나니 그런즉 이제는 내가 사는 것이 아니요 오직 내 안에 그리스도께서 사시는 것이라. 이제 내가 육체 가운데 사는 것은 나를 사랑하사 나를 위하여 자기 자신을 버리신 하나님의 아들을 믿는 믿음 안에서 사는 것이라. 내가 하나님의 은혜를 폐하지 아니하노니 만일 의롭게 되는 것이 율법으로 말미암으면 그리스도께서 헛되이 죽으셨느니라."(갈2:19-21)

율법이 의인을 만든다 하면 하나님이 예수를 이 땅에 보내실 하등의 이유가 없다. 그리스도-신비주의는 가까운 장래에 하나님-신비주의가 현실로 기능할 때까지 유보한다. 하나님의 왕국이 아직 오지 않았지만 그리스도인들이 그리스도의 시대에 살고 있다고 믿게 한다. 내 안에 사시는 그리스도의 고난에 동참하면서. '그리스도 안에 있는 것'이라는 말은 '그분이 죽고 다시 일어나는 것을 실제로 공동 경험하는 것'이라고 설명한다.(Wikipedia) '그리스도 안에 있는 것'으로 하나님과의 신비로운 연합이 가능하다고 보기 때문에 교인들에게 고난 경험이 있기를 반어법을 쓰며 장려하기까지 한다. 우리에게 환란과 고난은 그 때문에 죽을 우리 몸에 생명의 예수가 나타날 것임을 예고한다.

"어두운 데서 빛이 비취리라 하시던 그 하나님께서 예수 그리스도의 얼굴에 있는 하나님의 영광을 아는 빛을 우리 마음에 비취셨느니라. 우리가 이 보배를 질그릇에 가졌으니 이는 능력의 심히 큰 것이 하나님께 있고 우리에게 있지 아니함을 알게 하려 함이라. 우리가 사방으로 우겨쌈을 당하여도 싸이지 아니하며 답답한 일을 당하여도 낙심하지 아니하며 핍박을 받아도 버린 바 되지 아니하며 거꾸러뜨림을 당하여도 망하지 아니하고 우리가 항상 예수 죽인것을 몸에 짊어짐은 예수의 생명도 우리 몸에 나타나게 하려 함이라. 우리 산 자가 항상 예수를 위하여 죽음에 넘기움은 예수의 생명이 또한 우리 죽을 육체에 나타나게 하려 함이니라."(고후4:6-11)

이를 위해 바울은 기꺼이 고난에 뛰어든다.

"우리는 그리스도 때문에 어리석으나 너희는 그리스도 안에서 지혜롭고 우리는 약하나 너희는 강하고 너희는 존귀하나 우리는 비천하여 바로 이 시각까지 우리가 주리고 목마르며 헐벗고 매맞으며 정처가 없고 또 수고하여 친히 손으로 일을 하며 모욕을 당한즉 축복하고 박해를 받은즉 참고 비방을 받은즉 권면하니 우리가 지금까지 세상의 더러운 것과 만물의 찌꺼기 같이 되었도다. 내가 너희를 부끄럽게(미안하게) 하려고 이것을 쓰는 것이 아니라 오직 너희를 내 사랑하는 자녀같이 권하려 하는것이라."(고전4:10-14) "하나님의 나라는 말에 있지 아니하고 오직 능력에 있음이라."(고전 4:20)

바울은 자녀같이 여기는 이들 중 상당수가 아직 어려서 진리의 음식을 받아 섭취하고 소화시키지 못함을 늘 안타까워하였다. 이치를 논하지 말고 세상이 핀잔을 주는 믿음을 고수하는 미련하고 어리석은 자가 되라는 것이다.

"형제들아 내가 (영적으로) 신령한 자들을 대함과 같이 너희에게 말할 수 없어서 육신에 속한 자 곧 그리스도 안에서 어린 아이들을 대함과 같이 하노라. 아무도 자신을 속이지 말라. 너희 중에 누구든지 이 세상에서 지혜 있는 줄로 생각하거든 어리석은

자가 되라. 그리하여야 지혜로운 자가 되리라."(고전3:1-18)

바울의 구원론은 두 체계로 구성되는데 하나는 법정적체계(Juridical System)인 칭의(롬3-5)요, 다른 하나는 신비주의 체계(Mystical System)인 성화(롬6-8, 그리스도와 함께 죽고 부활함)인데 후자는 이른바 구원의 마지막 단계에 이른 상태이다. 비로소 하나님의 보응 심판대에 설 단계이다.

결론적으로 바울신학의 정수(精髓)를 다시 말한다면 '그리스도와의 연합'이다. 죄에 대해서 죽고 의에 대해서 살아나는 것이다.

따라서 칭의는 바울구원론의 본질이 아니라 보조적 곁가지일 뿐이며, 주된 분화구는 그리스도를 힘입어 하나님의 형상과 영광에 이르는 완성된 성화, 이것을 바울구원론의 핵심으로 본다는 것이다.28,29) 따라서 성화에 이르렀을 때나 그 과정에서 칭의가 이웃 사랑, 윤리, 도덕과 분리될 수 없다고 후세 개신교 보수 신학자들이 귀납시키며 공격자들로부터 방어 패로 사용해야만 했다.9-2)

이것이 하나님이 주신 믿음과 성화를 중시하는 칼빈의 사상이며 이것은 루터의 바울식 칭의조건, 믿음중심주장과는 차이가 있다. 칼빈의 이 모든 논제의 근저에는 성령의 역사가 존재하며 거룩과 하나님의 영화에 이르는 길에는 성령의 열매들이 저절로 수반된다는 뜻과 같다.

"오직 성령의 열매는 사랑과 희락과 화평과 오래 참음과 자비와 양선과 충성과 온유와 절제니 이 같은 것을 금지할 법이 없느니라."(갈5:22-23)

바울은 비록 해석적으로는 함축적 의미를 가졌을지라도 성화라는 용어를 한 번도 쓰지 않았다. 믿음으로 말미암아 칭의됨이 곧바로 구원받음이라는 등식이 바울교리의 지주라고 현재까지 많은 사람과 교파가 믿고 있다. 그리고 흔히들 이를 자발적 공로로 오용하며 뻐기고 있다.

그러나 성경은 분명히 선을 긋는다.

"너희가 그 은혜를 인하여 믿음으로 말미암아 구원을 얻었나니, 이것이 너희에게서 난 것이 아니요, 하나님의 선물이라."(엡 2:8) "내 말과 내 전도함이 설득력 있는 지혜의 말로 하지 아니하고 다만 성령의 나타나심과 능력으로 하여 너희 믿음이 사람의 지혜에 있지 아니하고 다만 하나님의 능력에 있게 하려 하였노라."(고전2:4-5)

(소치니우스나 알미니우스주의가 말하는 인간 자유 의지(이성-理性)가 이단 사상임을 알게 한다.)

바울은 그리스도의 부활을 선포함으로 말미암아 기롱당하고(행 17:18-32), 심문받고(행24:21) 투옥되며 생명을 위협받는 것을 인내와 믿음으로 극복하며 고난을 도리어 자랑으로 여기며 반기며 감내(堪耐)하는 사람이다.(고전 16:30,살후1:4) 지금 자신들이 받는 환난은 경홀히 알고 아직은 아니지만 앞으로 다가올 예비된 영광을 생명처럼 소중히 간직하며 소망한다.

"자녀이면 또한 후사(상속인, heirs), 곧 하나님의 후사요 그리스도와 함께 한 후사니 우리가 그와 함께 영광을 받기 위하여 고난도 함께 받아야 될 것이니라. 생각건대 현재의 고난은 장차 우리에게 나타날 영광과 족히 비교할 수 없도다."(롬 8:17-18) "이것이 너희의 간구와 예수 그리스도의 성령의 도우심으로 나를 구원에 이르게 할 줄 아는 고로 나의 간절한 기대와 소망을 따라 아무 일에든지 부끄러워하지 아니하고 지금도 전과 같이 온전히 담대하여 살든지 죽든지 내 몸에서 그리스도가 존귀하게 되게 하려 하나니 이는 내게 사는 것이 그리스도니 죽는 것도 유익함이라."(빌1:19-21)

생사여탈 걱정을 초월하여 그리스도와 함께, 그리고 그의 중보를 받아 하나님의 영광과 영원에 이르는 것이 곧 구원의 완결이다.

"주 예수를 다시 살리신 이가 예수와 함께 우리도 다시 살리사 너희와 함께 그 앞에 서게 하실 줄을 아노라. 이는 모든 것이 너희를 위함이니 많은 사람의 감사로 말미암아 은혜가 더하여 넘쳐서 하나님께 영광을 돌리게 하려 함이라. 그러므로 우리가 낙심하지 아니하노니 우리의 겉사람은 낡아지나 우리의 속사람은 날로 새로워지도다. 우리가 잠시 받는 환난의 경한 것이 지극히 크고 영원한 영광의 중한 것을 우리에게 이루게 함이니 우리가 주목하는 것은 보이는 것이 아니요 보이지 않는 것이니 보이는 것은 잠깐이요 보이지 않는 것은 영원함이라."(고후4:14-18)

이중성 비판에 대하여

바울은 그의 인성이 드러날 막말을 하면서까지 허물어진 교인들을 회유하려고 한 이유를 그의 이방 전도 사명과 노력이 허사될까 두려워서라고 밝힌다.

"하나님을 알되 하나님을 영화롭게도 아니하며 감사하지도 아니하고 오히려 그 생각이 허망하여지며 미련한 마음이 어두워졌나니"(롬2:21) "또한 그들이 마음에 하나님 두기를 싫어하매 하나님께서 그들을 그 상실한 마음대로 내버려 두사 합당하지 못한 일을 하게 하셨으니"(롬2:28) "그러므로 모든 들은 것을 우리가 더욱 간절히 삼갈지니 혹 흘러 떠내려 갈까 염려하노라."(히2:1) "내가 너희를 위하여 수고한 것이 헛될까 두려워하노라."(갈4:11)

기왕 독특한 형용 문체를 창조하여 겹겹이 방어막을 둘러 우군 이방 그리스도인을 감싸고 추켜세우는데, 말하자면 고난을 견디며 신앙의 삶을 사는 그리스도인으로서의 새로운 실존을 표현하는 방식을 형용하는 언어가 그것이다. 원교회나 다른 사도의 언어로서는 생소한 정의(定意)들이다.

예를 들면 '주 안에서'(갈2:4, 고전1:2,3:1, 빌3:18,4:1), '그리스도 안에서'(롬3:24, 엡4:32, 빌3:14), '부름을 받은 자'(고전1:4-26), '빛의 자녀'(롬13:11), '그리스도를

옷입고'(갈3:27), '그 몸의 지체'(고전12:5, 2:13-27,롬 12:5), '너희 몸은 성령의 전(殿)이다'(고전6:19), '영의 거처'(롬8:9), '내 안에 그리스도가 산다'(갈20:2), '그리스도의 향기요 편지'(고후2:15,3:3), '새로운 피조물'(고후5:17), '죄에서 죽었다'(롬6:2), '율법에서 자유함'(롬7:1), '하나님과 화목'(고후5:20, 롬5:2), '하나님의 자녀요 상속자'(롬8:16-17), '손할례당'(빌3:2)이 아닌 '마음의 할례'(성령,행7:51, 롬2:29, 빌3:3, 골2:11), '모두가 아브라함의 자손'(갈3:29' 등등······.

"그러면 율법이 하나님의 약속들을 거스르느냐? 결코 그럴 수 없느니라. 만일 능히 살게 하는 율법을 주셨더면 의가 반드시 율법으로 말미암았으리라."(갈3:21) "형제들아, 너희가 자유를 위하여 부르심을 입었으나 그러나 그 자유로 육체의 기회를 삼지 말고 오직 사랑으로 서로 종 노릇 하라. 온 율법은 네 이웃 사랑하기를 네 몸같이 하라 하신 한 말씀에 이루었나니 만일 서로 물고 먹으면 피차 멸망할까 조심하라."(갈5:13-15) " 피차 사랑의 빚 외에는 아무에게든지 아무 빚도 지지 말라. 남을 사랑하는 자는 율법을 다 이루었느니라."(롬13:8)

믿음의 역사는 사랑이며 이는 율법의 성취라고 말하기도 한다. 지금껏 해온 '오직 믿음' 주장과 결이 다르니 무슨 변고인고?

"그리스도 예수 안에서는 할례나 무할례가 효력이 없되 사랑으로써 역사하는 믿음뿐이니라."(갈5:6) "그런즉 믿음, 소망, 사랑 이 세 가지는 항상 있을 것인데 그 중에 제일은 사랑이라."(고전13:13)

"하나님께서 각 사람에게 그 행한 대로 보응하시되 참고 선을 행하여 영광과 존귀와 썩지 아니함을 구하는 자에게는 영생으로 하시고 선을 행하는 각 사람에게는 영광과 존귀와 평강이 있으리니 먼저는 유대인에게요 그리고 헬라인에게라."(롬2:6,7,10)

"이로 보건대 율법도 거룩하며 계명도 거룩하며 의로우며 선하도다. 우리가 율법은 신령한 줄 알거니와 나는 육신에 속하여 죄 아래 팔렸도다."(롬7:12,14)

뒤늦게 논점을 흐리려는 의도가 오히려 역설의 구덩이에 침몰하는 상황이다. 그래서 토로하는 것이 율법은 신령한데 자기는 불완전한 바리새인으로서 육신의 죄 아래 굴복하였던 것이라고 통곡하는 것이다.

"오호라, 나는 곤고한 사람이로다. 이 사망의 몸에서 누가 나를 건져내랴."(롬7:24)

레이제넨(Heikki Räisänen) 같은 이는 바울의 진술이 일관성 없고 줏대 없음을 비판한다.[14] 위와 같이 율법의 장점과 긍정적 면을 인정하는 듯하다가도 심중 깊이 자리한 부정적 자세를 여전히 철회하지 않는 이유를 설명하기 때문이다.

"형제들아 내가 너희와 같이되었은즉, 너희도 나와같이 되기를 구하노라."(갈4:12)

"유대인들에게는 내가 유대인과 같이 된 것은 유대인들을 얻고자 함이요, 율법 아래 있는 자들에게는 내가 율법 아래 있지 아니하나 율법 아래 있는 자같이 된 것은 율법 아래 있는 자들을 얻고자 함이요, 율법 없는 자에게는 내가 하나님께는 율법없는 자가 아니요 도리어 그리스도의 율법 아래 있는 자나 율법 없는 자와 같이 된 것은 율법 없는 자들을 얻고자 함이라."(고전9:20,21)

환경이나 문화, 인종에 따라 '여러 사람에게 여러 모습(고전9:22)'이 되는 전도 방식이다. 복음을 이해시키려면 듣는 자마다 다른 관습과 사유(思惟) 문화를 헤아려야만 능률적이다. 이러나저러나, 누가 뭐라 하던지 "전파되는 것은 그리스도니 이로써 내가 기뻐하고, 또한 기뻐하리라."(빌1:18)라면서 줏대 없다는 비난에 개의(介意)치 않고 이방인 전도를 위해서 어쩔 수 없었던 그 심중 변화의 뜻도 후회하거나 꺾지 않는 모습이다. 앞으로도 계속 이 방식으로 가겠다는 것이다.

"형제들아 나는 아직 내가 잡은 줄로 여기지 아니하고 오직 한 일 즉 뒤에 있는 것은 잊어버리고 앞에 있는 것을 잡으려 푯대(Goal)를 향하여 그리스도 예수 안에서 하나님이 위에서 부르신 부름의 상을 위하여 달려가노라."(빌3:13,14)

현대의 바울 비평가들처럼 당시에도 그의 이중성을 비난하는 자들이 많이 있었음을 짐작하게 하며 분주히 대응하는 자세를 들어내는 논설이 이어진다.

"그러므로 남을 판단하는 사람아, 누구를 막론하고 네가 핑계하지 못할 것은 남을 판단하는 것으로 네가 너를 정죄함이니 판단하는 네가 같은 일을 행함이니라. 오직 당을 지어 진리를 따르지 아니하고 불의를 따르는 자에게는 진노와 분노로 하시리라."(롬2:1,8)

어찌하든 복음 전파를 위하여 모든 것(수단, 방법)을 행하고(고전 9:1-23) 망설임이 있다 치더라도 내 몸을 쳐 복종하게 함은 전파한 자로부터 버림받을까 두려워함이라고 한 것이다.(고전9:27) 모든 이에게 빚을 진자(롬1:14)로서의 자아의식이 강한 사람이 아닐 수 없다. 율법 아래서 육신에 속하여 살면서 정욕과 탐심 등 죄악이 기회를 타서 살아나 내가 원하는 것을 행치 못하고 미워하는 것만 하도록 하는 것이 계명이었다는 회상과 자각은 변함없으므로.(롬:9-15)

"이제는 우리가 얽매였던 것에 대하여 죽었으므로 율법에서 벗어났으니 이러므로 우리가 영의 새로운 것으로 섬길 것이요 ,의문의 묵은 것으로 아니할지니라."(롬7:6) "저가 또 우리로 새 언약의 일꾼 되기에 만족케 하셨으니 의문으로 하지 아니하고 오직 영으로 함이니 의문은 죽이는 것이요, 영은 살리는 것임이니라."(고후3:6)

계속, 묵은 율법의 행위를 버리고 성령을 힘입어 재림하실 그리스도만 섬기며 소망하고 따르자는 것이다.

"우리는 모세가 이스라엘 자손들에게 장차 없어질 것의 결국을 주목하지 못하게 하려고 수건을 그 얼굴에 쓴 것 같이 아니하노라. 오늘까지 모세의 글을 읽을 때에 수건이 그 마음을 덮었도다."(고후3:13-15)

이제 얽매었던 계명에서 벗어난 그리스도 안에서 자유하는 자에게는 그 수건이 벗어질 것이라는 것이다.(고후3:16) 율법은 진노를 이룰 뿐이므로, 율법 없는 곳에는 범법(犯法)도 없다.(롬4:15) 사망의 쏘는 것이 죄일진대 죄의 권능은 율법이다.(고전15:56) 고로 율법의 조문은 죽이는 것이다.(고후 3:6) 의문의 묵은 것이다.(고후3:6)

"그가 또한 우리를 새 언약의 일꾼 되기에 만족하게 하셨으니 율법 조문으로 하지 아니하고 오직 영으로 함이니 율법 조문은 죽이는 것이요 영은 살리는 것이니라.

돌에 써서 새긴 죽게 하는 율법 조문의 직분도 영광이 있어 이스라엘 자손들은 모세의 얼굴의 없어질 영광 때문에도 그 얼굴을 주목하지 못하였거든 하물며 영의 직분은 더욱 영광이 있지 아니하겠느냐?"(고후3:6-8)

바울이 즐겨 쓰는 그리스도인의 '자유' 개념은 그의 사도적인 실제와 자기 이해(영의 직분)에서 비롯되는 것이라 하겠는데 묵은 율법으로부터 벗어남(자유함), 사망에 이르게 하는 죄악으로부터 해방, 율법의 부정적 권위에 종속됨에서 뛰쳐나옴을 말한다. 예루살렘 원사도들에게도 예속되지 않는다는 배경이 깔려 있다.

"내가 모든 사람에게서 자유로우나 (오히려) 스스로 모든 사람에게 종이 된 것은 더 많은 사람을 얻고자 함이라."(고전 9:19)

야고보가 한마디로 바울이 모교회는 물론 모세를 배반한 것으로 결론짓고 추궁할 만하다.(행21:21) 바울의 반율법적 적대감은 오히려 의문스럽고 악착스럽다. 그만큼 전도 현장에서 세불리 상황을 극복하기 위하여 바울은 율법의 태클을 저지할 뿐만 아니라 반격하고 물리쳤다. 시내를 건넌 자가 지팡이를 버리듯이 말이다.

우리는 안디옥 사건에 상대편인 베드로나 바나바의 즉각적인 대응이 어떠했는지 알지 못한다. 오직 그 사건에 관해서는 일방적인 바울의 서신 진술만 현존하기 때문이다.

베드로가 누구인가? 변화산에서 엘리야와 모세가 함께한 주님의 영광을 목격하고 하나님의 지령을 받은 자이자(마17:5,막9:7,눅9:35, 벧후1:17-18) 주님이 생애 마지막으로 세 번씩이나 나를 사랑하느냐 거듭 물으시고 후사를 다짐 받으려 한 반석(磐石) 같은 수제자 아니었던가?(요21:15-17,마6:18) 이런 그를 대하는 바울의 교만하고 방자한 태도는 필시 주님을 대면하지 못했고 오로지 다메섹과 안디옥 헬라파 교인들에게서 예수 교육을, 그것도 부분적이며 부정확하게 받았기 때문이거나 광신적이며 저돌적인 성정으로 이방인 전도를 위해 너무 골몰하다가 절제되지 못한 언사를 자주 쏟으며 자기만의 독특한 교리 개발에 천착(穿鑿)한 방증(傍證), 아니면 세상학문에 무지한 사도들을 깔보는 교만한 심사(고후11:5)까지가 근원이 아니었을까 추측된다.

바울 생존 당시에는 아직 복음서가 쓰이지 않았고 예수님 제자들은 말로 전하는 사역을 위주로 하였기 때문에(행15:27-32) 그가 예수님 어록을 문서적으로 접할 기회가 분명히 없었다. 그의 서신에서는 지상 예수와 그의 설교, 하늘나라 비유, 바리새인과 서기관들과의 논쟁, 주기도문, 이적, 세리와 죄인, 어린아이 친구로서의 예수 모습 등은 어디에서도 소개되지 않고 그의 목적이 향한 이방 중에 선포하는 말에서는 인격적 예수가 그리스도 되심과 자상하게 그를 높이려는 충심의 흔적을 찾기 어렵다. 유독 예수의 죽음과 부활만 부각되기 때문이다.

유대교적 표상들과 헬라적 신화와 스토익 철학 문화들을 빌어 와 구성된 구원론만 등장한다. 선포한 자를 선포되는 자로 만드는 과정에서 자기의 명철로 발견한 숨겨졌던 지혜를 통한 왜곡의 교리 개발 의혹 때문에 제2의 그리스도교의 창시자로 비난과 빈정댐을 받을 만하다.[8]

예수님은 이스라엘 개혁을 위하여 하나님나라를 선포하셨으나 바울은 율법을 제하기 위하여 교리를 개발한다.

"나를 본 받으라."(빌4:6) "아무도 다른 기초는 놓을 수 없다."(고전3:11)라며 자신이 전하는 복음과 신조가 표본이요 절대적이라는 주장을 서슴지 않고 방자한 태도를 취하다가 겸연쩍었던지 "우리를 전파하는 것이 아니라 예수와 그의 종(사 42:1)된 우리를 알게 함이다."(고후4:5) "오직 우리는 하나님께서 주신 분량의 한계밖에는 자랑 않는다.(고후10:13) (다만) 주의 환상과 계시 받았음을 부득불 자랑한다."(고후12:1)며 퇴출로를 열어 두는 듯하지만 동시에 여닫는 자동 잠금장치를 부착한 것이다. 예수만 소개하는 것이 아니고 자기를 전파하는 것이 아니라면서도 결국 자기를 알리고 자랑하는 대목에서 경악하게 된다.

겸손, 온유, 오래 참음, 용납, 투기 않음, 자랑 않음, 교만 않음, 노하지 않음(엡4:1-4, 빌2:3, 딤전1:16, 딤후4:2, 고전13:4-5)들은 다 어디로 갔나? 서신서의 사랑의 권면들과도 사뭇 다른 그의 이중적 행태를 해명하라면 곤혹스럽다.

바울의 율법에 대한 관점은 그가 의식했던 아니던 간에 동일한 서신 내에서도 상반된 언급을 함으로 보아서 정말 혼란스럽다. 여기서도 몇 구절 더 예를 들어 보겠다.

반율법적인 바울의 정서를 나타내는 대표적인 문장들은 갈라디아서, 고린도서와 로마서에서 뚜렷하게 볼 수 있다.

"그리스도께서 우리를 위하여 저주를 받은 바 되사 율법의 저주에서 우리를 속량하셨으니 기록된 바 나무에 달린 자마다 저주 아래 있는 자라 하였음이라."(갈3:13) "그러므로 율법의 행위로 그의 앞에 의롭다 하심을 얻을 육체가 없나니 율법으로는 죄를 깨달음일 뿐,"(롬3:20) "율법은 죄의 권능"(고전15:56)이며 "율법조문은 죽이는 것"이고(고후3:6), "율법 안에서 의롭다 함을 얻으려 하는 너희는 그리스도에게서 끊어지고 은혜에서 떨어진 자로다."(갈5:4) " 그리스도 예수 안에서는 할례나 무할례가 효력이 없되 사랑으로써 역사하는 믿음뿐이니라."(갈5:6)라고 율법을 비하, 부정하고 믿음만 강조했다.

그런데 같은 서신 다른 장절에서는 정반대의 진술을 하는 것이 아닌가?

"온 율법은 네 이웃 사랑하기를 네 몸같이 하라 하신 한 말씀에 이루었나니 만일 서로 물고 먹으면 피차 멸망할까 조심하라."(갈5:14-15) "피차 사랑의 빚 외에는 아무에게든지 아무 빚도 지지말라. 남을 사랑하는 자는 율법을 다 이루었느니라."(롬 13:8) "이로 보건데 율법도 거룩하며 계명도 거룩하며 의로우며 선하도다."(롬 7:12) "법있게 쓰면 율법도 선한 것임을 아노라."(딤전1:8)라고 비록 전제를 달지만 대조적이고 모순되는 진술을 한다. 이 같은 모순이 한 글월에 동거하는 것은 후기에 갈라디아 서신(남북 갈라디아서)의 여러 책을 한 권으로 묶어 편집한 연유라고 보는 학자도 있다.

속사도들은 바울 성향에서 조금 후퇴하여 율법과 사랑의 행위와 공로를 긍정하는 쪽으로 후퇴한다.

"우리는 그의 만드신 바라 그리스도 예수 안에서 선한 일을 위하여 지으심을 받은 자니 이 일은 하나님이 전에 예비하사 우리로 그 가운데서 행하게 하려 하심이니라."(엡 2:10)

바울의 이신칭의 교리는 '믿음 제일'에 방점(傍點)을 둠으로써 '행위'는 구원에서 차치(且置)하여 논외가 되거나 우선에서 제외된다는 것이 특징이다. 바울 자신과 보수 신학자들은 그게 아니라 할지 몰라도 루터의 영향을 받은 후대 다수 개신교인들은 그렇게 믿고 있다.

"우리를 구원하시되 우리의 행한 바 의로운 행위로 말미암지 아니하고 오직 그의 긍휼하심을 따라 중생의 씻음과 성령의 새롭게 하심으로 하셨나니"(딛3:5) "너희가 그 은혜를 인하여 믿음으로 말미암아 구원을 얻었나니 이것이 너희에게서 난 것이 아니요, 하나님의 선물이라."(엡2:8) "율법의 행위로서는 의롭다 함을 얻을 육체가 없느니라."(갈2:16)

구원에 필요한 조건으로 믿음, 은혜, 칭의, 성령, 중생, 새 피조물 같은 전치사들은 망라되나 인간의 자의적 선행과 노력은 배제된다. 믿음 강조의 원군으로는 성령과 은혜라는 두 단어를 등장시켜 행함을 등치, 대체(等値,,對替)시킨다. 구원의 여정에서 믿음만으로는 모자라는 부분을 감지한 것을 느끼게 한다.

행위는 구원받기 위한 조건도 아니며 신앙의 본성이 아니라고 했으나 다만 신앙의 표증['사랑으로써 역사하는 믿음' (갈5:6)]일 뿐이라고 다시 슬며시 들이민다. 사랑은 성령의 열매일 뿐, 의인의 조건이 될 수 없으며 오히려 의인이 사랑의 조건이고 뿌리라는 것이다.[3]

어떤가? 헷갈리지 않는가?

이신칭의 신봉자 루터도 그의 『갈라디아서 주석(AD1535)』에서 "사랑은 의인의 조건이 아니다."라고 못 박은 바 있다. 이것이 프로테스탄트 개혁이 유대교 및 가톨릭교의 전통과 다른 구원론의 핵심이다.

야고보와의 부조화는 말할 것 없고 예수님의 산상 수훈 중 행함을 강조하신 장면에 분명히 위배되니까 문제가 된다.(마7:21-26,25:45,46)

신약성경 복음서는 예수님이 신자의 삶과 행위를 미래 천국(의인)에 들어가는 판별 기준으로 가르치셨음을 명기한다. 한마디로 하나님(십계명 1-4)과 사람(십계명 5-10)에 대한 이중사랑, 즉 하나님께 순종함과 사람(이웃)에 대해 (선을) 행함을 강조하는 십계명을 준수하라고 하신다. 그리고 이를 이루시려고 오셨음을 분명히 하셨다. 다시 한번 자세히 묵상해 보자.

"내가 율법이나 선지자나 폐하러 온 줄로 생각지 말라. 폐하러 온 것이 아니요 완전케 하려 함이로다. 진실로 너희에게 이르노니 천지가 없어지기 전에는 율법의 일점일획이라도 반드시 없어지지 아니하고 다 이루리라. 그러므로 누구든지 이 계명 중에 지극히 작은 것 하나라도 버리고 또 그같이 사람을 가르치는 자는 천국에서 지극히 작다 일컬음을 받을 것이요, 누구든지 이를 행하며 가르치는 자는 천국에서 크다 일컬음을 받으리라."(마5:17-19)

예수님은 그가 모든 천사와 영광으로 다시 오실 때에 모든 민족을 그 앞에 모으시고 목자가 양과 염소를 우리에 거둘 때처럼 그의 우편에는 예비된 나라를 상속받을 자, 좌로는 영벌에 들어갈 자로 양분하신다. 이때에 분별하시는 기준은 십계명의 이중 사랑(하나님과 이웃)과 선행, 윤리, 도덕성의 유무(有無)이다.(마25:31-46) 예수님은 율법을 폐하는 것이 아니라 이를 가르치고 행하는 자를 큰 자로 일컫는데 바울은 율법을 폐하고 믿음을 의롭다 하신다고 정정했다.(롬10:4)

후일에 써진 야고보서를 보면 "속지 말라."(1:16) "행하지 않고 듣기만 하면 자기를 속이는 것이다."(1:22) "행함이 없는 믿음은 그 자체가 죽은 것이다."(2:17) "한 입으로 찬송과 저주가 나와서는 안 된다."(3:10) "성내지 말라."(1:20) "시기와 다툼이 있는 곳에 모든 악이 있다."(3:16) "서로 비방 말라."(4:11) "화평하게 하는 자가 의의 열매를 거둔다."(3:18) "스스로 경건하다면서 자기 혀를 재갈 물리지 않고 속이면 이 사람의 경건은 헛것이다."(1:26) "긍휼을 행하지 않는 자[행함이 우선임을 믿지 않는 자(筆者)]에게는 긍휼없는 심판이 있으리라."(2:13)라는 등 거의 전 편에 걸쳐 바울의 '오직 믿음' 교리를 겨냥해서 힐난하는 듯한 내용의 가르침으로 일관된다.

베드로도 다소 완곡하나 염려스러워함을 봐서 같은 인식과 판단을 갖고 있음을 볼 수 있다. "바울의 교리는 그가 받은 (잘못된) 지혜(분량)대로 알기 어렵다"라는 것이다. 또한 "억지로 고집스레 풀다가 망할 것"이라 하였다.(벧후3:15-16) 만일 바울이 더 오래 살아 예수님이나 제자들의 이 말을 들었다면 귀와 얼굴을 묻고 통곡할 일이다.

다른 곳에서도 바울은 정신없이 몇 번 말을 바꾼 적이 있다.(롬2:6-10,8:13, 고전 6:9-18,엡5:5,갈6:8-9) 모호하고 철저히 이중적 아닌가? 아니면 불현듯 옛 바리새인 때의 체질화된 감성이 무의식 중 되살아나 불거진 것일까?

바울이 율법을 대하는 긍정과 부정적 양면성은 아래 예시의 성경 구절을 참조하여 정리하기 바란다.

부정적 관점: 갈3:13, 고전15:56, 고후3:6, 롬3:20

긍정적 관점: 갈5:13-14, 롬7:12,13:8

그래서 바울은 얼른 부연(敷衍)한다. 예수 이름과 하나님의 성령 안에서 씻어져 의롭다 함을 받은 것으로!(고전 6:11) 말하자면 율법의 모든 부담이 성령으로 대체되며 해결되었다는 결론이다. (롬 7:6, 8:4)

"성령 충만한 자들은 음식문제 뿐만 아니라 모든 것이 허락돼 있다."(고전6:12, 10:23)라고 한결같이 유대 율법의 금기 조목을 태연히 거부한다.

구약 선지들이 가르친 성령 역할은 율법준수를 위함이었다.(겔36:26-27)

"또 새 영을 너희 속에 두고 새 마음을 너희에게 주되 너희 육신에서 굳은 마음을 제거하고 부드러운 마음을 줄 것이며 또 내 영을 너희 속에 두어 너희로 내 율례를 행하게 하리니 너희가 내 규례를 지켜 행할지라."

또 믿는 자에게는 모든 것이 깨끗한데 불신자는 마음이 더러운 지라 모든 것이 더럽게 보인다는 것이다.(딛1:15)

이렇게 보면 노력해서 선행함으로 구원을 얻는다는 율법의 보장이나 명분은 불투명할 뿐만 아니라 여전히 멸시되고 있다.

이것 또한 다른 편지 구절들을 자세히 들여다보면 모호해진다.

"믿음, 소망, 사랑 그중에 제일은 사랑이라."(고전13:13)라고 한 점이 그렇다.

고린도전서 일부에서 그가 피력한 사랑이란 글자의 위치와 순서는 믿음에 앞선다.(고전 13:2) "사랑은 무엇인가?"라고 묻고는 오래 참고, 온유하며, 시기, 자랑, 교만, 무례, 화내지 아니하며 불의하지 않아야 한다고 조목을 친절히 열거, 설명한다. 한마디로 '선을 행함이 사랑이다'라는 것이다. 역설적이게도 선의를 행함이 우선이라는 말이 되고 만다. 사랑을 전재시키지 않는 믿음은 무용하다는 것이다. "또 사랑은 이것이니 우리가 그 계명을 따라 행하는 것이요, 계명은 이것이니 너희가 처음부터 들은 바와 같이 그 가운데서 행하라 하심이라."(요이1:6)

믿는 자에게서 하나님은 사랑이시다.(요일4:8-16)

"믿음은 사랑에서 일어난다."(갈5:6) "산을 옮길 만한 믿음도 사랑 없이는 아무것도 아니라."(고전13:2) "그러므로 너희는 하나님의 택하신 거룩하고 사랑하신 자처럼 긍휼과 자비와 겸손과 온유와 오래 참음을 옷입고 누가 뉘게 혐의가 있거든 서로 용납하여 피차 용서하되 주께서 너희를 용서하신 것과 같이 너희도 그리하고 이 모든 것 위에 사랑을 더하라. 이는 온전하게 매는 띠니라."(골3:12-14)

놀랍지 않은가? 사랑 예찬론을 펼치는 이 순간 '믿음 제일', '오직 믿음'이던 경구(驚句, Catch Phrase)는 나변(那邊)으로 밀렸나?

변덕이 죽 끓듯 곳곳에서 긍정, 부정이 혼재되어 나타나니까 성경을 읽고, 듣는 이들은 앞뒤가 상이한 이 말씀들을 어떻게 수용할 것이냐를 두고 혼란스럽지만 구약(레19:18,신6:5)과 예수님의 이중 사랑 말씀이 다르지 않으므로 그 또한 틀린 말도 아니고 마냥 무시할 수도 없긴 하다.

혹자는 믿는 자는 따지는 자가 아니라고 한다. 성령이 감동하신 말씀으로 믿고 아름다운 언휘(言揮)만 감사히 받을 일이라고 권면한다. 그러면 바울서 신서 내용 중 독자 누구라도 납득하기 어려운 일관성 없는 선언과 듣기 불편하고 난폭한 언어가 과연 하나님의 감동을 얻은 성경 말씀인가 하는 의구심이 든다 하면 나만의 어리석은 지혜일까? 그러니 믿음 좋은 친구, 그가 아무리 절친이라 해도 그 양심을 생각하면 이 궁금증을 털어놓을 수도 없고 목사님이나 장로님에게도 질문하기가 저어(齟齬)된다.

편자의 기억으로는 교회에서 이 대척 문제를 제목으로 들어 본 설교가 없다.

여기서까지 와서 돌이켜 생각하면 바울은 사랑을 의인과 구원과 별개가 아니라고 개념 정리하지만 단지 부대조건이라고 여기는 것으로 보인다. 신앙의 본질은 아니라고 보는 것이다. 영의 열매들(갈 5:22)도 마찬가지이다. 누가 사랑을 의인의 조건이라 한데도 이를 금지할 법이 없기 때문이다.(갈5:23)

그래도 서신서들 간에 흐르는 일맥상통한 바울의 사상 신조가 확실해야

함에도 그렇지 않다는 점이 상식선에서 편치 않은 여운으로 남는다.

　　갈라디아(갈 2:16)와 고린도서의 일부 논조 내용이 상호 전혀 무관한 문제를 중요하게 다루고 있음은 무슨 변고인가? 바울은 그가 세운 갈라디아 교회인들이 침투자의 위압적 다른 복음 교육에 휩쓸리거나 특히 할례 문제로 시험에 들까 우려했던 게 분명하다. 그런가 하면 고린도 교회는 파벌 싸움(고전 1:13, 3:4, 롬 2:8)과 문란한 윤리 의식(고전 5:1), 성도 간의 소송 그리고 세상적 완고한 습성과 지식으로 더 그를 괴롭혔기 때문이다. 선교지의 환경과 관습, 전통, 문화적 여건에 따라 그의 장기인 수사학적(修辭學的)인 대처 방법에서 매듭이 잘못 풀려 모호한 내용, 일관성 없고 상반되는 교리 주장이 봇물 터지듯 한 것 아닌가 싶다.

　　이른바 일부 신학자가 해명하는 선교의 상황화적 전략(Contextualized Strategy)이다.[4,15,16] 직설하면 해당 지역의 위기에 대한 임기처방(臨機處方), 아니면 혹자가 일컫는 '피해 대책'이라는 것이다.[17] 바울의 저서로 많은 학자로부터 인정받는 일곱 서신 중 여섯 편은 모두 이런 식의 변덕스런 표현을 함께 갖고 있다. 이렇게 지역 상황에 맞추다 보니 바울의 기왕의 선포가 뒤에 가서 수정이 불가피해지고 환경과 장소와 사연에 따라 처방이 다르게 나타남을 엿볼 수 있음은 여타 서신서에서도 확인된다.

　　데살로니가전서에서는 고린도 교인 일부가 사욕을 도모하고 도망가서 비겁하다고 바울을 비난하는 데 대한 거부적 방어(살전2:3,5,9,17), 예수님이 가르치시고 그가 보강한(살전4:2) 세상 종말 임박론(살전 5:2-6)에 대한 혼란과 지연에 따른 실망, 주의 재림 전에 이미 죽은 자(자는 자)와 산 자의 운명에 대한 우려와 질의에 대처하는 답변(살전4:14-17) 등으로 가득 차서 갈라디아에서의 칭의 교리 선포 같은 것은 강조되지 않을 뿐만 아니라 아예 없다시피 하다. 데살로니가 교인이 세상 종말과 최후 심판의 때가 임박함의 위기와 불안에 휩싸인 것은 바울의 책임이 크다. "그들의 마침은 멸망이요 그들의 신은 배요 그 영광은 그들의 부끄러움에 있고 땅의 일을 생각하는 자라. 그러나 우리의 시민권은 하늘에 있는지라 거기로부터 구원하는 자 곧 주 예수 그리스도를 기다리노니(빌3:19,20)……." "또 죽은 자들 가운데서 다시 살리신 그의 아들이 하늘로부터 강림하실 것을 너희가 어떻게 기다리는지를 말하니 이는 장래의 노하심에서 우리를 건지시는 예수시니라."(살전1:10) "그들이 평안하다, 안전하다 할 그 때에 임신한 여자에게 해산의 고통이 이름과 같이 멸망이 갑자기 그들에게 이르리니 결코 피하지 못하리라."(살전5:3)

부활과 재림에 관한 가르침을 믿고 기대하며 분에 넘치는 연보를 한 데살로니가 교인들이 너무 사랑스럽고 고맙지만 일면 외려 걱정거리가 되었다. 임박한 종말의 날에 오실 주님의 구원을 고대하며 일상을 포기하는 자가 늘어나서 교회 분위기가 뒤숭숭하고 심각하게 됐기 때문이다. 그래서 바울은 친필로(살후 2:17) 종말 문제로 좌절과 공황 상태에 빠진 데살로니가 형제자매들에게 주의 재림이 부지불식간에 그리 빨리, 불현듯 오는 것이 아니라고 종말 연기론으로 말을 바꾸어 안도시킬 수밖에 없었다.

"형제들아 우리가 너희에게 구하는 것은 우리 주 예수 그리스도의 강림하심과 우리가 그 앞에 모임에 관하여 영으로나 또는 말로나 또는 우리에게서 받았다 하는 편지로나 주의 날이 이르렀다고 해서 쉽게 마음이 흔들리거나 두려워하거나 하지 말아야 한다는 것이라. 누가 어떻게 하여도 너희가 미혹되지 말라. 먼저 배교하는 일이 있고 저 불법의 사람 곧 멸망의 아들이 나타나기 전에는 그 날이 이르지 아니하리니 그는 대적하는 자라. 신이라고 불리는 모든 것과 숭배함을 받는 것에 대항하여 그 위에 자기를 높이고 하나님의 성전에 앉아 자기를 하나님이라고 내세우느니라. 내가 너희와 함께 있을 때에 이 일을 너희에게 말한 것을 기억하지 못하느냐? 불법의 비밀이 이미 활동하였으나 지금은 그것을 막는 자가 있어 그 중에서 옮겨질 때까지 하리라. 그 때에 불법한 자가 나타나리니 주 예수께서 그 입의 기운으로 그를 죽이시고 강림하여 나타나심으로 폐하시리라."(살후2:1-5,7,8)

예수께서도 당신의 재림의 때는 "생각하지 않은 날 알지 못할 시각"(마 24:50) 이며 그때는 가까운 장래이나 그래도 정확한 때는 너희들이 알 바가 아니라 고 하셨다. 그것은 하나님의 계획이며 결정 사항이기 때문이다.

바울은 문제 많은 고린도 교회에 대해서는 교인 중에 '부도덕한 자, 우상 제물 탐음 자(고전8:1), 불신자와 멍에를 함께 매는 자(고전5:9-11,6:14-18), 음행 하는 자, 결혼 문제, 교인 분파, 분열에 대한 걱정, 부활 문제(고전15:5-14), 예 루살렘 구호 성금 등 인간적인 이런저런 의문에 대한 문제 제기와 질의 및 공동체 문제 발생이 폭주하는 데 대한 대처와 처리 방안에 급급함을 본다. 고린도 교회는 갈라디아나 빌립보 등과는 달리 할례인들 문제는 그다지 심 각하지 않았다. 오히려 다른 전도자들의 영향으로 분파 싸움이 심하였다. 여기서 바울은 엉뚱한(?) 인륜적, 인성 관계적 문제로 시달렸고 불신임의 눈 초리도 신경 써서 조심하지 않으면 아니 되었다. 개인 대 개인, 무리 대 무 리 간에 화합과 하나됨의 중요성을 강조, 치중하다 보니 율법의 행위에서 자유한 믿음의 중요성에 비중을 두어 강조할 여유가 부족했던 것이다. 거기 서 데살로니가 교인들에게 보낸 편지에는 고린도 현장 사역의 어려움을 여 실히 토로하는 정황을 본다. 고린도에서의 곤궁한 형편 가운데서도 데살로 니가의 하늘나라 대망 소식을 접하고 불행 중 기쁨을 맛본다.

"우리가 모든 궁핍과 환난 가운데서 너희 믿음의 굳건함을 전해 듣는 것으로 위안 받는다."(살전3:7)

중요 논점인 갈라디아서(갈 2:16)에서의 논쟁 이후 아직 가지 않은 로마의 교인들에게도(롬 5:2) '은혜', '믿음'이 교인됨의 요건임을 주장함으로써 유대 인 침투자들의 오직 '율법 행위의 준수', '행함의 공로'가 구원 조건이라는 주장에 대비하여 반격적으로 선제 방어하지 않으면 안 되었고 바울로서는 이 문제가 확고하게 우선 정리되어야만 하였다. 그렇게 보면 믿는 자의 삶 이 율법에서 자유함(롬 7:7, 갈 3:1 이하)이라고 그토록 강조한 이유가 이해될 수 있다. 그가 전한 복음을 믿는 자는 법정적으로 의로운 자가 됨으로 말미암아 미할례 시에 이미 의인으로 정함을 받은 아브라함 자손으로서의 자격이 됨과 다를 바 없으며(갈3:7), 모세 율법의 죄에서 자유하는 신분이 된다고(갈3:1) 적극 막음한다.

이러다가 "믿음으로 의인되면, 혹은 은혜로 구원받으면 맘대로 죄를 범해도 되고 선한 행위는 파기해도 되느냐?"라는 일부 교인들의 의구심과 윤리 문제 질문(도덕 폐기설)에 봉착하기를 반복하자 이런 어투는 그 자체로의 경구(警句)가 되어 스스로 완화, 중화되어서 후일 로마 교회에 보내는 편지에는 더 다듬어져서 나타난다. 구원 여정에서의 배교나 정죄됨으로 인한 탈락 가능성(고전10:5-12,히6:1-10)을 인지한 것도 분명하다. 고린도와 갈라디아에서의 선험(先驗)이 떠오른다.

그래서 '그리스도와 연합', '그리스도 안에서', '옛사람이 죽고 새 사람으로 부활'되어 세례받고 면죄받아 매번 성찬만을 통해서 죄악에 저항하는 믿음의 굳건함과 내성을 가꾸며 지탱할 수 있다는 논리를 개발한다.(갈2:17,롬6:4-19,엡1:7) 이른바 새로운 창조, '성화(살전3:3-13,롬6:5)'의 과정과 단계를 거쳐야 요동치 않고 흠 없이 그리스도와 연합(롬6:5)에 굳게 서서 마지막 구원에 도달한다는 것이다. 성령의 견인과 은혜로 주어진 구원의 예정론(Calvin,롬8:28-39)을 이미 말하고 있다.

믿음 의존 일변도에서 곁가지들 논의가 슬그머니 부상하고 있다.

"새사람을 입었으니 지식에 까지 새롭게 되어 긍휼과 자비와 겸손, 온유, 인내를 입고 용납하고 용서하되 이 모든 것 위에 사랑을 더 하라."(골3:10-14)

결국은 모세와 예수님의 이중(二重) 사랑 계명으로 복귀하고 만다. 인간으로서의 예수님의 언행을 모르고 십자가 죽음과 부활 그리고 이후의 구원만 강조한다는 지적에 대해서는 "이제부터는 더 이상 육체대로는 믿거나 알고자 하지 않는다. 누구든지 그리스도 안에 있으면 새로운 피조물이다. 이전 것은 지나갔으니 성령으로 봉사하고 예수자랑만 하겠다."(빌3:3,고후5:16,17)라고 명분과 태도를 피력하며 역공(逆攻)하기도 하지만.

니체(Nietzsche F.)는 바울을 '헬라적 종교의 창시자', '기독교의 실제적 창시자'라고 하였다.[4) 그런가 하면 라이트(Wright N. T)[55)는 바울사상의 근본은 유대적이라고 반론을 제기한다. 반율법, 반유대적으로 우리의 인식과 판단이 고착된 것이 잘못이라 한다. 바울의 강론의 숨겨진 진수(眞髓)에는 유대의 역사, 선지자들의 예언, 예수의 족보와 신성이 흐르고 있다는 것이다. 바울의 얘기는 모두 이 바탕에서 비롯된다는 것이다.

듣는 사람의 판단이 잘못되었다. 하나님의 의를 믿는 것과 그분의 뜻하신 바 의를 행함이 무엇이 얼마나 다르다는 말인가? 믿었으니 그분이 가르치신 대로 순행해야 할 것 아닌가? 그렇다면 성급하게 율법 전반을 배척하는 인상을 주는 우매(愚昧)를 범하지 말고 차분하게 율법의 일부 조목들(할례, 음식 규례, 절기 준수, 이방인 배척 등), 말하자면 대표적인 율법의 행위의 일부이요 사람이 만들어 추가한 범세상적으로 비현실성을 가진 문항의 지적에 한정했다면 엉킨 논리의 실타래를 푸는 게 수월하지 않았을까? 이에 대해서 야고보와 합의는 정녕 불가능했던가?

그러면 사도회의에서 단서를 붙여 불완전한 용인을 한 야고보의 태도는 무엇인가? 통 크게 허용을 하지 못한 이유가 무엇이었을까?

야고보로서는 조상 전래의 유대적 기업과 전통(율법)을 벗어날 수 없는 한 결같은 멍에 때문에 처리 재량의 한계가 명확하였던 것이다. 큰맘 먹고 이방인에게도 적용되어야 할 유대인의 구별 경계 표지(엡2:11)요 자손 번영의 약속 표식인 할례 문제는 양보하였으나 유대 음식 규례, 유대 절기 지킴(성전 참배) 같은 문제는 도저히 양보할 수 없는 문제였다.(출23:14,신14:3) 하나님의 명령을 사람이 어찌 할 도리가 있나? 그래서 예수를 따르려면 유대 유일신을 믿는 종교로 개종하라는 입장이다.

아무튼 바울의 진보적 교리가 원사도들과 구별되다 못해 극단적 강성으로 흐른 것은 갈라디아 제자들을 어지럽히는 거짓 스승(?)들의 영향력을 우려했기 때문인데(갈5:12) 이로 말미암아 야고보와의 대척점이 극명하게 드러나게 된 것이다.

"율법 안에서 의롭다 함을 얻으려 하는 너희는 그리스도에게서 끊어지고 은혜에서 떨어진 자로다."(갈5:4) "나의 자녀들아! 너희 속에 그리스도의 형상이 이루기까지 다시 너희를 위하여 해산하는 수고를 하노니 내가 이제라도 너희와 함께 있어 내 음성을 변하려 함은 너희를 대하여 의심이 있음이라. 내게 말하라. 율법 아래 있고자 하는 자들아! 율법(이 어떠하다는 것)을 듣지 못하였느냐?"(갈4:19-21)

그가 공격하는 율법에 속하는 자들의 정체성은 갈라디아서 3장 12절의 삶이다. "율법은 믿음에서 난 것이 아니라. 이를 행하는 자는 그 가운데서 살리라 하였느니라."

이것은 구약 레위기 18장 5절에서 따온 유대 관습을 공격하는 것이다.

"너희는 나의 규례와 법도를 지키라. 사람이 이를 행하면 그로 인하여 살리라."

믿음에 속한 자의 정체성은 갈라디아서 3장 11절의 삶에서 취한다.

"또 하나님 앞에서 아무나 율법으로 말미암아 의롭게 되지 못할 것이 분명하니 이는 의인이 믿음으로 살리라 하였음이니라."

이것도 하박국 2장 4절 말씀 반복이다.

그렇게도 반율법주의를 부르짖던 바울도 정작 교리 중심 정립의 중요한 당위성에서는 모세 율법과 예언자의 말씀에 의존하는 모습을 보인 것은 자기주장의 권위와 신빙성을 위해서 다른 방편이나 도리를 찾지 못했기 때문이다. 달리 말해서 율법의 대강(大綱)은 인정하되 일부 부분, 즉 율법준수 행위가 구원의 전제 조건이란 점만 무시하고 부정하고 개정하려는 셈이다.

곤경에 처한 바울은 이제 아예 헬라의 스토아적(초월적) 철학에도 의지해보기로 전략을 바꾼다. 당시 인기 있는 유랑현인(流浪賢人)들이나 견유학자(犬儒貉子)처럼 말하며 대중에 파고들기로 한 것이다.

"우리가 이 보배를 질그릇에 가졌으니 이는 능력의 심히 큰 것이 하나님께 있고 우리에게 있지 아니함을 알게 하려 함이라. 우리가 사방으로 우겨쌈을 당하여도 싸이지 아니하며 답답한 일을 당하여도 낙심하지 아니하며, 핍박을 받아도 버린 바 되지 아니하며 거꾸러뜨림을 당하여도 망하지 아니하고, 우리가 항상 예수 죽인 것을 몸에 짊어짐은 예수의 생명도 우리 몸에 나타나게 하려 함이라."(고후4:7-10)

"저희가 그리스도의 일꾼이냐? 정신 없는 말을 하거니와 나도 더욱 그러하도다. 내가 수고를 넘치도록 하고 옥에 갇히기도 더 많이 하고 매도 수없이 맞고 여러 번 죽을 뻔하였으니 유대인들에게 사십에 하나 감한 매를 다섯 번 맞았으며, 세 번 태장으로 맞고 한 번 돌로 맞고 세 번 파선하는데 일 주야를 깊음에서 지냈으며, 여러 번 여행에 강의 위험과 강도의 위험과 동족의 위험과 이방인의 위험과 시내의 위험과 광야의 위험과 바다의 위험과 거짓 형제 중의 위험을 당하고 또 수고하며 애쓰고 여러 번 자지 못하고 주리며 목마르고 여러 번 굶고 춥고 헐벗었노라."(고후11:23-27)

"그러므로 내가 그리스도를 위하여 약한 것들과 능욕과 궁핍과 핍박과 곤란을 기뻐하노니 이는 내가 약할 그 때에 곧 강함이니라."(고후12:10) "사도의 표 된 것은 내가 너희 가운데서 모든 참음과 표적과 기사와 능력을 행한 것이라."(고후12:12)

"우리는 그리스도의 연고로 미련하되 너희는 그리스도 안에서 지혜롭고, 우리는 약하되 너희는 강하고 너희는 존귀하되 우리는 비천하여 바로 이 시간까지 우리가 주리고 목마르며 헐벗고 매맞으며 정처가 없고 또 수고하여 친히 손으로 일을 하며, 후욕을 당한즉 축복하고 핍박을 당한즉 참고 비방을 당한즉 권면하니, 우리가 지금까지 세상의 더러운 것과 만물의 찌꺼기같이 되었도다."(고전4:10-13)

수난당함을 회피하지 않고 맞대응하고 인내하면서 자신의 나약함을 은근히 자랑스레 말함으로써 세상의 가혹함을 부각시켜 탄성을 자아내며 신의 사람으로서의 우월성과 능력을 역설적으로 증명하려는 것이다. 질그릇 같은 육체에 하나님의 비밀스런 보배를 가진 자라는 사람들의 평가와 판별을 요구하는 것이다. "그러나 그 때에 육체를 따라 난 자가 성령을 따라 난 자를 박해

한 것 같이 이제도 그러하도다."(갈4:29) "나의 자녀들아! 너희 속에 그리스도의 형상을 이루기까지 다시 너희를 위하여 해산하는 수고를 하노니(갈4:19), 형제들아! 너희는 이삭과 같이 약속의 자녀라."(갈4:28)

바울은 자기가 낳은(?) 자녀는 육체를 따라 난, 종 하갈의 자녀가 아니요. 영을 따라 난 언약의 자녀, 율법에서 자유한 유업을 이을 상속자라는 것이다.

대척에서 융합으로

갈라디아서[남갈라디아서(AD49), 수리아 안디옥에서 씀, 북갈라디아서(AD53~56), 에베소, 마케도니아에서 씀]보다 후에 쓴 고린도후서(AD 56, 고후 10:1)나 '눈물의 편지(이 편지는 분실되었고 아마 일부가 고후10-13장에 편입됐다는 주장이 있음)'3) 그리고 로마서(AD57)를 보면 바울 자신도 과도한 주장을 했음을 뒤늦게 깨달았는지 예의 야고보 아류(亞流)의 '행함' 부분을 인용, 잠시 첨가(添加), 첨언(添言)하면서 보완하려? 한 흔적이 보인다.

말썽 많은 고린도 교회를 신랄하게 꾸짖던 경고 조의 전서(前書, AD55, 에베소에서 씀)와 달리 일면 부드럽게 위로, 권면과 두렵고 여린 마음으로 간청하는 문체의 후서(後書, 마케도니아에서 씀) 일부(고후7:8)와 데살로니가서, 로마서(롬14:2-17,15:8-20)에서 흔들리는 바울의 모습들이 어렵지 않게 감지된다.

"원컨대 너희는 나의 좀 어리석은 것을 용납하라. 청컨대 (멸시하지 말고) 나를 용납하라. 어떠한 연고뇨? 내가 너희를 사랑하지 아니함이냐? 하나님이 아시느니라."(고후 11:1-11) "우리가 그리스도의 사도로 능히 존중할(받을) 터이나, 그러나 너희에게든지 다른 이에게든지 사람에게는 영광을 구치 아니하고 (오히려) 너희를 사모하여 하나님의 복음으로만 아니라 우리 목숨까지 너희에게 주기를 즐거함은 너희가 우리의 사랑하는 자 됨이니라."(살전2:6-8)

"네가 어찌하여 네 형제를 판단하느뇨? 어찌하여 네 형제를 업신여기느뇨? 우리가 다 하나님의 심판대 앞에 서리라, 하나님의 나라는 먹는 것과 마시는 것이 아니요, 오직 성령 안에서 의와 평강과 희락이라."(롬14:10-17)

"우리 각 사람이 이웃을 기쁘게 하되 선을 이루고 덕을 세우도록 할지니라."(롬15:2)

바울의 후기서신으로 갈수록 바울의 종래입장 후퇴와 포용성을 보여 주는 강론 문구나 화평 제시로의 전환이 뚜렷이 묻어 나온다. 아니면, 적어도 자기의 종래 입장을 중화하려는 의도가 보인다. 안디옥에서 베드로를 질타하던 기세(氣勢)와는 어울리지 않는 모습이다.

바울은 이 구원이 은총에 의한 수동적 믿음 때문이지 사람의 능동적 행위에서 난 것이 아니라고 하다가(엡2:8-9) 금방 '행함도 수동적으로 주께서 예비하신 것'이라고(엡2:10) 물타기를 하면서 한 발 물러서는 듯한 얼버무림 또한 어리둥절하는 묘한 여운을 남긴다. 게다가 그토록 강경한 이신칭의 신학 설파의 명저(名著), 갈라디아서에서마저 잠시 선한 행위를 '사랑으로써 역사하는 믿음'이라고 형용, 정의하는 실언?을 한다.(갈5:6) 그러면 행해야 구원받는다는 율법으로 역주행하는 것 아닌가?

"온 율법은 네 이웃 사랑하기를 네 몸과 같이하라 하신 말씀에 이루었나니……."(갈5:14) "오직 성령의 열매는 사랑과 희락과 화평과 오래 참음과 자비와 양선과 충성과 온유와 절제니 이같은 것을 금지할 법이 없느니라. 그리스도 예수의 사람들은 육체와 함께 그 정과 욕심을 십자가에 못 박았느니라. 만일 우리가 성령으로 살면 또한 성령으로 행할지니 헛된 영광을 구하여 서로 격동하고 서로 투기하지 말지니라."(갈5:22-26)

마치 자기의 반율법적 성향과 야고보에 대한 격동적 질투심(?) 발로에 대한 반성문 같다.

"율법이 육신으로 말미암아 연약하여 할 수 없는 그것을 하나님은 하시나니 곧 죄로 말미암아 자기 아들을 죄 있는 육신의 모양으로 보내어 육신에 죄를 정하사 육신을 따르지 않고 그 영을 따라 행하는 우리에게 율법의 요구가 이루어지게 하려 하심이니라."(롬8:3-4) "그리스도는 모든 믿는 자에게 의를 이루기 위하여 율법의 마침이 되시니라."(롬10:4)

나는 율법을 폐하지 않고 완성시키려고 왔다. 율법을 손질하여 변개하려 하지말라고 하신 예수님의 말씀에 굴종할 수밖에 없음이다.(마5:17-19) 성령으로 살고 선을 행하여 결실을 이루라며 이것이 구원의 조건인 것처럼 인정하는 느낌을 주는 권면도 한다. 율법과 성령의 열매를 맺는 삶을 살라는 것이다. 바울사상 한구석에 아직도 옛 율법에 옥죄어 잔재와 미련이 남아 떨치지 못하고 있는 것일까? 그럴 수 있을 것이다. 사랑의 행위가 구원의 공로가 될 수는 없으나 참된 신앙인이 지닌 성령의 열매 중 하나일 것이라는 뜻일 게다.(갈5:22) 우리는 예수 그리스도 안에서 선한 일을 위하여 지으심 받은 자니 이전부터 하나님이 예비하시어 우리로 행하게 하셨다.(엡2:10) 그러므로 선행은 믿음처럼 구원의 조건이 아니라 결과이므로 이를 행하는 것은 필수가 아니라 우리가 의도하지 않은, 의인이면 드러나는 자연 현상이라는 의미일 것이다. "끝으로 형제들아 무엇에든지 참되며 무엇에든지 경건하며 무엇에든지 옳으며 무엇에든지 정결하며 무엇에든지 사랑 받을 만하며 무엇에든지 칭찬 받을 만하며 무슨 덕이 있든지 무슨 기림이 있든지 이것들을 생각하라."(빌4:8)

그런데 바울은 그를 보는 우리로 하여금 깜짝 놀라게 만든다.

선행 공로를 가지고 하나님의 영광에 이르기를 기대할 수 있다고도 하기 때문이다. "선을 행하는 각 사람에게는 영광과 존귀와 평강이 있으리니 첫째는 유대인에게요 또한 헬라인에게라."(롬2:10) "이는 우리가 다 반드시 그리스도의 심판대

앞에 드러나 각각 선악간에 그 몸으로 행한 것을 따라 받으려 함이라."(고후5:10)

율법도, 계명(율법 조문)도 하나님께서 주셨으며 하나님을 알고자하고 그분의 뜻에 순종하는데 소용되는 지침이므로 거룩하며 의로우며 선하다.(롬 7:12) "그러나 하나님 앞에서는 율법을 듣는 자가 아니라 오직 행하는 자라야 의롭다하심을 얻으리라 했으니 ……."(롬2:13)

평소의 바울 어록과는 대립하는 놀라운 반전이다. 야고보 측의 주장과 다르지 않기 때문이다.

"너희는 도를 행하는 자가 되고 듣기만 하여 자신을 속이는 자가 되지 말라."(약 1:22)

들음은 행함울 수반해야 한다. 습관적으로 듣기만 하고 행하지 않거나 단회성으로 그치고 잊는다면 이는 자기 양심을 속이고 부채를 지는 자이다.

"온 율법은 네 이웃 사랑하기를 네 몸같이 하라 하신 한 말씀에 이루었나니 만일 서로 물고 먹으면 피차 멸망할까 조심하라."(갈5:13-15) "피차 사랑의 빚 외에는 아무에게든지 아무 빚도 지지 말라. 남을 사랑하는 자는 율법을 다 이루었느니라."(롬 13:8) "우리 각 사람이 이웃을 기쁘게 하되 선을 이루고 덕을 세우도록 할지니라."(롬 15:2) "선을 행하는 각 사람에게는 영광과 존귀와 평강이 있으리니 첫째는 유대인에게요 또한 헬라인에게라."(롬2:10) "이는 우리가 다 반드시 그리스도의 심판대 앞에 드러나 각각 선악간에 그 몸으로 행한 것을 따라 받으려 함이라."(고후 5:10)

"형제들아, 너희가 스스로 지혜있다하면서 이 신비를 너희가 모르기를 내가 원하지 아니하노니 이 신비는 이방인의 충만한 수가 들어오기까지 이스라엘의 더러는 우둔하게 된 것이라. 그리하여 온 이스라엘이 구원을 받으리라. 기록된 바 구원자가 시온에서 오사 야곱에게서 경건하지 않은 것을 돌이키시겠고 내가 그들의 죄를 없이 할 때에 그들에게 이루어질 내 언약이 이것이라 함과 같으니라."(롬11:25-27)

이것이 바울이 받았다고 이해하는 하나님의 비밀한 경륜이다.

믿음으로 칭의의 은혜를 입은 자가 자신의 몸에 내주하는 성령의 일깨움으로 인하여 모순된 사유(思惟)의 궤도를 180도 수정, 변경하면서 화해와 긍정 쪽으로 선회할 수밖에 없었음을 간파할 수 있는 서신 내용들이다.

옛 선지의 말씀을 인용하거나 첨언(添言)하면서 여의치 않게(?), 어쩌면 의도적으로 자기의 주장을 허무는 이런 구절들을 더 찾아볼 수 있다.

"편지로 너희를 근심케 한 것을 후회한다." "하나님의 뜻대로 하는 근심은 구원을 이루는 회개를 만든다."

"그리스도께서 하나님의 진실하심을 위해서 할례의 추종자가 되셨다."

"이미 그리스도를 부르는 곳에는 전하지 않을 것이며 남의 터 위에 건축 않을 것이다." (바울이 찾아간 많은 곳에는 이미 대, 소규모 예수교인 공동체가 선주(先住)하고 있었다. 예를 들면 비시디아 안디옥, 이고니온, 고린도, 두로, 로마 등은 물론, 사마리아, 시리아, 버니게에서도 그러하였다.)

그러나 행여 자기 주장 철회의 오해를 살까 염려스러웠던지 먹는 문제에서만은 단서를 보탠다.

"모든 것을 먹을 만한 믿음을 가져라. 무엇이든지 스스로 속된 것은 없다.(예루살렘 공회 베드로 간증을 인용, 재생산?) 먹거나 먹지 않거나 음식으로 말미암아 형제를 비방하여 근심케 말라. 하나님나라는 먹고 마시는 것이 아니라 성령 안의 의와 평강과 희락이다."

뒤에 아시아 일곱 교회를 일구는 요한의 사역상을 미리 배려한 말 같기도 하다. 저돌적이고 격렬했던 적대자들과의 갈등을 모나지 않게 진작 이리했으면, 그리고 시종 이러한 중용적 교리를 펼쳤으면 오죽 좋았을까? 베드로와 다투는 모습 연출(?)을 노증(露證)하지도 않았을 테고. 다른 사도나 교사들과 선점(先占), 독과점(獨寡占) 경쟁도 없었을 것이며 우왕좌왕하다가 후대 비평학자들에게 꼬투리 잡힐 빌미도 주지 않았을 것을……

바울도 전도 동역자로 주변에 할례파가 없었던 것은 아니다. 마가, 바나바, 실라는 물론 아리스다고, 유스도 예수(골4:10-11), 디모데(행16:3), 안드로니고 등을 보면 그렇다. 아들이라는(딤후1:2) 반(半)유대, 반헬라인 디모데에게는 친히 할례를 해 주었다.(행16:3) 할례반대자가 손수 할례성사를 감행하다니….

그러니 할례, 음식 문제로 이방인과의 이분법적인 장벽을 허물고자 대처하는 모습이 과격하기는 하나, 보다 근본 문제는 배타적인 택함을 받았다는 유대인의 선민의식과 이방인의 할례 성수 고집을 도저히 제어할 수 있는 방법이 달리 없다는 데에 있었다고 보지 않을 수 없긴 하다.(행15:1-21)

이방인 교인의 할례 성수에 대한 고집은 현장에 침투한 유대계 예수 교인이 더욱 심하였다. 바울이 전도 현장에서 훼방을 받고 각종 송사에 시달리는 고행 중에 생명의 위협을 받은 바 이들도 당연히 바울의 주적(主敵) 무리였다. 헬라파 유대인 비교인이나 이방 다신교도들은 종적(從敵)이면서도 오히려 전도 대상이었다.

본토 예수교 형제들을 "율법 아래서 살아 그리스도에게서 끊어진 자."(갈 5:4)라고 일갈했을 뿐만 아니라 온갖 험구로 비하, 멸시, 저주한 바울은 이방인에게 들려준 유대인을 상대로 한 그의 발언 용어가 이토록 부정적으로 전파되고 영향력이 강한 것에 대하여 혀를 내둘렀을 것이다.

이를 어떻게 수습할 것인가? 선교 방법을 수정하여야 한다.

대결(Confrotation)과 포섭(Corporation)이 해결책이라 보고 어조를 섞기로 한 것 같다.[55]

로마서는 바울의 마지막 현존 일반 서신이다. 표면상 생면부지(生面不知)의 로마 교인을 수신 대상자로 했지만 사실은 고린도, 예루살렘 교인에 대한 용서와 양해를 구하는 참회서요 변명록으로의 역할을 기대하고 있다. 이 편지 내용이 곧장 이방 여러 곳과 본토까지 전해질 것이기 때문이다.

"우리의 싸우는 무기는 육신에 속한 것이 아니요 오직 어떤 견고한 진도 무너뜨리는 하나님의 능력이라. 모든 이론을 무너뜨리며 하나님 아는 것을 대적하여 높아진 것을 다 무너뜨리고 모든 생각을 사로잡아 그리스도에게 복종하게 하니 너희의 복종이 온전하게 될 때에 모든 복종하지 않는 것을 벌하려고 준비하는 중에 있노라."(고후 10:4-6) "내가 확신하노니 사망이나 생명이나 천사들이나 권세자들이나 현재 일이나 장래 일이나 능력이나 높음이나 깊음이나 다른 아무 피조물이라도 우리를 우리 주 그리스도 예수 안에 있는 하나님의 사랑에서 끊을 수 없으리라."(롬8:38-39)

그러다가 종래는 심지어 "나의 형제 곧 골육의 친척을 위하여 내 자신이 저주를 받아 그리스도에게서 끊어질지라도 (사랑과 용서와 유대감으로 연합되기를) 원하는 바로라."(롬9:3)라고까지 반추(되삭임)한 바를 놀랍게도 토로하면서 결연하게 히브리에 대한 깊은 애정을 표출하고 만다. 예수님이 그들에게서 나왔고 믿음과 순종의 조상, 아브라함의 자손이 그들이기 때문이다. 그래서 다음 사실을 각성하라고 새삼스레 독백한다.

"네 씨로 말미암아 천하 만민이 복을 얻으리니 이는 네가 나의 말을 준행하였음이니라."(창22:18) "그들은 이스라엘 사람이라. 그들에게는 양자됨과 영광과 언약들과 율법을 세우신 것과 예배와 약속들이 있고, 조상들도 그들의 것이요, 육신으로 하면 그리스도가 그들에게서 나셨으니 그는 만물위에 계셔서 세세에 찬양을 받으실 하나님이시니라."(롬9:4-5)

바울이 과연 반유대적이었나?

기독교 역사가 혹자는 바울이 서바나에 다녀갔다는 설도 제기하고 있지만(클레멘트1서5:6,7)[23] 이는 가능성이 적다.

로마로, 나아가 대륙 끝 서반아로 가기위한 그의 구상에는 먼저 성도(聖都) 예루살렘을 들러서 반드시 해결해야 할 숙제가 있었던 것이다.

구약의 하나님이나 바울의 하나님은 같은 분이다. 그의 메시아나 베드로의 그리스도도 한 분이다. 이를 미루어 볼 때 근본이 달라 보여서는 이방 전도 역시 푯대와 명분을 잃고 방황하게 된다.

톰 라이트[55]는 바울의 이중적 논술이 결코 반유대적이지 않음의 반증이라 보았다. 바울의 전도 어법이나 강연들의 심층 구조에는 위대한 유대 역사와 하나님이 선지자들을 통하여 내리신 말씀들, 그리스도의 신성이 강물처럼 도도히 흐르고 있다고 변호한다. 이로 미루어 예루살렘 방문 없는 땅끝 전도는 분명 바울의 발목을 잡는 족쇄로 작용할 것이었다.

주후 53년 로마 황제 글라우디오가 아내 아그리피나(네로의 어미)에게 독살되자 추방되었던 유대인들이 대거 로마로 복귀하였다. 그렇지만 이방계 그리스도인은 그대로 로마에 잔존했었던 까닭에 그 교세가 복귀하는 유대계에 비해 월등했다. 바울이 자기 동료로 의지하는 귀환자 브리스길라 공동체가 로마에서 회복해서 대등하게 되살아나려면 진실하고 논리적인 근거의 지원이 필요하였다. 바울은 유대인이다. 골수 바리새인의 경력자이다.

바울이 "먼저는 유대인이요 헬라인게도 이니라."(롬 1:16)라는 말을 누차 강조하는 이유가 여기에도 있다. 물론 그의 전도원칙이 만민이 주 안에서 동등하다는 것이지만(갈3:29) 예루살렘과 향후 새로운 전도 대상지를 염두에 두고 들으라는 다목적의 소리이다. 성경을 보면 특히 후기 바울서신에서 같은 의미의 말을 여러 번 되풀이 강조하고 있다.(롬9,10,4:10-12, 고전1:24, 골3:10-11, 행 20:20-21)

에베소서는 바울이 만년에 옥중에서 자신이 쓰고, 또는 그의 추종자들에 의해 잘 정리된 문체로 성경의 진수를 보는 것 같은 감동을 주는 책이다. 혹자가 바울의 의신칭의가 드러나는 서신은 갈라디아, 로마서 두 곳뿐이라고 의미를 한정, 축소하고자 했으나 성경을 정독해 보면 그렇지 않다.

"너희는 그 은혜에 의하여 믿음으로 말미암아 구원을 받았으니 이것은 너희에게서 난 것이 아니요 하나님의 선물이라."(엡2:8)

에베소서는 선행에 대한 긍정적 글로 말미암아 이중적으로 비친 오해도 다음과 같이 정돈하였다. 행함을 구원의 첫 조건으로 두는 것이 아닌, 주님의 은혜로 의인에게 예비하신 것, 즉 부수적인 드러남으로 정리한 것이다.

"우리는 그가 만드신 바라. 그리스도 예수 안에서 선한 일을 위하여 지으심을 받은 자니 이 일은 하나님이 전에 예비하사 우리로 그 가운데서 행하게 하려 하심이니라."(엡2:10)

사도시대의 퇴장

세베대의 아들 사도 야고보는 이미 AD44년에 첫 순교자 스데반 집사*[사울이 가담한 무리들로부터 석형(石刑)당함(AD41)]* 다음을 이어 목숨을 잃은 첫 사도 순교자가 되었다. 이때 베드로도 체포되어 죽을 고비를 맞았으나 주께서 보내신 천사의 도움으로 옥문이 열리면서 살아나 이방전도길로 나섰다.(행12:5-10)

예루살렘 교회를 끝까지 지키던 예수님의 동생 야고보는 AD62년(베스도가 병사하고 후임총독 부재시)에 대제사장 안나스 2세가 동원한 군중에 의해 성전 계단에서 떨어뜨려져서 몽둥이와 돌로 죽임을 당한다. 그를 존경한 유대인들(온건 바리새파 포함)의 항의가 인 때문에 이 안나스를 늑장 부임한 알비누스 총독의 화를 누그러뜨리려는 아그립바 2세 왕이 3개월 단임으로 해직시켰다.

예수님 동생 야고보를 죽이고 만 것은 그를 비롯한 예루살렘 교회에 남은 유대파 교인들이 비록 율법은 존중하였지만 죄인,세리,과부,고아들(막 2:15) 같은 하층 계급을 감싸고 가난한 자(마5:3, 눅4:18,6:20, 사61:1-2)가 천국 구원을 받는다고 하면서 부요하고 배부른 자(눅6:24-25)인 귀족 계급의 정체를 "회 칠한 담"(마23:27, 행23:3, 겔13:14-15)이라 비유하고 "진주를 돼지 앞에 던지지 말라"(마7:6)라고 비난하며 부자가 천국에 가는 것은 낙타가 바늘귀를 통과하기보다 어렵다는 작태를 대제사장과 서기관, 기득권자들이 화나게 하고 위협을 느끼는 이상 더는 두고 볼 수 없었기 때문이다. 야고보를 잃은 예루살렘 교회는 그의 사촌 시므온[글로바(눅 24:8, 요 19:25)의 아들]을 후임 수장으로 임용하지만 교회는 더욱 심한 핍박으로 인해 이내 쇠퇴해지고 성전도 로마군에 의해 훼파되고 폐쇄되었으며 이때 2천 명 이상이 희생되었고(AD93) 예수 교인뿐만 아니라 거의 모든 유대인은 디아스포라 세계로 도피하였다. 주님의 또 다른 동생 유다의 후손들은 살아남아 유대 멸망 수십 년 뒤 트라얀 황제 시대(AD98-117)의 갈릴리 공동체 정도를 어렵게 꾸려 나갔다.

　다른 사도나 제자들은 어떻게 되었을까?

　이들도 뿔뿔이 흩어져 유대와 이방세계에서 예수도를 전파하다가 죽임을 당한다.(계12:11) 언제, 어디서, 어떤 방법으로 처형되었는지 문서적 추적으로 간략히 살펴보면 아래와 같다.

야고보(세베데의 아들): 스페인 전도 후 귀환, 헤롯 아그립바에게(AD44)[46]

빌립(Philip): 서북아시아 프리기아의 헬리오폴리스에서(AD 54) 여선지자였던 딸 4명과 함께 십자가형(十字架刑)

마태(Mathew): 에티오피아 나바다에서 도끼로(AD60)

안드레: 아시아 에데사(현재 터키 Urfa)에서 십자가형

유다(대대오): 알패오의 아들, 다른사도 야고보의 형제, 에데사에서 십자가형(AD72)

바돌로매: 인도에서 십자가형

도마(디두모): 인도동남부, 지금의 Tamil Nadu주에서 창에 찔려 순교(AD72)[57]

시몬: 별명 셀롯(Zealot, 당시 유행하던 열심당원은 아니었다.), 아프리카 모리타니에

서 활동, 영국에서 십자가형

맛디아: 예루살렘에서 돌매질(石刑)

바나바: 안디옥에서 참수(斬首, AD 73)

마가: 알렉산드리아(아프리카)에서 찢겨 죽음

누가: 헬라 제사장들에게 올리브나무에서 교수(絞首)형(AD 95)

디모데: 에배소에서 몽둥이로(AD 97,(John Foxe: Foxe's book of Martyrs, Light-
house Trails Publishing, LLC, 2010, 30-34[12])

실라: 로도섬에서 사형(AD 57?)

아볼로: 스페인에서 사망(AD60?)

디도: 크레데 섬에서 로마군에게 사형

글레멘스 1세: 제4대 교황, 트라얀 황제에 의해 본도 유배, 목에 닻을 달
아 익사

요한: 에베소에서 로마 송환되어 기름 화형을 당했으나 기사회생(起死回生),
도미티아누스 황제 때 밧모섬 유배(流配) 생활

맛디아가 참가한 열두 제자는 요한만 빼고 모두 이 시기(AD44-72)에 순교
하였다.(눅11:49)

다데오[가룟이 아닌 유다(요14:22)]는 유브라데강 상류지역,바돌로매와 도마는
아라비아와 인도에서 전도하다가 생을 마감하였다. 특히 예수님의 형제중
시몬과 쌍둥이 도마(유다)는 멀리 극동지방,중국과일본, 특히 한반도 가야국
에 전도하였다고 주장되기도 한다.[57]

사도 중 가장 먼저 순교한(AD 44) 벳세다 세베대(Zebedee)의 아들 야고보
의 동생인 요한(그들의 어머니 살로메는 예수님의 어머니와 4촌 간이므로 요한은 예수님의 외 6
촌 동생이다.)은 주님이 당부하신 대로(요19:26-27) 성모 마리아(AD48,사망)[57]의 노
후를 봉양(奉養)하고 에베소에서 아시아지역 교회를 개척하며 살다가 잡혔
는데 로마로 송치되어 기름 화형을 당했으나 하나님의 도우심으로 살아났

으며 주께서 도미티아누스 황제(AD81~96)로 하여금 더 이상 죽이려 말고 에게해의 밧모섬에 유배(流配刑)시키게 하심으로 거기서 계시록을 쓰게 하셨다.(AD90~120, 계1:9~19) 소아시아의 일곱 교회(에베소, 서머나, 버가모, 사데, 빌라델비아, 라오디게아, 두아디라 교회)는 모두 요한이 개척, 설립하였다.

요한이 다음 황제 네르바?에게 소환된 기록은 있으나 더 이상 참형을 당했는지 그냥 자연 수(壽)를 다 누렸는지는 찾아볼 기록이 없다. 아무튼 야고보-요한형제는 사도 중 가장 먼저요 마지막으로 생을 마감하였다.

AD70년에 예루살렘 성전은 완전 폐허가 된다. 예루살렘 교회도 이 세상에서 사라져 갔다.

당시 야고보를 따르던 자 (일부 에비온파(Ebyon, "예수는 인간이다.")와 바울의 교리를 일부 추종하던 자[마르키온파(Marcion, "예수는 신(神)이다.")]들의 후예는 주후 2세기까지 이방세계에서 독특한 신앙생활을 고수했으나 영지주의자들(Gnostics)과 함께 로마(콘스탄스 황제)가 의도하고 만든 원정통파(Proto-Orthodoxy Group, "예수는 하나님인 동시에 인간이다.", 니케아 공의회)에 패함으로써 소멸되거나 이단(異端, Heresy)으로 특정된다. 이 예루살렘 교회와 야고보가 사라진 이 공백을 헬라파 기독교가 메우고 잇게 된 것이다. 대체 신학의 득세를 예고한 것이다.

예루살렘 멸망 후 AD135년 바르 코그바의 반란[하드리안 전쟁(Hadrianic) War]이 일어났으나 실패하면서 남은 유대거민들이 참혹하게 몰살당하거나 노예로 내쫓기자 초대 기독교는 성경학적 종말론 해석(임박한 재림론, 다윗왕국 재건)에 있어서 난관에 봉착하였다. 종말의 날에 예수재림의 약속이 이루어지지 않은 것이다.

로마 제국의 세계 지배에 따른 보편적 통치 상황(Pax Romana, 시저의 조카인 옥타비아누스가 첫 로마황제(아우구스투스)로 등극한 BC27부터 200년간)의 전개로 민족 종교와 문화가 무너지고 전 인류의 제압적 평화라는 관념이 생겨난 것이다. 로마교회가 로마 군주의 보편적 권위를 빌어 이내 교황 제도를 굳히며 세계 교회를 정치적으로 이용하여 통제하기 시작한다.

마지막 사도가 죽기 전 동시대를 살아 다음 세대로 잇는 교부들을 소위 '사도교부' 혹은 '속사도(續司徒)'들이라고 칭하는데 특히 허마(Hermas, 롬 16:14), 로마의 글레멘드(Clement of Rome, 빌4:3), 사도요한의 제자인 폴리캅(Polycarp, 서머나의 감독)과 파피아스(Papias, 히에라폴리스 감독), 그리고 이그나티우스(Ignatius, 안디옥 감독)와 바나바까지 포함되며 이들 모두 교리서신과 저작(著作)을 다수 남기고 있다.[47]

2-3세기의 유명한 주교들인 리옹의 이레나이우스(Irenaeus, AD130-202 반이단(反異端)연구자, 나그함마디 문서가 발견되기까지 1600년 동안 영지주의 경전에 관해서는 학자들이 그의 저서 『이단에 반대하여』에 의존할 뿐이었다.), 테툴리아누스(Tertullian, AD160-220, 삼위일체설), 북아프리카의 클레멘트(Clement, AD150-215)와 오리겐(Origen Adamantius, AD184-254), 유세비우스(Eusebius Pamphilus, AD263-339) 등은 많은 저서를 남기면서 사도와 교부 시대의 정통성 있는 기록을 이어 가기 위하여 교설을 중계, 해석과 보충하였으며 알렉산드리아에서 그리스어로 번역한 구약 집대성(칠십인역)에 후일 바울교리를 중점적으로 추가 정경에 채택되도록 기여하였다. 이에 따라 초기 교부들은 구약에 예언된 이스라엘의 회복이 이제부터는 유대회당이나 성전이 아닌 교회에서 세워진다는 이른바 대체신학(Punitive Superessionism)으로 발전시킨다.[24,25]

2세기 후반부터 반그리스도교 논쟁자들의 이성적 공격이 시작된다. 그 배경에는 정치적 술수와 철학적 경멸이 깔려 있었다.

그 대표적인 자로 켈시우스(Celsius, AD178)는 "그리스도교는 미신과 단편철학의 혼합물로서 모순투성이고 예언의 성취가 아니다." "세계는 달라지지 않았다." "신의 불가변성에 육화(肉化)란 어불성설이다." "예수의 부활은 두세 명 도취된 여인들의 증언에 불과하다."라고 하였다.

여기에 그리스도교를 방어하려는 변증론자(Apologists)들의 당연한 등장은 필연이었다.

특히 저스틴(Justin Martyr, AD100-165), 오리겐[Origen Adamantius, AD184-254, 6
개 언어대조 성경(Hexapla) 편찬, 신과 로고스에 관한 교설, 종말론: 그리스도의 靈的 顯現, 영지사상 만
연(도마복음 숭배), 반신플라톤주의자], 어거스틴[Augustine, 원죄설(原罪說)교리 주창자, AD354-
420]등은 교회가 영적 이스라엘이며 유대인은 천벌을 받아 교회가 회당을
이겼다는 역사의 증인으로 떠돌며 살게 될 것이라고 하였다. 철학자이자 알
렉산드리아의 유대인 영지주의자 필로(Philo Judeaus, BC29-AD50, 신(神)의 의인
관(擬人觀), 인간의 표상, Anthrophomorphism)의 사상에서 비롯된 이들 추
종자들을 '알렉산드리아의 이단자들(Alexandrian Cults)'이라 부르며 성경 변개
의 진원지로 본다. 이들은 칠십인역이 하나님의 영감으로 된 것이라고 하여
오늘날까지 성경 형성의 정의로 문맥 계승되고 있다.(딤후 3:16) 자연스레 기
독 신앙은 바울이 구원의 길로 제시한 그리스도의 죽음과 부활 그리고 믿음
에 집중되었다.

사실 신약성경의 사라진 원문은 시리아 안디옥의 원본 성경대로 믿는 그
리스도인을 통해서 그 맥이 끊이지 않고 보존되어 구전으로 후대에 이어짐
으로 옛 말씀을 이루었다고(시12:6,7) 보기도 한다.(마소라 원문)

정작 적그리스도의 본거지인 로마제국 광범위한 곳에서는 그리스도교가
수많은 순교자를 잇달아 배출하며 온갖 핍박에도 불구하고 요원의 불길처
럼 번져 간다.

일설에 콘스탄틴 황제의 모후 헬레나가 몸종 하녀를 통해 전도받음이 계
기가 되었는지는 몰라도 기독교에 호감을 가졌던 황제는 AD313년 밀라노
칙령(Edict of Milan)을 발표하며 그리스도교를 용인한다.

그리고 AD325년 터키 이즈미르 동안(東岸)에 위치한 니케아에서 황제 주
제로 제국 내 220명의 감독들(대부분 동로마제국 주교단)을 소집하여 이른바 니케
아 신조(信條, Nicene Creed)를 만들어 바울의 교리를 대폭 손질, 수용한 것이
다.

주 내용은 "예수는 피조되지 않은 존재이며 본질은 하나님과 동일하다."이나 유

대인을 죄악으로 더럽혀진 존재로 보며 그들의 유월절이 부활절로 안식일(토요일)이 주 첫날인 주일(일요일)로 대체된다.(AD321) 정작 황제 자신은 비세례자로 지냈으며 임종 직전에야 유세비우스에 의해서 세례받는다.

후임 황제 배교자 유리아누스[Flavius Claudius Julianus(AD331-363)]의 박해가 재발하여 잠시 적지 않은 순교자를 또 낳았지만 마침내 AD 380년 다음 황제 프라비우스 데오도시우스 1세(Theodocius I)는 그리스도교를 로마제국의 국교로 선포한다. 예루살렘 교회가 사라진 대신 기독교가 로마제국을 침투, 숱한 피를 쏟으며 역정복(逆征服)한 것이다. 로마는 예수를 처형하였으나 그의 메시지는 오히려 거대종교가 되어 로마를 집어삼켰다.

통치당국에 복종하라는 바울의 기술적(Tactical)가르침(롬13:1-7)이 황제의 환심을 얻는 데 일조했다고 볼 수도 있다.

로마제국 초대 황제 아우구스투스(Augustus) 이래 역대 황제들은 '구원자(Saviour)' '주(Lord, Dominus)', '하나님의 아들(Divi Filius)'이라 별칭되었고 그렇게 불려 높임받는 것을 즐겼다.

그런데 바울은 예수를 '구원자(빌3:20)', '높혀진 주', '모든 무릎이 굽혀질 분(빌2:9-11)이라 하였다.' 게다가 심판 날 임박을 주장하며 "저희가 평안하다, 안전하다 할 그 때에 잉태된 여자에게 해산 고통이 이름과 같이 멸망이 홀연히 저희에게 이르리니 결단코 피하지 못하리라."(살전5:3) 한 것은 저희가 무시하고 흘려 듣는 둥 마는 둥 하였던 것이다. 실제 로마는 AD 395년에 동서로 분열, 서로마 제국은 멸망의 길에 이른다.(AD475) 콘스탄틴이 제국의 수도를 이스탄불로 옮기고 동방세계의 주교들을 우대하였기 때문이다.

기독교를 국교로 선포하고 여타 종교의 잔유나 발흥을 억제하던 데오도시우스 황제가 사망하자 이후로는 더 이상 교황권도 제국 내 존엄성과 위력을 잃고 제국 내 토호나 여러 국가 왕권의 도전에 직면하며 로마교회도 동서로 로마와 아비뇽 시대로 분열하고(1378-1417) 황제와 교황이 복수(複數)가 되는 기현상을 낳기도 했다.

신약성경의 탄생

신약성서 정경 27권은 주후 4세기에 알제리(Algeria)의 히포레기우스(Hippo Regius) 공의회(AD 303)에서 목록이 결정되어 많은 외경으로부터 걸러졌고 칼타고 공의회(AD 397)에서 아타나시우스(Athanacius) 주도 아래 최종 확정된 것이다.

여기서 시간과 그 시대, 그 지역 환경이나 조건에 따라 변화무쌍한 바울의 언사를 이해하기 쉽도록 바울서신과 복음서 원전 기록 추정연대를 현재까지 알려진 대로 일별(一瞥)해 볼 필요가 생긴다.

신약성경 기록 시기와 장소

서신	기록 연대	기록 장소
데갈로니아전서	AD 49-50	고린도
갈라디아서	AD 49(南갈라디아)	수리아안디옥
	AD 53-56(北갈라디아)	에베소 혹은 마케도니아
데살로니가후서	AD 51-52	고린도
고린도전서	AD 55	에베소
고린도후서	AD 55-56	마케도니아
로마서	AD 57	고린도
에베소서	AD 61-62	로마 혹은 가이샤라 감옥
빌립보서	AD 61-63	로마
골로새서	AD 61-63	로마 혹은 에베소 감옥
빌레몬	AD 61-63	로마 혹은 에베소 감옥
사도행전	AD 63	예루살렘, 사마리아, 로마

디모데전서	AD 63-65	마케도니아
디도서	AD 63-65	마케도니아
디모데후서	AD 66-67	로마 감옥(재수감 직전)
야고보서	AD 62-90	예루살렘(야고보 사망 AD 62)
베드로전서	AD 64	로마(추정)
베드로후서	AD 66-67	로마(추정)
유다서	AD 70-80	?
요한일서	AD 95	에베소
요한이서	AD 95-96	에베소
요한삼서	AD 95-96	에베소
요한계시록	AD 95-96	밧모섬
마가복음	AD 70	갈릴리, 예루살렘, 로마(?)
마태복음	AD 90-100	베들레헴, 갈릴리, 유대
누가복음	AD 90-100	갈릴리, 예루살렘
요한복음	AD 100-120	예루살렘(?), 밧모섬

(註) 복음서 원본 기록연대는 아직 논쟁이 있다. 대부분 학자는 위의 기록보다 10-25년 이른 연대를 믿고 있다.[18] 위의 알려진 기록 연대들을 일별해 보면 주님 사후(死後) 20-90년 무렵이다. 당시 저자들과 예수님의 나이차이를 많아도 15세 전후 이내로 감안할 때 정말 이들이 저자(著者)였을까 하는 의심은 당연하다. 다수의 역사비평가는 신약성경에 포함된 스물일곱 권중 오직 여덟 권(바울서신 7권(롬, 고전, 고후, 갈, 빌, 살전, 몬))과 요한계시록만 표기된 저자가 사실일 거라고 보며 요한계시록마저 어느 요한인지 불분명하다고 본다. 야고보서나 유다서도 어떤 야고보와 유다인지 저작자를 불분명하게 보는 자가 있다. 이런 의문은 4세기 교회에서도 제기되었지만 본격적으로 문제시된 것은 19세기부터이다. 서구 세계의 여러 역사비평학자와 신학 고

등 교육 기관은 이 사실을 가르친다고 한다.[19]

신약성경 원본은 현재까지 발견되지 않았다.

그리고 여러 성경 필사본에는 숫자로 장과 절을 구분하여 단락 지우지 않았다. 장과 절 표기는 15-16세기에 와서 유행되었으며 오늘날 성경은 1560년 시도된 제네바 성경의 구분을 따르고 있다고 한다.[54]

최근 우리나라의 개역 개정 성경은 신약 열세 곳의 구절이 누락되어 '(없음)'으로 표기되어 있다. 일례로 사도행전 15장 34절의 '없음'의 내력을 편자 나름대로 해석한 바는 빈 공간에 절 순서를 붙이고 '없음'이라 표기하여 공란을 메웠다는 것이 분명 예전의 다른 사본에서는 글월이 채워져 있었다는 뜻이고 분실, 훼손되었거나 어떤 이유로 후대 사람들에 의해 고의 누락되었음을 의미한다고도 생각나게 한다는 것이다.

신약성경 27권 중 바울이 썼다는 서신 13권이 열두 사도의 저서보다 수량적으로 압도하며 정경으로 채택되어 종교 개혁 이후의 기독교 교리의 대강(大綱)을 세우는 놀라운 업적을 이룬 연유(緣由)가 과연 무엇이었을까 생각해 보지 않을 수 없다. 이 같은 고난과 역경을 돌파하며 이루어 낸 바울의 업적이 후세 그레코-로만 교부들이나 황제의 기호에 부합되어서 높게 평가됐기 때문은 아닐까?

[이중 목회서신을 포함한 6권(딤전, 딤후, 딛, 골, 엡, 살후)은 어휘가 다르고 원론 쟁점 언급이 결여되거나 미진하여서 바울서신이 아니라는 고대 교회 말키온(Marcion)이나 근대 비평신학자들의 논란이 있는데 특히 데살로니가 후서가 서신 중 가장 먼저 쓴 전서와는 종말 도래 시기의 상이(相異)한 기술 때문에 더욱 그렇다.][21]

초등 학문의 편자(編者)는 다음 몇 가지 원인과 환경, 조건을 생각해 본다.

1. 서신다작(書信多作)과 수많은 후대 필경사의 사본 제작 및 이방 지역 전파

[유대 제자들은 서신보다 직접 면대하여 전하기를 선호하였다. (요이1:12)]

2. 동반 수행하는 대필자(代筆者), 필경사(筆耕士), 서신 전달자가 많음

[누가,더디오등(롬16:22), 글로에의 하인(고전1:11),디도(딛3:12),두기고(골 4:10),디모데(살전3:2,빌 2:22), 에바브로디도(빌2:22,4:18), 에바브라, 뵈뵈(롬16:1)등]

3. 헬라어에 능통

[바울서신은 그리스어로 써졌다. 그래서 쉽게 베끼고 많은 다른 언어로 번역이 수월했다. 유대 제자들은 아람어를 사용하였으며 사역 초기에는 문맹자도 많았을 것이며 먹과 붓으로 편지를 쓰기보다 면대하여 전도하는 것을 선호하였다.(요2:12, 3:13)]

4. 적합한 보존 환경(건조한 사막 지역)과 제책재질(製冊材質)의 기술 우위

(딤후4:13)와 많은 필사본이 발굴됨

5. 유대제자들보다 월등한 문장력과 박식, 적절(博識,適切)한 구약 구절 인용

6. 희소(稀少)한 예루살렘 제자들의 기술본과 바울서신보다 늦은 기술 연대

(유대 제자들은 주로 구두전언(口頭傳言)으로 복음을 전파하였고 간혹 훼손, 소멸되기 쉬운 파피루스 잎이나 점토에 기록하였으며? 복음서를 비롯한 열두 사도의 기록들은 기술 연대가 바울서신서보다 20-50년 늦어 기억에 주로 의지했으며 당대 교인들의 저자 인지도에서 뒤지고 있음)

7. 유대 멸망[예루살렘 교회 실종(AD150), 사도, 제자들이 뿔뿔이 흩어짐]

8. 이방 세계 교회와 교인 수 폭증

9. 로마 국교 확정 및 정경 채택의 편중성

(비유대적인 로마에 유리한 방향으로, 즉 복음서보다 그레코-로만적(?)이어서 호감 가는 바울의 교리를 우선적으로 취함)

10. 다른 제자들의 복음서와 서신서 다수를 외경, 위작(僞作)으로 판정, 배제함

정경에서 바울서신에 비해 복음서가 4편밖에 안 되는(외경에는 다수 있지만 마찬가지로 저자가 의심된다.) 이유는 앞서 기술했다시피 제자들이 세속적으로 비천한 신분으로 히브리어도 아닌 아람어권 갈릴리 문화에 예속되어 살았고 더욱이 한때 문맹자(文盲者)들이었다는 점이다. 로마 제국 초기의 문자 보급률

은 10% 미만이고 특히 갈릴리 같은 벽지에서는 3%에 불과했다는 설이 있다.[19]

토라[Tora, 모세오경(五經)]가 일반인들에게 랍비의 두루마리 강론과 오로지 구전(口傳)으로만 전승되던 당시 시대상이면 훗날 필경사들의 복사 기록에 대한 정확성에 의구심이 있을 수 있다는 것은 당연시된다 할 것이다. 양질의 교육을 받아 학식이 풍부하고 헬라어를 구사할 수 있는 바울파와는 달리 원사도들은 종이와 먹으로 하지 못하고 오로지 시청자들의 기쁨을 위하여 면대하여 말로써 전함을 위주하였던 것이다.(요이1:6-12)

그나마 정경에 오른 복음서 저자인 알패오의 아들 마태(레위)는 세리(마 10:3, 막2:14, 눅5:27)요, 누가는 희랍인 의사(골4:14)였으므로 히브리어나 헬라어를 쓸 줄 알았을 것이고 마가(Marcus)는 예루살렘의 부유한 집안 출신으로 그 이름 자체가 라틴어인 걸로 봐서 유식했을 게 틀림없다.

당시 유대 서민들은 성(姓, Esteemed Name)만 있지 이름이 없었다. 성경 전반을 통해 동명이인(同名異人)이 그리도 많고 누구누구의 아들이라거나 형제, 별명, 이런 식으로 이름에 덧붙여 분별해야 함을 성경에서 빈접(頻接)하는 이유이다. 그렇기 때문에 정경 제목이나 본문 중에 표기된 저자 이름만으로는 실제 어느 누구인지 학설이 구구할 수밖에 없다. 예를 들어 유다서의 저자는 본문 1장 1절에 자신이 야고보의 형제라고 명기하나 그 야고보가 예수님 동생인지 알패오의 아들(막15:30)인지 세베데의 아들인지 사도 유다의 아비(눅6:16)인지 불분명하고(예수공동체내에서는 서로 형제라고 불렀다.) 요한삼서의 수신자 가이오(요삼1:1)는 마게도니아인(행19:29)인지 더베의 가이오(행20:4)인지 고린도 교회의 식당 담당 가이오(롬16:23, 고전1:14)인지 내용의 정황상 버가모의 감독(사도요한의 제자)일 거라는 추측만 유발할 뿐[38-6],성경 전반을 봐도 이런 예가 한둘이 아니다. 수많은 마리아라는 이름을 보라.

갈릴리출신 요한은 복음서를 무려 주후 90년이 훨씬 지난뒤 헬라어로 썼으므로 만학도(晩學徒)이었거나 후일의 제자들이 쓰면서 칭명했을 것이다.(아

마도 늦은 서술 시기로 봐서 본인이 아니라 그 공동체 제자들의 집필 혹은 편집대필경(編輯代
筆耕)이라 생각한다.)

그렇다고 하여도 정경에서 복음서를 비롯한 여러 사도의 기록물이 상대적으로 숫자가 너무 빈궁하지 않나? 그 많은 사도 및 제자와 그들의 사역에 비견(比肩)되어서 말이다.

이는 다른 제자들의 복음서가 유대주의를 의도적으로 말살하려는 로마황제 코스탄티누스의 뜻에 호응하는 대체주의자들에 의해 정경에서 배제되고 위경이나 위작으로 몰렸기 때문이거나 원본 자료가 보존되지 못하고 망국의 혼돈 와중에 훼손, 망실되었을 것에도 큰 이유를 둔다.

참고로 정경에서 탈락된 신약 외경들이 수없이 많이 발견되었으나 그중 눈에 띄는 것들 몇을 나열해 보면 에비온복음(4세기에 쓰임), 에거튼복음, 마르키온복음, 도마복음, 베드로복음, 고린도삼서, 베드로묵시록, 바나바서, 데클라행전, 베드로행전, 마리아의 탄생서, 마리아복음, 빌립복음, 요한의 비밀서, 콥트교회의 외경, 무라토리 성경(Muratorian Canon, AD200), 클레멘트의 고린도서 등을 들 수 있다. 에비온복음은 동정녀 설을 부정하고 베드로복음과 베드로행전은 주님 부활하심을 부정하는 마르키온파 영지주의자들이 쓴 대표적 위작이다. 대개 위작들은 분열된 종파들이 이름을 도용해 저들 입맛대로 변개해 써서 사용하며 이득을 얻고자 한 것들이다.[22]

이들 외경들은 1945년 에집트의 나그함마디(Nag Hammadi)에서 한 농부에 의해서 발견된 항아리 속의 영지주의 경전집들(도마복음, 요한의 비밀서, 야고보의 비밀서, 싸우는 자 도마서)과 1947년 발견된 사해 두루마리 사본(Dead Sea Scroll), 1896년 에집트 카이로(Cairo) 고물상에서 수집가인 독일학자 Karl Rheinhardt에게 발견된 Berlin 영지주의 코덱스 8502(靈知主義 Codex, 끈이나 금속으로 묶어 제본된 책, 마리아복음, 베드로행전, 요한의 비밀서 일부분 등)에 포함되어 있다. 마리아복음은 베를린코덱스, 옥시린쿠스 3525, Rylands 463에도 불완전하게 나타나는데 막달라 마리아를 사랑하신 주님과의 대화, 당부 말씀과 함께 그녀만이 아는 선문답(禪問答) 같은 말씀을 제자들에게 가르친다. 이를 주님 말씀으로 믿지 못하는 안드레, 베드로 등과 불편한 관계, 레위의 비호 등이 기술되어 있다.

고대 이집트나 중동 지역에서의 기록물은 파피루스 잎이나 점토에 쓰거나 새긴 것인데 건조한 사막 지역이어서 오랜 세월이 흘러도 썩지 않고 원형이 잘 보존된 채로 후세에 발굴되는 수가 많았다. 특히 바울의 것은 가죽종이(양피지)에 쓴 것이 많아(딤후 4:13) 보존도 쉽고 헬라어로 쓰였기 때문에 여럿에 의해서 복사되고 여러 언어로 번역도 쉬워서 사본도 많았을 것이므로 습하고 더운 지역으로 여행한 열두 제자의 기록물보다 훼손 없는 발굴이 용이하였을 것이다.

정경에 네 복음서마저 없었다면 어떻게 되었을까?

바울서신들만 가지고는 주님의 말씀이나 행하신 일을 바울의 반율법주의(Anti-nomism) 이외에는 알기 어렵게 된다. 당시 헬라-로마 문화(다신교)와 유대 문화(유일신)는 융합될 수도 상생할 수도 없었다.

바울은 반율법주의자라는 오해를 무릅쓰고 그 장벽을 뛰어넘은 것이다.

브레데(William Wrede, 1859-1907)[28]도 바울을 '제2 기독교'의 창시자라고 부르면서 유대예언자인 예수를 이방인의 하나님으로 바꾸어 놓았다고 비꼬았다. 그리고 바울의 '이신칭의' 교리는 바울신학의 본질이 아니라 대유대전투무기로 개발한 가르침(Kampfes Lehre)이라 하였다.

그러니 대체 신학(Replacement Theology)[24]은 교회 안에서도 갈등과 혼선을 불러왔다. 이스라엘 국가패망이 그들의 범죄함으로 말미암은 하나님의 버리심 때문이라면(왕상8:46, 대상9:1, 애3:42, 요15:2) 성경의 그 숱한 유대적 언약과 종말예언은 어찌하자는 것인가? 이스라엘의 자리를 교회가 차지했으므로 성취되지 않은 이스라엘 관련 구원사적 말씀들은 교회에 양도되었다는 논리 비약이 가능한가? 대체 신학의 개념보다 더 한 것은 계약 신학을 세대주의(Dispensationism)적 관점에서 해석하는 사고(思考)이다.[41,54] 계약의 항구(恒久) 수혜자는 이제 새 세대에서는 이스라엘이 아니라 교회라는 논리이다. 하나님의 구원 계획은 불변이다. 그러나 그 계획을 실행하시는 방법은 세대마다 다를 수 있다는 것이다. 이스라엘이 한 세대에서만 하나님의 구속계획의 초점이었다는 것이다.

유대인이나 이방인이나 막론하고 구속받은 자들은 또 다른 세대의 초점이 된다는 것이다.

"형제들아. 너희가 스스로 지혜 있다 함을 면키 위하여 이 비밀을 너희가 모르기를 내가 원치 아니하노니 이 비밀은 이방인의 충만한 수가 들어오기까지 이스라엘의 더러는 완악하게 된 것이라. 그리하여 온 이스라엘이 구원을 얻으리라. 기록된 바 구원자가 시온에서 오사 야곱에게서 경건치 않은 것을 돌이키시겠고 내가 저희 죄를 없이 할 때에 저희에게 이루어질 내 언약이 이것이라 함과 같으니라. 복음으로 하면 저희가 너희를 인하여 원수 된 자요 택하심으로 하면 조상들을 인하여 사랑을 입은 자라. 하나님의 은사와 부르심에는 후회하심이 없느니라."(롬11:25-29)

양자 중 적어도 한 세대에 속한 측, 즉 이스라엘의 구원은 아직 성취되지 않았고 미래에 올 그리스도의 새 천년 왕국에서 실현을 볼 것이라는 것이다.

장차 재림하실 예수님에게 이스라엘을 빼 버리고 교회만으로 대입할 수 있는가? 다가올 천년 왕국과 열두 지파론은 어쩔 것인가?

이런 질문에 대한 나름의 타당한 대답이 거세게 요구되는 지경에 이른다.

바울은 그의 이신칭의가 훗날 교리 충돌과 결별과 적대감으로 비화할 것을 미리 예상하였다? 그가 이스라엘을 배신했는가? 율법의 계명들과 선지자와 예언자의 가르침과 전통을 업신여기는 것인가?

재삼 말하건대 절대 그럴 수 없다. 그의 비방 대상은 이스라엘 전부가 아니라 일부, '더러는 완악'해진(롬11:25) 소위 '유대화주의자'이다. 그리고 바울은 로마서에서 구원의 전제에서 선행의 대척쟁점인 '믿음'의 자리에 '은혜'를 추가,전치(前置)한다.(롬11:6) 하나님의 은혜는 대상의 신분을 가리지 않으신다.

콘스탄티누스 이후 여러 종교회의는 기독교에서 히브리적 뿌리를 제거, 희석하는 데 주력함으로써 오늘날의 범신교적 이교도, 이단 사상이 교회를 넘보게 만들었다. 이것이 가톨릭교와 루터의 개신교, 모두의 공과(功過)이다.

오늘날의 정경은 원본이 아니라 모두 후대 사람들이 조각 난 필사자의 것을 발견, 정돈하여 복사한 수십 년 뒤의 편집본에서 비롯되었다. 구약성경은 어린 요시아왕이 대제사장 힐기야를 시켜 성전 수리 중 찾아낸 모세의 계명(토라)과 탈무드(시행 세칙)의 발견 이래 바벨론 포로에서 귀환까지 흩어져 잊혀져 있던 조상 전래의 말씀들을 스룹바벨, 에스라 등 유대 지도자들이 모아 정리하였고(BC520~450) 훗날 헬라어로 된 칠십인역[Septuagint LXX, BC 250? 에집트 왕 프톨레미 2세(Ptolemi Philadelpus)가 유대 열두 지파 6명씩 학자 72명을 불러 대제사장 엘르아살로 하여금 진두지휘하게 해서 흩어진 히브리어 원본을 모아 정리, 번역을 시켰다.]을 만든 것이 근거이며 바리새인의 얌니아 회의(Coucil of Jamnia, AD90)에서 그중 구약 39권이 정경 채택되었다.

신약성경은 알제리(Algeria) 히포기레우스 공의회(AD398)에서 아타나시우스 주도로 결정된 것이다. 교회가 신약성서 범주에 있던 모든 책 묶음을 '사도교부' 시대가 지난 200년 후에 27권만으로 확정한 것이다. 그러나 그로부터 십여 세기가 지나도록(AD1540 트렌트 공의회) 정경에 대한 논쟁 결론이 나지 않았다.

27권의 신약성경은 초대 교회로부터 '하나님의 영감으로 기록되어 성도를 교훈으로 바르게 함과 의로 교육하기에 유익한 것(딤후3:16)'으로 여겨 왔으나 오늘날까지 독자들과 가르치는 자들은 자기 기호에 따라 선입관을 가지고 해석하며 선택하여 읽고 가르치는 경향이 없지 않다. 경건주의적 해석자들은 오직 격려와 신비주의적 문구만 찾으며 문학적 해석자들은 문장 형식이나 구상, 수사(修辭) 문맥들에만 매달리고 비평 신학자들은 일관성 결여나 오류 찾기에 혈안이고 정치 권력가들은 사회 부정이나 정부 찬양 같은 성경이 용인하는 문구의 존재만 찾아 헤맨다.[13]

그러니 원저자의 뜻과 의도가 왜곡되거나 전승 과정에서 다른 문장이 첨삭(添削)될 수 있는 개연성이 없다고 볼 수가 없다. 후대 필사자들의 임의 누락과 나름 해석의 덧붙임도 있다고 가상할 수 있다. 하물며 네 복음서마저 저자가 불분명하다고 주장하는 비평 신학자들이 있다.[22]

기독교 이전까지 구약성경 39권을 보존해 온 것은 유대교의 업적이나 그들은 신약을 인정하지 않는다. 유일신 하나님을 삼위하나님(엡4:4-6)이라니 수용이 안 되는 것일 게다.

서구의 반유대주의 정서

제2차 니케아 공의회(AD787)에서는 하루 종일 아무것도 할 수 없는 안식일(출20:8-10)과 유대 관습(레11:7)을 버리고 돼지고기 먹는 것이 정식으로 허용된다.(AD321) 그리고 닛산월14일(정월14일) 유월절기념 성만찬 의식을 폐지하고(AD325) 서방월력의 주 첫날(주 부활 날)을 지키도록 한다. 바울의 교리의 영향을 확실하게 수용한 셈이다. 뒤에 동방교회는 이에 불복하고 원래대로 유월절을 고수한다.

서방은 모든것이 로마 중심이 되면서 교인들에게는 예수님을 십자가에 매어 단 유대인에 대한 증오를 심음으로써 오늘날까지 서구 사회에 반유대 사상이 만연하게 되었으며(행3:14-15, 살전2:15-16) 그 기틀은 그리스의 기독신학자 요한네스 크리스토소무스(Joannes Chritosomus, AD354-430)의 안디옥 반유대 설교가 결정적으로 제공하였다.[26] 유스티아누스 황제(AD527-565)는 세례 받은 자에게만 로마시민권을 주었고 당시 사마리아에서 저항군으로 발호하던 유대족을 무참히 멸절시켰다. 12세기에는 십자군 폭도들에 의해 자행되는 유대인 학살이 서유럽 전역에서 일어났다.[48] 1190년 3차십자군을 형성한 리차드 1세는 영국에서도 반유대 정서를 촉발시켰다. 1215년 교황 인노켄티우스 3세는 제4차 라테란 공의회를 소집하여 모든 유대인에게 십일조를 나라에 바치도록 의무화하고 직장 해고도 맘대로 할 수 있고 특정 주거지(Ghetto)에서만 살게 하였으며 구별된 의복과 배지를 착용하도록 강제하는 칙령을 공포하였다. 이단을 경계하고 정통 신앙을 강화할 목적으로 수도원(도미니쿠스회와 프란치스코회)들을 만들어 신앙이 의심스러운 자들을 조사하고 처벌할 수 있는 권한을 주었는데 이 수도사들이 앞장서서 유대인을 잔인하게 불태워 죽였다. 스페인에서는 많은 유대인이 재앙 회피 목적으로 개종하였는데 이들은 '마라노(Marrano)'라고 불렸다. 영국의 십자군 출신 켈트족 에드워드 1세는 반유대 법안을 통과시키고 유대인의 은행업을 빼앗아 영지기사단에게 주었다.(1275년) 13세기 유럽 전역에 창궐한 흑사병 때도 무고한 유대인이 누명을 쓰고 수없이 학살되었다. 이러한 서구인 유대 혐오 사상이 훗날 히틀러의 유대인 대학살로 다시 표출되는 광기로 그 맥의 절정을 이루었다.

도대체 서구인들의 유대 혐오 사상이 이토록 심히 격한 이유가 무엇인가?

결코 바울이 의도했거나 예견하지 못했을 것으로 보지만 그의 교리에 은연중 터져 나오는 반유대 정서가 큰 몫을 하지 않았나 하고 추정해 본다.

"유대인은 주 예수와 선지자들을 죽이고 우리를 쫓아내고 하나님을 기쁘시게 아니하고 모든 사람에게 대적이 되어 우리가 이방인에게 말하여 구원 얻게 함을 저희가 금하여 자기 죄를 항상 채우매 노하심이 끝까지 저희에게 임하였느니라."(살전 2:15,16)

예수교가 예상치 않은 유대 혐오적 기독교 사상 방향으로 변질되어 간다.

이른바 반유대주의(Anti-Semitism)는 이러한 그레꼬-로만식 편향의 대체신학(代替神學)[24]이 큰 몫으로 그 배경이 되었던 것이다. 유대인의 선민사상(選民思想)과 결코 동의할 수 없는 우스꽝스런 관습(절기준수, 안식일, 음식법과 배타적 일부 규례)에 대한 혐오와 기피도 그 몫을 보태었다.

서구 세상에 만연한 반유대주의는 기독교의 발명품이라 할 만하다. 배외적(排外的)이거나 이분법적(二分法的) 경계를 허물려 한 바울로서는 예상치 못한 반작용으로 기독교 문화에 어울리지 않는 또 하나의 새로운 인종 차별적 적개심을 태동시켰던 것이다.

바울이 기쁜 소식(정경 4복음서와 외경 복음서 등) 선포자(Evangelists)를 누르고 승리한 것일까? 니체는 바울을 '나쁜소식 전달자(The Dysangelist)', '증오심 부추기는 천재'라고 했고 토마스 제퍼슨이나 버나드 쇼 같은 이는 '예수가르침의 오염자'라고 악평한다.[27]

서구(西歐)의 반셈주의는 조물주를 유대인 중심적이던 예수와 추종자들의 하나님으로부터 바울이 의도하지 않은? 아니면 심히 당황하였을 그의 교회의 출현 때문에 삽시에 반유대, 이방인의 하나님으로 변형시킨 것이다. 예수는 이스라엘의 회개와 개혁 주창자, 바울은 그의 죽음과 부활 이후에 방점을 둔 이방(헬라) 구원 종교의 창시자가 된 것이다.,[45]

평소 예수의 삶과 가르침을 경홀히 여기고 십자가 죽음과 부활에만 집중된 사려(갈6:14, 고전2:2)에 의미를 부여하면서 이방을 위한 교리를 개발하고 가르친 덕분에 얻은 달갑지 않은? 전리품이다.

"너희 믿음이 사람의 지혜에 있지 아니하고 다만 하나님의 능력에 있게 하려 하였노라. 그러나 우리가 온전한 자들 중에서는 지혜를 말하노니 이는 이 세상의 지혜가 아니요 또 이 세상에서 없어질 통치자들의 지혜도 아니요, 오직 은밀한 가운데 있는 하나님의 지혜를 말하는 것으로서 곧 감추어졌던 것인데 하나님이 우리의 영광을 위하여 만세 전에 미리 정하신 것이라. 이 지혜는 이 세대의 통치자들이 한 사람도 알

지 못하였나니 만일 알았더라면 영광의 주를 십자가에 못 박지 아니하였으리라."(고전 2:5,8)

<h1 style="text-align:center">이단의 발호(跋扈)</h1>

이단(異端, Heresy)은 정통 보편 교리와 동일한 신앙을 다른 해석으로 변질시키는 무리를 일컫는 것으로 이교(異敎)는 아니다.

로마군의 성전 파괴 이후 유대교의 품에서 생긴 예수교에서도 세 부류의 종파가 생겼다. 이름하여 나자렛파(Nazaréens, 히브리어 마태복음만 사용한 유대교적 그리스도인, 예수 신성(神性)과 동정녀 탄생을 믿음), 에비온파(ébionites, 바리세파 유형, 바울의 사도직 불인정, 그리스도인의 할례 요구), 엘카사이파(Elkesites, 동정녀 탄생 부인, 예수를 영 혹은 천사장이라 부름, 결례의 주술적 효능을 믿음)등인데 이들은 각자도생(各自圖生)의 피난 생활로 파레스틴 산악동굴에서 주후 70~130년까지 연명하다가 전멸되거나 디아스포라세계로 도피하였다.47)

헬라 지역에서는 여러 영지주의(Gnosticism) 종파가 일어나 정통 기독교 전승을 위협하였다[Basilides(117-138, Alexandria)와 Valentinus(100, Carthago, Alexandria, Rome)가 유명한 인물]. 특히 본도 사람으로 로마에서 유사(類似) 영지주의 교단을 세운 말키온(Marcion, 144)은 "피조 세계는 악한 신(구약의 신)에 의해 창조되었다." "구원이란 이 세계로부터의 자유를 의미하며 금욕을 통해 성취된다." "인간은 영적(Pneumatikoi), 혼적(Psychikoi), 육적(Sarkikoi) 성질을 가지며 전자는 구원받고 후자는 멸망하며 중간자는 갈림길에 처해서 하기 나름이다. 영적 세계와 결합을 가능케 하는 충만(Pleroma)으로 높여지기 위해서는 정결 의식, 세례 같은 비의(祕儀)에 참여하여야 한다."라고 괴변을 섞어 늘어놓다가 파문, 출교되었다. 구약의 신은 악하고 신약의 신만 선하다며 종말론의 설 여지를 주지 않을 뿐만 아니라 아예 구약을 인정하지 않으므로 신약이 그 완성이란 주장은 잘못이라고 결론지 었고 바울만을 찬양하였으니 유대, 헬라 기독 정통교리파 모두를 분노하게 하였던 것이다.

복음서를 비롯한 신약성경이 사도들과 속사도들이 저작하였기 때문에 정 경성(Cannonicity)과 무흠성(無欠性, Integrity)을 주장할 수 있게 되며 오늘날의 모 든 프로테스탄트와 가톨릭에서는 그 한 글자, 한 획, 한 점도 정확무오(正確 無誤)함을 강조하고 믿으려 한다. 이른바 성령의 감동으로 된 것이기 때문이 다.(딤후3:16-17,벧후1:21) 이점이 이른바 축자영감설(逐字靈感說, Verbal Inspiration)의 근거가 되었다. '축자'란 말하는 것을 들으면서 그대로 받아 글로 작성한다 는 뜻이다. 즉, 성령께서 사도와 선견자의 입을 통하여 이르시는 대로 누군 가가 받아 적었다는 것이다. 그렇다면 축자자의 실수에 의한 오류가 발생할 수도 있다는 가능성도 제기될 수 있게 된다.

여기에서 문제가 생겼다. 16세기 종교 개혁자들과 17세기 개신교 정통 주의 신학자들은 성경이 구원의 절대적인 복음의 책이고, 교회의 바탕이라 는 의미로 성경무오설(聖經無誤說)을 주장했다. 축자영감설을 단죄한다. 개신 교 초기 신학자들이 주장한 하나님의 영으로 성경이 쓰였다는 의미는 기록 자가 마치 한 자루 붓이 되어 성령의 부르심대로 성경을 써 내려갔다는 의 미가 아니다. 성경에 하나님의 말씀이 기록되었고, 그 기록된 내용이 영적 이어서 구원을 알리는데 완전하다는 의미의 유럽의 중세적 표현이었을 뿐 이다.(나무위키) 성경의 원본이 발견되지 않았기 때문에 자구와 문체가 다른 여러 필사본, 번역본 사이에서와 이를 나름대로 해석하는 여러 개인이 각기 차이가 있는 주장들을 함으로써 소위 이단세력이 발호하게 된다.

몬타누스(AD170)는 성령 체험 신비의 중요성을 주장한 나머지 놀랍게도 교회 감독들의 권위를 부정하고 여성의 지도력을 인정하고 고향 부르기아 에 새 천년왕국 건설을 예언하여 터툴리안의 관심을 사기도 하였다.

구약과 신약의 신을 동일하신 분이 아니라고 하거나 성육신을 부정하는 가현설(假顯說, Docetism)과 예수 그리스도를 겨우 여러 아이온(Aeon) 중 하나로 보며 창조, 부활을 부정하는 영지주의 등에 대항하여 당연히 교리를 보호하려는 정통 보수 신학이 탄생하지 않을 수 없었다. 초기 교부들 상당수가 기독교 변증가(Apologists)로 나섰다.

공관복음서를 저작한 유스티아누스(Justin Martyr, AD165), 4복음서를 재필한 타티아누스(Tatian, AD175), 안디옥 감독으로서 일신론자 테오필루스(Theophilus, AD180), 사도 전통과 전승 보존을 주장한 이레니우스(Irenius, 160), 삼위일체설을 처음 부각시킨 칼타고 출신 법학자 테르툴리안 (Tertullianus, AD160-220) 등이 그들이다.[52] 이들은 하나님의 적극적인 계시로서의 기독교의 진정한 성격을 정립하면서 위정자들이나 지식층을 상대로 변증하며 영지주의를 경계하였다.

이어서 소위 호교론자(護敎論者)라 불리는 교부들이 등장하였다.

가이사레아의 유세비우스(Eusebius, 275?-339), 알렉산드리아의 아타나시우스(Athanasius, 295-373), 시릴(Cyrilus, 375?-444), 칼타고 출신의 어거스틴(Augustinus Aurelius, 354-430) 등이다. 아타나시우스는 정경 27권을 엄선하였고[13] 이단 아리우스를 제압하는 데 공헌하였다.

또 바사의 조로아스터(Zoroaster)교와 영지주의가 혼합된 마니교(Mani, 216-276)가 등장하여 당시 기독교인의 정신 세계를 흔들었다. 어거스틴 마저도 한때 이 사상에 심취한 바 있었다.

로마 황제들로 부터 비호도 받고 결국 이단으로 정죄되어 축출당한 대표적 인물인 아리우스(Arius, AD185-254) 종파의 추종 알렉산드리아 학파도 예수는 하나님의 피조물이기 때문에 인격적 그리스도(인자, 사람의 자식)를 강조한 나머지 그 신성(神性)을 부정하다가 이단으로 파문되었지만 그 후 두 세기에 걸쳐 그 위력을 유지하는 저력을 보였다. 콘스탄틴 황제는 제국의 정치, 종교적 화합 안정을 위해서 고심한 나머지 제국내의 모든 주교를 초치하여

(318명의 감독과 2000명의 장로, 집사) 이른바 니케아 공의회(AD325)를 열고 "예수는 하나님 아버지와 동일한 본질을 가졌다."라는 신조를 확정 공표하기에 이른다. 그러나 아리우스 추종자 등의 세가 워낙 광범위하게 제국 내에 존재하였으므로 그를 지지하는 주교들의 반발이 간단하지 않았다. 게다가 후임 콘스탄티우스 황제(AD337-361)는 아리우스파의 조언에 따라 "아들은 아버지보다 저급하다."라는 신성 모독(The Bleasphemy of Sirmium) 신조를 반포하며 아버지 정책을 뒤집어 아리우스 비판세력 감독들을 파직, 유배시키는 사건이 일어나기도 하였다. 이러한 분란은 세월이 흘러 데오도시우스 1세가 즉위하면서 (AD379) 아리우스파의 소리는 잦아지고 쇠퇴하고 만다. 황제는 곧 콘스탄티노플에서 교회 회의를 소집하고 아예 성령론을 포함한 삼위일체 교리를 확실히 세웠다. 교리를 정립한 데 공헌한 사람은 아타나시우스(알렉산드리아), 그레고리 형제 같은 갑바도기아 교부들, 가이샤라의 바질(Basil)등이었다. 우리가 오늘 사도신경으로 고백하는 근원이 정립된 셈이다.

영국의 수도사 펠라기우스(Pelagius, AD360-420)는 "인간은 합리적 존재로서 심의 결단의 능력(자유 의지)을 가졌다고 주장하고 원죄를 부정하였다가 에베소공의회(AD431)에서 단죄되었다.

그 후에도 그리스도의 신성(神性)과 인성(人性) 문제로 갈등이 지속되었다. 두 본성파 네스토리우스[Nestorius(안디옥 학파, 콘스탄티노플 총대사교(總大司敎), AD429] 와 인성단성파(人性單性) 시릴[Cyrillus(Cyril) of Alexandria; AD376-444]의 주장이 그것이다. 에베소 공의회(AD431)는 전자를 정죄했는가 하면 안디옥 회의는 후자를 배척하는 분란이 있었다. 말키아누스 황제가 소집한 451년 칼케돈(Calcedon, 터키) 공의회에서 교황 레오 1세는 "그리스도는 두 본성을 가지나 두 인격으로 나뉘지 않는다."(양성론)라고 하여 로마와 안디옥 학파의 승리를 선언하고 단성론자(Monophysite) 시릴과 그 제자인 콘스탄티노플 수도사 유두고(Eutyches)를 이단, 정죄하여 에베소 공의회 결정을 뒤집었다. 그러나 콥트 교회(Alexandria), 팔레스틴, 시리아 정교회 등은 여전히 단성론을 고집하여 로마는 동방 교회와 분리되고 말았다.[본 책 후반의 '세계사와 교회 사상사' 참조, 이 논란은 유스티아누스 황제 때 (AD535)] 콘스탄티노플 공의회에서 다시 단성론 쪽으로 뒤집어졌다가 681년 3차 콘스탄티노플 회의에서 칼케돈 공회 고백을 재천명하는 혼란을 겪는 다. 칼케돈 양성론은 현재도 알메니아, 시리아, 에디오피아, 콥트 정교회에서 거부되고 있다.

동로마 제국은 15세기 중엽 회교국 오스만터키(Othman Turks)의 콘스탄티노플 점령으로 마침내 멸망한다.(AD1453)

신약, 구약 정경을 확정한 것은 콘스탄틴 대제이고 이를 보존해 온 것은 천주교이다. 이레니우스는 콘스탄틴 황제를 13번째의 사도라고 칭송하였다.

그러나 성경 기록의 히브리어, 헬라어 시대[오리겐의 헥사플라 5란(LXX 70), AD250 이전] 이후 수 세기 동안 라틴어 성경만을 보급했기 때문에 일반 평신도들은 성경을 읽을 수 없었다. 라틴어는 신성(神性) 문자가 되고 다른 언어로 번역함을 허용하지 않았다. 오로지 권위와 무오성(無誤性)을 위해 교황만이 성경을 해석할 뿐, 심지어 일반 교부들에게도 성경 해석을 허용하지 않는 등 비성경적 오류를 많이 저질렀다.['마리아를 어머니하나님'이라 하고, 황당한 면죄부와 성직판매 등이 대표적 폐해이다.(렘31:33, 딤전2:4, 계22:18,19)] 또 완고하고 미개한 종교재판으로 많은 희생자를 만들었는데 영국의 존 위클리프(John Wicliffe, AD1330-1384)는 영어 번역 성경을 내놓았다가 신성 모독죄로 몰리어 죽은 뒤에도 30년 만에 유해를 파내어 불태워졌다. 보헤미아의 얀 후스(Jan Hus)도 모국어로 번역했다고 화형을 당하고(AD1415) 신교도 윌리암 틴들(William Tyndle)은 1525년 독일에서 신약 영역본을 내놓았다가 잡혀 죽었다. 그는 그리스어, 히브리어 신약 원문을 직접 영역한 최초의 인물이며(AD1525년) 훗날 킹 제임스 역본의 모태가 되었다.[36]

로만 가톨릭은 교황을 세워 죄의 사면권과 천국 열쇠를 가진 양 모든 성례와 치리를 집행하였다. 인간으로 육화(肉化)되어 오셨던 하나님의 독생자 예수님과 대등한(?) 중보자로 자처하였다.(교황 : 라틴어로 'Papa') 예수 외에 또 다른 왕이라니…….(엡 4:5-6)

주님이 스스로 왕이나 메시아라 호칭됨을 피하셨음(요6:15)은 이미 살펴본 바이지만 구약에도 기드온(삿8:23)이 그랬듯이 출애굽 공동체는 왕을 가지지 않고 판관(사사)들의 전통에 의한 생명 사랑 정신들로 살았다. 스스로 왕 된 아비멜렉을 저주한 요담의 원대로 하나님이 보응하신 것을 보라.(삿9:6,56)

마틴 루터(그도 말년에는 반셈(반유대)주의자였다.)는 천주교 사제로서 용감하게도 성경을 독일어로 번역하여 그 당시 발명된 인쇄술(구텐베르그)에 힘입어 대량으로 일반에게 배포하였다. 이러한 프로테스탄트적 종교 개혁 운동(AD 1517) 때문에 위협을 느낀 교황과 추기경들은 1546년 트렌트 종교 회의에서 구약에 7권의 외경을 추가하였다.(토빗기, 유딧기, 마카비 상하, 지혜서, 집회서, 바룩서) 교황의 교리를 강화, 옹호할 목적으로 덧붙이지 말라는 정경의 경고(계 22:18)를 외면하고 있는 것이다.

17세기 후반부터 19세기는 프랑스 혁명과 영국의 산업 혁명으로 농경 사회는 핍절을 겪게 되었고 도시로 인구가 몰려들며 봉건적 권위는 무너지고 세상은 개혁, 개방, 혁명적 자유 평등, 노동자의 사회가 되면서 기독교 사상에도 엄청난 변화가 몰려왔다.

정통 그리스도교와 종교 전쟁에 신물이 난 민중의 반감에 편승한 비판적 사상가들이 세상의 이목을 끌면서 등장한 것이다.

소위 이성적 합리주의(계몽주의)가 그것인데 네델란드 태생 유대인 스피노자(Baruch de Spinoza), 독일 리이프니츠 고이프리드(Goyyfried W, Leibniz), 임마누엘 칸트(Immanuel Kant, 1724-1804), 프랑스의 몽테스큐(Montesquieu), 영국의 존 록크(John Locke, 1632-1704)등은 종교를 이성과 합리성의 방법으로 이해하고자 하였다.

이 시대는 계몽주의와 정통주의에 비판적이면서도 계몽주의에 제어적인 신비주의도 등장하였다. 야곱 뵈메(Jakob Böhme, 1575-1624), 조지 폭스(George

Fox, 1624-1691), 임마누엘 스텐보리(Emanuel Swedenborg, 1688-1772)등이 그들인데 성령 체험의 신비를 맛본 자들이다. 이들은 교인들이 모이는 장소가 교회가 아니고 그들 삶과 신앙 공동체가 교회이며 평등 사상을 주장하여 지식 없는 자나 여성이라도 누구든 설교할 수 있다고 하여 놀라움을 주었다. 조지 폭스는 후에 이를 수용하는 퀘이커 교파의 시조가 되었다.

당연히 교리 갈등, 신학자들의 정통주의와 철학자들의 합리주의, 교파분열 등의 문제를 우려하는 반동이 일었다. 이른바 경건주의(AD1675) 운동이다.

성서 연구, 만인 제사장설, 여성지위 향상, 실천강조, 교리논쟁 제한, 경건의 실적과 사회선교, 삶의 개혁 등이 이들의 모토였다. 교리적 전통을 떠나 도덕성 제고로 강조점을 높였다. 독일의 필립 스페너(Phillip Spener, 1635-1706), 영국 성공회 집안 출신의 존 웨슬리(John Wesley, 1703-1791)등은 19세기 프로테스탄트 선교 활동에 크게 기여하였다.46)

사도 직분의 재고

사도직의 주제를 자꾸 다뤄야 하는 이유는 이 문제가 바울서신서들에서 폭넓게 포진해 있기 때문이다.

또 논란된 사도직에 대한 바울의 집착과 자기 비호와 돋움에 대한 고집은 옥중 서신 에베소서 3장에 정연하게 나타나 있다. 바울은 유대인과 이방인이 그리스도의 몸인 교회에서 화합하고 하나됨의 화해를 이루는 것이 하나님 구원 경륜의 비밀이라고 믿었다. 그래서 자기는 이 하나님의 비밀을 깨닫고 맡은 자이며 이 계획의 소개자이며 관리자로서의 숭고한 직분을 수행하고 있다고 주장하는 것이다.3) 그리스도는 하나님의 구원 사건이고 하나님의 구원 행위이고 그것을 실행하는 분이다. 그리스도가 하나님의 비밀이다. 이 비밀은 옛날부터 감추어진 것인데 이제 계시된 것이다.(갈1:16, 골1:26, 엡3:2,3)

"너희를 위하여 내게 주신 하나님의 그 은혜의 경륜을 너희가 들었을 터이라. 곧 계시로 내게 비밀을 알게 하신 것은 내가 먼저 간단히 기록함과 같으니 그것을 읽으면 내가 그리스도의 비밀을 깨달은 것을 너희가 알 수 있으리라. 이제 그의 거룩한 사도들과 선지자들에게 성령으로 나타내신 것 같이 다른 세대에서는 사람의 아들들에게 알리지 아니하셨으니 이는 이방인들이 복음으로 말미암아 그리스도 예수 안에서 함께 상속자가 되고 함께 지체가 되고 함께 약속에 참여하는 자가 됨이라."(엡3:2-5)

하나님께서 너희를 자기와 화목하게 하시려고 예수님을 쓰신 것처럼 우리에게도 같은 직책을 부탁하셨다는 주장을 되뇐다.(고후5:19) 여기서 바울은 '우리'라는 복수 단어를 쓴다. 자기 동역자들도 사도라고 칭명하는 것이다. 이것은 잘못되었다.

누가복음서를 보면 주님이 열두 제자들과 감람산에 올라 기도하신 후 그들에게 사도라 칭하시며 직분을 주셨다. 새 직함을 주시며 구별하여 임명하신 것이다.

"이 때에 예수께서 기도하시려 산으로 가사 밤이 새도록 하나님께 기도하시고 밝으매 그 제자들을 부르사 그 중에서 열둘을 택하여 사도라 칭하셨으니……."(눅 6:12-13)

그런데 바울이 처음부터 '사도'라는 단어를 사용하지는 않았다는 사실을 기억해야 한다. 그의 첫 서신인 데살로니가전서에서는 사도로 칭송받기를 강요하기커녕(살전2:6), 자신은 물론 공동으로 문안하는 실라와 디모데와 함께 단순히 '주님의 일꾼'이라 겸비(兼備)하며 자신을 소박하게 소개한다.(살전3:2)

자칭 사도라는 주장을 펼치는 것은 대적자들과의 전투가 시작되는 한두 해 뒤에 쓴 갈라디아서에서부터이다.

하기야 '사도(Apostle)'란 말은 엄밀히 말하면 '보내심을 받은 자', '파송받은 자'란 뜻의 헬라어(Apo-stolos)에서 유래되었다.[1-1,53] 이를테면 사절(使節)이나 대사, 즉 낮춰 말하면 심부름꾼, 일꾼에 불과하다. 그렇다면 이 용어는 권위나 관직이 아니라 단순 기능직을 뜻한다.

예수복음을 전달할 사신으로 임명받은 자이다. 누가 부르시고 보내셨는가? 예수이다.

그렇다면 파송받은 70인 제자도 모두 사도라 불렸는가? 아니다.

복음서를 보면 예수님께서 종말에 보좌에 앉아 열두 제자를 이스라엘 열두 지파를 다스릴 판관들로 말씀하셨다.(눅22:30, 마19:28)

"너희는 나의 모든 시험 중에 항상 나와 함께 한 자들인즉 내 아버지께서 나라를 내게 맡기신 것 같이 나도 너희에게 맡겨 너희로 내 나라에 있어 내 상에서 먹고 마시며 또는 보좌에 앉아 이스라엘 열두지파를 다스리게 하려 하노라."(눅22:28-30)

"예수께서 이르시되 내가 진실로 너희에게 이르노니 세상이 새롭게 되어 인자가 자기 영광의 보좌에 앉을 때에 나를 따르는 너희도 열두 보좌에 앉아 이스라엘 열두 지파를 심판하리라."(마19:28)

예수님은 열둘을 열두 지파의 통치자 대우로 임명하신 것이다. 상당한 권력자란 뜻을 풍긴다.

그렇다면 예수님과 고난을 함께한 자가 아니었던 바울이 사도라고 우기는 것은 생뚱맞다는 느낌이다. 우리가 사도라 부를 때 가룟 유다가 죽고 빠진 빈자리에 충원된 맛디아를 포함하여 열두 제자를 통칭하는 전승에 익숙하다.(막3:14) 누가도 열두 제자만 사도라 불렀고(행1:2) 자신을 사도라 여겨 본 적이 없다.(눅1:3) 비록 주님은 열둘을 제자로 삼으셨지만 초대 교회에서 이미 그들의 위격을 평가하여 주님 뜻에 따라 사도로 인정했음을 의미하며 사도를 충원하기 위해 새로 뽑을 때 얼마나 엄격한 자격 심사가 있었는지 예수혈육이요 교회 수장인 야고보가 대상자에서 배제된 것만 봐도 알 수 있다.(행 1:21-22) 거기에 따르면 처음 말씀의 목격자요 청취한 증인이며 행적의 구두전승에 내력이 있는 자(눅1:2)라야 사도될 조건과 응모 자격이 된다. 즉, 예수님의 모습과 말씀, 행적과 부활을 보고, 듣고, 만진바를 증거하도록 부르심과 세움을 입은 자(요일1:1-3)라야 한다. 같이 먹고 자고 살았던 동반자이며 도제(徒弟)여야 했다.

예수님 동생 야고보는 처음에 그의 형을 믿기는커녕 살짝 돌았다고 측은히 여긴 사람이다. 그리고 그 많은 동반자나 부활, 승천을 목격한 도제는 주님의 임명을 직접 수령치 못했으므로 속사도일지언정 진짜 사도는 아니다. 수많았던 역사 속의 거짓 사도는 이런 내력을 알지 못했거나 무시하고 스스로 자격을 우겼음이 틀림없다.

"태초부터 있는 생명의 말씀에 관하여는 우리가 들은 바요 눈으로 본 바요 자세히 보고 우리의 손으로 만진 바라. 이 생명이 나타내신 바 된지라 이 영원한 생명을 우리가 보았고 증언하여 너희에게 전하노니 이는 아버지와 함께 계시다가 우리에게 나타내신 바 된 이시니라."(요일1:1-2)

주님 말씀을 듣고 보고, 아니 자세히 보고 직접 만져 본 자요 따른 자라야만 자격이 될 뿐이다.

이 관점에 대해서 바울은 "사람들에게서 난 것도 아니요 사람으로 말미암은 것도 아니요 오직 예수 그리스도와 그를 죽은 자 가운데서 살리신 하나님 아버지로 말미암아 사도가 되었다."(갈1:1)고 긍정 반, 부정 반으로 대응한다. 언제 예수를 만났느냐고 누군가 묻는다면 "오직 예수 그리스도의 계시로 말미암은 것이라."(갈1:12)라고 대답한다.

바울의 가르침에서는 그리스도의 말씀과 비유들, 기적들에 관하여는 대부분 유구무언이다. 자기가 주를 본받는 것처럼 "너희는 나를 본받으라."라니

……. 예수는 어디 가고 오히려 자기를 따르라니, 오해 소지가 있지 않은가? 다른 복음에 오염되어 따르기를 주저하는 무리에게 간청한 말이지만 고압적이고 오만함까지 느껴진다. (고전11:1, 빌3:17)

사도직은 예수님을 대리하며 그의 성령을 몸에 지닌 단회직 일꾼이어서 전파하고 성도를 섬기므로 절로 그 만큼의 인정과 권위를 가진다. 당연히 자기를 내세우지 않음은 물론 제2성전시대 제사장처럼 혈연 대대로 계승되는 자리도 아니다.[38-1)

오늘날 개신교의 목사나 가톨릭의 교황은 사도라 불리지 않는다. 베드로가 예수님이름으로 후임자를 임명해서 계승되는지는 알 수 없으나 성인(The Saint)으로는 불릴지언정 왕은 아니다. 그러나 왕 같은 제사장이 됨을 바라고 있다.

요한계시록에서도 사도들은 새 예루살렘 성곽 열두 문의 열두 초석으로 묘사된다.(계21:14) 성경에서 베드로가 포용적 차원에서 덕담하는 것처럼(행15:8-9) 바울을 그가 바라는 대로 사도명록에 추가한다면 예수님 동생 야고보(갈1:19), 바나바(행14:14), 친척 안드로니고와 유니아[롬16:7, 바울은 그들을 '사도들 가운데 뛰어난 자'라고 했다. *여성 차별 때를 잊고 스스로 임명장을 주었거나 칭명을 남발?한 것으로 보이기도 한다.*](고전11:8, 딤전2:11-12) 에바브로디도(빌 2:25), 디도(고후8:23)등은 왜 아닌가? 심지어 우리 주 예수님까지 그가 말한 대로 사도라 불러야 할 정황이다.(히3:1) 그럴 수 있는가? 예수님과 야고보의 동생이자 유다서의 저자인 유다는 친형인 야고보처럼(약1:1) 스스로를 예수의 종(유1:1)이라 불러 사도들과 구별되기를 바랐고(유1:17) 사도요한마저 예수님의 부름을 직접 받은 자 임에도 불구하고 자신을 장로라 부르는 겸손을 보였다.(요이1:1, 요삼1:1) 비록 정경에 오른 바울서신이 저자 자신을 사도라 주장하므로 회중이 그렇게 부르는 것은 자유이나 칭명 사용이 명쾌히 정리되어야 할 것으로 생각한다. 만일 사도직이 권위가 떨어지는 일반 교인 직분과 같은 것이라면 바울이 그토록 열심히 변증할 필요가 없었을 것이다. 그만큼 사도란 명칭이 당대 사람들에게 위엄과 천국 능력 보유자라는 인정받음을 뜻하였던 것이다. 그런데 바울은 예수님 공사역 당시 길리기아, 갈라디아, 시리아 등지에 있었으므로 위 조건들에 따르면 사도로서 당연히 결격이다. 2, 3세기의 교부들(이레니우스, 터툴리안, 알렉산드리아의 클레멘트 등)은 물론이고 사도 시대의 여타 순교자들은 사도라 불리지 않았다. 이른바 부르심을 입은 기억을 증거하지 않거나 못하고 예수님 육신으로부터 공간, 시간적 거리가 있는 자들이다. 이들은 모두 '속사도 시대' 인물들이다. 더 이상 사도는 생겨나지 않았고 불릴 수도 없었다.

바울 당시에 많은 여성이 부부나 자매로 조를 이루어 전도대나 전도 선발대로 활약했음을 로마서 16장 말미에서 엿볼 수 있다. 이들은 성령의 은사로 사도, 선지자, 교사, 위안자, 구제자, 전도자등으로서 활동하였다. 바울 서신 여러 곳에서 나타나는 여성비하자(Anti-feminist)적 성향의 바울로서 소개하는 모습이 아니다. 바울의 말년에 여성관이 바뀐 걸까? 8-9세기경 교황청에서는 여성 사도를 거부하고 교회 직책, 서품의 남성 독점시대를 열었다. 이런 경향은 루터의 종교 개혁 이후 신교에서도 쭉 이어져 왔다.

바울 추종자 루터는 여성 차별자, 인종 차별자이자 반서민, 반농민 주의자이다.[42] 특히 그의 반유대, 반집시 성향은 남달랐다. 눈동자와 머리칼이 검다는 이유였다. 20세기까지 서구, 미국의 인종 차별, 남아공의 아파르트헤이트(Apartheid), 구 유고내전, 코소보 인종청소작전등 굵직한 국제 인종차별 사건은 모두 기독교가 관련된다.

바울이 자신을 열두 사도의 반열에 올려놓고자 열심이었음에도 불구하고 어떤 때는 사도라는 단어를 아무렇지 않게 사용할 때가 없지 않았다. 디모데나 유니아를 사도라 칭할 때를 보면 그렇다.(골1:1,롬16:7) 뿐만 아니라 심지어 예수님에게까지 사도란 형용을 하였다.(히3:1)

이런 걸 보면, 말썽의 사도라는 용어는 고유의 독립 명칭이나 형용사가 아닌 게 분명하다. 오늘날 세계 전역의 기독교회는 바울의 희망대로 그를 사도라고 부르는 데 거부감이 없다. 다만 일부 설교자들이 '바울 선생님'이라고 불러 신선함을 준다. 스스로 공부하고 깨달은 지식을 후학들에게 전수하는 교사로 보는 것이다.

이신칭의 구원론 재고

바울은 이 같은 그의 반유대적 설교를 미래의 문제점으로 미리 예견했을까? 그래서 너무 멀리 나갔다고 느껴서인지 로마서를 쓰면서 종래의 일방적 반유대 입장에서 완만하게 선회하여 논적들의 일관성 시비(是非)를 무릅쓰면서 이스라엘의 중요성을 늦게나마 로마서 11장 전체에서 장황하게 재삼 강조했던 것이 극명하게 밝혀진다.

스스로를 과거엔 훼방자요 핍박자이며 죄인중에 괴수(딤전1:13-15)로 고백하며 그 올무에 갇힌 듯 위축됨을 인지했기 때문인지 바울은 자신이 세우지 않은 로마교회 신도들에게 나아가기 전에 자신의 반유대적 언행과 못다 전했거나 진심이 잘못 전달된, 성정 따라 곧이곧대로 편지에 붙여 보낸 막말이 그의 복음을 오염시켰을 염려 때문에 양심에 빚진 자(롬1:14)의 근심과 고통(롬9:1,2)으로 늘 괴로워했음을 토로하고 하나님은 자기가 택한 양자(養子)된 유대 백성을 버릴 수 없으시다고 마침내 천명하지 않을 수 없었던 것이다.(롬 9:4)

로마 황제 네로(AD54-68)는 재임 초기 9년간은 유대인에게 다소 우호적이었다. 전임 글라우디오 황제의 유대인 추방령을 철회하여 많은 유대인이 제2의 고향, 재산과 삶의 터전이었던 로마로 복귀하게 하였는데 이때의 다수 로마 교인들은 바울의 주장을 이미 전해 들었을 수 있었으나 마음으로 한결같이 받아들였는지 불분명하다. 아마 아니었을 것이다. 이런 사정이 불안하여 '빚진 자'의 심정으로 해명하려 한 것이다.

"그러므로 나는 할 수 있는 대로 로마에 있는 너희에게도 내가 하나님의 은혜로 터득한 비밀(만인에게 동일한 구원)을 전하기를 원하노라."(롬1:15)

그리고 다시 만나야 할 야고보를 의식해서 그의 권면에도 불구하고 그동안 계속 오해를 살 만한 상대와 어긋난 자기주장에 대해 한 발 물러서서 해명할 필요도 절실히 느꼈을 것이다. 자신이 야기한 쟁점들, 즉 율법과 그리스도, 개인 노력(신인협력설)에 의한 구원과 은혜로 주어진 믿음, 언약과 칭의(새 언약), 약한 자와 강한 자(롬14:1-15)라는 그의 이분법적 대립 명제가 줄 수 있는 혼란과 여진(餘震)을 원만하게 매듭짓고 싶었을 것이다. 그래서 평소 율법냉대때와는 달리 이렇게 말한다.

"율법은 듣는 자 보다 그대로 행하는 자라야 의롭다 여겨지는 만큼, 비할례의 이방인도 율법대로 행한다면 자기 양심이 자기에게 율법이 된다."(롬2:13-15)

"그런즉 우리가 무슨 말을 하리요. 율법이 죄냐? 그럴 수 없느니라. 율법으로 말미암지 않고는 내가 죄를 알지 못하였으니 곧 율법이 탐내지 말라 하지 아니하였더라면 내가 탐심을 알지 못하였으리라."(롬7:7)

평소 율법의 행위를 무시한 바울의 주장과 상충되는 이 부분 문맥은 정경에서 괄호로 묶여 있는 것으로 봐서 바울의 헬라 제자들이 바울교리를 완화한 이방인 전도를 위해 변개, 보충한 것 아닐까 싶다.(롬2:14-15)

그러면서 "하나님은 홀로 유대인의 하나님뿐이시뇨? 또 이방인의 하나님은 아니시뇨? 진실로 이방인의 하나님도 되시느니라."(롬3:29)며 완곡한 다른 방향으로 자문자답하기를 반복하는 디아트리베 문법 복음의 구원사적 대상이 '먼저는 유대인이요, 그 다음은 헬라인'이라는 두루 시혜적인 정리로서 여러 차례 서신 곳곳에 기술함으로 스스로 빠진 함정을 탈출하여 메우고 마감하고자

한다.(롬 1:16, 2:9-10, 골3:11)

　그러면서 "내 속 사람으로는 하나님의 법을 즐거워하되 내 지체 속에서 한 다른 법이 내 마음의 법과 싸워 내 지체 속에 있는 죄의 법 아래로 나를 사로잡아 오는 것을 보는도다. 오호라! 나는 곤고한 사람이로다. 이 사망의 몸에서 누가 나를 건져내랴?"(롬7:22-24)라고 망연자실(茫然自失)하나 흔쾌하고 온전한 양보를 망설인다. 겉 사람은 후패해지나 속 사람은 날로 새로워지고(고후4:16) 새 술은 새 부대에 담아야 한다(마9:17)는 예수님 가르침에 의지하듯 칭의 신학의 법정적 구원 체계에 대한 미련을 떨치지 못한다.

　"내가 그리스도 안에서 참말을 하고 거짓말을 아니하노라. 내게 큰 근심이 있는 것과 마음에 그치지 않는 고통이 있는 것을 내 양심이 성령 안에서 나로 더불어 증거하노니 저희는 이스라엘 사람이라. 저희에게는 양자 됨과 영광과 언약들과 율법을 세우신 것과 예배와 약속들이 있고 조상들도 저희 것이요 육신으로 하면 그리스도가 저희에게서 나셨으니……."(롬9:1-5)

　나도 저희에게서 났다는 것을 자랑하고픈 것이다.

　"그러므로 하나님이 자기 백성을 버리셨느뇨? 그럴 수 없느니라. 나도 이스라엘인이요, 아브라함의 씨에서 난 자요, 베냐민 지파라."(롬11:1)

　자기 출신과 민족애를 마침내 고해하는 모양새이나 그럼에도 불구하고 "만일 율법에 속한 자들이 상속자이면 믿음은 헛것이 되고 약속은 파기되었느니라."(롬 4:14) "율법이 없을 때에는 죄를 죄로 여기지 않았다."(롬 5:13) "율법이 들어 온 것은 범죄를 더하게 함이라."(롬5:20) "이제는 우리가 얽매였던 것에 대하여 죽었으므로 율법에서 벗어났으니 이러므로 우리가 영의 새로운 것으로 섬길 것이요 의문의 묵은 것으로 아니할지니라."(롬7:6) "생명에 이르게 할 그 계명이 내게 대하여 도리어 사망에 이르게 하는 것이 되었도다."(롬7:10)했던 그의 그간 뿌려 놓은 율법을 탓하는 그의 교조만은 기어코 꺾지 않으려는 고집은 여전히 살아 꿈틀댄다.

　율법에 대한 바울의 부정적이다가도 어느 순간 긍정적인 진술들을 어떻게 해석할 것인가?

바울의 부정적 율법관이 잘 노증되는 대표적 서신문 몇을 새삼 추려 보면 롬 3:20, 고전 15:56, 고후 3:6, 갈 3:13인데, 반대로 긍정적 율법관의 피력도 롬 7:12, 13:8, 갈 5:13-14에서 쉽사리 발견된다. 같은 서신 봉투 안에 찬반, 친소(親疏),호불호가 공존하고 있다. 심지어 한 문장 안에서도 앞뒤가 다르게 종잡을 수 없는 말을 하기도 한다.(고전7:14) 단적인 예가 구원의 은혜와 행위의 설명으로 에베소서 2:9-10에서 보는 바와 같은 상호 대척 관계로 해석되는 문맥의 오류이다. "(구원은) 행위에서 난 것이 아니니 이는 누구든지 자랑하지 못하게 함이라."(9절) "우리는 그가 만드신 바라 그리스도 예수 안에서 선한 일을 위하여 지으심을 받은 자니 이 일은 하나님이 전에 예비하사 우리로 그 가운데서 행하게 하려 하심이니라."(10절)

상기, 율법에 관한 구절들을 곰곰이 음미해 보면 율법 때문에 의와 선이 무엇이고 죄가 무엇인지 알게 하며 믿는 자가 취하고 버려야 할 바를 깨닫게 해 주는 유용한 지침서 역할을 하기도 한다는 것을 말하고 있다.

Sanders는 상반되는 문제들에는 상반되는 답변이 바울의 해결(解決策)책임을 간파한다고 하였다.5) 예를 들면 "어떻게 하늘나라 백성이 되는가?"란 물음에 바울은 "믿음으로 말미암아"라고 답하며 "하나님의 백성 된 자의 삶은 어떠해야 하는가?"란 질문에는 "율법의 이웃 사랑 요구를 순종해야 한다."라고 답한다.(롬8:4) 사랑은 율법의 완성이라는 것이다.(갈5:14, 롬13:8-10)5-1) 해법에서 곤궁으로, 곤궁에서 해결을 반복하고 있다. 예수님은 사랑으로 율법을 폐기치 않고 온전케 하시고자 세상에 오셨다.(마5:17)

우리는 어떤 식으로 행위로 얻을 수 없는 칭의와 행위에 따른 마지막 보상, 심판(롬2:6) 사이에서 침착하게 믿음을 정리해야 하나?31) 목회자들은 성서 중에서 띄엄띄엄 대중이 좋아하는 구절만 설교 제목으로 취할 뿐 이런 주제의 설교를 꺼린다. 취리히의 종교 개혁자 쯔빙글리(Zwingli U, 1484-1531)는 당시 시대의 일반 사제들과는 달리 성경 전체를 아예 처음부터 마지막

구절까지 거르지 않고 강론한 것으로 유명하다.[46]

　Sanders 이후 바울에 비판 해석적인 논문들이 쏟아져 나오기 시작한다. Dunn은 새로운 바울 읽기를 '새관점'이란 명제 아래 재해석하려고 하였다.[32] 그에 의하면 바울의 비판과 부정의 초점은 유대교나 율법 자체가 아니요 '율법의 행위 미수'에 둔다는 것이다. 바울이 비방한 것은 유대인이 아니라 유대주의였다는 것이다. 유대교가 율법을 인종과 나라 사이를 '계약 안'과 '계약 밖'으로 양분하는 벽(Wall)이나 경계표지(Boundary Marker)로 활용하고 할례, 음식법, 절기 준수는 유대인을 이방인과 구별시키는 표식(Badge)으로 사용하였다는 것이다.[32,32-1]

　복음서 저자의 한 사람 누가가 거론하기 싫어하고 감추려고 한 상황 즉, 바울과 예루살렘 교회와의 관계는 늘 거북하고 화를 가진 긴장 상태였다.

　바울의 기대는 다음 목표와 계획이 로마로 가서(롬1:13) 거기 교인들의 도움을 받아 서반아로 보내짐을 바람이었는데(롬15:23-24) 하지만 왜 위험이 기다리는 예루살렘행을 먼저 택할 수밖에 없었는지 그리고 수년간 노력해서 순회 모금한 돈으로 야고보와의 약조["가난한 사람을 기억하라."(갈2:10)]를 지켜 관계 개선을 원한 의도를 분명히 드러내는지 바울의 본심이 다음 서신 내용으로 확실해진다.

　로마서 초두에 "먼저는 유대인이요 또한 헬라인에게라."(롬1:16)라고 선포한 것은 곤궁에서 해법으로 진로를 수정하기 위한 도정에서 서두로 깔아 둔 단서이며 다시 이를 풀이하는 로마서 9-11장은 바울신학의 대미(大尾)로서 지난날의 쟁론을 다시 모아 챙기며 자기가 유대배척주의자가 아님을 부각시키려고 애써 부연 정리하여 설명하려는 의도이다.

　요약하면 "이스라엘은 일시 심령이 혼미하여 보지 못하고 듣지 못하여 그들이 넘어짐으로 구원이 이방인에게 이르렀고 이방인 신자의 수가 충만할 때 까지는 우둔한 상태로 남아있을 것이며 이 때문에 너희가 반사이익을 얻어 긍휼을 입었고 마찬가지로 너희의 남은 불순종 때문에 그들도 마침내 구원받을 것이라."라는 것이다.

하나님이 많은 사람을 순종하지 아니하는 상태로 두심은 결국 모두에게 긍휼을 베풀려 하심이라고 문제를 난해하게, 복잡하게 풀이하지 않으면 안 되었다.(롬9:1-5,11:1-30)

그러나 이것은 이른바 비밀에 감춰진 하나님의 우주적 구원 계획을 말하고자 함이다. "내가 그리스도 안에서 참말을 하고 거짓말을 아니하노라. 내게 큰 근심이 있는 것과 마음에 그치지 않는 고통이 있는 것을 내 양심이 성령 안에서 나로 더불어 증거하노니 나의 형제 곧 골육의 친척을 위하여 내 자신이 저주를 받아 그리스도에게서 끊어질지라도 원하는 바로라. 저희는 이스라엘 사람이라 저희에게는 양자 됨과 영광과 언약들과 세우신 것과 예배와 약속들이 있고, 조상들도 저희 것이요 육신으로 하면 그리스도가 저희에게서 나셨으니 저는 만물 위에 계셔 세세에 찬양을 받으실 하나님이시니라."

"그 자식들이 아직 나지도 아니하고 무슨 선이나 악을 행하지 아니한 때에 택하심을 따라 되는 하나님의 뜻이 행위로 말미암지 않고 오직 부르시는 이에게로 말미암아 서게 하려 하사……." "그러므로 내가 말하노니 저희가 넘어지기까지 실족하였느뇨? 그럴수 없느니라. 저희의 넘어짐으로 구원이 이방인에게 이르러 이스라엘로 시기나게 함이니라."(롬11:11) "저희의 넘어짐이 세상의 부요함이 되며 저희의 실패가 이방인의 부요함이 되거든 하물며 저희의 충만함이리요." "내가 이방인인 너희에게 말하노라. 내가 이방인의 사도인 만큼 내 직분을 영광스럽게 여기노니 이는 곧 내 골육을 아무쪼록 시기케 하여 저희 중에서 얼마를 구원하려 함이라." "저희도 믿지 아니하는데 거하지 아니하면 접붙힘을 얻으리니 이는 저희를 접붙이실 능력이 하나님께 있음이라."(롬11:23)

꺾인 돌감람나무 가지가 참감람나무에 접붙임의 비유를 들어 자기로 하여금 터득케 하신 하나님의 구원 계획 비밀(롬11:25)을 알린다. 저희가 실족하더라도 하나님은 이미 부르신 자를 위하여 오래 참고 기다리시는 분이시다.

"여호와께서 기다리시나니 이는 너희에게 은혜를 베풀려 하심이요, 일어나시리니 이는 저희를 긍휼히 여기려 하심이라. 대저 여호와는 공의의 하나님이심이라. 무릇 그를 기다리는 자는 복이 있도다."(사30:18)

아브라함과 모세가 이끌었던 민족을 '우리(모든 그리스도인)의 조상'이라 부르고(롬4:1, 고전10:1) 유대인의 하나님은 이방인의 하나님도 되시며(롬3:29) 아브라함은 모든 믿는 자의 조상(롬4:16)이라 한다. 하나님은 아브람과 사래를 여러 민족의 부모로 만드시려고 이름마저 바꾸셨다.(창17:4-15)

바울이 비난한 것은 유대의 귀족층 제사장과 바리새 서기관들의 잘못과 완고한 민족적 선민의식일 뿐이라는 것이다.(롬10:1-4) 주님도 제사장들을 저주하시고 질책하신 대로 자기도 본받았다는 당연 논리를 독자들이 받아 주기를 바라고 있다.(눅11:52) 그러면서도 구원은 할례나 음식 규율 준수에 구애받지 않으며 민족, 신분을 막론하고 주를 부르는 모든 자에게 있다고 율법의 금기 사항 일부 무시를 재확인하였다.(롬10:13, 골3:11) 율법 조문과 표면적 할례로 치장했으나 율법을 범하면 정죄치 않겠느냐?(롬2:26)

"율법은 장차 오는 좋은 일의 그림자일 뿐, 참 형상이 아니므로 해마다 늘상 드리는 바 같은 제사로는 나아오는 자들을 언제든지 온전케 할 수 없느니라. 그렇지 아니하면 섬기는 자들이 단번에 정결케 되어 다시 죄를 깨닫는 일이 없으리니 어찌 드리는 일을 그치지 아니하였으리요. 그러나 이 제사들은 해마다 죄를 생각하게 하는 것이 있나니, 제사와 예물과 전체로 번제함과 속죄제는 원치도 아니하고 기뻐하지도 아니하신다 하셨고 (이는 다 율법을 따라 드리는 것이라) 이 뜻을 좇아 예수 그리스도의 몸을 단번에 드리심으로 말미암아 우리가 거룩함을 얻었노라."(히10:1,2,8,10)

"율법은 약점을 가진 사람들을 제사장으로 세웠거니와 율법 후에 하신 맹세의 말씀은 영원히 온전케 되신 아들을 세우셨느니라."(히7:28)

율법은 따라 드리는 의례적이고 외식적인 제사를 통해 사람들은 오히려 죄만 생각하고 제사로 속죄될 것으로 잘못된 대리 만족에 침잠한다는 것이다.

성경을 보면 하나님은 그를 알고자 하는 사람과 인애와 감사의 마음을 가진 자의 제사는 받으시나 율법의 공로적 예물과 제사는 받지 아니하신다.

"감사로 제사를 드리는 자가 나를 영화롭게 하나니 그 행위를 옳게 하는 자에게 내가 하나님의 구원을 보이리라."(시50:23) "악인의 제사는 여호와께서 미워하셔도 정직한 자의 기도는 그가 기뻐하시느니라."(잠15:8) "나는 인애를 원하고 제사를 원치 아니하며 번제보다 하나님을 아는 것을 원하노라."(호6:6) "위에 말씀하시기를 주께서는 제사와 예물과 번제와 속죄제는 원하지도 아니하고 기뻐하지도 아니하신다 하셨고 이는 다 율법을 따라 드리는 것이라."(히10:8)

따라서 할례는 마음과 영에 할지라.(롬2:29) 즉, 할례는 성령 세례로 대치해야 한다는 것이다. 그래서 구원이 율법의 행위에 있지 않고 오직 믿음을 기반으로 함은 변함없다고 하였다. 그리고 이 구원은 하나님의 권능적 은혜로 받은 우리의 수동적 믿음의 대가이지 결코 인간의 능동적 노력[선행(善行)]에 당한 삯으로 받는 것이 아니라는 것이다. 이것은 불변적 바울사상이고 다만 유대인 모두가 성령의 인도하심을 따라 예수를 믿는 그날이 오기를 소망하고 있다.

"일하는 자에게는 그 삯을 은혜로 여기지 아니하고 보수(빚)로 여기거니와 일을 아니할지라도 경건치 아니한 자를 의롭다 하시는 이를 믿는 자에게는 그의 믿음을 의로 여기시나니. 주께서 그 죄를 인정치 아니하시고 (오히려) 허물이 가리워질 사람은 복이 있도다 함과 같으니라."(롬4:4-8, 시32:1,2)

그럼에도 불구하고 놀랍고 문제인 것은 순종과 업적이 의인의 조건이라는 야고보의 입장과 대척되는 것은 물론 그것이 의도적이지 않았더라도 예수님의 말씀에 거스른다는 것을 바울이 몰랐을까 하는 사실이다.

"하나님 뜻대로 행하는 자라야 천국에 들어간다."(마7:21)

그렇게 본다면 예수를 전파한다면서 그 자신의 지식에 의한 자가적 창작산물인 제2의 복음(?)을 끼워 넣는다는 의구심이 들 수밖에 없기도 하다. 이른바 '피복음신앙(믿음)-칭의-구원'의 교설이다. 평소 다른 복음을 저주하고 경계해 왔던 그(갈1:8)가 "나의 복음과 예수 그리스도를 전파한다."라고 자기 나름의 복음을 감히 우선으로 말하기 때문이다.(롬16:25)

바울은 기실(其實) 나사렛 예수를 전파한 것이 아니라 헬라적 그리스도 예수의 신비를 전파한 것이다. 이방, 즉 만방의 메시아를 선포한 것이다.

어떤 이는 예수는 하나님의 율법을 보존한 채 이스라엘과 성전 개혁을 선포한 반면 바울은 헬라적 구원 종교 창설을 주장했으며 그래서 앞서 소개했듯이 바울을 기독교 제2 창시자라 하였다.

루터식 개신교는 가톨릭과 달리 인간의 결단이나 노력, 훈련 등으로는 죄사함이 되지 않는다는 이해를 가진 종교이다. 하나님의 용서만이 구원의 해결책이다. 죄성(罪性)의 우리가 요구할 수 없는 그것을 하나님은 예수의 보혈을 구실삼아 주권적 은혜로 베풀어 주신 것이다.

"우리는 그리스도 안에서 그의 은혜의 풍성함을 따라 그의 피로 말미암아 속량 곧 죄 사함을 받았느니라."(엡1:7)

유대교나 기독교의 복음은 한마디로 '피복음'이란 동질성을 가졌다.[43] 피는 생명이다. 속죄제사로 동물의 피와 그리스도의 피를 드린 차이점을 가진다.

바울복음에는 예수님의 말씀과 사역 모습은 오간 데 없다. 오로지 십자가와 부활 이후의 피복음에 무게가 실려 있다. 그런데 야고보 입장에서 보는 학자들은 그것이 다른 복음(고11:4, 갈1:7)인 것이다.

바울을 동조하는 주장에서는 그가 공격한 '율법의 행위'는 언약적 신율주의(Covenantal Nomism) 자체가 아니라 할례와 음식법, 윤리법 같은 비계명적이며 그 속에 그리스도의 피가 없는 잠정적 일부 법률(Ligalism)로서 너무 배타적이며 국수주의적(國粹主義的)이어서 이방 선교에 장해요소(障害要素)가 되므로 이것은 주님의 십자가 부활의 뒤안길로 폐기시켜 버리는 것이 타당하다는 주장이다.5,35)

한때, 예수도에 적대적 유대인으로서 극렬 율법 신봉자이던(빌 3:5-6) 그가 회심 후 동족의 적대감을 한 몸에 받고 내쳐진 이유 또한 그의 전도 계획과 열망에 거치는 환경조건 때문으로 설명됨은 본문에서 이미 기술하였다.

"먹는 문제로 서로 비판말라. 무엇이든지 속된 것은 아니나 그렇게 여기는 자에게는 속된 것이다. 먹는 자도, 먹지 않는 자도 주를 위하여 하는 것이다. 사나 죽으나 우리는 주의 것이기 때문이다. 그리스도께서 하나님의 진실하심을 위하여 할례의 추종자가 되셨으나 이는 조상들에게 주신 약속을 견고하게 하시고 이방인들도 그 긍휼하심으로 말미암아 하나님께 영광 돌리려 하심이다."(롬14:1,15:6)

예수께서 하나님의 진심을 위해서 그리고 조상들께 주신 약속의 불변하심을 바라고 할례 추종자가 되셨으나 바울은 그의 긍휼하심을 바라고 이방인으로 하여금 하나님께 영광 돌리도록 한다며 대단히 급진 개혁가적 반전(反轉)의 토로를 쏟는 것이다.

그리하여 뒤이어 따라오는 바울의 우려와 고심을 느낄 수 있는 배려적 부언(?)에도 불구하고 이미 쏟아 놓은 말과 주창했던 교리는 문서로 남아 다시 주워 담을 수 없었으며 대세가 된 그레꼬-로만식 후세 이방인 제자들의 고착되어 버린 사상을 조절하기엔 이미 늦었던 것이다. 어거스틴, 루터에게서 강화된 이신칭의 교리는 물론 바울 자신은 후세에 그로 말미암아 신학자들의 그치지 않는 분열된 논란 발생들까지는 예견하거나 통찰하지 못했음이 분명하다. 오로지 하나님의 심오한 영원 전부터의 비밀을 터득한 지식으로 대적자들로부터의 자기복음 비호,전파에만 분주했기 때문에 후대에 개혁 신앙가들과 비평 신학자들이 그의 교리를 두고 끝 모르는 논쟁을 양산하고 있으니 말이다.

개혁주의(루터)와 복음주의(칼빈)는 바울의 '이신칭의'를 기독교 교리의 재발견이요 근간으로 삼았다.(갈2:16, 롬3:20)

루터는 칭의의 강력한 옹호자이고 개인의 구원에 방점을 둔 반면, 칼빈은 교회 공동체가 세상 구원의 과정에서 성화, 즉 교인 모두가 주를 닮아 가는 삶, 선행을 의도적으로 표출하지 않더라도 불신자의 양심을 움직인다고 봐서 차이를 보이며 여기에 율법이 긍정적으로 기여한다고 보았다.

'오직 믿음(Sola Fidei)'주의의 루터는 구원과 성화는 동시적이며 별개가 아니라고 하면서 가톨릭의 행함주의를 적극적으로 반대한 것이다.

16세기 후반 네덜란드의 알미니우스(Jacobus Alminius)는 루터의 경직된 사상에 반대하면서 기독교 구원에 초청된 인간의 자유 의지와 결단이 중요할 뿐더러 구원은 언제나 인간의 죄성 때문에 탈락, 상실될 수 있다고 하여 하나님 주권의 이중 예언(택하심과 유기하심)을 부인하고 하나님의 예정이 아니라 인간의 후정(後定)이라 하였다.(Alminianism) 여러 면에서 오늘날 천주교의 선행 우선 교리, 안식교의 조사 심판 교리, 새 관점 학파의 개종 칭의와 행위 심판 사상을 유도하는 것 같다.

바울신학의 새 관점 학파 제임스 던(Dunn, JDG)은 바울의 칭의 교리가 시편 143장 2절과 하박국 2장 4절을 기초로 세워졌다고 보았다.[32,,32-1]

"주의 종에게 심판을 행하지 마소서 주의 눈 앞에는 의로운 인생이 하나도 없나이다." "보라, 그의 마음은 교만하며 그 속에서 정직하지 못하나 의인은 그의 믿음으로 말미암아 살리라."

유대교의 가르침인 율법의 행위를 수행한 공로에 따른 칭의는 이른바 '언약적 신율주의(Covenental Nomism)'라고 칭명한 샌더스[5] 같은 학자에 의해 비호되며 그는 바울의 반율법적 교리가 몰이해에 의한 부정확한 것으로 규정하였다. 그는 유대교의 중심에는 하나님의 은혜로 하나님의 백성과의 사이에 계약이 주어졌으므로 그 보답은 율법에 순종하는 삶(신율주의, Nomism)이다. 이것(삶=행함)은 고마우신 하나님에 대한 백성의 응답이지 구원을 얻기 위한 수단이 아니라고 중간 입장을 보인다. 그는 은혜와 행함이 바울과 제2성전 시대 유대교 양측 모두에게 균형적이라는 것이다. 하나님의 백성됨은 은혜요 순종은 그 백성 안에 머물며('Stay in') 하나님과의 화목을 유지하기 위함이라는 것이다.[4](고전6:11, 갈5:22,23) 반대로 바울이 주창하는 '믿음 제일'은 이방인이 구원백성에 들어가기('Step in') 위한 수단과 방법이라는 것이다. 다시 말하면 바울의 이신칭의는 그의 이방인 선교의 변호기능을 위해 개발된 교리라는 것이다. 바울에 대한 루터의 재발견 이래의 기독교의 지속된 전통 교리에 도전한 새 관점(New Perspectives) 학파의 비평이어서 놀랍고 예상대로 많은 동의와 반발을 함께 사고 있다. 샌더스의 논점에 기초하여 20세기에 와서 던과 라이트 등이 줄기차게 새 관점적 해석 공방을 저술로 발표하여 많은 전통 신약학자 사이에 논쟁을 촉발시킨다. 특히 던과 김세윤[9,30]간에는 사소한 것부터 수많은 쟁점이 일어 끊임없이 논쟁이 지속되고 있어 세간에 관심을 불러일으킨다. 던은 바울이 다메섹 사건에서 즉각적으로 이방인 선교소명만 인식했으며 후에 안디옥 사건 여파로 이방인 회심자들의 들어올(Step in) 권리를 위해서 칭의 교리를 개발했다는 논조를 제시했는데 김세윤은 이에 대해서 이방사도 소명과 기독론, 구원론은 뗄수없는 동시적 계시라고 반박한다.[9]

바울은 그의 교회들에서 일어나고 있는 문제들, 불안, 의혹, 표상들에 관한 신도들의 동요 소식에 항상 시달려 왔고 때로는 이에 대해서 급조한 궁색하고 이상한 답변으로 풀고 위로해 주지 않으면 안 되었다. 고린도 교회의 성 문제, 데살로니가 교회의 걱정인 '재림 전 죽은 자들의 운명'과 재림 시기의 급박함과 지연에 따른 혼선에 대한 정리적 답변과 여성 차별적(Anti-feminismic) 권면, 권력에 복종, 상전에 순종, 세리를 혐오하는 유대 정서를 알면서도 조세 바치기 권장 등이 그중 압권(壓卷)이다.(고전7:8-15, 살전4:5-18, 고전11:5, 딤전2:11-12, 롬13:1-7, 딛3:1-22)

후대 학자들은 이방지역 선교와 토착교회 개척(Indigenous Church Planting)을 위한 전략적 상황화(Strategic Contextualization)[15] 의 필요성 때문이라고, 아니면 응급처방이라고 바울을 비호하지만 적절한 해명이라고 수긍하지 않는 자들과의 많은 논쟁이 현대까지도 여전히 사그라들지 않고있는 상황이다.

바울은 믿음, 은혜, 성령(이방인 전도를 위해 필요한 도구)을 강조하기 위해 방해 요소인 율법 계명이 가르치는 인간 자력에 의한 신인협력설을 포기했다. 그렇다면 과연 바울은 유대 계명과 절연했던가?

그렇지 않다. 성경은 은연 중 바울의 심중 깊이 옛 계명이 똬리를 틀고 살아 생동함을 비춰 준다.

"그런즉 우리가 믿음으로 말미암아 율법을 파기하느냐? 그럴 수 없느니라. 도리어 율법을 굳게 세우느니라."(롬3:31)

성령을 따른 사랑은 율법을 이룬다.

"온 율법은 네 이웃 사랑하기를 네 자신 같이 하라 하신 한 말씀에서 이루어졌나니"(갈5:14) "율법이 육신으로 말미암아 연약하여 할 수 없는 그것을 하나님은 하시나니 곧 죄로 말미암아 자기 아들을 죄 있는 육신의 모양으로 보내어 육신에 죄를 정하사 육신을 따르지 않고 그 영을 따라 행하는 우리에게 율법의 요구가 이루어지게 하려 하심이니라."(롬8:3,4)

다만, 성령의 선물이 할례의무를 대체한다.(롬2:28,29) 성령을 따른 행실이 율법을 성취한다.(롬 8:4)

"오직 주께서 각 사람에게 나눠 주신 대로 하나님이 각 사람을 부르신 그대로 행하라. 내가 모든 교회에서 이와 같이 명하노라. 각 사람은 부르심을 받은 그 부르심 그대로 지내라."(고전7:17-20)

오늘날의 이스라엘은 제2차 세계 대전 이후 1948년 5월 14일 영미 등 서구 제국의 도움으로 재건국되었으며 나치제국의 인종청소에서 살아난 유대인 다수가 돌아와 세운 나라이다. 구약 예언들이 이루어지는 것일까? 진정 이스라엘의 회복과 다윗의 장막을 다시 세우시겠다는 모든 선지서의 예언적 소망이 이루어진 것인가?(암9-12, 미4:6,7, 옵1:20,21, 욜3:20,21, 습3:19,20, 슥8:3-8, 말4:3-6, 신30:2,3)

주후 150년부터 2000년 동안 이스라엘 국가가 이 지구상에서 사라졌다. 그리고 마침내 세상은 제2차 세계 대전을 치른 후 갑자기 하나의 국가로 다시 태어난 이 땅의 이스라엘 재건국, 존립 역사를 보면서 당신은 무엇을 생각하는가? 하나님이 자기 백성을 버리시겠는가? 그럴수 없다.(롬11:1-5, 애3:31, 겔37:14) 하나님은 야곱의 이름을 다시 지어 주시며 생육하고 번성하라신 대로(창35:10,11) 이스라엘을 자식처럼(사49:15), 눈동자처럼(슥2:8) 여기시는 분이 아니신가? 신실하신 하나님이 드디어 권능과 영광을 드러내시는가? 예수께서 나사로의 죽음이 하나님의 영광을 위함이라 하셨는데(요11:4-15) 과연 이스라엘이 회생한 나사로가 되어 주를 증거할수 있을까 ? 종말은 언제인가?

안타까우나 그들은 이천년 세월이 흐른 아직까지도 다른 메시아 도래를 갈망하며 기다리고 있다.

교회에서 유대가 배제되지 않고 이스라엘의 씨, 열두지파 남은 자(사10:21-22, 롬9:27)들의 충만한 수(계7:4)가 돌아와 주후 2-3천 년대에 그리스도의 새 천년 왕국(계20:4-21)이 이루어질 것인가?

남은 자(The Remnant)란 열방에 복음 전파한 디아스포라 유대인 성도에만 해당되는 예언일까?(사65:9, 66:19, 미2:12,5:3)에돔의 남은 자들도 합류하며(암9:11,12) 주의 이름을 부르는 이방인(행15:17, 계5:9,10)과 온 세상의 이기는 자(계3:12)들이 함께 주의 재강림을 영접하는 계시의 구현을 보게 될까?

많은 설교자는 저마다 지금이 예수재림을 맞아야 할 마지막 때이므로 깨어서 준비하라고 채근한다.(벧전4:7, 요12:48)

줄거리의 결론 부분에 이르렀는데 아직 성경의 상호 부정적인 대척조항들(Reciprocal Inhibittory Doctrines)에 대해서 여태 혼동하는 자 있는가? 누구 편을 선택할 것인지 둘 중 하나만 선별하라고 한다면 말씀의 포괄성이 설 자리가 있겠는가?

모두 다 어린 믿음의 식구에게는 요긴하게 소용되는 먹거리라는 이유이기 때문이다.(고전14:20, 엡 4:14)

행함이냐? 믿음이냐?

할례냐? 비할례냐?

우상의 음식을 먹느냐? 마느냐?

복음서냐? 바울서신서냐?

율법의 완성이냐? 대체신학(代替神學, "이스라엘을 버리시고 이방 교회를 택하셨다")이냐?

모세냐? 바울이냐?

언약 신앙이냐? 십자가 부활 신앙이냐?

율법의 순종이냐? 은혜로 받은 성령이냐?

신인협력이냐? 값없이 일방적으로 주시는 은혜냐?

공로냐? 은혜냐?

성령 침례(마3:11, 행1:5, 롬8:1,2)냐? 피복음(血福音,레17:11, 히9:22,13:12, 마26:28, 눅11:50)이냐?

옛 언약이냐 ? 새 언약이냐?

사도냐? 단순 전도자냐?

심지어 더 나아가 예수의 토속 종교(할례의 종, 롬15:8)이냐? 바울의 제2 기독교이냐? 하는 사고의 대척혼돈구덩이에 매몰되지 않아야 하겠다. 하나님께서 아브라함을 의롭다 하실 때에 그 뜻을 달리 해석한 바울과 야고보를 강조하다 보니 이 모든 문제가 불거진 것 아닌가? (갈3:6, 약2:23,24)

행함과 믿음. 우습게도 둘 중 어느 것이 먼저이며 우선이냐를 두고 싸운 것이다.

히브리서 저자(속사도?)는 율법이 좋은 일의 허상이거나 그림자(히10:1)일 뿐
이라 하다가 선하게 행함과 나눔의 미덕은 찬송의 제사라 했고 이는 주님을
증언하는 입술의 열매라 추켜세운다.(히13:15,16)

어느것도 폐하기는 여태 공부한 바를 돌이켜볼때 비성경적 우거(愚擧) 아
니겠는가? 그러니 자기주장만 외곬으로 몰아가지 않아야 하겠다.

결언

성경에서 양 진영의 주장을 요약하는 대표적 구절을 찾아 볼 수 있다.

"너희의 구원은 하나님의 은혜를 인하여 믿음으로 말미암아 얻었나니, 너희의 행위
에서 난 것이 아니요 하나님의 선물이라."(엡2:8)와 "혹이 가로되 너는 믿음이 있고 나
는 행함이 있으니 행함이 없는 네 믿음의 증거를 내게 보이라. 나는 행함으로 내 믿음
을 네게 보이리라."(약2:18)라고 통보하는 두 진영의 주장, 즉 이신칭의와 이행
득의(履行得義)의 소란했던 분열을 해소할 수 있을까 하는 바람의 목적으로 아
래 굵은 고딕체 문장으로 성경 구절을 끌어 쓰는것은 바울 이후의 속사도들
이 잠정적 정리한 것으로 보이는 내용으로 문제풀이 대상이고 갈등에 대한
정경의 결언이라 할 만하다 생각한다. 그리스도인은 참 할례당이다. 상처
주는 손 할례당이 아니고.(롬2:28,29)

명칭이나 주장과 관계없이 야고보와 베드로와 바울이 같은 목적과 이유
로 한결같이 주님 가신 길을 따라 죽음을 맞았다는 교훈이 우리를 무마시킨
다.(히13:7) 연이어 여러 사도, 교부, 감독, 장로와 제자가 같은 길을 걷는다.
하나님의 영광을 위하여 어떻게 죽을 것인지 미리 알려 주신 대로이다.(요

바울이 갇힌 자로서의 회고를 보면 "투기와 분쟁, 참뜻과 겉치레, 무슨 방도로 했던지 복음이 변증되고 전파되는 것은 그리스도니 나는 이것으로써 거듭 기뻐한다."라고 말한다.(빌1:14-18)

편자가 무엇을, 무슨 판별할 능력과 지혜와 자격이 있어 더 보태리오?

막론하고 편자는 다만 아래 성결 구절을 끌어 쓰면서 묵상하고 위안을 받아 마치려고 한다.

그는 우리의 화평이신지라 둘로 하나를 만드사 중간에 막힌 담을 허시고 원수 된 것, 곧 의문에 속한 계명의 율법을 자기 육체로 폐하셨으니 이는 이 둘로 자기의 안에서 한 새 사람을 지어 화평하게 하시고 또 십자가로 이 둘을 한 몸으로 하나님과 화목하게 하려 하심이라. 원수 된 것을 십자가로 소멸하시고 또 오셔서 먼 데 있는 너희에게 평안을 전하고 가까운 데 있는 자들에게 평안을 전하셨으니 이는 저로 말미암아 우리 둘이 한 성령 안에서 아버지께 나아감을 얻게 하려 하심이라.(엡2:14-18) 여호와께서 말씀하시되 날이 이르면 할례받은 자와 할례받지 못한 자를 내가 다 벌하리니……. 대저 열방은 할례를 받지 못하였고 이스라엘은 마음에 할례를 받지 못하였느니라 하셨느니라.(렘9:25,26) 할례자로 부르심을 받은 자가 있느냐? 무할례자가 되지 말며 무할례자로 부르심을 받은 자가 있느냐? 할례를 받지 말라.(고전7:18) 온 율법은 네 이웃 사랑하기를 네 자신 같이 하라 하신 한 말씀에서 이루어졌나니 만일 서로 물고 먹으면 피차 멸망할까 조심하라.(갈5:14,15)

그러므로 깨어 있으라. 어느 날에 너희 주가 임할는지 이러므로 너희도 예비하고 있으라. 생각지 않은 때에 인자가 오리라.(마24:42-44)

바울은 믿음을, 야고보는 행함을, 베드로는 소망을, 요한은 사랑을, 유다는 경건을 강조하고는 했다. 우리는 수신 대상자와 장소와 환경이 다른 데서 이유를 찾아야 한다며 이해하려고 한다.

이사야 시대나 제2 성전, 바울 시대에서도 그리고 우리 세대에서도 "아름답도다! 좋은 소식을 전하는 이들의 발이여!"(사52:7, 롬10:15)라는 말씀대로 그들의 수고는 성도를 감동하게 할지언정, 결코 두 진영 간 화평의 열매를 성경에서 우리가 읽지 못했더라도 형제를 따지거나 가르는 것이 옳지 않았음을 교회인이 곱씹어야 할 미래 지향적 재해석의 과제임을 시사하고 있다 하겠다.

"형제들아 지혜에는 아이가 되지 말고 악에는 어린 아이가 되라. 지혜에는 장성한 사람이 되라.(고전14:20) 너희 안에 이 마음을 품으라. 곧 그리스도 예수의 마음이니(빌2:5) 너희는 이 세대를 본받지 말고 오직 마음을 새롭게 함으로 변화를 받아 하나님의 선하시고 기뻐하시고 온전하신 뜻이 무엇인지 분별하도록 하라. 내게 주신 은혜로 말미암아 너희 각 사람에게 말하노니 마땅히 생각할 그 이상의 생각을 품지 말고 오직 하나님께서 각 사람에게 나누어 주신 믿음의 분량대로 지혜롭게 생각하라."(롬12:2,3)

기독교는 믿음과 사랑을 기반으로 한 삶(구원)의 종교이다.[56]

"새 계명을 너희에게 주노니 서로 사랑하라. 내가 너희를 사랑한 것 같이 너희도 서로 사랑하라."(요13:34)

참고 도서

1. Wayne Meeks, The first urban Christians: The social world of the apostle Paul, 2nd. ed.Yale University Press, 2003, 34 : Translated in 1-1

1-1. Wills G. : What Paul meant, Wiliey Agency(UK) LTD. 김창락 역,바울은 그렇게 가르치지 않았다. 돋을 새김. 2006,9, 64, 130, 275

2. Armstrong K.: St.Paul : The Apostle We Love To Hate, Huud and Amazone Publisher,정호영 역: 바울 다시 읽기, 2017, 78

3. 김진욱, 바울과 그의 편지, 한국장로교출판사, 2008, 107, 124, 149, 157, 182, 215, 256

4. Horrell D.G.: An Introduction to the study of Paul, 이승호 역,바울, CLC, 2016, 44, 45, 95

5. Sanders E.P., Paul and Palestinian Judaism, London,SCM;Phildelphia;Fortress, 1977, 552

5-1. Sanders E.P.,Paul,the Law and the Jewish People, London,SCM, 1983, 93-135

6. Mitchell S. :The Gospel according to Jesus;A New Translation and Guide to His Essential Teachings for believers and Unbelievers,N.Y,Harper Collins, 1991, 41

7. Edwards G : The Silla's Diary. 전의우 역, 실라의 눈으로 본 바울의 1차전도여행 이야기. 생명의 말씀사. 2018, 222-238

7-1. Edwards G : The Titus Diary. 최종훈 역.,디도의 눈으로 본 바울의 2차전도여행 이야기. 342

7-2. Edwards G : The Timothy Diary. 박상은 역,디모데의 일기. 2017, 65

8. Bornkamm G., W. Kohlhammer,Paulus, GmnH,Stuttgart,(1969) 허혁 역, 바울, 이화여자대학교 출판부, 2005, 139, 169,198, 222, 228

9. 김세윤 : 바울신학과 새관점 .두란노 아카데미, 2016, 28, 138, 215, 260

9-1. 김세윤 : 칭의와 성화, 두란노, 2016, 19, 177

9-2. 김세윤 : 구원이란 무엇인가, 두란노, 2001, 69, 839

10. Mason S., Josephus and the New Testament, Hendrickson Publishers, Peabody,,-MA,01961, USA, 1993

11. Josephus F.: The Antiquities of The Jews(II), 김지찬 역,,요세푸스,(II)유대고대사, 생명의 말씀사, 2015, 654

12. Foxe J.: Foxe's book of Martyrs, Lighthouse Trails Publishing,LLC, 홍병룡 역, 순교자열전, 포이에마, 2014, 26-38

13. Elwell W.A.,Yarbrough R.W. :Encountering Paul and His Epistles, Baher Books, Grand Rapids,MI,USA, 2005, 류근상 역,바울서신연구, 크리스챤 출판사, 2010, 35, 39, 47, 120, 121, 140

14. Räisänen H. : Paul and the Law, Tübingen,Mohr Siebeck, 1983

15. Sills M.D.: in Plummer R.L.,Terry J.M.,ed. Paul's Missionary Methods, 조호형 역, 바울의 선교방법들, CLC, 2016, 299, 313, 319

16. Hiebert P. : Anthropological Issues for Missionaries. Grand Rapids: Baker Books, 1985, 86-90

17. Gaeger J.G. : Reinventing Paul, Oxford University Press, 2000, 77

18. Evans C.A.: Fabricating Jesus,2006,InterVarsity Press, 성기문 역,만들어진 예수, 새물결 플러스, 2011, 77

19. Harris W.V.: Ancient Literacy, Cambridge,Mass.:Harvard University Press, 1989

20. Aslan R.: Zealot; The life and time of Jesus of Nazareth, Random House Publishing Group. 2013, 민경식 역,셀롯, 와이즈베리,2014, 300-301

21. Bruce F.F,Paul : Apostle of the Heart Set Free, Grand Rapids:Eerdmans, 1977, 475

22. Ehrman B.D.: Jesus,Interrupted. Harper Collins Publishers, 강주헌,예수왜곡의 역사, 청림 출판, 2010, 154-156

23. Ehrman B.D., The Apostolic Fathers, vol.I, Loeb Classical Library, Cambridge,MA/London, Harbard University Press, 2003

24. Kim J.: Israel and Replacement Theology, 존 김,이스라엘과 대체신학, 예영커뮤니케이션, 2014, 49

25. Chadwick H.: The Early Church. 서영일 역, 초대교회사, CLC, 1999, 77-109

26. Paul B. Johnson,A.: History of Jews, 김한성 역,포이에마, 2014, 282

27. Wills G.: What Paul Meant, The Wylie Agency(UK)LTD. 김창락 역, 바울은 그렇게 가르치지 않았다, 돋을새김, 2006, 8

28. Wrede W. : Paul (Trans.English by Lummis E.), Philip Green, London, 1907, 179

29. Schweitzer A. :The Mysticism of Paul the Apostle,2nd ed., London: A&C Black, 1953

30. Sills M.D. : 바울과 상황화, in Plummer R.L.,Terry J.M.,ed., Paul's Missiomary Methods, 조호형 역,바울의 선교방법들,CLC, 2012, 313

31. Seifrid M.A.: Paul's Use of Righteousness Language Against Helenistic Background, in Carson D.A.,O'Brien P.T.,and Seifrid M.A.(ed) : Justification and Variegated Nomism. Vol 2. Tubingen,Mohr Siebeck, 2002, 39-74

32. Dunn J.D.G.: The new perspective on Paul; whence,what,whither? 최현만 역, 바울에 관 한 새 관점, Ecclesia Books, 2012, 21, 24

32-1. Dunn J.D.C., Jesus,Paul and the Law, London, SPCK, 1990, 183

32-2. Ibid :Jesus,Paul and Tohra; Collected Essays ,Sheffield Academic, 1992, 112-26

33. Maccoby H. : Mythmaker Paul and the Invention of Christianity Weidenfeld Nicol-

son,London,1986, 42.

34. Hengel M, and Schwemer M. : Paul between Damascus And Antioch London, SCM, 1997, 309

35. 송영목: 신약신학,생명의 양식, 2010, 293

36. Lightfoot N.R.: How We got The Bible, 장기은 역, 성경의 탄생, 미션월드, 2003, 255

37. Owen J. : The Holy Spirit. His Gift and Power, 이근수 역, 개혁주의 성령론, 여수룬, 2000, 191, 325

38. 박윤선, 성경주석,고린도전후서,영음사, 1999, 60, 399, 443

38-1. 박윤선, 성경주석 :사도행전, 36

38-2. Ibid : 로마서 121

38-3. Ibid : 갈라디아서 74

38-4. Ibid : 공관복음 1996, 822

38-5. Ibid : 고린도후서 2003, 435

38-6. Ibid : 히브리서, 공동서신 2005, 553, 565

39. 이승호 : 사도행전, 신학전문도서시리즈9, 한국장로교출판사, 2006, 177

40. Georgi D. : Remembering The Poor : The History of Paul's Collection for Jerusalem, Nashville,TN,Albingdon Press, 1992, 53, 54

41. MacArthur J. : The Gospel according to the Apostles, Thomas Nelson,Inc.,501 Nelson Place,Nashville,TN37214,USA, 송영자 역, 구원이란 무엇인가, 부흥과 개혁사, 2008, 334

42. Wippermann W. : Luthers Erbe : Eine Kritik des Deutischen Protestantismus, 최용찬 역 루터의 두 얼굴, 도서출판 평사리, 2017, 120-183

43. 최영삼 : 기독교를 고발한다, 겨자씨앗, 2011, 226, 249

44. Bock D,L. : Historical Jesus. Beilby J.K.,Eddy P.R.ed, Intervarsity Press,Il,USA, 손혜숙 역, 편집, 역사적 예수논쟁, 새물결플러스, 2014 ,383

45. 문동환 : 예수냐 바울이냐. 도서출판 삼인, 1915, 13, 169, 233

46. 박경수 : 교회사,한권으로 끝내는 베이직 클래쓰, 대한기독교서회, 2010, 15, 65, 157

47. Berkhof L. : The History of Christian Doctrine, 박문재 역, 기독교 교리사, 크리스챤 다이제스트, 2015, 37, 44

48. Jones T.P. : Chritian History Made Easy, 배웅준 역, 하루만에 꿰뚫는 기독교 역사, 규장각, 2005, 105-108

49.Tillich P : Vorlesungen über die Geschichte des Christlichen Denkens Urchristentum bis Nachreformation, Henel I.C.,ed. Evangelist Verlagswert, Stuttgart, 1971, 송기득 역, 그리스도교 사상사, 원시교단부터 종교개혁직후까지, 대한기독교서회, 2015, 55, 56

50. Bultmann R.,Das Problem der Ethik bei Paulus,in Exegetica,우선출간: ZNw, 1924, 23

50-1. Ibid : New Testament and Mythology and Other Basic Writings (trans.ed. S.M.Ogden,

London,SCM, 1985)

51. 이한수 : 예수, 바울, 교회 ,생명의 말씀사, 2006,113,

52. 차종순 : 교회사, 한국장로교출판사, 2012, 84-90

53. Williams D. (Editor): New Concise Bible Dictionary, Inter-Varsity Press, 1989, 224, 한국
기독학생회 출판부(IVF) : IVF 성경사전, 1992, 224

54. 조믿음 : 이단인가 이설인가, 예영B&P, 2016, 100, 146

55. Wright N.T. The Paul Debate, Critical Questions for Understanding The Apostle. 최현만
역. 바울논쟁, 에클레시아북스, 2017. 13, 17, 38, 62, 69, 100, 110, 127

56. 우남식: 야고보서에서 만난 복음. 지식과 감성. 2017, 7, 15

57. 이용봉 : 사도 도마와 아시아교회, 비전사, 2017, 79, 144, 216, 230

그림 1.

바울의 3차 전도와 로마 행로

(강도환, 빅 라이프성경, 기독지혜사, 1997에서 인용)

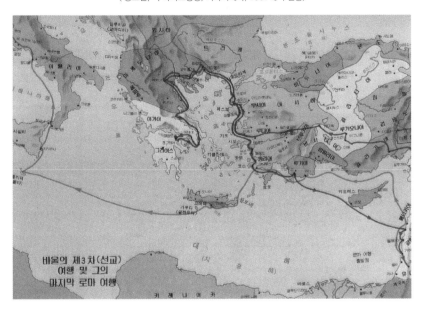

별표 1.

기독교와 이스라엘의 흥망성쇠사 발췌

BC 537~ BC 444	고레스왕 이후 세 차례에 걸친 바빌론 포로생활로 부터 귀환 시기
BC 332	마케도니아 **알렉산더**(BC 356-323): 메대 **다리우스**를 쳐부숨.
BC 323	알렉산더 사망 후: 세 제국으로 분열
BC 305	1. 셀루코우스왕조 (시리아에서 힌두쿠시산맥 동쪽까지) 2. 프텔로마이어스왕조 (시리아남부에서부터 이스라엘,이집트 까지)

3. 안티고조스왕조 (마케도니아와 그리스 지역

BC 250 (-AD 50)	**칠십인역**(히브리어로된 구약을 헬라어로 번역) 톨레미2세(Ptolemi Philadelpus(BC285-247))가 72명(열두지파 각6명씩의 유대인)을 알렉산 드리아로 초청, 대제사장 엘르아살을 시켜 진두작업 시킴. 유대인 노예해방
BC 198	시리아 **셀레우코스** 왕조 지배;首都 안디옥;Seleucus Nocator왕: 수리아와 아시아에서 유대인 시민권허용 안티오쿠스3세: ptolemy와 우호관계(사돈; 딸 Cleopatra를 줌) (Coelesyria,사마리아,베니게.유대땅을 줌), 세금 공평분배 Seleucus soter: 수리아 왕 7년
BC 175	동생 안티오쿠스4세 에피파네스(Antiochus IV Epiphane)(BC175-164) : 애굽 프톨레미에 勝戰, 유대지배,성전제사 금함,율법서를 불태움(焚書),이민족 유입(그 리스문명화) 동쪽 바사국은 조로아스터교 신앙(페르시아문명) ↔사마리아인의 성전(그리심山,세겜)은 Jupiter Helenius성전으로 自願改名하며 延命
BC 164	안티오쿠스 5세(Eupator): 5세에 즉위,2년간 섭정 통치, 예루살렘 공략, 유대 대제사장 Onias 처형. 아들 오니아스4세: 애굽 왕 Ptolemy Philomater(왕후 Cleopatra)에게 피신. Alexandria에 거주. 톨레미왕의 허락으로 Leontopolis에 유대 성전 건축 Demetrius(Seleucus의 子): 쿠데타, Eupator 처형. 대제사장 Alcimus(데메트리우스가 임명): 유대부랑역도들의 옹립을 받으며 마카비 지지자들을 살해. **마카비 혁명**(BC166-164): 유대계 하스모니아家 대제사장 家系 맛다디아(Judas Ben Mattathias)와 아들5형제 중 3男 마카비(**Judas** Maccabeus:BC164 유대통치(3년), 대제 사장. 연전연승, 개혁파 구금,셀레우코스 병사 축출 성전야훼 봉헌(**하누카**;수전절로 오늘까지 기념) 데메트리우스가 보낸 Bacchides 軍에 패전, 戰死BC161)
BC 161	하스몬가 로마와 동맹 체결
BC 160	Alexander Balas(안티오쿠스4세의 子),수리아 Ptolemais 장악.
BC 153	데미트리우스: 알렉산더에 敗戰死. **알렉산더** 수리아 왕권 탈취 유다스 동생 **시몬**은 군대장관, 로마와 화친, 성전예식 부활(마카비서) (**수전절**;요10:22)(BC154-148)

대제사장 **요나단**(Jonathan;(유다스 동생)이 예루살렘을 점령한 박키데스를 피해

믹마스(Michmash)에서 통치하다가 ,데미트리우스가 알렉산더를 의식해서 화친제의

BC 152　세레코스 왕조 유다를 그리스에 동화 시키려던 정책 포기

하스몬가 요나단 대제사장직 승인

400만유대인을 대제사장 **요나단**(Jonathan;(마카비 동생)이 통치(BC143살해 당함)

BC 142　셀레코스 왕조 유대세금 면제,실질적 유대독립,**시몬** 마카베오의 통치

BC 140　**하스모니아왕국** 건국(갈릴리首都:세포리스)(유대독립)

요나단의 동생 시몬의아들들; 왕권을 두고 형제 반목(히르카누스와 아리스토불루스)

하스몬 왕조

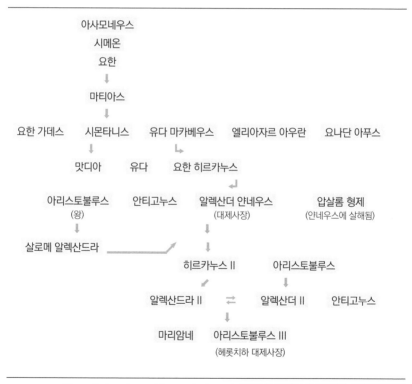

Mason S.,Josephus and the new testament, 유태엽 역,요세푸스와 신약성서, 대한기독교서회

BC 134-	시몬의 3남 **히르카누스1세**(Joannes Hyrcanus) 왕위계승
104	(약 100년간 부분자치 시기)
	동전 주조 **바리새 당파** 명칭사용
BC 132	시몬(실패한 메시아 코흐바 子)의 반란(제2차 유대-로마전쟁)
BC 104	아리스토불루스(Juda Aristobulus)왕
	동생 야나이우스(Alexander Jannaeus)대제사장(BC103-76),바리새파 탄압
	유대인 종파분열 : 사두개,바리새,에세네파로 三分
BC 103	히카르누스1세의 子 **알렉산더**(Alexander Jannaeus)대제사장(BC103-76)
	팽창정책,영토확장, 바리새파 탄압,로마에 협조,그리심산 사마리아 성전 파괴,이두
	메,나바테아 정복, 비 개종 주민학살
	유대인 종파분열 : 사두개,바리새,에세네파로 三分
	☞ 요세푸스의 유대고대사에는 힐카누스(2세?)와 아리스토불루스는 알렉산더의 두아
	들이다.
	그럼에도 처에게 왕권을 줌←힐카누스는 권력욕이 없고 남주는 것만 좋아함.
BC 100-44	율리우스 시저
BC 76	**알렉산드라**(Salome Alexandra:야나이우스의 처,BC76-67) 왕위계승, 정권유지를 위해
	서 바리새파 수용
	힐카누스 2세 대제사장
	바리새인들이 실권행사
	아리스토불루스2세(Juda Aristobulus) 반란, 형 힐카누스의 양보로 왕권쟁취(3년6개
	월)
	헤롯 안티파테르(Antipatros; 히르카누스2세의 고문; 에돔인,이두메출신);힐카누스를 설득
	하여 아라비아 왕 Aretas(Petra城)에 망명함.연합군 반격; 두 형제 폼페이 앞에서 서
	로 다투며 탄원
BC 67	셀루코우스왕조 로마에 멸망
BC 63	로마 **폼페이우스**(Pompey)의 예루살렘 정복
	(Caius Antonius와 Marcus Tullius Cicero가 로마 집정관때)
	속국협정체결(안티파트로스) ☞ 폼페이와 가비니우스의 유대원정사
	아리스토불루스2세 추종자들의 반란,진압됨,그의 자녀(차남 안티고누스와 누이) 로마
	에 인질
	:장자 알렉산더 유대전역에서 모병,재반격; 가비니우스(Gabinius장군)에 패함; 폼페이
	의 명령으로 효수

힐카누스2세 대제사장 임용

아리스토불루스 로마탈출,반군 재편성;패전,안티고누스와 함께 로마 재 인질

폼페이우스(BC106-48;에집트로 도피중 암살당함;프톨레마이오스13세)

BC 48　로마 **가이사** 아우구스투스(Caius Julius Caesar) 로마장악

폼페이 세력 망명.(이오니아) 아리스토불루스 마케루스 요새넘겨 주고 자녀와 함께 풀

려남; 후에 폼페이 지지세력에게 독살됨

애굽 톨레미는 망명한 아리스토불루스의 남은 자녀(안티고누스와 딸들)를 보호, Alex-

andra와 결혼

; 안티파터: 케사르의 애굽원정(버가모의 Mitridates장군)에 원군을 보냄

헤롯 안티파테르에게 로마시민권,유대 행정장관직을 주고 힐카누스 대제사장 재임

도둑떼 헤제키아 진압,수리아인들의 지지를 받음,지도자 Sextus Carsar(케사르의 친

척)의 인정

BC 37-4　아들 헤롯대왕

☞ **헤롯 안티파터**(Herod The Great) VS Mariamne(힐카누스의 손녀) 의 외손자녀들

　　마리암네 두 딸 :

　　　❶ Salampsio :사촌 Phasaelus 2세와 결혼 : 3남2녀

　　　　① Antipater ② Herod ③ Alexander

　　　　④ Alexandra(Timius df Cyprus)와 결혼

　　　　⑤Cypros(헤롯대왕 子 아리스토불루스 VS Bernice의 아들 **아그립바**와 결혼):

　　　❷ Cypros : 사촌 Antipater(헤롯 누이 Salome VS Costobarus의 아들)과 결혼

　　세아들(네 아들?) :

　　　　아리스토불루스VS 마리암네 : 자녀 아그립바

　　　　　　　　　　　　　헤로디아

　　　　헤롯 아켈라우스(Archelaus)

　　　　헤롯 안디바(갈릴리,파레아:욜단)

　　　　헤롯 필리푸스(이복형제;대제사장 시몬의 딸 마리암네2세와 결혼의 소생):

　　　　　　　　헤로디아와 결혼, 딸 Salome을 낳고 헤롯 안디바에 빼앗김

　　　　Salome는 첫 결혼 Philip(헤롯대왕과 클래오파트라의 子,드라고닛 분봉왕)이 죽자

　　　　아리스토불루스³⁾와 재혼

BC 47　예루살렘 성전 재건축 허용

수리아 Sextus가 Pompey추종자(Bassus)에 피살되었으나 로마-유대연합군에 진

압됨

BC 44	가이사 피살←Cassius & Brutus
	카시우스 수리아 장악하고 유대 수탈
	힐카누스,안티파터: 카시우스에 성실납세
	말리쿠스(Malikus) 로마에 저항, 힐카누스 정권 유지를 위해 안티파터 독살
	헤롯: 카시우스에 알리고 말리쿠스 암살
	옥타비아누스(케사르 養子) 와 안토니우스 빌립보전투에서 승리, 카시우스,부루투스 사망
	Felix : 예루살렘의 파사엘(Phasaelus)을 습격; 헤롯의 공격에 패함
	Murcus Antonius : 안티파터의 장남 파사엘(Phasaelus,예루살렘),
	차남 헤롯(갈릴리)에게 분봉왕(tetrarch) 임명.
	길리기아에서 Cleopatra와 동거
	롯: 안토니우스가 클레오파트라에게 준 땅의 세금을 징수,성실납부
BC 43	로마: 제2차 삼두정치; 안토니우스, 옥타비아누스, 레피두스
BC 42	옥타비아누스 "신의 아들"승격
BC 40	아리스토불루스 子 **안티고누스** 파르티아 왕자(Pacorus)의 지원으로 유대침공
	대제사장 히르카누스2세와 헤롯가 長子 파사엘을 납치, 힐카누스 귀를 베고 제사장 자격 박탈, (후에독살), 파사엘은 자살시킴.
	헤롯의 도피;→Idumea→마사다요새→Petra→Alexandria(Cleopatra보호)→Rhodes→Rome(Antonius 에게 지원요청)→王位를 받음→Ptolemais로 와서 군병모집, 반격시작
BC 37	**헤롯** 예루살렘 진격 안티고누스와 파르티아지원군을 몰아내고 분봉왕 즉위
	(BC40/37-4) 하스몬왕가의 마리암네(아리스토불루스1세의 손녀)와 정략결혼
BC 31	이오니아 악티움(Actium;그리스 서북부)해상전투에서 옥타비아누스의 승리, 마케도니아 패망
	케사르(Octavius Caesar)에 안토니우스와 크레오파트라 패망
	케사르가 헤롯에게 준 땅과 군사 : 가다라,히포스,사마리아,Gaza,Anthedon,Joppa, 스트라토 망대와 클레오파트라의 길리기아 군병
BC 27	**옥타비아누스**(Octavian,Julius Caesar의 조카,양자) 로마황제 등극,
	Augustus(존귀한 자)로 칭하며 신격화 됨(BC27-AD1)

헤롯: 이내 마리암네,장모 알렉산드라, 코스토바루스(헤롯이 동생 Joseph을 살해하고 임
　　　명한 이두메,가사 총독, 헤롯동생 살로메의 전 남편) 살해,알렉산드라 처형,마리암네
　　　아우 아리스토불루스 익사시킴,마리암네 두아들 교수형,산헤드린 지도자 46
　　　명 처형, 대제사장을 디아스포라인으로 직접 임명
　　　☞ 하스몬 가문 사람들은 모조리 죽임
　　　☞ 로마 실권자들 누구에게나 복종
　　　☞ 국가와 종교 분리, 디아스포라 유대인을 불러들여 엄숙주의 영향축소
　　헤롯의 아내 : 도리스(나바테아인), 무능한 長男
　　　　　　마리암네
　　　　　　헤로디아

BC 6	로마가 유대 직접통치
BC 4	헤롯 사망(BC4년 9월)

아리스토불루스VS 마리암네 : 자녀 아그립바

헤로디아

헤롯의 세아들 :

헤롯 아켈라우스(Archelaus;유대,사마리아,이두메아(에돔땅)): 로마가 퇴위시킴(AD6),안
　　　　　　　디옥 총독이 관장

헤롯 안디바(갈릴리,파레아:율단)

헤롯 필리푸스(이복동생;대제사장 시몬의 딸의 소생;가울라니티스(골란고원))등에게 국토 三分

AD 1	(‐BC4?) 예수 탄생
AD 5	바울 출생?
AD 6	유대가 로마의 속주됨

시리아총독 구례뇨(Quirinaus;Cyrenius)가 인구조사 실시, 수리아에 병합된 유
대재산 상황 파악과 아켈라오의 해임,재산처분

코포니우스(Coponius ;AD 6~9) 첫 유대총독,사형집행권한(요세푸스 유대전쟁사)

유다(갈릴리인혹은 가말라시의 골란인와 바리새인 Sadduc)의 세금부과에 대한 반란,
약탈,파괴,살인 자행(행5:37,요세푸스 유대고대사 18권1장)

유대,사미리아,이두메아 분봉왕 무능한 아켈라우스 유배보냄

헤롯 안티바 분봉왕 임명, 총독 코포니우스

안나스1세 (Ananus: Seth의 아들) 대제사장(AD6~15): 民選 Joazar 해임됨

AD 10	헤롯 안티바(BC4~AD39) : 세포리스(Sepphoris)를 건설,주도로 삼고 황제령(Autocra-toris)이라 부름.

AD 14	**티베리우스** 三代황제(Tiberius Julius Alexander)(14-37); 율리아소생의 Tiberius Nero
AD 17-22	헤롯 : 갈릴리 西岸에 행정수도 디베랴 건설(공동묘지 장소);율법 어김(민19:11) 빌립 : 가이사레아(Cesarea) 건설, 벳새다(Bethsaida)를 Julias(황제 아내,딸 이름)로 명명함
AD 18	발렐리우스 **그라투스 총독**(4代) :아나누스 대제사장 해임하고 이스마엘,엘르아살, 시몬등을 1,2년씩 봉직시킴
AD 15	**가야바** (Joseph Caiaphas)가 대제사장 임명됨(전대제사장 아나니우스의 사위)(15-37) 파르티아(Babylon)왕 Phraates, 아들(Phraates)모반으로 사망,Orodes취임,피살, Vonone취임, Artabanus와 전투,Artabanus 승리,아들 Orodes에게 로마령Ar- menia를 탈환,지배케 함. **헤롯 안디바** : 하스몬왕가의 Mariamne와 결혼,이혼,처형후 빌립의 처 Hero- dia(Mariamne의 손녀)와 재혼. ☞ 나바티아(Nabatean)왕가와 하스몬왕가의 유대왕권을 위한 정략적 결혼 군중의 찬사를 기대한 의도와는 달리 세례요한의 질타를 받음 (막6:18,막 10:11,12,눅13:32)
AD 26	**본디오 빌라도**(Pontius Pilate; AD26-36) 예루살렘 총독부임(5代),케사르像 깃발, 유대인의 철거진정에 철거, 예루살렘수로공사 반대시위는 무력진압,
AD 26 -28	세례 요한 활동, Marcherus성에 수감,처형됨 헤롯 이혼문제로 Aretas(Arabia Petra왕)과 전쟁,패한후 티베리우스황제에게 보고하고 원정요청, 비텔리우스 장군 출정중 티베리우스 사망통보로 전쟁포기,안디옥으로 회군 ☞ 군중 봉기(蜂起) ; 　　시몬(헤롯의 노예) 　　아트롱게스의 반란 진압됨 　　갈릴리 **유다스**의 蜂起(AD6)(헤제키아의 子; 교사; 　　"제4의 思想" 유대철학의 4번째 종파 　　기존의 바리새(Pharisees),사두개(Sadducees),에세네(Essens)派와 차이점은 　　**폭력적**이며 하나님이외 종파를 배척) 　　엘리아자르(안나스의 아들)(AD16-17) 　　드다(Theudas)(마법사)(AD44)의 요단강 군중봉기,진압 처형됨

갈릴리 유다스의 아들 야곱과 시몬의 봉기(AD46)(구레뇨의 유대재산조사에 대한 반발),
십자가형

엘리아자르(다나에우스의 아들)의 사마리아인 도살(AD48)

에집트 인(AD52-60) : 예루살렘성벽 무너지는 것을 보려고 4천명 운집(행21:38)

AD 30-33	**나사렛 예수 활동 시작 및 사망**

AD 34 **스데반** 순교, 베드로투옥 및 탈옥, 교인들 도피(구브로,구레네,안디옥등)
빌립 사망(분봉왕 헤롯의 형제); Julias에서

AD 34-35 타르수스(길리기아 다소)출신 **사울**의 회심,개종,아라비아 생활
아그립바 로마방문; 티베리우스황제 아들 Drusus와 동문수학; 황후 Antonia도 모
친 Bernice와 친함.

AD 36 사마리아인 봉기; 게리심 山에서 절멸;
집정관이며 수리아총독인 **비텔리우스(Vitellius)** 에게 **빌라도**를 고발,로마소환. 갈리
아 유배
비텔리우스: 유대인 환대리에 예루살렘 절기방문(유월절);
　　　　농산물세금 면제, 대제사장 성전예복관리,보관을 유대인이 하도록 조치
　　　　　　(헤롯이 안토니망대에 보관하고 로마병사가 수비, 3절기때만 꺼내 입도록 하였던 것)
가야바 (Joseph Caiphas)해임

AD 37 **티베리우스** 황제 사망
칼리굴라(Gaius Caesar; Caligula)로마황제(37-41) 취임,폭정,
　　　　　　　자기흉상을 성전에 모시도록 함.
헤롯 **아그립바** 1세(헤롯아리스토불루스?,Mariamme?의 손자?)(41-44):
　　　　　　　유대관할,죽은 빌립의 영토 받음,
요나단 (안나스(Ananus)의 아들) 사망←식카리(단도단)
데오필루스 (Theophilus;안나스의 아들) 대제사장 취임

AD 38 (35?) 회심후 3-5년에 **바울의 예루살렘방문(1차)**(갈1:18);베드로,야고보와 만남.

AD 35-43 바울의 다소 도피,체류기

AD 39 안티바와 헤로디아는 아그립바 반대탄원을 하러 로마에 갔다가 포로신세로 전락함.

AD 41 **야고보**(세베데의 子)순교(AD44 ?) 칼리굴라 케레아(cherea Cassius)에 피살 당함
클라우디오스(Claudius Caesar) 황제(41-54): Cherea일당 처형.
알렉산드리아의 원주민과 유대인과의 분쟁 해결.
황후 아그라피나(Agrippina); 칼리굴라의 누이동생,로마거주 아그립바2세와 친분

아그립바1세**왕**(헤롯,Mariamne의 孫子)(41-44)임명됨,세금감면, 유대왕 칭호와 함께
　　　　유대 전 영토(사마리아 포함)를 줌.

대제사장 시몬(Simon,Cantheras ;헤롯의 장인)

수리아 총독 Publius Petronius→Marcus(아그립바와 불화)

AD 43-44	바나바의 다소방문, 바울초청,안디옥교회 사역
AD 44	아그립바 사망(심장마비), 어린(17세) 아그립바2세는 로마에서 볼모생활
	Cuspius **Fadus**총독(AD44-46) 유대를 다스림,베뢰아↔필라델피아 영토문제충돌,
	이두매 강도단 드다(Theudas;마법사)의 요단강 군중봉기,진압 처형(44-46)
	수리아 Cassius Longinus 총독: 로마에서 아그립바2세 청원으로 Marcus 해임
AD 45	**바울의 예루살렘방문(2차)**(바나바와 동행) : 안디옥교회의 부조전달
AD 46-48	바울의 **제1차 전도여행**(바나바,마가와 동행)(마가의 중도이탈)
AD 46	갈릴리 유다스의 아들 야곱과 시몬의 봉기(구례뇨의 유대재산조사에 대한 반발), 십자가형
	총독 티베리우스 율리우스 알렉산더(Tiberius Julius Alexander):
	알렉산드리아 유대인 행정장관 알렉산더의 아들) (46-48)
AD 47-55	**글라디우스** 황제,로마에서 **유대인 추방**(ex.브리스길라와 아굴라의 고린도 移住)
	아그립바 2세에게 유대왕 칭호와 함께 유대 전 영토를 줌.
AD 48	바울의 첫 편지(데살로니가 전서)
	벤티디우스 **쿠마누스**(Cumanus) 총독 부임(AD48-52)
	헤롯(아그립바의 형제;Chalcis의 왕) 사망,그 영토는 아그립바2세에 귀속됨

❶ 유월절 성전지붕위에서 한 로마병사의 나체쇼로 인한 유대인폭동→ 진압됨, 2만
　명 사망

❷ 로마인 습격사건 체포과정에서 율법두루마리를 불에 태움→유대인 항의→책임병
　사 참수

❸ 사마리아인↔ 유대인 간의 유혈충돌(유월절 성전참배 갈릴리인들의 통행을 금지한 때
　문)
　뇌물먹고 사마리아인을 두둔한 총독에 대한 유월절 성전군중봉기, 진압(3만명 사
　망)
　☞ 사마리아인의 통행방해는 예수님때도 있었다.(눅(:52,53)

❹ 엘리아자르(다나에우스의 아들)의 사마리아인 도살
　수리아 Ummidus Quadratus총독, 양측진정으로 쿠마누스와 양측대표단을 로
　마황제에게 보냄
　쿠마누스 해임,추방←로마에 있던 아그립바2세가 글라디우스 황제에 간(諫)하여

AD 49	**바울의 예루살렘방문(3차)**; (바나바.디도 동반;갈2:1)사도회의
	'안디옥 식사사건'; 바울과 베드로의 충돌
AD 50-53	**바울의 제2차 전도여행**
	바울의 첫 고린도 체류 (48,49-51;18개월), 갈리오 고린도 총독.
	데살로니가 전,후서
AD 53-57	**제3차 전도여행**, 에베소의 바울(52-55;2년반 체류) *고린도전서*
	벨릭스(Antonius Felix)(52-59?)총독
	;아그립바 누이 드루실라(Azizus;Emesa왕 부인;Vesuvius화산 폭발 때 사망)와 결혼
AD 54	이집트인 봉기(행21:38)
	네로황제
	황후 포페아(Poppea)는 유대인 호감: 높힌 성전벽 허물라는 베스도와 아그립바 제지
AD 55	바울의 마케도니아,아가야 마지막 체류
AD 56	**아그립바 2세**(56-95)
	대제사장 요나단 피살(아나누스의 子);"시카리"단도단에 의해(or 벨릭스의 부추김?)
	바울의 드로아,마게도냐,아가야의 체류
AD 56	로마서
AD 57	**바울의 예루살렘 방문(4차)** 및 가이사랴감옥 투옥
	대제사장 **아나누스** 2세 ; 하층 제사장들의 소득원인 십일조를 탈취,정적들 제거
	☞ 부친 아나누스이하 다섯 아들이 모두 대제사장 세습역임
AD 59	**베스도**(Porcius Festus)총독(AD59-62?)
	세금미납 10만 데나리온을 핑계로 성전금고 약탈,
	유대인 봉기, 로마는 아그리파2세를 보내어 유대인 설득시도,실패
AD 59 8월	바울의 로마 압송(**로마여행**)
AD 59 11월	바울 난파선사고로 멜리데섬에서 3개월 보냄.
AD 60-62	바울 로마에서 가택연금; 빌레몬,골로새,빌립보,에베소서 편지작성
AD 62-66	바울의 석방, 전도여행(그레데,에베소,드로아 마게도냐,니고볼리 등)?,
	목회서신(디도서.디모데전서)
	총독 **베스도** 임기 중 사망, 대제사장 **예수스**(담네우스의 子)

야고보(예수 형제) 사망; 아나누스2세 산헤드린 결의로 石刑,

시민들 원성으로 뒤에 취임3개월만에 해임됨

알비누스 총독(AD62-64),늦장부임,특별세금,약취,시카리들 살해

담네우스 아들 예수 대제사장

가말리엘의 아들 예수 대제사장

아나니아계 대사장가와 싸움,투석전

AD 64	로마대화재 사건

플로루스(Gessius Florus)총독(64-66) 세금미납 핑계로 성전금고약탈,사형,학살 자

행, 유대폭동, 대 전쟁을 초래.

데오필루스 아들 마티아스 대제사장

☞ 헤롯때부터 하스모니안 왕가에서 대제사장을 뽑지 않았다.(아리스토불루스 제외)

AD 66	사도 **바울** 체포,로마호송, 디모데후서

AD 67	바울 순교

AD 68 6월9일	**네로** 황제 자결 야고보 공동체 펠라(트란스욜단)으로 도피

AD 69	**베스파시아누스**(Titus Flavius Vespasianus) 황제 취임

요세푸스(37-100?) 석방되고 혜택받음←다니엘서9:24-27;기름부은자의 출현 예

언, 시민권,유대세금면제

AD 70	아들 티투스 예루살렘 함락

AD 71	마가복음 저술(AD 60-70)

AD 72	플라비우스 실바 로마군단 마사다요새 함락,아녀자 포함 960명 피난인

엘리아자르의 자결설득으로 숨었던 2女5兒만 생존.

☞ 1963-65 고고학자들이 유골,유품 발굴

AD 80-90	*야고보서 저술*

AD 94	요세푸스가 '유대 고대사' 저술

AD 90-100	마태복음,누가복음,사도행전 저술(AD75 -80)

☞ * Bandits,Prophets, and Messiahs *

갈릴리 비적(匪賊)들의 묵시적,종말론적, 천년왕국 운동

유다스(Judas ; son of Sepphoraeus)

마티아스(Mathias ; son of Margalus)

시몬(Simon ; of Peraea) :왕이자 메시아를 자칭

므나헴 : 시카리

에집트인

요한(기스길라 출신)

☞　* BC27 −AD68의 로마황제들

1대: 옥타비아누스(BC31)(아우구스투스;Julius Caesar의 조카,양자)

2대: 티베리우스(AD14)

3대: 가이오(칼리굴라)(AD40)

4대: 클라우디우스(AD47)

5대: 네로(AD68사망)

로마 집정관 갈바/오토/비텔리우스 삼두정치시대(68-69)10894

AD 96	캄파누스 총독,네르바 황제
AD 98-117	트리야누스 황제; 비두니아,안디옥의 총독 少 플리니(Pliny the Younger) 기독교 박해
AD 100-120	요한복음 저술(AD90 -95) 외경들 : 이집트인들의 복음,옥시린쿠스 파피루스840(Oxy.P), 　　　　나사렛파의 복음, 에비온파의 복음(AD120) 　　　　히브리인들의 복음(AD140),야고보의 외경,파손단편,옥시린쿠스 파피루스 　　　　1224(AD 150) 　　　　마리아 복음(AD160),베드로복음(AD170),파피루스 에거튼2,도마복음 　　　　(AD180)
AD 117-138	아드리아누스 황제; 아시아속주 기독교 박해
AD 132-135	시몬의 봉기(Simon Bar Cochbar:)코크바의 아들, 메시아로 자처하며 제2차 유대-로마 전쟁;Hadrianic War) 베타르 마을(유대 반군 마지막 보루) 함락, 58 만명의 유대인 학살,생존자는 노예로 팔려감.
AD 135	Hadrian 칙령 -)예루살렘 이름을 Aelia Capitolina,헬라인 정착,이방신전,극장 세움
AD 138-161	안토나누스 황제; 주교핍박

☞ 새로운 예언자들 :

AD140	말시온(Marcion)의 영지주의
AD160	몬타누스(Montanus)의 임박재림 예언
	터툴리안(Tertullian,AD 160-225); 아렉산드리아 교부,양태론 반박,몬타니스트 운동 참여
AD 161-185	**마르쿠스 아우렐리우스** 황제; Lyons과 Viennarj주 기독교인 박해
	이그나티우스(안디옥 감독),폴리캅(서머나 감독),저스틴 순교
AD	**코모두스 황제**(AD161-192); 자백한 교인 사면
AD 167-169	안티오쿠스 에피파네스황제의 압제
	히폴리투스(Hippolytus,170-236) : 사도신경 초기형태 기록
AD 249	데시우스(Decius) 황제; 신전제사 참가 증명서 발급, 개종압박,투옥. 오리겐 사망
AD 251	데시우스 사망. 박해 해금.
	키프리안(Cyprian;칼타고 감독): 제사증명서 소지 교인들 용인촉구
	도나투스(Donatus): 증명서 소지 감독들의 집례금지 주장(Donatists)
AD 250	**칠십인역(LXX)** by Alexandrian Cults(or BC250) 완성
	Origen(AD184-254)이 저술한 헥사플라 제5란에 있다.
AD 257	**발렐리아누스** 황제; 모임과 예배처인 공동묘지출입 금지, 제국내의 여러 주교와 부제들을 효수(梟首)
AD 260	**갈리에누스** 황제;선왕의 정책을 완화, 에데사 전투
AD 284	**디오크레티안** 황제: **제국을 동,서로 양분**: 서방 공동황제,동로마제국은 자신이 황제로. 지독한 박해
AD 293	4황제단(갈레리우스,막시미아누스,콘스탄티누스)구성
AD 300	크레멘스위서 저술(베드로의 제자,4代교황)
AD 303	디오클레티아누스 황제의 대대적 탄압
AD 311	**갈레리우스** 황제: 압제무효성을 인지,大赦免令(Indulgence)
AD 312	콘스탄틴(군기에 헬라어로 그리스도를 뜻하는 'XP'문양을 그림)과 막센티우스 일전
AD 313	**콘스탄티누스**(Flavius Valerius Aurelius Constantinus)황제(AD272-337)
	밀라노 칙령(Edict of Milan) ; 기독교 容認

리키니우스 황제(Flavius Galerius Valerius Licinianus Licinius;250~325); 동로마제국
황제

AD 325	**니케아 공의회**(~336 니케아:터키 이즈미트 東岸) 콘스탄스황제의 주제로 교리확정 예수의 본성;하나님(Athanasius;Alexandria) VS '예수는 人間'(Arius) 격론(激論) **니케아信條**(Nicene Creed):"예수는 피조되지 않은 존재이며 본질은 하나님과 동일하 다." ☞ 아리우스주의 배격
AD 361~ 363	배교자 **율리아누스** 황제(Julian The Apostate) 이교부흥(Julian's Pagan revival), 페루시아원정 도중 우연한 창상으로 사망
AD 380	**프라비우스 테오도시우스 1세** (361~381)황제 :**로마 國敎**선포
AD 381	**콘스탄티노플 공의회** 소집((381) :니케아 신조 "본질에서의 동일성"+"성령"
AD 395	**로마제국; 동,서로**
AD 397	칼타고 종교회의, 아타나시우스의 정경목록 확증
AD 398	Algeria의 히포레기우스 공의회 :**신약성서 27권** 최종 확정
AD 405	제롬, 라틴어성경 번역 완성
AD 438	테오도시우스 2세: 반유대법령
AD 451	**칼케돈 공의회** "신성과 인성이 한 인격안에 존재한다"
AD 476	**서로마제국 멸망**
AD 527	유스티아누스 황제 : 세례인에게만 로마시민권 줌
AD 611	페르시아,팔레스타인 침공,예루살렘 점령
AD 629	헤라클리우스 황제: 예루살렘 탈환,유대인 학살 **무함마드** : 메카 정복,아라비아 석권
AD 636	이슬람군, 비잔틴군에 승전(야르무크 전투)
AD 640	**이슬람**이 팔레스틴,시리아,에집트 석권
AD 711	마라노(Marrano); 스페인에서 박해를 피해 기독교로 개종한 유대인 무슬림 스페인 침공(우마이아 왕조):콜도바를 首都로. 유대인은 우월세력에 협력

AD 762	이슬람 아바스 왕조 이라크 수도 바그다드 건설,유대인 금융업,무역업,장인직 종사
	칼리프 아브드 알 라흐만3세(AD912-961) : 유대인 문화 허용 ☞ 고레스 와 닮은 꼴
AD 1013-1146	베르베르인 무슬림 콜도바 점령, 기독공동체 전멸, 유대인도 개종과 죽음의 기로에

*이스라엘 지배 제국들

갈대아 제국(BC 2300 - 1370)

Babylon제국(BC 606 - 538)

메대-바사(BC539-330)

메대인 다리오(Darius) 등장(BC530)

고레스의 포로귀환 칙령(BC538)

헬라(프톨레미왕조와 세류코스 왕조)의 지배 (BC300-167)

로마의 지배(BC63- AD324)

예루살렘의 멸망(AD70)

비잔틴 지배(AD -638): 동로마 제국의 후예

이슬람 지배(AD -1099): 이슬람제국 아바스왕조(750-1258):

 몽골 훌라구(징기스칸 손자) 바그다드 점령(1258),일한국(이란) 세움(-1353)

               셀주크 투루크 왕국(1038-1194)

               만지케르 전투 승리,비잔틴 제국 황제 로마누스4세 포로(1068)

십자군 전쟁(AD1096 -1291)

이집트 맘루크 지배(AD -1571)

오스만터키 지배(AD1299 -1917):

오스만1세(투르크 일파,비두니아출신), 子 오르한1세 부르사 점령(1326),아나톨리아 석권,

               후세들 비잔틴공격 계속,세르비아,우크라이나,불가리아,그리스 점령(15세기 초)

               메매드2세 **콘스탄티노플(이스탄불) 함락(1453)**

티무르(1336-1405)몽골후예: 콘스탄티노플↔아프카니스탄 지역 석권, 수도 사마르칸트; 실크로드

不敗戰의 명장,잔악한 파괴자,오스만의 바예지드1세 나포, 이란,이라크침공(7만,9만 살육),해골피라미

드, 티무르왕조 수립(1370)

영국 지배(AD1922 -1948)

서력기원은 디오니수스 엑시구스(Dionysius Exiguus)가 6세기에 로마건국후 754년을 예수 탄생한 해로 계산하여 그 해를 AD(Anno Dommini) 1년으로 정한 것이다. 그 후에 예수 탄생이 로마건국 750년임이 역사적으로 입증되었다. 이미 사용한 연대를 모두 고칠 수 없어서 예수 탄생을 주전(BC(Before Christ)) 4년으로 정하였다.28)-)28)

별표 2.

바울 연대기

년대 (AD)(.월)	세상 사건	바울 사건
5		바울 출생
14-37	티베리우스 황제 통치	
28-30	예수님 공생애	
33-34	스데반 순교	다메섹 회심
33-35		아라비아 생활
35		1차 예루살렘 방문
35-43		다소 도피 생활
37-41	갈리굴라 황제 통치	
41-54	글라우디우스 황제	로마 제국 내 유대인 추방
43-44		안디옥 교회 생활
45-46 초		2차 예루살렘 방문(안디옥 교회의 부조금 전달)
46.3-48.8		제1차 전도여행(바나바와 구브로, 중남부 갈라디아)
49.11-50.1	로마 유대인 추방	3차 예루살렘 방문(사도회의)
50.3-53.5		제2차 전도여행(실라, 디모데의 동역)
51-52	아가야 총독 갈리오	데살로니가 전, 후서
53.6-		제3차 전도 여행(에베소 체류: 52-55)
54.10	글라우디오, 아내가 독살	고린도 추가 방문(3개월)
54-	네로(17세) 황제 취임	
55.10		고린도전서(마케도니아)
56.2	유대인 로마 입국 허용	드로아 체류
56.10		마케도니아 체류
57.1		고린도교회 디도의 모금 사업 완수(로마서)
57.5	유대 총독 벨릭스	4차 예루살렘 방문, 체포됨
57.6-59.8		가이사랴 감옥 수감
59.11	유대 총독 베스도	로마 호송선 파선, 멜리데섬 불시 기항
60.2-62.4	유대 총독 알비누스	로마도착,가택연금(옥중서신)

62-66		석방 기간 전도 여행? (그레데, 에베소, 드로아, 마게도냐, 니고볼리 등)
64	로마시 화재	
65-66		로마 감옥 재수감(목회서신)
67		디모데 후서, 순교
68	네로 사망	

☞ Bruce F.F,Paul: Apostle of the Heart Set Free, Grand Rapids:Eerdmans, 1977,475 21) Elwell W.A.,Yarbrough R.W.,Encountering Paul And His Epistles(류근상 역, 바울서신연구, 크리스챤 출판사, 2010, p 59, 60)38.->13 Armstrong K,St.Paul:The Apostle We Love To Hate(정호영 역, 바울 다시 읽기, 훗(Huud and Amazone Publisher, 2017, 260)36->2) 등에서 추출 인용함.

별표 3.

세계사와 신약교회 사상사

BC 10-AD 45   Philo of Alexandria: 신의 擬人觀(인간의 표상;Anthrophomorphism)

AD

6   헤롯안티바 분봉왕, 유다총독 코포니우스

14   **아우구스도** 사망
     Tiberius황제즉위(-37); 옥타비아누스의 둘째 부인 리비아의 전남편의 아들
     왕좌를 혈육에게 물려주고 싶었던 옥타비아누스는 아들이 없어 첫부인 소생의 딸 율리아와
     아그리파 소생의 외손자를 후계자로 내정했으나 요절함. 왕위를 물려받는 조건으로 율리아
     와 강제 재혼 함.

18   그라투스 첫 유대총독   가야바 대제사장 임명

25   중국 후한 광무제 즉위

26   본디오 빌라도 총독세례 요한 활동(26-28)

27   로마 제정 수립

34   스데반 순교

35   사울의 개종

37   Gaius Caesar(or **Caligula**)황제(-41)
     아그립바 1세

38-43   바울의 다소체류기

41	**Claudius**황제(BC10-AD54):
	Tiberius동생 Drusus의 子;갈리굴라의 삼촌　　　로마유대인 추방령
	총독관저를 가이샤라로 옮김　　　　　　　사도 야고보 순교
44	아그립바 2세(17세)
46	바울의 1차선교여행(AD46-48)
48	쿠마누스 총독
49	예루살렘 공의회 : 복음의 이방인전도 용인
	바울의 2차선교여행(AD49-52)
51-52	아가야 총독 갈리오
52	벨릭스 총독
53	고구려 태조왕 등극　　　바울의 3차선교여행(AD53-57)
	글라우디오, 왕비(아그리피나)에게 독극물피살
54	Nero(Caesar Drusus Germanicus)황제 즉위
	글라우디오 왕 5번째 비 아그리피나(Caligula 여동생;)전 남편의 아들, 비 옥타비아(Claudius 의 딸)
57	아나누스 2세 대제사장유대인 로마입국 허용
59	베스도 총독, 바울의 로마압송(AD59-60)
60	중국 한나라 불교전파
62	알비누스 총독　　　　　헬라 영지주의 출현 :
64	로마시 화재
65	플로루스 총독마가복음 저술
67	네로황제 자결　　　베드로,바울 순교
68	Vespatian황제
70	유대-로마 전쟁(66-70)예루살렘 성전파괴
79	베시비우스 화산폭발
81	Domitanus황제(-96),스스로 神 자처
90	얌니아 회의: **구약39권 정경 채택**
	☞ 사도교부시대
	새로운인간,새피조물,하나님의구원경륜
	Ignatius(37-116);시리아안디옥목회자,로마순교

Hermas of Rome
Clement of Rome(베드로의 3代후계자(92-102)
Papias(60-130)

96 Nerva황제(-98)

98 도미티아누스 황제(117), 피살
Trajan(53-117)황제

100 폴리갑(Polycarp:37-100,서머나 감독) 순교

102 로마의 Clement(빌:4:3, 4代 교황)사망.

105 채륜(후한);종이 발행

112 트라얀황제 수신의 플리니(폰투스 총독)의 편지

117 Hadrian황제(-138)

☞ 유대교의 품에서 생긴 기독교 종파 : 70~130까지 존속
나자렛파(nazaréens) : 히브리어 마태복음만 사용,信 예수신성&동정녀탄생
에비온파(ébionites) : 바리세파유형,바울사도직 불인정,그리스도인의 할례요구
엘카사이파(elkesites) : 동정녀탄생 부인,예수를 영,천사장이라 부름

지주의종파 : 도마복음 인정, 창조론, '성육신' (가현설:Docetism),부활 부정
　　　　　　Basilides(117-138),Alexandria
　　　　　　Valentinus(100),Carthago,Alexandria ,Rome

130 인도의 대승불교

132 유대 Simon Bar Kokhba의 반란(2次유대봉기;Hadrianic War,133-135),전멸

138 안토니피우스 황제(-161)

144 **Marcion** ; 로마에서 영지주의 교단세움,
구약의 神(X) / 신약의 神(O)/복음서중 누가서만 인정,계시록 배격
인간: 영적(Pneumatikoi),혼적(Psuchikoi), 육적(sarkikoi)
"피조세계는 악한 신(구약의신)에 의해 창조되었다.
구원이란 이 세계로부터의 자유를 의미하며 금욕을 통해 성취된다."
종말론의 설 여지가 없다.
"구약을 인정 않으므로 신약이 그 완성이란 주장은 잘못이다."
"인간은 그 창조주인 Demiurgos 세력으로부터 해방되어야하나 모두가 그럴 수는 없다.
영적인간(pneumatikoi)만이 구원을 얻고 Sarkikoi는 멸망한다.
중간집단인 Psychikoi는 갈래길에 처해서 하기나름이다.

영적세계와 결합을 가능케 하는 충만(Pleroma)으로 높혀 지기 위해서는 정결의식;세례같은 비의에 참여하여야 한다."

파문,출교됨

145 프톨레마이오스(에집트 천문학자)의 천동설

150 ☞ 몬타누스주의 : '새로운 예언자 영적 운동' :
몬타니즘 : 부르기아의 3인(Prisca,Maximilla,Montanus;2女1男)
요한계시록의 최종단계도달 주장, 보혜사 성령의 종말시점 임함(AD156)
율법적인 금욕주의,독신주의,금식,순교중시
터툴리안의 호평가를 받음

160 Marcion사망.
영지주의 주창자,
"구약(창조)과 신약(구원) 의 하나님은 다른 분", 금욕주의(술,담배,부부관계)(二原元)
성경 축소(누가복음과 바울서신9권 만 인정,구약 배제)
假現說(Docetism):성육신은 착시현상

161 Commodus 황제
Irenius : 반영지주의자,"신은 하나",신앙과 은총에 의한
바울의 認義論 불수용(성령론 인정), 순교
"사도의 후계자는 진리를 소유하고 있다."
"사도전승,사도전통 보존교회"의 권위
Tertullianus(160-220) : "신은 자신안에 그의 말과
은혜를 갖고 있다."(삼위일체) ⇒'하나의 실체로서 세개의 위격'
(una substantia, tres persinae)

163 Marcus Aurellius 황제(-180)
스토아 철학자;초월주의

165 **Justin Martyr**(유스티누스;공관복음서저작):순교,로마
가장 중요한 변증론자(Apoloogist)
"삶에 관한 진리는 어느곳에 있던 그리스도교적 진리다."(요1:14)
"누구든 로고스를 따라 사는 자는 그리스도교도이다."
Tatian(저스틴 제자): **4복음서 제작**
Hippolytus(170-235) :Irenius 제자; 반 영지주의자

170 **Montanism**: 교회권위에 대항, ❶**성령은사**에 의한 지도력 주장,
❷종말대망 사상
영적교만, 육적그리스도인 경멸, 권징강조, 여성 지도자 인정, 결혼금지, 잦은 금식
부르기아 천년왕국설, 종말적 이단, **최초의 교회개혁파**(신령주의)
Montanus : Phrygian. Prisca와 Maximilla라는 두 여인과 함께 성령에 잡혀 1인칭으로
외침.

영지주의자의 재림부정을 공박,계시록의 재림과 천년왕국 건설이 브리기아에서 일어날 것
이라고 함.
두아디라지방에 1세기동안 성행

175 몬타누스(Montanus);Phrygian, 탄핵,처형

177 Marcus Aurelius황제의 박해   Rhone Valley교인 박해
　　　　　　　　　　Blandina;여자노예출신,리용시에서 순교

178 反 그리스도논쟁자들의 공격 : 정치적 위험과 철학적 경멸이 배경
Celsius : "그리스도교는 미신과 단편철학의 혼합물로서 모순투성이""예언의 성취가 아니
다."

"세계는 달라지지 않았다.""신의 불가변성에 신의 육화란 어불성설이다."
"예수의 부활은 두세명 도취된 여인들의 증언에 불과하다."
변증가(Apologists)들 등장 :

180 Commodus황제(161-192), 사치,낭비,암살됨.
　　　　　　　Scillium 12명 평교인 Carthage에서 순교
　　　　　　　Theophilus : 안디옥 감독, Monarchian(一神論者)

184 한나라,황건적의 난

185 오리겐(Origen Adamantius;-249)Alexandria출생,
　　　　　스스로 거세, 6개언어대조 성경(Hexapla)편찬,
　　　　　신과 로고스에 관한 교설, 종말론:그리스도의 靈의 顯現,
　　　　　영지사상 만연(도마복음 숭배), 반 신플라톤주의

193 Servetus(193-211)황제

196 동방교회가 유월절기간에 부활절을 지킨다하여
　로마 빅토르교황이 파문함

Tertullian(Quintus Septimus Florens Tertullianus;160-230):
Carthago 출신 법률가, 로마에서 활동, 190년경 기독교로 개종,
반 영지주의자 이레니우스가 동방신학자라면 그는 서방신학자의 효시,
삼위일체론의 첫 주창자
原罪 遺傳說, '라틴신학의 아버지', 207년 몬타누스 이단에 가담,
도덕주창자로 변신, ,스토아철학에 호감
(영을 힘의 원소;일종의 좋은 실체;a kind of fine substances;은총이라 부름)
☞ 反異端神學者:①취득시효(Praescriptio):교회만이 장기간의 성경소유 주장
　　　　　　②프락세아스 논박(Ad Praxeam ; Against Praxeas)
교회내 일신론을 잠재우기 위해서::
삼위일체론
●삼위일체론(성자와 성령은 성부의 본질에 동참하고 있다)

한 본질,세 개체 (una sustantia tre personae))

❷기독론(한 개체 두 본성; one person two nature)

❸영혼의 유전설(원죄의 유전) (참조:교회사 차종순,한국장로교출판사,2012,pp84-90)

"순교자들의 피는 교회의 씨앗이다."

☞ 반-이단주의자들 :

Irenaeus(130-) : Smyrna에서 출생,Polycap의 제자?, 로마에서 수학, 리용교회 장로, 감독(178), Tuetullian, Origen

200 게르만족 침입   Muratorian Cannon(정경채택목록) (200-258)

220 중국, 한 멸망, 삼국시대

247 로마건국 천년기념의 해,난잡한 축제후 疫病유행

키프리안(Cyprian) 칼타고교회 감독직

249 Decius황제(201-251):기독교박해,'제사증명서'발급(250)

250 로마교회감독 Fabian 순교

251 교황 Cornelius가 키프리안을 옹호 , 반대파가 Novatian을 반-교황으로 추대

252 Cornelius 교황 : 배교자 귀환에 온건정책

Novatianus교황 : 배교자축출,재입교희망자는 엄격한 재교육 필수.

지지자들이 대립교황으로 선출하여 교회를 분리, 두 교황제

254 Origen 순교, 로마에서

☞ **Monarchianism**(군주신론;一神論) : 로고스 기독론에 대한 반론

(요한복음서와 오리게네스에 대한 거부반응)

"예수는 인간이다.""육체를 입고 지상에 나타난 神의 대변자이다."

로고스의 이신론 혹은 삼신론 에 대한 반동으로 아버지 단일지배를 뜻하는 Monarchia라는 용어를 씀

① Dynamic Monarchism(역동적 군주신론) : Adoptionism(養子論)

Theodotus(190): 세례전에는 사람/후에는 멜기새덱과 같이 승격되어 양자됨.

Paul of Samosata(260--268;안디옥 사교) o(터키 남동부 아디야만 주에 있는 마을 Samsat의 옛 이름, 유프라테스 강의 도하 지점)

"예수는 하나님이 아니며 그안에 지혜,말씀이 거주한다." 안디옥에서 정죄당함.(268)

후대 소치니, unitarian주의자들의 선구자 역할

② Modalistic Monarchism(형태론적 군주론) :

Noetus(서머나 감독) : "예수가 하나님이라면 성부가 수난당한 것과 같다."

장로들에 고소,정죄 당함.

Modalism(樣態論); Patripassianism(父神受難說);사벨리우스 주의

"Homousios : 같은 본질. 같은 신적존재의 힘을 가졌다.""異質(Homoiousios)이 아니다."

Praxeas : 이신론,삼신론 반대 ↔ 터툴리안,히폴리투스의 논박에 직면함.

둘은 교황칼리스투스로부터 배척당함.

Sabellius(215) : 하나의 신이 다른 형태로 나타난다. "성부는 형상과 본질이고 성자와 성령은 자기 표현의 형태이다." "신성은 하나님 한분의 것이고 성자와 성령은 기능적 역할만 담당한다."

(본질의 단일성과 그 형현(顯現)의 복수성)

☞ 오늘날도 사벨리우스적 성삼위의 본질부정 논난은

스테벤보라,슈라이마허,헤겔,도르너등에서 여전하다.

** Alexandria 학파 **

신플라톤 주의 : 신약성서 시대의 종교적 전제로 출발한 철학(고대 끝 무렵)

플라톤적,스토아적,아리스토텔레스적 사상의 융합.

Plotinus(204-269) : "신이란 초월적인 無(transcendent nothingness;; 모든 것; 하나;一者)이다."

즉 영원한 바탕 ->> nous(정신;spirit ; 영원자의 직관표출 ;Idea)가 방사되어 나옴

->> 혼(psyche ; 움직임(삶)의 원리)

Ammonius Saccas : 플로티누스와 오리겐의 스승

Alexandria의 Clement와 오리겐 : Alexandria Catechesis학교(교리문답으로 출발) 출신

Pantaenus(초대교장)

Clement(-216) : Catechesis 2대 교장

그리스도교 사상과 헬라철학의 통합; 문화적 교양으로 고양시킴

"로고스는 모든 계시의 매체이며, 인간을 사랑하는 신의 기관, 교육자이다."

성서종교와 그리스 스토아철학 병행, 혼재

Origen(185-254) : 3대교장, 230년 이후는 가이샤라에서 활동; 교회로부터 이단낙인됨

1)성서의 알레고리적 해석(字義的,도덕적,신비적) ↔ 16세기 종교개혁자들로부터 공격당함

2) 신과 로고스에 관한 교설

"신은 존재, 그 자체이다.(esse ipsum) ; 모든 존재와 인식을 초월하는 근원이다.

신은 로고스(inner word)를 통해 자신과 다음세계를 열어 보여준다.

로고스는 아버지와 같은 실체(homoousios tō patri)이다. 그러나 아들(피조물)이다.

┗본질(essense)상 제2위가 1위에 종속되어 있고 열등한 신성을 전해 받았다.(하급신)

성령은 그 보다 더 낮다. 성자에 의해서 지음 받았다.

(流出說 : 로고스는 초월적인 하나(一者)보다 낮은 힘을 가졌다)"

☞ 오리겐 삼위일체설의 결함부분 : 성부,성자 둘다 신적위격의 실재라는 부분은 확고하였지만 세위격과 한 본질관계를 온전히 설명하는데는 실패 / 성령을 성자에게 까지 지음 받은 종속적 관계의 단순 피조물로 정의,비성경적 해석

3) 타락의 교설

타락은 신과의 분리로 옮아가는 영원한 이행이며 정신의 자유 때문이다.

마귀도 구원받을수 있다.

4) 그리스도론

인간의 혼은 로고스의 신부다.

5) 종말론의 정신화

그리스도의 來臨을 믿는 자의 혼에 나타나는 영적 顯現 (육체가 영원에 참여함을 의미)

지옥이란 양심안에서 타오르는 불이며 물질적 실존이 사라진 후 신에 복귀하는 과정이다. (
Berkhof L.:The History of Christian Doctrines, 박문재 역,기독교 교리사, 크리스챤 다이제스트, 2015,86) 참조

☞ **오리게네스 학파**의 내분(삼위일체론 攻防) :

① 우파 : Gregorius Thaumaturgos, **Athanasius**

"아들은 아버지모다 열등하지 않고 성령도 아들보다 열등하지 않다.""어느것도 만들어지지 않았다."

(Homoousios), (High Christology)

로고스는 영원한 아들이며 진실한 不死性의 신이다.

② 좌파 : Dionysius von Alexandrien, **Arius**

"아들은 본질상 異質的이며 낳기전에는 존재하지 않았다."(Hierarchia;계층구조체계)

"로고스는 半神의 힘으로 예수의 혼 안에 자리한다."

③ 중도파 : Eusebius of Caesarea

(Homoiousios ; 유사본질)

☞ 안디옥 학파 : 문자적,역사적의미의 성경해석, 회교의 발흥으로 자취없어짐.

Lucian of Antioch : Logos의 영원성과 예수의 인격적 영혼 부인 -〉Arius에게 영향

Diodorus of Antioch

Theodorus of Mopsuestia

☞ 서방신학파 : 사변적 교리논쟁의 동방교회와 달리

신학교회론,성례론등 목회중심성향의 사상이 강함

로마중심 : 클레멘트,헤르마스,이레니우스,히폴리투스

북이프리카 중심 : 제롬, 터툴리안, 키프리안,어거스틴

257-258 황제 발레리아누스의 대대적 박해

Dionicius(Alexandria감독)도 Cornelius지지, 공동묘지 출입금지, 교인재산 몰수, **Cyprian**(Cartago감독;200-258), 순교.

로마주교,부제4명 효수 Decius황제치하의 변절자(lapsi)도 수용(분파주의를 우려해서), Africa,Espania,France 주교들 효수 교회의 통일성 중시, 감독직에 순종 (마16:18), **교회론**의 발전.

보편적 교회; 재입교자에겐 재세례 강조

"교회밖에는 구원X, 교회를 어머니로 모시지 않는 자는 하나님을 아버지로 모실수 없다.", 교회는 '성도의 교제'가 아니고 '구원의 제도'이다.(Heilsanstalt)

司敎는 교회 안에 존재하고 교회는 사교직 위에 세워져 있다.

교인은 감독에게 복종하여야 한다. 반역하는 것은 하나님께 반역하는 것이다.

259 교황 Dionysius(-269)

260 에데사 전투(대 페르시아)패전, 발레리아누스 포로

갈리에누스 황제 부왕정책 완화;예배장소와 공동묘지 출입 허용

261 **Sabellius**(단일신,양태론자) 이단,정죄

275 Eusebius Caesarea(275-339); 가이샤라 주교

"예수는 하나님의 첫 피조물이며 하나님본체가 아니다."
"예수는 영원으로부터 온게 아니고 無에서 창조된 것"이며
"하나님과 동일한 본질이 아니라 유사한 본질을 가졌다."
◀ 잠8:22,마28:18,막13:32,눅18 | 19,요5:19,14:28,고전15:28
↔ Athanasius (당시 Alexandria부주교)

	Arius	Athanasius
1) 무시간적,영원발생	부인	주창
2) 성자	무에서 피조,성부의 영자	성부의 본질에서 발생
3) 성부	다른 본질	동일 본질, 세 위격

323   Armenians와 동맹하여, 사교허용 항의 침공하는 Licinius 와 Bosphorus전투, 승리 Constantine 동방진출,

324   Constantin, 터키전투에서 처남인 동로마 리키니우스를 패퇴시키고 조카들마저 처형, 제국통일
통일로마 수도를 Byzantium으로 옮기고 콘스탄티노플로 명명함.

325   콘스탄틴 통일황제 주제 **니케아**(Nicaea)**1차공의회**(6월) :
Arius(알렉산드리아 장로)파 이단처리
"예수는 창조가 아니라 낳아진 것, 하나님과 本質同一" (homoousia)
☞ 그리스도의 신성 확보
동방제국 주교들 반발 :
"Sabelius의 양태론(modalism)과 비슷하다."
이 때문에 이후 40년간 잇따른 종교회의의 빌미가 됨

니케아 신조 : "우리는 전능하신 어버지,유일한 아버지,보이는 것과 볼 수 없는 것의 창조자를 믿습니다.
우리는 유일한 주 예수 그리스도,아버지께서 낳으신 하나님의 아들,아버지의 본질에서 낳은 외아들,하느님의 하느님, 빛의 빛, 참 하느님의 하느님,낮아지고 만들어지지 않은,아버지와 동질(하나의 실체;homoousios)인 분을 믿습니다. ....."
☞ 니케아신조의 意義 :
① 이단극복:"그리스도는 신적본질을 가지고 역사적 인간의 한 사람으로 나타난 신,그 자체이다."
② 反 동방의 hiearchia적 단계이며 反 homoousios적이어서 로마나 서방적인 관념에 적합하였다.
이 싸움은 60년 뒤 Constantinople 회의에서 정리되었다.
③ "아버지와 동질"(한 실체;usia)라는 명제로 유출설을 뒤엎고 모나르키아주의와 합치됨으로써 Athanacius, Marcellus는 사벨리우스주의자로 피고발된다.

④ 소극적 방식의 결정 ; 그리스도의 피조성은 부정되나 '아버지와 동질(homoousia)의 성격, 세 위격의 실제구별(역사적 VS 영원성)의 해명이 없다.
역설적이게도 이런 불분명성이 그리스도교 신앙의 명제를 보호하는 Dogma의 위대함이다.
⑤ 이 신조에는 성서의 개념보다 신비적 헬라종교철학이 수용되어 있다.
⑥ 대표적 성직자들에 의한 公會議主義(Conciliarism) 권위
⑦ 국가교회의 형태 강화

326 콘스탄틴 황제, 아들 Crispus와 처Fausta를 간통혐의로 처형, Helena(콘스탄스母),성지방문, 베들레헴과 감람산에 교회세움
황제의 입장은 교회의 화합,통일(Arius파 처단않고 수용) ∵제국의 안정과 도덕성
Eusebius(가이사랴)기독교역사기술; 황제를 "13번째의 사도"라고 아부,
다신교 방관(종교자유)
Eusebius(니코메디아;비두니아의 수도) : 아리우스파,
니케아신조확정전에 Arius를 성찬식에 참여시켰다가 황제의 분노로
잠시 유배 후 복귀,황제의 호의를 업고 보수파 3敵을 공격,유배시킴
1) Eustace(안디옥 감독): 오리겐 비판자
helena 비방, 유배지에서 사망

328 2)Athanacius(-328알렉산드리아 감독 알렉산더 후임):
trier(고올 지방)로 파문,유배(335)
3) Marcellus(Ancyre;앙카라)감독
:오리겐의 삼신론(Tritheism) 반대,통일성 강조,
예루살렘 Holy Sepulchre교회 헌당식 초청거부(Arius파도 초청한 때문)로 황제명으로 파직,
유배됨(336),

☞ Athanacius(295-373) : Alexandria生 , Nicea신조 옹호 중심자. Arius 논박,
동방(안디옥)교회의 강한 저항으로 수차례(5회)직분 박탈,추방,서방으로 도망, 로마공의회
(341),사르디카공의회(343) 추인 획득
니케아신조를 구하였으나 오라겐성향의 해석과 타협, 삼위일체론 도식완성, 귀양살이 5회
☞ Marcellus : 모나키아주의적 唯一神論(monotheism) ;
창조이전 (Monas)은 창조때 Dyas(이원성);육화된 로고스는 부활때에만 아들이며 성령과 함께 결국은 아버지게로 통일된다.(Dynamic Monarchianism)

330 제국수도를 비잔티움(Istanbul)으로 옮김비잔틴 문화
"Constantinople 건설"

336 Arius 사망

337 Constantine 사망(337/05/22) 사망전 니코메디아 유세비우스에게 세례받음.

340 제국3分: Constantine II: 西部,콘스탄스에 戰死
Constans(320-350) : 北Italy+Africa,
Constantius II(337-361): 東部 : 니코메디아 유세비우스(Arius파)에 호의

Arius파 의 조언에 따라 "아들이 아버지보다 저급하다."

(Anhomoioi ∵피조물)

(The Bleasphemy of Sirmium;신성모독) 신조

341 헬라에서 유배된 아타나시우스,마르셀루스등은 로마감독 Julius(337-352)에게 피난
Arius 논쟁은 결국 동,서방교회 분열을 초래한다.

헬라 : 라틴인들의 지적능력폄하, 사벨리우스주의를 의심

라틴 : 헬라인은 아리우스적 삼신론주의(tritheism)이다.

로마공의회 : 아타나시우스 교리 승인

안디옥 종교회의:"그리스도왕국은 종말이 없다."

←反마르셀루스(동서교회의 緊張)

東 : 세 本體(3Hyposes)설,삼신론(tritheism),

Anhomoioi(같지 않다.)

Homoiousia(본질상 닮았지만 같은 실체는 아니다.)

西 : 헬라측을 Arius주의자들이라고 비난

Homoios(본질상 닮은)

Athanacius와 서방은 니케아신조(Homoousios)를 Homoiousios로 해석

342 유세비우스(니코메디아;콘스탄티노플 감독) 사망
두 후계자(감독)선정으로 자체분열 : Paul & Macedonius ;
둘 다 서로 몰아냄으로 수도권 교구 공백상태

343 **Serdica**(불가리아 소피아)**종교회의** : 싸움,분열중 황제 압박,중재로 화해:
東은 아타나시우스를 Alexandria감독으로 받기로 동의, 西는 마르셀루스 후원중지로 양보

346 Athanacius : 환호속 Alexandria 입성,10년간 교구지킴.

350 Constans, 고올지방 Magnentius反亂으로 사망
Flavius Magnus Magnentius(-353) 황제

351 Constantius II, 무르사전투에서 반군진멸.
"비슷하다"는 모호한 신조 원함
무르사의 발렌스(아리우스주의자) 황제 자문역 등장; "제국내의 교회를 통일시키는 길은 교
설을 정확히 단정하지 않고 넓게 정의하는 것이다."

352 Liberius, 로마교구 Julius를 대치

353 아를르(353),밀란(355)회의 아타나시우스 정죄 성공, 반대자 유배 : Luciper of Cagliar-
is,Sardinia
Eusebius de Vercelli(340-371)

Dionycius of Milan →Auxentius
Liberius of Rome

356 아타나시우스("동일하다") 파문, 군대동원,아리안주의자 George로 대치

357　안디옥교구도 아리안주의자 Eudoxius임명　　그러나 동방교회 보수정통파는 우려
(Anomoian주의:"성자는 성부와 다른 피조물에 불과하다.(Heteroousious)"
　　　　　　　　　　　　　↔니케아신조(Homoousios)
Athanasius유배(←Arius 복원시키려는 황제뜻에 반기)
Sirmium(Serbia)공의회(357) :
ousia(본질), Homoousios(동일본질), Homoiousios(유사본질) 같은 언어 사용금함.
→ 별무효과

358　Basil(앙크라의 감독;"비슷하다"), 황제설득 일시성공
非 아리우스 派 박해
☞ 아노모이오스 주의(Anomoian) :
"성자의 정수(Essense;본질)은 성부의 그것과 다르다."(비슷하지도 않다;Anomois)
　　↔ Nicea
　　↔ Homoiousios(비슷하다)와도 차이
☞ 유명한 **아리우스파** : ① **Eusebius**(니코메디아;비두니아의 수도) :
Constantine임종시(337) 세례준 사람
니케아신조확정전에 Arius를 성찬식에 참여시켰다가 황제의 분노로
잠시 유배 후 복귀, Constatius II황제(-337-361)의 호의를 업고 보수파 3敵을 공격,유배
시킴
　　　　1) Eustace(안디옥 감독): 오리겐 비판자. helena 비방, 유배지에서 사망
　　　　2) Athanacius(-328알렉산드리아 감독 알렉산더 후임)
　　　　: trier(고올 지방)로 파문,유배(335)
　　　　3) Marcellus(Ancyre;앙카라)감독 :
　　　　오리겐의 삼신론(Tritheism) 반대,통일성 강조,
예루살렘 Holy Sepulchre교회 헌당식 초청거부(Arius파도 초청한 때문)로 황제명으로 파직,
유배됨(336),
↔Athanasius(Alexandria주교)
　　　　　　② Milan의 Auxentius(355-374)
　　　　　　③ 안디옥교구→ Eudoxius (357) → Constantinople
　　　　　　④ Demophilus(콘스탄티노플))
　　　　　　⑤ George(Alexandria)
　　　　　　⑥ 무르사의 발렌스

359　중도해결책 호메이즘(Homèisme) 모호하게 둠?

360　Eudoxius , Constantinople로 옮김
Basil의 패배,유배

361　Constantius II 사망
Julianus 황제(331-361-363): 이교부흥정책(다신교), 배교자
새로운 철학적 신비 종교설립 시도(신 플라톤주의 개념)

362	Alexandria교회회의 : "그리스도안에 인간의 혼(Pneuma;Nus)이 존재한다."
	Athanasius 復歸,도피생활 반복
	성령의 神性문제 대두 :
	"아버지와 아들의 본질공동체는 인정하나 성령에 대해서는 반대"
	(성령훼방론자; Pnematomachians) :
	Eusebius of Sebaste(에발,그리심산북쪽) :
	Marathon of Nicomedia :
	Macedonius of Constantinople(342-360) : "성령은 성자에 종속된 피조물"
363	Julian 페르시아원정도중 創傷으로 사망 ; 이교부흥계획 무산
	Jovian(332-364) 황제
364-375	Valentinian 1세(321-375)(서방)황제,종교자유(중립)정책
	Miilan의 Auxentius(355-374)등 소수 서방 아리우스파와 마니교 방치.
378	동방은 형제인 Valens(328-364-378) 에게 맡김.아리우스파(Eudoxius;-370,
	Demophilus(콘스탄티노플));-380 후원
366	교황 Liberius(355-358) 사망.로마교회 분열; Ursinus: Damasus 두 감독
	양파 패싸움,137명 사망
	교황 Damasus(366-384) : "로마는 사도들의 교구", "베드로는 새로운 이스라엘의 족장"
	순교사도들의 성당 신축
	(베드로의 바티칸성당, 바울의 Ostia성당, 양자의 Appian가도 성당)
	비서 히에로니무스(Jerome)를 시켜 라틴어 성경(la Vulgate) 보정
	종교의식도 라틴어로 봉헌토록 함
367	**신약성경 27권 발간** Athanacius
372	고구려 불교전래
373	아타나시우스 사망
	Apollinaris(라오디게아;310-390)의 이론(人性 否定) 문제화,참 인간과 신의 인격적 결합 부정,변증,논리적
	갑바도기아 교부들이 계승 : Basil(of Caesarea),
	Gregory(son of Nazianzus 감독),
	Gregory of Nyssa(바실의 동생);
	'삼위일체'를 설명하기 위한 방법 동의:"한 본질내의 세 본체"
	☞ 3명의 갑바도기아인 : ① Basilius The great(가이사레아 사교)(329-379) :
	新,半 Arius주의, 半神半人사상과 싸움
	②형제 Gregory of Nissa(371;니싸 사교)(-390)
	③ Gregory of Nyzianzus(380;콘스탄티노플 사교,공의회 의장)
	(-394) :
	삼위일체교리(Consubstatiality;본질공존체) 확정
	aided by Thedosius황제

☞두 개열의 개념 혼재 : 삼신론의 위험

　　㉠ 하나의 신성(mia theotes)/하나의 본질(mia ousia)/하나의 본성(mia physis)

　　㉡ 세 실체(yreis hypostaseis)/세 특성(idiôtêtes)/세 위격(personae)

374　　　**Ambrose**(Aurellius Ambrocius;340-397)): 미세례 신분으로 Milan감독취임.

　　　Gratian, Valentinian, Theodosius황제의 진보적 정치에 영향

　　　Hippo의 Augustin에 영향줌

　　　↔ staunch opponent of Arianism

375　Flavius Gratianus(359-383)황제(Valentian의 아들)

　훈족(러시아남부 흉노족) 발흥으로 고트족이 밀려 동로마제국으로 들어옴

378　**Diodore**(Tarsus감독)(John의 스승) 안디옥 감독부임 :

　성육신(Incarnation)의 하나님 변신(Metamorhosis),하나님 아들등 상징적 해석(Allegory)

　否定

　동방 Valens황제(364-378; Valentinian 1세의 동생)

　　　Goth족과의 전투(Adrianople전투) 중 사망

　　　　(서)고트족 아리우스파 기독교 신봉

379　그리스,마케도니아 행정관할권 동로마제국으로.

380　Maximus황제

　　　스페인 Priscillian, Avila 감독, 금욕주의자Mani교도로 피소,처형됨.

　　　후에 고발자들은 Ambrose와 다마수스 후임 Siricius교황에게 파문당함

　Flavius Gratianus : 다신교 신전출입 통제

　Theodosius 1세(379-395) :

381　**콘스탄티노플 공의회**(1차): 니케아공의회(신조 채택):

　　　　성령의 신성확보 추가; 삼위일체론의 정착

　　　as already leaded by Athanasius, Cyril of Jerusalem

　　" 우리는 성부로부터 나와서 성부 및 성자와 함께 영광을 받으시게 되어 있고

　　선지자를 통하여 말씀하시는 성령, 주, 생명을 주시는 이를 믿는다,"

　☞ 콘스탄티노플 공의회 결정의 미흡한 점 :

　　① 성령이 성부와 동일본질(homoousios)이라는 사실언급이 없다.

　　② 성령이 성부에서 나온다는 진술은 있지만 다른 두 위격에 대한 성령의 관계성

　이 정의되지 않았다.

　　　"homoousios(同質)와 homoiousios(닮은)의 소극적 결합"

　　　　↕　　　　↕

　　　Arius　　Sabellius

　☞ 문제점 :

　① 사위일체? : 신의 실체(모든 신의 근거)+

　② 삼위일체 교설은 예수를 설명하기 위해 만든 공허한 표상 :

　　　'만들어지지 않은','낳아졌다.','발출됐다'

③ 성령은 하나의 persona이기 보다는 추상적 힘이다.

④ '세 위격'이란 용어는 삼신론(三神論)의 위험성 내포

↙ 일체성과 상호내재성 강조가 필요하였다.

헬라인에게 예수가 그리스도임을 설명하기 위해 '로고스'이론을 들고 나왔을 때 Arius의 등장으로 위기를 맞게 되었다.

∴ 신의표현을 난해하게 만들기 때문에 보수전통신학은 '로고스'를 싫어한다.

☞ 그리스도론의: 불확실성

① 양자론(Adoptionism) : 니케아 신조

② 변화론(Transformationism : 로고스는 예수의 육체를 빌려서 역사적 존재로 변한다.

Apollinarius(310-390) : 라오디게아의 사교

기독론 : 人性부정, 神性옹호, 인간의 영(Pneuma)에 로고스가 들어 감

↔ 세 갑바도기아 교부와 Hilary of Poietier

肉化를 祕義가 아니고 논리적으로 다룬 시도

"완전한 신이자 완전한 인간인 존재를 예배할 수는 없다."

"예배의 대상이 되는 것은 신적 로고스를 가진,

즉 하나의 본성만 가진 그의 살 뿐이다." ↔ 이단 정죄됨

Paul of Samosata(터키 남동부 아디아만 주) :

☞ 안디옥 학파 : 일반적으로 서방(일부 로마)과 같은 경향 ↔ 신비적,초자연주의적 단성론(알렉산드리아 학파)

① 역사적 예수 강조(현대 역사비평학의 선구)

② 합리적 명석성(아리스토텔레스적,자유주의신학적)

③ 윤리적,인격주의적(VS 동방은 신비적,존재론적이다.)

383   로마 Maximus황제 피살,

그라티안이 계승, 원로원회당에서 승리의 제단(Altar of Victory)제거,피살

Augustin 로마로 이주

384   백제 불교전래

Valentinian II 황제, 승리제단 복구청원을 Ambrose가 막음

385   발렌티누스1세 미망인 Justina, 군대내 아리우스주의 고트족에게 Milan시내 한 교회를 양도하란 명령을 Ambrose가 거부

388   **Theodosius 1세** 황제: 기독교, **로마국교 선포**, 제국전체를 통치한 마지막 황제

Callinicum(유프라테스강유역) 유대인 회당의 기독교인방화를 지역교회 재정으로 복구시킴.

Ambrose는 이 명령을 철회하라고 성찬식 집전을 거부

동방 Cynegius지사(반이교주의자;384-388) 신전파괴

390   Jerome(331-419) 구약 Latin어 번역(Vulgate성경)

데살로니가 시민들이 야만족출신 군사령관을 살해하자 황제는 시민 수천명 학살,

Ambrose는 황제를 파문,공개적인 고해성사 시킴.

| 391 | 안디옥의 John Chrysostom 콘스탄티노플 감독부임, 황후로부터 유배, 사망 |
| | Theophilius(Alexandria감독) : Serapis 대신전 파괴, 주점으로 변신 |

| 393 | 히포 공의회 |

395 | **로마제국 동,서로 분열**

396 | Augustine(354-430):누미디아(Algeria)에서(이교도 父,그리스도교인 母사이에서 출생.
Platon(관념적 삶의 진리),Cicero(절충적,실용적 진리 탐구)의 영향,9년간 마니교 심취,
Mani(216-276) : 시리아어 사용하는 바빌로니아인

☞ 마니교 : Persia의 Zervanaite교에 기초한 이원론적 조로아스터교(拜火敎)와 불교,기독교,헬라 Platon주의적 영지사상과의 혼합.
　　　　　❶ 진리는 논리적 분석문제가 아니라 종교적 실존적 문제이다.
　　　　　❷ 진리는 구원이며 마니교는 구원의 종교이다.
　　　　　❸ 진리는 선과 악의 원리 싸움에서 나타난다.

선악공존세상에서 ①선택받은 금욕주의자②듣는 이들(Hearers; AUGUSTINE이 이 群에 속했다.)

마니교를 떠난 다음 회의주의(Skepticism; 그리스 철학에 대해서)에 빠짐.

신플라톤주의(소극적 도피의 철학)로 이어짐.

그리스도교의 계시론에 의존케 됨. 새 내면적 인식론(Epistemology) 탐구의 확실성을 위해 회의 권위를 필요. 수도사나 성자들의 금욕주의에 매료.(당시 문란한 성문제에 환멸)

386년 Milan Ambrose 영향으로 기독교 귀의, 세례(387),북Africa Hippo(Bone) 감독(395)

☞	Aristoteles	Augustine
	조절적	이원론적(eg. Platon,Plotinus)
	개체 강조	교회 공동체
	Eros 및 금욕적 extacy거부	금욕적 Extacy
	자연적 사물인식 과학	신과 혼의 인식
	합리적 논리학자	직관적 主意主義 사상가
	귀납적 경험론자(추상성으로 올라간다)	직관적 사상가(신에서 내려온다)
	Dominico수도회	Francisco수도회
	Thomas Aquinas	Bonaventura
		Duns Scotus
	지성	의지

397 | Nectarius(Constantinople감독) 사망
칼타고 3차 종교회의: 아타나시우스 **신약27권**정경목록 확정

☞ 외경(Apocrypha; 숨겨진 책) :
토빗기, 유빗,에스더(추가서),집회서,바룩,마카비 상,하, 다니엘추가서(가톨릭성서)
위경(Pseudegripha; 거짓 경전) :

398 | 안디옥의 John Crysostome(349 - 407) 37대 콘스탄티노플리스 대주교. 동로마 황제 아르카디우스와 그의 아내 아일리아 에우독시아에 의해 박해를 받고 유배지에서 죽음.

402	인노센트1세(-417)로마교황
403	Theophilus(Alexandria감독) Chalcedon회의 소집
	John을 면직시킴(Arcadius황제비 Eudoxia 승인)
405	히에로니무스,J erome(345-420): 라틴어성경 번역판
	revised Version of Vulgate(불가타))
406	Vandals,Alans,Suevi족들의 고올지방과 Spain 침입
	게르만 야만족 개종(대부분 아리우스 주의)
407	John: 유배길 Comana(현 Tokat)에서 사망
408	서Goth족 Alaric 로마침탈
410	로마 멸망, 고트족 로마시 약탈
412	Cyril(375-444) : Theophilus조카, Alexandria 감독
	신성과 인성의 통일성 주장, 마리아는 '신을 낳은 사람'
	(Theotokos)
	↔ 네스토리우스 :'그리스도를 낳은 사람'(Christokos)
414	Alexandria에서 반유대폭동,학살
418	Minorca에서 폭동,유대인 학살
417-419	Zocimus 로마교황
418	골지방으로 밀려난 서로마제국은 고트족에게 보수를 주고 변방방어 임무를 맡김
420	제롬 사망

☞ **Pelagius**(360-420; 영국 수도사) : 이성의 자유; "인간은 합리적 존재로서 심의
(deliberation) 자유를 갖는다."**(자유의지)**
로마(411-412),북Afirica(문도eletius),Palestine,Jerusalem 전파
에베소공의회 이단단죄(431)

    ① 사망은 타락의 결과가 아니라 자연적 사건이다.
    ② 원죄는 아담 한사람의 것이지 인류의 죄가 아니다.
        그리스도 이후에도 죄인이 존재한 것처럼 이전에도 죄 없는 인간이 있었다.
    ③ 어린이는 타락 이전의 아담과 같이 죄가 없다.
    ④ 은총은 세례를 통한 죄 사함에만 있지 그 후에는 인간 스스로의 의지에 달려
        있다.선과 악은 인간에 의해서 수행되는 것이지 주어지지 않는다. (Moralism)

425	Celestine 1세 교황
428	Nestorius(안디옥학파): Constantinople감독 부임, John을 성자목록에 등재

429 반달족 8만명 지브롤터해협을 경유 서북Africa 점령

아프리카교회 붕괴, 도나투스논쟁 종식

☞ 16세기에 '재세례파 논쟁때 도나투스론 재연

재세례파 : '죄인은 교회에서 추방해야한다.'

　　　　　': 유아세례받은 자는 성인이 되면 재세례 필요하다.'

　　　　↔ 루터,쯔빙글리,칼벵,어거스틴(알곡과 가라지 혼재이론)

영국에 Auxerre감독 Germanus파견, Arius주의 선호(로마교회 박해,소멸)

　　　　　(Pelagius주의 분쇄목적)

☞ **Augustine**(354-430):누미디아(Algeria)에서(이교도 父,그리스도교인 母사이에서 출생.

Platon(관념적 삶의 진리),Cicero(절충적,실용적 진리 탐구)의 영향,9년간 마니교 심취,

　　　　Mani(216-276) : 시리아어 사용하는 바빌로니아인

☞ **마니교** : Persia의 Zervanaite교에 기초한 이원론적 조로아스터교(拜火敎)와 불교,기독교,

　　　　헬라 Platon주의적 영지사상과의 혼합.

　　　❶ 진리는 논리적 분석문제가 아니라 종교적 실존적 문제이다.

　　　❷ 진리는 구원이며 마니교는 구원의 종교이다.

　　　❸ 진리는 선과 악의 원리싸움에서 나타난다.

　　　선악공존세상에서 ①선택받은 금욕주의자②듣는 이들(Hearers; AUGUSTINE

　　　이 이 群에 속했다.)

　　　마니교를 떠난 다음 회의주의(Skepticism; 그리스 철학에 대해서)에 빠짐.

신플라톤주의(소극적 도피의 철학)로 이어짐.

그리스도교의 계시론에 의존케 됨. 새 내면적 인식론(Epistemology) 탐구의 확실성을 위해

교회의 권위를 필요. 수도사나 성자들의 금욕주의에 매료.(당시 문란한 성문제에 환멸)

386년 Milan Ambrose 영향으로　기독교 귀의, 세례(387),북Africa Hippo(Bone) 감독

(395)

☞ **Pelagius**(360-420; 영국 수도사) :

　이성의 자유; "인간은 합리적 존재로서 심의(deliberation),결단의 자유를 갖는다."**(자유의지)**

　　　　로마(411-412),북Afirica,본도,Palestine,Jerusalem 전파

　　　　　에베소공의회 이단단죄(431)

　　　① 사망은 타락의 결과가 아니라 자연적 사건이다.

　　　② 원죄는 아담 한사람의 것이지 인류의 죄가 아니다.

　　　그리스도 이후에도 죄인이 존재한 것처럼 이전에도 죄 없는 인간이 있었다.

　　　③ 어린이는 타락 이전의 아담과 같이 죄가 없다.

　　　④ 은총은 세례를 통한 죄 사함에만 있지 그 후에는 인간 스스로의 의지에 달려 있

　　　다. 선과 악은 인간에 의해서 수행되는 것이지 주어지지 않는다.　(Moralism)

↔ Augustnine

	Pelagius	Augustinus
인물유형	야성,신비주의 없는 조용한 수도사	영혼갈등 ,죄와 갈등,은혜 체험
죄론	원죄 부정, 죄는 자유의지의 선택	원죄인정, 죄는 선의 결핍,자기사랑이다.

	유아세례 불인정	유아세례 주장
은혜론 :	은혜의존 부정유아세례 주장	하나님의 은혜가 선한 인간의지에 역사함
중생론 :	인간의 공로	하나님의 단독적 사역(믿게 만듦)

①선행적 은혜(prevenient grace;율법의 조의식)

②작용적 은혜(operative grace;복음의 칭의,회목,예수사역)

③협력적적 은혜(cooperative grace;인간의 거듭난 의지가 성화사역협력

예정론 : 　　　　　　　　　구원사역의 예정,택정.看過(pretermission),遺棄

reprobation)

중생후 끝까지 신앙을 지킨자들과 은혜를 상실한후 회복된 자들만이

구원받는다,

☞　半펠라기우스 주의 : 하나님의 은혜와 자유의지를 나란히 놓음

☞ Augustin이 잠재운 종파들 :

① 도나투스주의　② 마니교　③ 펠라기우스 신인협동론

**기독론 **

神性과 人性

☞ **Nestorius**(안디옥학파, 콘스탄티노플 總大司敎, 429)

① 마리아는 신을 낳았다(Theotokos)는 敎說 반대;

마리아는 神性의 인간을 낳았다.(Christo-tokos)

;고난은 인간성이 겪었고 신성이 아니다. 후에 神이 신전에 살듯이 예수안에 로고스-

신이 산다.(神人兩性)(양의론자;Duothelites)

민중의 종교감정은 "마리아 숭배" 여서 이단선고 피할 수 없었음.

인간은 신 갖기 원하고, 제단위에서 보기를 바람.

☞ Cyrillus (Cyril of Alexandria ; 376-444)) :

"예수는 인격적 육체와 인간적 혼을 갖고 있었다." (**단성론**) : 두 본성 회피

"다만 하나의 아버지 신으로부터 와서 인간이 된 신-로고스라는 한가지 본성이 살과 동

화되었다."

"인간적 본성에는 실체(Hypostasis)와 인격성이 결여되어 있어서 신의 옷일 뿐이다."

↕

☞ Nestorius 그리스도론의 선구자 : 그리스도의 '**양성론**'

Theodore(350-428) : 안디옥 태생, 다소의 스승 디오도로가 세운 아스케테리온 학교 입

학, 사제품(383),

길리기아의 Mopsuhéstïa 주교(392-428),

"그리스도는 완전한 인간이었다. 실제로 인간의 감정,유혹과 시험들과 싸워

야했다. "

"그가 죄를 짓지 않은 것은 죄없는 상태로 출생한 것과 그의 인성이 신적 로고스

와 결합되었기 때문이다. "

그의 안에서 로고스는 본질적 내주(essential inswelling)가 아니라 정신적 내주(moral indwelling)로 인정된다.

성육신의 정신적내주화로 대체

Thedoretus(393-428-457)of Syria(Cyrus) : 위 모두 2차 Constantinople공의회에서 단죄.

431   **에배소 공의회** : Cyrilius가 Nestorius("예수는 두인격{신과 인간}을 가졌다.")를 비난,추방 (Alexandria학파의 단성론 승리)

      안디옥 회의: 인성만 인정하려는 분파 정죄

      Irland에 선교사 Palladius파견(Pelagius주의 분쇄목적),

439   중국 남,북조; Vandals족 Carthago 정복

441   Cyrus : 이집트 파노폴리스출신 이교도 시인,Constantinople시 지사, 황제비 Eudokia의 후원, 황궁내시Crysaphius의 질투로 몰락

440-461   교황 **Leo 1세** : 침투 마니교도 적발

      ☞ 레오1세의 교서 :

      "두 가지 본성과 실체의 조건(Propruetate)은 보존된 체 하나의 인격과 결합했다.
      참 신이 참 인간성에서 탄생했다. 그리하여 신의 아들은 아버지의 영광에서 분리되지
      않고 낮은 세상에 내려왔고 십자가에 달리고 땅에 묻혔다고 말할 수 있다."

449   2차 에베소 공의회(강도회의) : 화합시도 실패

450   Theodosius 2세 落馬死

451   **칼케돈 공의회**(Calcedon) : 양성론 (로마와 안디옥학파) 승리.
      "그리스도는 두 본성을 가지나 두 인격으로 나뉘지 않는다."
      단성론자(Monophysite) 알렉산드리아의 Cyril과 그 제자인 Constantinople수사 Eutyches를 이단정죄.

      단성론자(Monophysitismus) :
      Theopaschitists 파 : 성부수난설
      Phathartolatrists(부패할수 있는 자를 숭배한다는 뜻)파 :
"그리스도의 인성은 고난받을수 있다."
      Aphtartodocetists(부패할수 없는 자의 가현)파 :
"그리스도는 죄없고 썩지 않고 타락할수 없다."
      ⇒ 콥트교회(Alexandria),팔레스틴,시리아정교회등은 단성론 고집
          →로마,동방교회와 분리됨

      ☞ 칼케돈 신조 :
      ① 우리는 거룩한 교부들을 따라 신성에서 완전하며 인간성에서도 동일한 그분을 고백하
         는 사람을 가르치는 일에 동의한다.
      ② 주는 참 하나님인 동시에 이성적인 혼과 인간적인 몸을 가진 사람이다.

③ 신성에서 아버지와 실체를 같이 하는 분이며 인간성은 우리와 같은 실체이다. 죄를 떠나서는 모든 것이 우리와 같은 분이다.(三神論 가능성)

④ 신성으로는 모든 세대에 앞서 아버지에게서 낳고 인간성에서는 그 뒤세대에서 우리를 구하기 위해 신의 어머니인 동정녀 마리아에게서 낳았다.(Theototokos)

⑤ 두 본성은 혼합되지 않고,분할되지도 않으며 변하지 않는다.

⑥ 두가지 특성은 각각 보존되고 결합되어 하나의 실체(Hypostasis)를 이루며 독생자이며 신의 말씀인 주 예수 그리스도이다.

☞ 칼케돈신조의 모순성 :

① 로고스가 동일한 아들이라면 지상의 아들과 같지 않고 신성에서 완전하단 분이면 전지전능, 창조와 분리를 뜻한다.

② 우리와 실체를 같이 한다면 삼신론에 매몰될 수 있다.

③ 주가 인간성에 따라 마리아에게서 낳았다면(Chrsitotokos) 마리아는 신의 어머니(Theotokos) 가 되지 못한다.

④ 혼합되도 않고 분할되지 않는다면서 어느 쪽으로 통일을 말하지 않는다.

칼케돈 신학의 공로자 :

Leontius of Byzantium : 스콜라적(언어적 해석으로 해결하려는) 개념

"그리스도의 인성은 성육신된 순간에 하느님의 아들이란 위격속에 그 인격적실존을지니므로 무인격이 아니라 인격이 된 것이다." (Enupostasia)

"신적 로고스의 위격은 두 본성,곧 인간적 본성도 대표한다."

John of Damascus :

"그리스도의 인성은 로고스를 통해서 인격적 실존을 얻었다." (마리아의 태중에서 로고스와 연합)

☞ 호교론자(護敎論者)들 :

① Aristides of Athens : 124-125 Hadrian황제에게 저서 제출(하나님의존재와 성격, 우주원소,동물,다신교 숭배,유대인 잘못 지적)

② Eusebius of Caesarea(275?-339)

③ Athanasius of Alexandria(295-373) : 알렉산드리아 주교(328)

삼위일체설 부정하는 Arius와 대결

④ Augustinus Aurelius(354-430) : 교회성사(세례,견진,신품)를 받은 자에게는 지울 수 없는 교의발전

⑤ Cyrilus of Alexandria(375?-444) : 주교(412),그리스도 신성과 인성의 통일성 주장.

"마리아는 신을 낳은 사람"(Thetokos)

↔ Nestorius(Christokos)

431년 에베소공의회에서 승리

⑥ Thedoretus(393-428-457)of Syria(Cyrus) : 주교(423), 비잔티움 제국 기독문화 형성 공로

452	훈족(아틸라)의 로마 침공,실패; Leo 1세의 성공적 회담
455	Vandal족,아프리카 침공,

☞오늘날 **스웨덴인·덴마크인·노르웨이인·아이슬란드인·앵글로색슨인·네덜란드인·독일인**
등이 이에 속하지만, 4세기 민족대이동 이전 원시 게르만 민족을 뜻하는 경우가 많다. 인류
학상으로는 북방인종에 속하며, 남방 인종에 비하여 키가 크고 금발에 벽안(碧 眼)이 특징이
다. 원주지는 스칸디나비아반도 남부에서 유틀란트반도와 북독일에 걸치는 지역이었으나,
BC 2세기~BC 1세기에 이동을 개시하여 동남쪽으로는 멀리 흑해(黑 海) 연안에, 서남쪽으
로는 라인강유역까지 퍼져 나가서 북(北)게르만(덴마크노르만인 등), 서(西)게르만(앵글인·아
라만인·색슨인·프랑등), 동(東)게르만(동고트인·서고트인·반달인·부르군트인 등)의 세 그룹으로
갈라졌다.

게르만족이 처음으로 로마인과 접촉한 것은 BC 2세기 말 남(南)갈리아와 북이탈리아에 침
입하였다가 격멸되었을 때인데, 그 뒤에도 로마의 갈리아원정군과 가끔 충돌하였다. 375년
동게르만의 고트족(族)이 아시아에서 침입해온 훈족의 압박을 받아 이동을 개시함으로써 게
르만민족의 대이동이 전개되어, 게르만왕국이 각지에 세워졌다.

북아프리카의 반달왕국, 에스파냐의 서고트왕국, 이탈리아의 동고트왕국, 남프랑스의 부르
군트왕국, 북프랑스의 프랑크왕국, 영국의 앵글로색슨왕국 등이 그것인데, 원주지인 발트해
(海) 연안에 남아 있던 북게르만도 스웨덴 ·노르웨이 ·덴마크의 3왕국을 세웠다. 북게르만의
일부는 8세기부터 노르만인(人)으로서 유럽 각지를 침략하여 또 한 차례의 파란을 불러일으
켰다.

☞ 훈족(Hun)
중앙아시아의 스텝지대(地帶)에 거주하였던 투르크계(系)의 유목기마민족.
중국 고대사에 나오는 흉노(匈奴)와도 관계가 있다고 보나, 한(漢)나라에 쫓겨 서쪽으로 간
흉노의 일부가 곧 훈족이라는 설에는 이론(異論)이 있다. 4세기에는 유럽으로 이동하여,
375년 흑해 북안(黑海北岸)의 동(東)고트족을 무찔러 그 대부분을 지배하에 두고, 이어서
다뉴브강 하류의 서(西)고트족에 육박했다.

서고트족의 일부는 훈족의 압박을 피하여 동(東)로마에 이주하였는데, 이것을 게르만 민족
대이동의 발단으로 간주하기도 한다.

4세기 말의 루아왕 때에는 오늘날의 헝가리·트란실바니아 일대를 지배했고, 다음의 아틸라
왕 때에는 전성기를 이루어, 주변의 게르만 제부족을 복속시켜 흑해 북안에서 라인강에 이
르는 일대제국(一大帝國)을 수립했으나, 대제국으로서의 내부적 기틀이 잡혀 있지 않았다.

아틸라는 약탈을 일삼았고, 로마제국에 큰 위협을 주면서 다시 서진(西進), 갈리아에의 침입
을 꾀하자 서로마의 장군 이티우스는 451년 로마군(軍)과 게르만족의 연합군을 이끌고 북프
랑스의 카탈라우눔의 평야에서 이를 무찔러 격퇴시켰다. 그러나 그 후에도 아틸라는 이탈리
아 침입을 꾀하는 등 훈족의 위협은 계속되었으나, 453년 갑작스런 죽음으로 무적의 대제
국(大帝國)도 급격히 분열·쇠퇴하여 훈족은 다뉴브강 하류지방으로 후퇴, 타민족과 혼혈·동
화되어 소멸되었다. 〈Wikipedia〉

457	Marcean황제 사망
476	**서로마제국 멸망** ←게르만 용병 Odoacer의 침공,서로마 황제 로물루스 퇴진

481	프랑크(Salian Frank族) 왕국 Clovis왕(481-511)의 부인이 가톨릭 교도
484	(-519) 동서교회 분열
486	
493	Irland의 기독교 개종St.Patrick의 선교 Ostrogoths족 Theodoric, Odoacer살해하고 라벤나에서 서제국 통치(493-526) 아리우스 신봉 동고트족 이탈리아 침공
494	부여, 고구려에 복속
496	Gelasius I 서방교황(492-)　　프랑크족 Clovis왕, 기독교 영입, 로마교회 후원 Anastasius I 동방교황
519	Justianus황제 압력적 재 통합 시도　　Alexandria 교회 : Cyril(단성론)에의 복귀, (단성론 강제철회)　　　　　　　　　　　　교황 레오 단죄 요구
520	Benedict(480-550;Nursia)파 St.Maurus가 수도원 설립 (540) (Italy Monte Casino근처)
527	신라,불교 공인
529	로마법대전 편찬
530	Justianus황제 :　　　　　　　5차 에큐메니칼 공의회소집(Constantinople) 　　　　　　　　　　　Theodoretusus저작 단죄(단성론에 호의적) 　　　　　　　　　　　Calchedon공의회 단죄주장자 출교(단성론 비호의적) 　　　　　　단의지론자들(Monothelites) : 인격의 단일성 　　　　　　양의지론자들(Duothelites) : 두 본성의 존재(Nestorius적) 주장
535	유스티아누스 황제 : 서고트족과 전쟁(535-554), 로마재정복
552	돌궐제국(551-657) : 몽골과 알타이산맥,기르키스등 중앙아시아의 투르크계 유목민, 唐에 멸망
553	콘스탄티노플 공의회(5차):단성론 재 득세, 동정녀 선포 　　　"십자가에 달렸던 그 분은 참 하나님이며 삼위의 첫 위격이시다."
563	Scotland(St.Columba),프랑스,독일,벨기에,스위스(St.Gall) 선교
589	수, 중국통일톨레도교회회의(Synod of Toledo) : John of Damascus 에스파냐로 퇴각한 서고트 Reccared왕은 콘스탄티노플신조에 단서조항 추가("filioque" :'그리고 가톨릭으로 개종 아들로부터'
590	교황 Gregory I : 교황제도(Pope) , 수도원제도 확립

596	영국왕 Ethelbert의 妃는 프랑스 기독교인 로마교황 大 **Gregory 1세**(590-604), 도덕적 측면강조, 성직매매금지, 사제독신주의, Au- gustine과 Benedict 수도사들을 영국에 파견, Kenterbury에서 전도
610	**모하메드**, 이슬람교 창시
612	고구려 살수대첩
618	중국 당나라 건국
632	Calif(후계자) Abu Bakr ; 아라비아 점령
635	Calif Omar : 시리아 점령
638	칼리프 오마르, 예루살렘 함락
642	Alexandria 점령, 도시 Cairo 건설
645	고구려,안시성전투에서 당에 승리
651	이슬람, 페르시아 사산왕조 정복
660	백제 멸망
661	이슬람,우마이아 왕조
664	아일렌드 Kelt족 로마교회에 복속
668	고구려 멸망
676	신라,삼국통일
681	콘스탄티노플 공의회(3차): 칼케돈 고백 재천명 예수 두 본성(神,人), 두 의지
695	**이슬람, Carthago 점령** 몬타누스,도나투스,아리우스파,단성론파 교인 회교화
710	일본, 나라로 遷都
711	이슬람, Spain 점령,Cordova에 독립적 회교제국 건설 유대교,회교도 거주 허락(이때의 기독교도를 'Mozrab'이라 부름)
725	성상숭배자와 레오3세 충돌
732	이슬람, 프랑스침공 침공(투루전투에서 프랑크 Charles Martel 망치왕에게) 실패
754	프랑크 Pipin 3세, 중부 이탈리아 로마교회에 바침
780	프랑크 Charles I왕, 모든 신민에게 세례 강제, 성상논쟁의 절정

787	제2차 니케아 공의회: 養子論(Adoptionism)탄핵, 聖像예배아닌 공경허락(양제국교회 공동)
799	교황 레오3세, 정적들로 부터 모함,고난 받음. Charlemagne(샤를마뉴;Charles의 손자)가 레오3세를 도움
800	Leo가 그를 **신성로마제국** 황제로 대관 "샤를마뉴(Charlemagne) or 카알대제(Charle The Great)" 왕궁과 수도원에 학교 건설: 문예부흥시기 (Carolingian Renaissance) 840 　　　　　Pseudo-Dionysius the Areopagita(행17:34) 　　　　　John Scouts Eriugena((810-877)가 Latin어로 번역. 　　　　　그리스도교적 신플라톤주의;신비주의(Hierarchia)
857	콘스탄티노플 주교 포티우스, 교황지위 인정거부
870	프랑크왕국 분열
875	당,황소의 난(-884)
916	거란 건국
918	왕건, 고려건국
960	중국, 송 건국
962	신성로마제국(-1806)
1000	중국(송), 나침판,화약 발명
1002	코르도바의 마지막 칼리프 사망 Santiagodptj 성 야고보 무덤발굴 --> 순례자들의 스페인 탈환열망 고조
1012	스페인,회교로부터 탈환,옛 카스틸 왕국　　　유대인 네델란드,우즈벡등지로 피신
1037	셀주크투르크(회교) 건국
1054	로마교회↔동방교회 분열
1073	교황 Gregory VII(-1085) : 꾜권회복,교황권위 강화 신성로마제국 하인리히 IV를 굴복시킴, 사제들의 결혼금지, 성직매매금지
1076	
1088	교황 Urban II(1088-1099)
1095	글레멘트3세 반교황을 퇴위시키고 동방교회와 예루살렘성전 회복하기 주창
1096	1차 십자군 전쟁(-1270) :부용의 Godfrey, 니케아,안디옥 점령

1099   예루살렘 탈환

Anselmus(1033-1109;켄터베리 대주교) : 사변적,신율적 사상가(Speculation)

삼위일체론(실재론) : " 신앙이란 개인의 의,행위가 아니고 전통에 복종함으로써

신의 은총을 경험하는 것이다."(신앙이 이해에 의존한 것이 아니고 이해가 신앙에 의존한다.)

변증법적 유일신론(dialectical monotheism) : "신은 살아있는 분리인 동시에 재 결합이다.

아들인 로고스를 자기 안에 갖고 있기 때문이다."

속죄론 : 하나님의 존귀하심 회복 대안선택

← ①형벌(punishment) ← 형벌적대속설(penal substitutionry doctrine)

②배상(Satisfaction) ← 자기아들 봉헌(드림)

$\updownarrow$

Abaelard(1179-1142) : 변증법적('예','아니요') 스콜라 사상가

"선과 악은 행위 그자체가 아니라 의지이다."

"양심에 어긋나지 않으면 죄란 없다." 원죄반대.

그리스도의 인격성 중시, 로고스,성육신설 반대

↑ (한때 단죄)

Bernhard von Clairvaux(1091-1153) :

"신앙이란 의지에 의한 선취(anticipation of the will)이다."

≒Augustin의 主意主義(voluntarism))

"그리스도교의 세례와 같은 신비주의는 사랑의 신비주의이다."

Constantinople(1203-1261)) : 동,서방 분열 조장됨

Roscellinus of Compiègne(1050-1125) :

삼위일체론(명목론) : "셋이 하나라는 것은 명목(상상)에 불과하다.

상상할수 있다해서 반드시 실재는 아니다."

☞ **中世** :

1) 이행기(600-1000) : "암흑기'(801-999)

2) 초기(1000-1200) : Romanesque양식의 시대

3) 융성기(1200-1300) : 스콜라 철학,고덕예술, 봉건적 사회질서

4) 말기(1300-1450) : 문예부흥이나 종교개혁 기초(motif)의 성향 성행

☞ 스콜라 주의(그리스도교 안에서) : 현실초월 주의, 금욕주의, 라틴문헌 전용→대중과 단절

→ 성스러운영역과 도덕적영향의 수단(예배,종교예술,교회건축 등)을 통한 신비주의로 이행

2차 십자군 전쟁 (Nernad of Clairvaux,,Louis VII of France,Conrad III of Deuch) 실패

1187   Saladin (The Sultan od Egypt)에게 예루살렘 점령당함.

1189   3차 십자군전쟁(1189-1192)

Frederic Barbarossa(신성로마제국),사자왕 Richard(영국),Phillip II(프랑스) 실패

1196   교황 인노켄티우스 III (1216) : 교황제도의 절정기.

탁발수더회(도미닉,프란체스코) 승인

1206	4차 십자군전쟁(1200-1204), 교황 Innocent III, Constantimople점령, 동서분열촉발
1206	징기스칸, 몽골통일
1215	라테란 공의회: **화체설**(Transsustantiation) : "빵과 포도주는 주님의 살과 피") 공식교리화 종교재판소 설치

1229		5차 십자군(예루살렘왕의 에집트공격): 실패
	교황 그레고리9세	6차 십자군(파문당한 황제 Frederic II) :
		술탄과 협정: 예루살렘,나사렛,베들레헴 양도받음
1248		7차 십자군(프랑스 루이9세) 실패

1258	몽골, 바그다드 함락, 압바스 왕조 멸망

1270	8차 십자군(루이9세) 튜니스에서 열병사망,실패

☞ 십자군전쟁 결과 :

봉건제도붕괴, 농촌붕괴, 교권붕괴(완전 면죄부;plenary indulgence,

아비뇽으로 교황청 옮김;1309),

도시민(burger;bourgoisie)신분상승, 자본축적, 도시별 무장군인 양성(Hansa동맹)

Thomas von Aquin(1225-1274) : 도미니코회 수도사, 우르바누스IV 교황청 근무,

"은총은 자연을 완성한다." ↔Augustin,Mani교("은총은 자연을 지양한다.")

"계시도 이성을 파괴하지 않고 성취시킨다."

"보편(universe)은 하나님 자신으로 실재한다."(moderate realism)

1279	남송 멸망, 원 중국통일
1290	영국 유대인 추방
1294	교황 Bonifacius 8세(-1303) : 'Unanam Sanctum' : '거룩한, 사도적인 교회는 하나뿐이며 그외 교회는 구원,죄 용서가 없다.'
1299	**오스만 투르크 건국**(Ottoman Empire) 오스만1세 子 오르한1세 : 비잔틴제국 점령
1302	프랑스왕 Philip IV, 프랑스 삼부회 소집, 보니파우스 폐위,사망
1305	프랑스인 교황 클레멘스5세,
1309	**교황청, 아비뇽** 유수70년 (-1377)
1320	Wilhelm von Ockam(1300-1350) : 옥스퍼드에서 교육,이단고발됨, 아비뇽 소환(1324), 탈출, 바이에른 황제 보호, 파문됨(1328) 유명론(Nominalism;"개인의 가치가 집단에 우선한다.")의 아버지,

☞ 신비적 실재론(mystical realism) 비판 :

"플라톤이 이데아에 돌렸듯이 보편적인 것에 실제성을 부여하여 원리의 수를 증대시키는 것은 신의 경륜원칙에 위배된다." (개인을 집단에 복종시키려는 중세의 사고에 대한 반발) (Augustin적 사고공동체(Gemeinschaft community)는 이익공동체(Gesellschaft)로 대치된다.)

Meiter Echhart(1250-1327) : 독일 신비주의(도미니코회에서 생김)의 대표자

1337   영국↔프랑스 백년전쟁(-1453)

1347   유럽 흑사병 대유행

1368   중국, 명 건국

1369   중앙아시아, **티무르 제국**(Turks귀족 티무르) 사마르칸트, 아제르바이잔, 알메니아, 이란 점령J

1370   John Wycliff(1330-1374) : 영국왕가의 지원

"참된 교회는 예정되어 선택받은 사람들의 공동체이지 계층구조체제가 아니다

"교회의 기본법은 교황의 것이 아니고 성서의 법이다."

"교회와 지도자는 청빈해야 한다."

세례, 서품, 견신례 받은 자의 종신제 불인정

예배는 보는 것(실념론;realism;근대의 관념론(Idealism)이 아니라 듣는 것(설교, 율법)이다."

☞ Idee;Idea : 헬라어 idein(본다)에서 유래

1378   교황 그레고리 XI 교황청 로마복귀

교회, 로마와 아비뇽시대로 분열(-1417) → 복수 교황시절

1386   리투아니아 기독교 개종

1392   고려멸망, 조선건국; 일본 남북조 통일

1394   프랑스 유대인 추방

1402   티무르 ↔ Othman 바예지드1세 앙카라 전투: 바예지드 사망

1405년 티무르 사망(명나라;영락帝 원정길)

1409   피사공의회: 두 교황폐위, 새 교황 선출(3 교황)

1414   콘스탄스공의회: 공의회 수위설

1415   얀후스 화형, 존위클리프 시신 화형

피사공의회의 교황 투옥, 아비뇽교황 퇴위. Martin5세 선출

1428   잔다크 영국군 격파

1438	가톨릭 **플로렌스공의회**: 7 성례전 확정

☞ 7가지 성례전 : 세례(원죄소멸,유아세례 타당),

성찬(화체설,용서할 수 있는 경한 죄 소멸),

고해성사(경건의 핵심,죽어 마땅한 죄 소멸),

終傅聖事(남아 있는 죄 소멸,개인 삶의 강화),

견신례와(교회의 전사로 세움),

사제서품(성직자 제작,종신제),

혼인(자연적 삶에서 성별),

미사(Mass, 그리스도의 희생 반복,성례전적 계층구조의 힘)

성례전 없이는 구원 없다.

1440	잉카제국
1446	세종대왕,훈민정음 창제
1453	Othman Turks(메메트2세;7대 Sultan), 콘스탄티노플 점령; **동로마제국 멸망**.
	소피아성당→모스크, 동방정교회 거점 모스코바로 이동
	구텐베르크(Johann Gutenberg), **금속활자** 발명성직매매, 면죄부 판매 만연
1455	영국,장미전쟁(1455-1485) :튜더(헨리)가문이 요크가문 격파
1460	마야문명 멸망
1461	메메트2세 Constantinople⇒Istanbul
1479	스페인 왕국
1492	콜럼부스(1451-1506) 서인도제도 도착
1497	폴투갈 Vasco da Gama(1469-1524) 희망봉을 돌아 인도 도착
1501	영국, Arthur 왕(리치몬드의 공작 헨리7세의 아들) 등극,
	스페인왕 (Ferdinand)(왕비 Isabella)의 딸 Catherine과 결혼
1502	아서왕 사망
1507	티무르제국 멸망← 우즈벡 족(역시 Turks 계)
1509	영국, 아서 동생 **헨리8세**, 양위(1509-1547) 형수 Catherine)와 결혼, 교황 허락, Mary
	Tudor출산
1516	Desiderius Erasmus(1466-1536)) : Christian Humanist

헬라어 신약성경 저작

르네쌍스 인문주의(1350-1550)

가톨릭부패 비난, 헬라어신약성경

↕ 비실존적,학자적,객관적 태도와 종교적 열정결여와 懷疑主義

1517	독일 **마틴루터**(Martin Luther;1483-1546)의 **종교개혁**
	비텐베르크 성문에 95개조항의 반로마교회 성토문 게재
	신성로마국 황제 Charles 5세 즉위 :
1519	츠빙글리(1484-1531), 스위스 취리히 교회에 부임, 신구교전쟁때 사망
	성만찬의 해석차이로 루터와 다툼.
	☞ 루터(육신임재설) ↔ 츠빙글리(상징설) ≒ 칼빈(영적임재설)
	-1520 흑사병 창궐
1521	웜스회의(The Diet of Worms),루터 두번 출두후 잠적(Wartburg의 Frederic집에 피신)
	독일어 신약성서 출간
	프랑스 프란시스 1세를 종용,스페인내란 진압, 교황청 위상실추
1524-6	독일 농민소요 폭력발생 및 진압(루터개혁 걸림돌)
	사제선택권리,성경을 읽고 해석할 권리주장
	만인사제론
1523	사순절 소시지취식사건으로 가톨릭과 츠빙글리사이에 논쟁
1529	오스만제국,신성로마제국 포위공격
	성직자결혼, 예배시 독일어 사용, 성찬시 평신도에게 잔을 줌, 교회 성일수 축소,
	Marburg회담 (루터와 쯔빙글리) :니케아신조,동정녀,부활,
	재림,원죄와 속죄,구원,유아세례,은총으로만 공히 합의.
	단 제단성물은 주의 몸(루터):↔상징(쯔빙글리)으로 異見.
1534	영국, 헨리8세, 궁녀 Anne Bolyn과 두 번째 결혼
	Elizabeth 출산
1530	Ausburg회의:로마교황청과 루터의 반박문 황제에 제출, 결렬,결별
1533	영국 Henly VIII ,Ann Bolin(캐서린의 시녀) 과 재혼
	교황Clement7세 결혼무효령 (Catherine조카가 신성로마제국 Charles 5세이다.)
	교황청과 단절
	Elizabeth출생
	대주교 Thomas Cranmer: Ann과의 결혼 적법성 공포
	Anne 여왕 취임(1533.6)
1534	영국 국왕의 敎會首長法 통과(성공회), 반대자(Thomas Moore등) 처형
1536	영국' Edward VI 출생←(HenryVIII +,세번째 왕비 Jane Seymore;解産시 사망)
	Ann 처형(아들 못낳는다고, 간통혐의)
	Schumalkald(개신교 결성)동맹
1536	Copernicus(1473-1543) 地動說 교황권위의 약화
1537	Jean **Calvin**(1509-1564)의 소요리문답, 개혁주의

1540	Henry; 또 다른 부인 Anne Cleves와 이혼, Thomas Cromwell 斬首
	교황 바오로3세, 예수회 공식인가
	예수회 : 스페인 Royola의 Ignacio (1491-1556)주도의 가톨릭 수호전위대
	교황 절대복종 선언, 신성로마제국내 150개 학교설립,
	교황 바오로5세로 부터 복자로(1609),성인(1622)으로 선포됨.
1541	Henry,다섯번째 왕비 Catherine Howard;, 보수파 집권,가톨릭 6개조항 발표
	Callvin의 제네바교회규범
1543	Henry, 왕비 Howard,처형;간통혐의
	Catherine Parr왕비(6번째 왕비)
1544	프랑스와 평화조약
1545-48	Trent공의회(1545-1563) : 반 종교개혁회의,
	'의신칭의와 오직은혜' 불인정,
	'認義에는 믿음(sola fide)만으로는 부족;소망.사랑으로 협력'
	구약의 외경 권위 인정(루터의 불복)
	성 제롬의 불가타만 인정(에라스무스 겨냥)
	교황만이 성서해석가능하다는 교황권에 대한 반발
	☞ 구약의 외경 : ①역사서 : 에스드라서, 마카베오1,2서
	②전설담 :토빗기,유딧기,에스더의 추가서,다니엘의 추가서
	③묵시서 : 바룩서,예레미아의 서신,에스드라2서
	④교훈집 : 집회서,솔로몬의 지혜서,므낫세의 기도
1546	루터 사망
1547	영국, Henry 8세, 사망
	Edward VI, 즉위(10歲); 삼촌 Sommerset공작 섭정, 개신교 우대
	가톨릭6개조항 파기,이종성찬 허용,사제결혼 허용,
	교회내 성상제거,성경출판,판매 자유,
	사제(Priest대신 목사(Minister)명칭 사용,모든 헌금을 국왕에 귀속(가톨릭재정 압박)
	7 성례를 둘로 축소
1553	Edward 사망, 뮌스터 살육, 재세례파 핍박
	Mary 즉위(37歲)
	Catherine 適法性,反교황적 법 파기, 로마교황청과 관계회복
	프로테스탄트에 대한 대대적 박해시작
1554	Mary,스페인 Philip과 결혼,개신교 박해(282명처형)
1555	독일 Ausburg평화협정(루터교 신자에게만 해당); Calvin등 타 개신교인은 배제
1558	Mary 사망

1559	**Elizabeth** 등극(-1603) 개신교 선호, 그러나 치우치지 않음
	수장령(교회의 秀長은 국왕이다.)
	영국교회 통일법(The Act of Uniformity):
	복장식등↔청교도(Puritans;장로교,침례교,자유교)

1560 John Knox(1554-1559) Scotland 개혁,신교화

1562 프랑스 종교전쟁(위그노(Huguenots)전쟁;-1598)
위그노(프랑스 프로테스탄트) 수십만명 학살
스페인, '맨발의 칼멜수도회'(수녀 테레사);청빈,금욕,자율원칙의 수도원 개혁운동

1564 Calvin사망(5월27일)
영국, 국교회와 결별한 **회중교회**(Congregational church) 운동창시.
(Robert Brown; 1550-1633)
회중의 목회자 선출권, 만인사제직 개념,자유적 교회행정 주창.
많은 사제 처형당하거나 신교도 Mayflower호를 타고 신대륙으로 도피함

1566 Othman 슐레이만1세 Hungary 원정 사망
알미니안 주의(Jacobus Arminius;1560-1609; 네델란드)

칼빈 주의	알미니안 주의
1. 인류의 전적 타락	부분타락
2. 믿음은 하나님이 주신 것 (하나님의 주권)	인간의 자유의지(理性)
3. 이중예정(택자와 유기자)(제한속죄)	예정 아닌 후정(인간의 결정 추인)
4. 성화 重視 (제한속죄, 내가 택자인가 諸問해야)	신앙인의 보편속죄 (구원에 초청)
(루터는 칭의 중시)	
5. 반드시 구원(신앙견인;perserverence 시)	구원이 상실(탈락)될 수 있다.

☞ 천주교 (의와 선행 교리)(알미니안주의 수용)
　　새 관점학파 (이중칭의: 개종칭의,행위심판)
　　김세윤 (유보칭의; 재림때 주어진다.)
　　안식교 (조사,심판교리)

　　☞ 소지니(Faustp Sozzini ;1522-1562)주의
　　로마에서 폴란드로 도망
　　"이성과 상식에 모순된 것은 신의 계시가 될 수 없다."
　　"삼위일체론 비판" "아담의 타락은 감각적 본성과 자유의지 때문"
　　" 원죄도 죄책없이는 있을 수 없다." "종말론은 신화"
　　" 그리스도는 신적 본성을 가지고 있지 않다."
　　"그리스도는 예언자로서 고난이나 대속개념 교설은 의미없다."

1570 교황 Pius V : Elizabeth 파문
영국 : 예수회 교도 추방, 왕권반대자 처형

1572	프랑스 칼빈주의자((Hueguenots) 3–6만 학살 ('위그노전쟁' ; 1562-1598))
1588	영국,스페인무적함대 격파; 교황권으로부터 영국보호
	영국 국교회: 어느쪽도 버리지 않음(Calvinism+가톨릭식 예배,교회조직 모범들)
1592	조선 임진왜란,한산대첩
1593	Elisabeth여왕 : 反 淸敎徒令(Anti-Puritans)

          ☞   ⊙ Calvinian → 장로제도

               ⓛ 야곱파 → 회중제도

               ⓒ 중용파(왕당파) → 감독제 –〉성공회

               * ⊙,ⓛ : 청교도

1598	프랑스 앙리4세, 낭트칙령(Edict of Nantes)선포 : 위그노전쟁 중지,칼빈주의 신앙의 자유 허용
1600-1649	영국왕 Charles I, 동인도회사 설립,
1603	엘리자벳여왕 사망
	제임스 1세 취임(1608-1625); 스튜어트 왕조 시작
	(스코틀랜드왕 제임스6세 ; 헨리7세의 외손녀 스콧틀랜드의 메리의 아들);
	잉글랜드 와 스콧틀랜드의 통합왕위.(1603-1625)
	왕권과 감독제 옹호
	일본 에도막부 수립
1608	독일 복음주의연맹(1608)↔ 가톨릭동맹(1609)결성
	–〉30년전쟁(1618-1648의 신구교 4차전쟁)의 단초
1610	Kepler(1571-1630) 수학적 지동설 증명
1611	영국, 킹 제임스 성경 출간
1618	독일, 도르트 회의 : 알미니우스 정죄
	신,구교도 충돌(프라하), 독일,프랑스,스웨덴등 유럽전역 확장
	영토분쟁 30년 전쟁(-1648) 발생.신,구교국가간 전쟁,800만명 시망

    ☞ 30년 전쟁

     제1차: 보헤미아–팔츠 전쟁(1618~1620)

     제1.5차: 팔츠 수복전 (1621~1623)

     제2차: 덴마크 전쟁(1625~1629)

     제3차: 스웨덴 전쟁(1630~1635)

     제4차: 프랑스–스웨덴 전쟁(1635~1648)

     결과 : 종교의 자유, 신성로마제국 쇠망(합스부르크가 몰락), 프랑스,스웨덴 浮上

1625	챨스1세(-1625) : 왕권신수설, 비국교도 박해

1640	Jansenism : 어거스틴주의(은총론) 회귀운동

Jansenism : 어거스틴주의(은총론) 회귀운동

Blaise Pascal

Quesnel

Cornelius Jansen(이프레스 사교)의 저서(Augustinus)가 발단

↔ 예수회(도미니코수도회의 예정론;;Molina의 책;1588에 반대)

& 어거스틴 전통도 부정

→예수회 승리; 교황의 비호

1642 영국 Charles 1세, 의회파(Oliver Cromwell)와 내전 → 공화정시대 (-1660)

1643- 베스트팔렌조약(1648;30년전쟁 종료);교파선택자유 보장

1649 영국 의회파 : 웨스트민스터 신앙고백(The Westminster Confession of Faith)

대,소요리 문답(청교도적 칼뱅주의 신학 결정판) 채택

프랑스, 루이14세(-1715) 재위 낭트칙령 취소,위그노 박해-> '광야교회'시대

1647 퀘이커운동(George Fox) 시작

1648 미국 회중교회 청교도(와 공동선언(Cambridge Platform), Harvard 大설립(1636)

1649- Cromwell(-1658)공화정, 국왕 Charles 참수

1660 회중교회(Separatists),침례교,청교도와 교류

캔터베리 대주교 William Laud 처형

☞ 청교도((The Puritan) 주장 :

영국교회의 로마가톨릭 잔재청산

민주적 교회운영

목회자 설교 및 교회常住

십일조의 개인보관금지

☞ 퀘이커 교회((Quakers) : George Fox(1624-?)가 이끔.

전담목회자 없이 누구나 내면의 빛을 체험한 자가 무보수 설교,

계명을 성경보다 우선시, 교회제도 부정, 십일조 반대, 노예무역 반대,

정직과 윤리, 검소한 생활,

1655 영국 유대인 재입국 허용

1660 영국,Charles 2세 왕정복귀, 청교도Puritan) 핍박

1685 동생 James 2세, 가톨릭 복구노력, 반란으로 해외도주

1685 프랑스 루이14세,낭트칙령 철폐, 위그노 박해(광야교회 시대)

영국, 제임스2세, 왕권파 의회파 충돌 계속

1686 **소치니**(Fausto Paolo Sozzini, Faustus Socinus,(1539년-1604) 이탈리아 기독교 신학자.

폴란드 소 개혁교회의 중요한 신학자이다.

Unitarianism(일신론; 삼위일체,그리스도신성 부정)

Universalism(보편주의;보편구원)

☞ 소치니주의(Socinianism) :

16세기와 17세기 폴란드 소 개혁교회안에서 폴란드 형제들에게 영향을 준 기독교 교리체

계이다. 트란스베니아,영국 유니테리안 교회에서도 활발하였다.

그들은 반삼위체론자들이며 그리스도의 신성과 원죄교리를 부정하였다.

개혁당시 극단적 개혁파와 1540년대의 이탈리아 재세례파운동에서 비롯되었으며 195년

에 있었던 베니스에서의 반삼위일체 의회에서 공식적으로 시작하였다.

그리스도의 창조전 존재를 부인함.

(요한복음 1:1의 로고스가 요한일서 1:1의 새창조로 보고, 창세기의 창조와 다른 것으로 여김.)

아담과 하와가 선악과 사건이전에 이미 창조될 때부터 유한한 생명을 가졌음.(원죄교리를

부인.

속죄의 화해(보상)론을 부인. 후기에서는 동정녀 탄생도 부인함.

1688 영국 Mary2세(James2세 女)와 네델란드인 남편 William of Orange 입성(명예혁명),

의회가 제출한 '권리장전' 승인(1689), 의회정치 발달의 초석

1702 영국 Anne여왕 등극, 교회분리주의자 탄압,

회중교회(Congregational church)쇠퇴, 삼위일체 반대

1713 교황 : 어거스틴주의와 얀세니즘 단죄

1773 교황 Clement 14세: 예수회 중단

1776 미국, 영국으로부터 독립

1784 Wesleyan Methodist church(**감리교**)독립

☞ 감리교 : John & Charles Wesley 형제에 의해 조직됨

칼빈과 아르미니우스 색체 혼랍, 철야예배, 언약예배, 평신도설교 허락

1789 프랑스혁명

스페인왕위계승전쟁(1701-1744), 미국독립전쟁(1775-1783)에 참여로 프랑스경제파탄,

루이16세 삼부회 페지; (성직자,귀족,평민으로 구성된 신분제 의회)로 세금중과법령재정에 대

한민중봉기

교황 Pius 6세,프랑스에서 포로,사망

1792 침례교 탄생 : William Carey(1761-1834) ; 벵갈어를 비롯 24국 언어로 성경번역

1793 프랑스 루이16세, 단두대 처형

1799 Napoleon Bonapart의 쿠데타, 프랑스왕정 종식

교황 피우스7세 체포

영국의 산업혁명

Schleiemacher(176801834)의 종교론 :

'신앙은 이성이나 도덕이 아니라 하나님에의 절대의존감정이다.' 자유주의 신학

(예수의 인성과 도덕적 모범 강조)의 태두

1833	영국 노예제도 폐지
1848	마르크스(Karl Marx;1818-1883)와 엥겔스, 공산당 결성
1849	영국의 기독교사회주의 운동
1854	Pius IX 교황 로마가톨릭 : 마리아 무흠잉태설(The Immaculate Conception of Mary) ;원죄없는 잉태설
1859	찰스다윈(1809-1882) "종의 기원"출간(**진화론**)
1864	교황칙서 : 자유주의,계몽주의,사회주의 비난
1868	William Miller,안식교(The 7th Day Adventists)
1866	Thomas선교사 대동강에서 순교
1870	바티칸 1차공의회교황주의와 공의회주의의 해결 다수반대 불구하고 교황무오설(Infallibility of the Pope) 주창 교황은 절대 퇴위 않는다.' '개혁은 없다.' ↔ 일부 서구카톨릭 사제의 반발
1885	Underwood 장로교선교사 한국전도 Joseph Smith,'말일성도 예수그리스도의 교회' (몰몬교)
1861- 1865	미국 남북전쟁
1891	교황 레오13세 "노동헌장"(단결권,임금) 제청 Charles Russell;여호와의 증인(Jehovah's Witnesses)
1914	제1차 세계대전(-18)
1917	러시아 볼셰비키 혁명
1922	Othman몰락
1929	미국 대공황
1938	조선 장로교 27회총회, **신사참배**결의
1939	2차 세계대전(-45)
1947	사해문서 발견
1948	세계교회협의회(**WCC**) 설립(암스텔담)
1950	교황 Pius XII, 마리아 승천설(The Assumption of Mary) 포고
1950	한국 6.25전쟁

1951	일제신사 참배문제에 대한 침묵으로 예수교장로회 고려파 분파이탈
1961	정교회, WCC가입
1962– 1965	제2차 바티칸 공의회 : ① 각 나라언어로 미사봉헌 ② 동방교회와 화해 ③ 프로테스탄트를 형제교회로 인정
1968	마틴루터 킹 피살
1971	해방신학(구티에레스) 출간
1990	러시아,동유럽 공산주의 붕괴
2008	장로교4교단(통합,합동,합신,한국기독교장로회) 신사참배 공식회개

바울과 야고보의 대척점 믿음과 행함

1판 1쇄 발행 2021년 12월 22일

저자 김신동

편집 문서아

펴낸곳 하움출판사
펴낸이 문현광

주소 전라북도 군산시 수송로 315 하움출판사
이메일 haum1000@naver.com   **홈페이지** haum.kr

ISBN 979-11-6440-889-4(03230)

좋은 책을 만들겠습니다.
하움출판사는 독자 여러분의 의견에 항상 귀 기울이고 있습니다.